龚书铎文集

北京师范大学历史学院学科建设经费资助出版

第一卷

中国近代社会与政治

龚書鐸文集

中华书局

图书在版编目（CIP）数据

龚书铎文集/龚书铎著. —北京:中华书局,2024.12. —
ISBN 978-7-101-16889-1

Ⅰ. K250.3-53

中国国家版本馆 CIP 数据核字第 2024LD9321 号

书　　名	龚书铎文集(全六卷)	
著　　者	龚书铎	
责任编辑	欧阳红	
文字编辑	吴冰清　李　猛	
装帧设计	王铭基	
责任印制	管　斌	
出版发行	中华书局	
	(北京市丰台区太平桥西里 38 号　100073)	
	http://www.zhbc.com.cn	
	E-mail:zhbc@zhbc.com.cn	
印　　刷	河北新华第一印刷有限责任公司	
版　　次	2024 年 12 月第 1 版	
	2024 年 12 月第 1 次印刷	
规　　格	开本/710×1000 毫米　1/16	
	印张 150¼　插页 25　字数 2100 千字	
印　　数	1-500 册	
国际书号	ISBN 978-7-101-16889-1	
定　　价	880.00 元	

龚书铎（1929—2011 年）

本科毕业照（1952 年）

结婚照（1961 年）

与夫人张萍子合影（2009 年）

看望白寿彝先生（1997 年）

参加辛亥革命会议合影（二排左二，约 1981 年）

中国史学界第六次代表大会合影（右三，1998 年）

第三届郭沫若中国历史学奖评审会合影（前排左二，2007 年）

前　言

　　龚书铎先生（1929—2011）是当代著名的马克思主义史学家、教育家。福建省泉州市人。1947年8月至1952年8月，先后就读于台湾省立师范学院史地系、北京师范大学历史系。毕业后留校任教，历任助教、讲师、副教授、教授，是国务院学位办批准的第三批博士生导师。1983年，接替白寿彝，出任北京师范大学历史系主任。1989年，任史学研究所所长。曾担任第三、四届国务院学位委员会历史学科评议组召集人、全国哲学社会科学规划中国历史组副组长、中国史学会副会长、北京市历史学会会长、国家清史编纂委员会委员，兼任中国社会科学院近代史研究所、中国人民大学清史研究所、华中师范大学中国近代史研究所学术委员。

一

　　龚书铎先生是我国新时期中国近代史和近代文化史学科的领军人物之一。

　　早在20世纪60年代，他就参加了由著名历史学家翦伯赞、郑天挺任总主编的《中国通史参考资料》的选编工作，担任《近代部分》（上、下册）主编。这套资料影响深远，是新中国近代史学科建设的重要奠基石。70年代末，与李侃、李时岳等著名近代史专家合作编写和主持修订的《中国近代史》，纠正了苏联专家的错误观点，学界公认是改革开放以来影响最大的一部中国近代史教材。该教材先后出5版，印刷数10次，发行达200余万册，有力地推进了中国近代史学科的建设，荣获第三届国家教委优秀教材一等奖，并被教育部指定为"面向21世纪课程教材"。80年代，参加白寿彝主持的、被誉为"20世纪中国史学压轴之作"的22卷本《中国通史》编纂，负责主编《中国通史·近代前编（1840—1919）》上下两册。

80年代，中国近代文化史研究兴起，龚先生是最主要的倡导者和组织者。1983年，长沙召开全国历史学科"六五"规划会议，将文化史纳入学科规划，决定在上海、北京分别编辑出版"中国文化史丛书"和"中华近代文化史丛书"。他是"中华近代文化史丛书"的负责人。学界正是以该丛书编委会的名义，在郑州、长沙分别召开了第一、第二届全国中国近代文化史学术研讨会，确立了中国近代文化史的学科地位。

1985年，在《历史研究》发表《近代中国文化结构的变化》等系列论文，从文化史的特性而不是仅从政治标准来研究文化，受到史学界重视。1988年，论文结集《中国近代文化探索》出版。该书论证了中国近代文化史的学术地位，系统分析了中国近代文化的特点、性质、结构、派别等核心问题，扼要阐述了传统文化在近代中国的演变、西学的传播、中西文化关系，以及近代各时段的主要文化事件。这些带有全局性的研究，为中国近代文化史学科在新时期的发展奠定了理论基石。

与此同时，在他的组织下，北京师范大学历史系中国近代史教研室调整研究方向，主攻文化史；1984年，获批设立了全国高校第一个中国近代文化史专门研究机构——中国近代文化史研究室；1986年，被批准设立了第一个以近代文化史为研究方向的博士点；2004年，中国近代文化史研究团队入选北京师范大学人文社会科学创新研究群体，并扩大规模，组建了中国近代文化研究中心。北京师范大学的中国近代文化史研究在全国独树一帜，成绩斐然，被时任中国史学会会长的李文海教授誉为"全国中国近代文化史研究的重镇"。

90年代，主持完成了教育部博士点基金"七五"规划项目"中国近代文化史"。结项成果《中国近代文化概论》(中华书局1997年版)出版后，受到学界广泛关注并入选教育部推荐的"研究生教学用书"。他在书中强调，文化不能离开诸如哲学、史学、文学等具体领域，但文化也不仅仅是各个具体领域的简单组合，文化与政治、经济相互制约相互影响，各个具体领域也是相互影响相互渗透，具体性论述与宏观综合性研究都不可或缺。该书为我国的近代文化史研究进一步走向深入搭建了平台。同期，还主持了北京市社会科学基金"九五"重点课题《中国文化发展史》(8卷，山东教育出版社2013年版)，对中国文化史作全面梳理和总结。该书荣获教育部第七届高等学校科学研究优秀成果奖一等奖、第四届中国出版政府奖图书奖和第五届中华优秀出版物奖。

21世纪初，带领学术团队完成了教育部重大项目"清代理学研究"，出版了3卷本著作《清代理学史》(广东教育出版社2007年版)。该书首次系统论述了清代二百多年间理学的历史，成为继侯外庐先生主编的《宋明理学史》之后，又一部研究理学发展史的标志性成果，先后荣获第二届中国出版政府奖图书奖、第十届北京市优秀学术成果奖、国家新闻出版总署第二届"三个一百原创图书工程"奖和第六届吴玉章人文社会科学优秀成果奖。同时，对近30年来的学术成果进行总结和提炼，结集出版了《社会变革与文化趋向——中国近代文化研究》(当代中国史学家文库之一，北京师范大学出版社2005年版)、《求是室文集》(上下册，社会科学文献出版社2011年版)。

二

龚书铎先生长期坚守教学一线，投入大量心力从事教学改革和人才培养，取得了引人瞩目的成就。

他在担任历史系主任期间，积极推进历史学教学改革和课程建设，为培养高素质史学人才探索新路。从50年代起，我国高等师范院校的历史教

学基本上是照搬苏联模式。改革开放后，著名历史学家白寿彝教授率先在
北京师范大学历史系实施教学改革，压缩通史课，增开选修课，完善学生
的知识结构，同时提升教师的科研能力。1983—1991年，他继续推动白
先生倡导的这项教学改革，并将其引向深入，形成了北师大历史学科的传
统。这项改革不仅成为北师大历史学科教育改革的里程碑，而且带动了全
国高等师范院校历史学科的发展，对综合性院校的历史教学也产生了重大
影响。该改革成果于1989年荣获国家级优秀教学成果奖。1990年，被全国
总工会授予"全国优秀教育工作者"称号和五一劳动奖章。

　　龚先生任系主任期间，同时致力于中国近代史教研室的学科建设，在
全国率先建立起较为系统的中国近代文化史人才培养体系。从80年代开
始，北师大中国近代史教研室相继为本科生开设出中国近代文化史必选
课，招收中国近代文化史方向的硕士生、博士生，形成了涵盖本科生、硕
士生、博士生的课程体系和教学模式，为我国的中国近代文化史学科建设
和人才培养做出了卓越贡献。经他指导的七十余名博士、硕士生（包括外
国留学生5人）和博士后工作人员，分布在国内外各重点高校和科研机构，
系改革开放以来我国中国近代史尤其是近代文化史教学和科研的一股重
要力量。这项教学改革成果，获得2004年北京市教育教学成果奖一等奖、
2005年国家级教学成果奖二等奖。

三

　　龚书铎先生一生追求真理，勇于坚持原则，是一位自觉坚持和捍卫
马克思主义的著名学者。他一贯主张，历史研究应该坚持马克思主义的指
导地位，坚持唯物史观，史学工作者应该把所学服务于社会。改革开放以
来，对于思想界出现的否定马克思主义、否定中国革命历史的错误思潮与
倾向，他旗帜鲜明地予以批评与抵制。他认为要澄清事实、辨清方向，引
导青年一代信奉和坚持马克思主义，很多问题需要结合历史，才能从根源

上解释清楚。为此，参与发起了"中国近现代史研究的历史和方法论"、"唯物史观与社会科学研究"等学术讨论会，承担了"对否定中国近现代革命史错误思潮的评析"等国家哲学社会科学规划项目，在《人民日报》发表了《坚持以马克思主义指导史学研究》（1996年8月27日）、《正确评价五四新文化运动》（1999年5月6日）等多篇长文，与人合作出版了《民族文化虚无主义评析》、《走什么路——关于中国近现代历史上若干重大是非问题》、《历史的回答——中国近代史研究中的几个原则争论》等著作，批驳了否定马克思主义、否认中国革命历史的种种错误言论。这些论著对于澄清思想理论界的混乱认识，起到了积极作用，在海内外产生了较大反响。

龚书铎先生的学术成就和理论贡献，得到了党和国家的充分肯定。1999年，《正确评价五四新文化运动》一文荣获中宣部"五个一工程奖"。2001年夏，应党中央国务院邀请，作为哲学社会科学专家代表，赴北戴河参加休假活动，受到时任总书记的江泽民等党和国家领导人的接见。2004年，受聘为中共中央"马克思主义理论研究和建设工程"重点教材《史学概论》组成员。2005年，被中宣部、教育部聘为全国大学生思想政治理论课重点教材《中国近现代史纲要》课题组召集人。同年，《龚书铎自选集》入选中宣部"学习理论文库"。

四

龚书铎先生学养深厚，成果丰富，而且社会交际面广。他所留下的文字不仅具有重要的学术价值，而且可以作为研究当代学术史的资料。为更好地传承和发展他所开创的学术事业，总结其治学经验和学术成就，弘扬其师德风范和学术精神，我们决定编辑出版《龚书铎文集》。

《龚书铎文集》凡6卷，约210万字，是龚书铎先生一生主要学术研究成果的首次结集。由弟子和家属共同收集、整理和编校，郑师渠担任总主编。中国近代史教研室青年教师贾琳、潘若天及部分在读研究生参与了整理和校对工作。

第一卷《中国近代社会与政治》（张昭军整理），主要收录论述中国近代史的理论性文章及研究近代政治史、社会史、经济史等的专题论文。

第二卷《中国近代文化史论（上）》（郑师渠整理）、第三卷《中国近代文化史论（下）》（李帆整理），系中国近代文化、思想和学术史论文的结集。其中，《姚莹研究·交游篇》为遗稿，乃先生重病初愈后，为写作《姚莹研究》一书所准备的材料。

第四卷《求是室序跋》（贾琳整理），汇集先生为友人、弟子、亲属著作所撰序跋类文章。

第五卷《文史散论》（邱涛整理），收录散见于各种报刊、篇幅较短的文章，内容涉及传统文化、历史教育、学风建设、史学评论。

第六卷《戏剧漫谈》（张昭军整理）、《师友杂忆》（邱涛整理）。《戏剧漫谈》选录戏剧、影视评论类文章36篇。龚先生对戏剧有着浓厚兴趣，对京剧、京剧现代戏、高甲戏、话剧、川剧、越剧、淮北梆子等均有研究，20世纪五六十年代曾以"温凌"（泉州古称"温陵"）为笔名发表了系列评论性文章，并著有《关汉卿》（上海古籍出版社1978年版）一书。还对《红楼梦》下过功夫，是启功主持的《红楼梦》程乙本的主要注释者之一，与冯其庸合作撰写过数篇关于"红学"的文章。《师友杂忆》收录他为纪念师友所写的发言稿、回忆录，以及学术访谈类文章。

《龚书铎文集》所收文章，写作时间前后跨度达60年之久，其间中国的社会政治环境和学术研究变化甚大，因此在论述主题、语言风格、注释规范等方面难免存在较大反差。我们在整理时，原则上保留文章发表时的原貌，兼顾时下的出版规定。限于我们的能力，在编辑方面肯定存在疏漏和不妥之处，敬希专家学者和读者朋友指正。中华书局给予了大力支持，近代史（主题出版）编辑部诸位朋友付出了辛苦的劳动。张志和先生题签。在此表示诚挚的感谢！

《龚书铎文集》编辑委员会

2024年8月5日

目 录

坚持以马克思主义指导史学研究

在社会主义现代化建设新时期，邓小平同志一再强调要重视精神文明建设，物质文明的建设和精神文明的建设两手都要硬。历史教育是精神文明建设的组成部分，它不仅对国家前途的观察、对国策的制定，有着重要的作用，而且在培养人的世界观、人生观、价值观，在陶冶人的品德情操，在提高人们的文化素质等方面，都有着重要的作用。党和国家领导人一向都很重视历史教育，重视发挥历史的社会作用。邓小平同志强调"要用历史教育青年，教育人民"。他指出，中国近代的历史告诉我们："中国走资本主义道路不行，中国除了走社会主义道路没有别的道路可走。一旦中国抛弃社会主义，就要回到半殖民地半封建社会，不要说实现'小康'，就连温饱也没有保证。所以了解自己的历史很重要。"①他还说："要懂得些中国历史，这是中国发展的一个精神动力。"②江泽民同志多次提出要在全国特别是在青少年中进行中国近代史、现代史教育。他在给国家教委负责人的信中说："要对小学生（甚至幼儿园的孩子）、中学生，一直到大学生，由浅入深、坚持不懈地进行中国近代史、现代史及国情教育。""教育我们的干部和群众，特别是青少年，使他们熟悉我国的近代史、现代史和我们党的斗争史，认识今天的人民政权来之不易。"在党的十四届六中全会通过的《中共中央关于加强社会主义精神文明建设若干重要问题的

---

① 《邓小平文选》第3卷，人民出版社1993年，第206页。
② 《邓小平文选》第3卷，第358页。

决议》中指出："要把现代化建设的伟大成就和宏伟目标，中国近代史现代史、中共党史和基本国情，中华民族优秀传统和革命传统，民族团结和祖国统一，国防和国家安全，作为新时期爱国主义教育的主要内容。"这清楚地告诉我们，正确了解中国历史特别是近现代史的重要意义，它关系到培养"四有"新人，关系到中国走什么道路的根本问题。但是，近些年来，在中国近现代史的研究中，也存在一些值得注意的观点。这些观点与邓小平建设有中国特色的社会主义理论，与《决议》的精神背道而驰，干扰、影响《决议》的贯彻落实，需要讨论，以分清是非。

一　如何看待帝国主义的入侵

以1840年英国发动侵略中国的鸦片战争为开端，中国由一个独立的封建国家逐步沦为半殖民地半封建国家。到1949年中华人民共和国建立为止的109年中，西方帝国主义列强压迫剥削中国人民，给中国人民带来极大苦难，造成中国的贫困落后。为了国家的独立、民主、富强，中国人民前仆后继、英勇顽强地进行了反帝反封建斗争，终于在中国共产党领导下推翻了帝国主义、封建主义和官僚资本主义三座大山，结束了苦难、屈辱的历史。这是已经走过来的历史事实。但是，有些论著却提出异议。例如，认为"殖民化在世界范围内推动了现代化进程"，"没有西方的殖民征服"，中国"将永远沉睡，得不到发展"；鸦片战争打晚了，如果提前到明朝，"我们中国就远不是如此的面貌了"；"中国要富强康乐，先得被殖民150年不为过"。在他们看来，帝国主义侵略不是有罪，而是"有理"、"有功"。与美化侵略的同时，他们竭力否定中国人民的反帝斗争。有些人的逻辑是，西方列强是先进的资本主义国家，中国是落后的国家，落后应该欢迎先进，先进可以帮助落后；如果反抗，就会"让我们中华民族退回到刀耕火种"的社会；抵抗不可取，和才是明智；等等。那么，西方列强侵入中国，究竟给中国带来了什么，是帮助中国实现现代化，还是使中国陷入半殖民地化、殖民地化？

西方帝国主义的入侵，对中国社会产生了巨大的影响。它破坏了中国封建社会的自给自足的自然经济基础，从而促进了商品经济的发展。外国资产阶级为了倾销商品和掠夺原料，为了维护侵略权益，以及生活上的需要，也兴办一些近代工业和设施。但是，我们能据此就去赞颂殖民征服，证明侵略有理、有功？！马克思论述英国在印度的殖民统治时指出，英国在印度造成的社会革命，"充当了历史的不自觉的工具"。有的研究者以此来作为赞颂殖民主义的依据，证明侵略有理、有功。事实上，这是片面曲解了马克思的原意。马克思虽然肯定英国为了掠夺的需要，在印度修筑铁路，举办工业，发展了资本主义，"造成社会革命"，但他旗帜鲜明地对英国在印度的殖民统治给予严厉的谴责，指出那"完全是受极卑鄙的利益所驱使"。他说："当我们把目光从资产阶级文明的故乡转向殖民地的时候，资产阶级文明的极端伪善和它的野蛮本性就赤裸裸地呈现在我们面前，它在故乡还装出一副体面的样子，而在殖民地它就丝毫不加掩饰了。"[1]马克思还明确指出："在大不列颠本国现在的统治阶级还没有被工业无产阶级取代以前，或者在印度人自己还没有强大到能够完全摆脱英国的枷锁以前，印度人是不会收获到不列颠资产阶级在他们中间播下的新的社会因素所结的果实的"；"英国资产阶级将被迫在印度实行的一切，既不会使人民群众得到解放，也不会根本改善他们的社会状况，因为这两者不仅仅决定于生产力的发展，而且还决定于生产力是否归人民所有"[2]。这就是说，英国虽然在印度播下了"新的社会因素"，但更重要的是带给印度人民灾难和枷锁。英国资产阶级只能是在印度实行殖民化，不可能帮助印度实现资本主义近代化。印度的复兴和重建只有靠印度人民自己，只有在摆脱了英国的殖民统治之后，只有在生产力归人民所有之后。马克思对英国统治印度论断的基本精神，同样适用于中国。

中国虽然不像印度沦为英国的殖民地，但是同样遭受帝国主义的侵

---

①《马克思恩格斯选集》第1卷，人民出版社1995年，第772页。
②《马克思恩格斯选集》第1卷，第771—772页。

略，是大大小小帝国主义的半殖民地。近代中国的历史，是中国遭受帝国主义侵略、压迫、剥削、掠夺的历史；正是帝国主义的侵略、压迫和掠夺，造成了中国的贫穷落后。中国虽然产生了资本主义，并有一定程度的发展，但它始终没有能够得到正常的充分的发展。西方列强依仗不平等条约取得的特权，在中国经营了许多企业，不断扩大外资在华的势力，控制中国的经济命脉。据统计，外国在华资本总额的比重：1894年为60.7%，1913年为80.3%，1920年为70.4%，1936年为78.4%[①]。可以看出，外国在华资本比中国资本占有明显的优势。而且在中国资本中，官僚资本逐渐压倒民族资本，民族资本在中国资本总额中所占的比重是十分微弱的。在外国资本的压迫摧残下，中国民族资本无力与之抗衡，许多民族工业逃避不了破产或被兼并的命运。例如，被认为中国自己经营最成功的开平煤矿，就在中外合办的名义下，被英国资本吞并。此后，又挟其优势，兼并了另一家民族资本煤矿——滦州煤矿。轻工业中的棉纺织业是发展较迅速的，但在1918—1927年间，因欠帝国主义债务无力偿还而被拍卖、被吞并的中国纱厂就有7家，20世纪30年代，上海纱厂资本家已开始呼号："究竟中国纱厂的致命伤是什么？"他们自己回答道："痛痛快快地说，中国纱厂的惟一致命伤，在于帝国主义对中国的压迫。""中国纱厂一业的复兴与繁荣，必然在现状变化以后。"[②]抗日战争、解放战争期间，中国民族资本主义工业在日、美等帝国主义势力和官僚资本的压迫下，命运更为悲惨，处于风雨飘摇之中。据统计，近代工业在工农业总产值中所占的比重，1920年为4.9%，1936年为10.8%，1949年为17%[③]。这个数字表明，中国资本主义的发展是很缓慢的，在从鸦片战争到中华人民共和国成立的109年里，我国才积累了17%的近代工业经济，而农业和手工业经济占了83%。小农经济如同汪洋大海，而近代工业只不过是这个大海中的几座孤岛。毛泽东同志深刻指出："这是帝国主义制度和封建制度压迫中国的结果，这是旧中国半

---

① 吴承明：《中国资本主义的发展述略》，《中华学术论文集》，中华书局1981年，第337页。
② 《申报月刊》1935年第4卷第2期。参考汪敬虞：《近代中国社会和中西关系的实质问题》，《近代史研究》1990年第1期。
③ 吴承明：《中国资本主义的发展述略》，《中华学术论文集》，第324页。

殖民地和半封建社会性质在经济上的表现。"①帝国主义还和中国封建主义结合起来，支持反动派作为他们统治中国的支柱。正是由于帝国主义的维护，封建的土地关系、商业高利贷资本和一切资本主义的剥削制度及上层建筑得以继续存在下来。帝国主义使中国沉沦为半殖民地化，又使中国停留在半封建状态。历史事实表明，帝国主义的入侵既没有使中国进入资本主义社会，也没有使中国实现资本主义近代化。不进行反帝斗争，不改变半殖民地的地位，不改变帝国主义在中国的压迫和掠夺，要实现中国近代化是不可能的。

否定中国反帝斗争还有一种"信守条约"论。该"理论"认为，西方列强对中国发动侵略战争是因为中国"违约"。帝国主义靠武力逼迫中国签订不平等条约后，可以随时违背条约，从而再逼迫中国签订条件更为苛刻的新约，以扩大在华的侵略权益。而被侵略和奴役的中国人民稍有不满和反抗，却被指责为"违约"，是以"愚昧"抗拒"文明"。这是一种赤裸裸的强盗逻辑！鸦片战争以后，中国被迫签订一系列不平等条约，就是这一强盗逻辑的体现。其实，在《南京条约》签订后，清政府曾梦想信守所谓"万年和约"，但英法联军的炮火将这一梦想打得粉碎。对于帝国主义以武力强加于中国人民头上的不平等条约，中国人民完全有权反对，有权要求废除，不存在违约不违约的问题。如果按照所谓"信守条约"的说法，中国只有永远沦为帝国主义的半殖民地、殖民地，中国人民只有永远遭受帝国主义的奴役不得翻身。这是一切还有民族良知的人都会懂得的道理。一生为谋求民族独立、维护国家主权而努力奋斗的民主革命先驱者孙中山就曾明确指出，"不平等条约就是我们的卖身契"，"一定要主张废除中外一切不平等条约"②。直到去世之前，他一再强调说："我们中国人的地位，堕落到了这个地步，如果还不想振作国民的精神，同心协力，争回租界、海关和领事裁判权，废除一切不平等的条约，我们中国便不是世界上的国家，

①《毛泽东选集》第4卷，人民出版社1991年，第1430页。
②《孙中山全集》第11卷，中华书局1986年，第337页。

我们中国人便不是世界上的国民。"①他还把这个主张，写进了他的遗嘱。

二 如何看待革命和改良

在中国近代史的研究中，另一个值得注意的问题是，否定人民的反封建斗争，否定革命：对太平天国农民起义、辛亥革命、五四运动直至中国共产党领导的革命，全部给予否定。太平天国起义被说成是把历史"拉向后退"，是"破坏"。辛亥革命、五四运动、新民主主义革命等都是"激进主义思潮"的产物。有的人声称革命不如改良，辛亥革命"搞糟了"，"清朝的确是已经腐朽的王朝，但是这个形式存在仍有很大意义，宁可慢慢来，通过当时立宪派所主张的改良来逼着它迈上现代化和'救亡'的道路，而一下痛快地搞掉，反而糟了，必然军阀混战"。"袁世凯称帝等现象乃是革命的后遗症，是暴力革命这种方式本身带来的问题。因为革命只是一种破坏性的力量，它破坏了一种政治框架之后，并没有提供新的政治框架"。究竟如何看待中国近代史上的革命？这是值得讨论的。

把一场伟大的革命简单地归之于某些人的"情绪化"的"激进主义"思想的产物，归之于某些人头脑中的主观意愿和人为因素的结果，显然是不符合历史实际的。革命不是只凭少数人一时的情感冲动就能发动起来的，也不是只凭某个阶级和政党的意志就能发生的。革命的产生除去革命阶级主观的条件外，必须具有革命的客观形势。没有革命的条件，革命时机不成熟，任何人的"情感激流"，也制造不出革命来。中国近代史上发生的革命，都是客观情势使然。正如列宁所说："要使革命到来，单是'下层不愿'照旧生活下去通常是不够的，还需要'上层不能'照旧生活下去。"②辛亥革命是如此，新民主主义革命也是如此。它们都是代表人民群众的意愿，顺应历史发展的必然趋势。

①《孙中山全集》第11卷，第387页。
②《列宁选集》第2卷，人民出版社1995年，第461页。

以辛亥革命而言，它是民族危机严重和社会矛盾尖锐的产物，是腐朽的清政府不愿意或没有能力抵御外国侵略和领导国内变革的结果。当时我国的客观情势大致可归纳为以下几点：一是遍布全国各地的群众反清运动。20世纪初，清政府声称"量中华之物力，结与国之欢心"，而沦为"洋人的朝廷"。为了维护腐朽的统治，清政府对内实施"新政"，从而加捐增税，勒索人民。广大人民难以为生，民怨沸腾。种种因素，激化了清政府和人民大众的矛盾，抗捐抗税、抢米风潮等各种类型的抗清斗争遍布全国城乡，连绵不断。据统计，从1902年至1911年，各地民变多达1300多次，日趋尖锐的阶级斗争削弱了清政府的统治，使清政府陷于困境，为辛亥革命的爆发创造了客观环境和群众基础。二是清政府一次又一次拒绝立宪派的要求，拒绝速开国会和成立责任内阁的请愿运动，变本加厉地加强了皇族集权，并于1911年组成被称为"皇族内阁"的"责任内阁"。这使得越来越多的立宪派人士对清政府感到绝望，放弃了改良的幻想而投入革命阵营。所谓可以通过立宪派所主张的改良来逼使清政府走上现代化道路的说法，当年就被清政府所粉碎。三是清政府内部满汉权贵之间、汉族官僚集团之间、中央与地方之间的矛盾愈演愈烈，官僚们离心离德。武昌起义爆发后，各省督抚或保持观望，或弃城逃跑，或附和革命，几乎没有人为清政府效忠卖命，与太平天国起义时期的情况大相径庭。对于一个连自身内部矛盾都无法解决、意志难以统一的政府，又怎么能够指望它去化解更为严重的外部矛盾，将社会整合起来，从而领导国家走上现代化的道路呢？当时的清政府，正如孙中山所形容的那样，像"一座即将倒塌的房屋，整个结构已从根本上彻底的腐朽了"，"全国革命的时机，现已成熟"[1]。可见，辛亥革命的发生，是客观情势使然，而不是什么"激进主义思潮"的产物。

近代中国革命，可以说是被外国侵略者和本国反动统治者逼迫出来的。辛亥革命的领导人和不少骨干分子，并非一开始就主张以革命推翻清

---

[1]《孙中山全集》第1卷，中华书局1981年，第254、252页。

政府，而是经历了一条从改良到革命的道路。孙中山曾经说过："可用和平手段即用和平手段，必须用强力时即以强力临之。"[①]事实也是如此。孙中山曾上书李鸿章，试图通过清政府自上而下的改革来挽救民族危亡，实现国家富强。然而事与愿违，孙中山要求改良的愿望换来的却是李鸿章的极其冷漠。这条改良道路走不通，才使孙中山最终坚定了革命的决心。章太炎、秦力山等不少人也是在自立军起义失败前后放弃改良主张，转向革命阵营的。在中国共产党的创始人中，如李大钊、毛泽东等人，早年也曾想以温和、改良的方式来推进中国的发展，只是当他们感到必须以革命的方式才能解决中国的问题时，才提出革命的主张。

革命和改良究竟哪一种好，不能抽象地论定。在一个国家内部的现代化变革中，是采取革命的方式，还是改良的方式，完全取决于这个国家的历史状况、社会政治经济状况、阶级状况等现实国情。对革命、改良的得失，必须作实事求是的具体的分析，完全抹煞革命，一味颂扬改良，是错误的。当一个国家内部需要革命，而革命条件又已具备，在这种情况下鼓吹改良，就不足取，应该给予批评。就近代中国历史而言，无论是戊戌维新运动还是立宪运动，对中国社会发展都曾不同程度地起过积极推动作用。但无论是维新派还是立宪派，以至新民主主义革命时期主张"中间路线"的人士，他们试图以改良方式来解决中国问题的尝试，均以失败而告终。只有中国共产党承续辛亥革命没有完成的任务，领导中国人民进行新民主主义革命，才取得了伟大的胜利，建立了新中国，从而才有可能在社会主义现代化道路上阔步前进。这是客观的历史事实，谁也无法抹煞。

宣扬"告别革命"的人攻击革命的另一个论点是所谓"杀人流血"。这种说法并不新鲜，康有为等改良派攻击孙中山领导的革命就是如此说。当时的革命派对此作了明确的回答，指出："革命不免于杀人流血固矣，然不革命则杀人流血之祸可以免乎？革命之时，杀人流血，于双方之争斗见之。若夫不革命之杀人流血，则一方鼓刀而屠，一方豰觫而就死耳。为国

[①]《孙中山全集》第1卷，第252页。

而死，则吝惜之；为野蛮异族政府所蹂躏而死，则忍受之。何死之不择也？"[1]他们还指出，革命可以"救人救世"，"无革命，则亦无平和，腐败而已，苦痛而已"[2]。对所谓革命"杀人流血"作了有理有力的回答。不用革命，不"杀人流血"，社会永远是平和地发展，当然很好，但这只不过是一种乌托邦式的空想。列宁明确指出："只要社会还分成阶级，只要人剥削人的现象还存在，战争是不可避免的。而要想消灭这种剥削，我们是逃脱不了战争的。战争无论何时何地总是由剥削者、统治者和压迫者阶级挑起的。"[3]被压迫阶级反对压迫阶级的国内战争是合理的、进步的和必要的。不同立场、观点的人对革命的评价自然是不同的，这不足为奇。

否定革命的又一观点是，"革命只是一种破坏性的力量，它破坏了一种政治框架之后，并没有提供新的政治框架"。这种看法显然是不符合历史实际的，没有根据的。任何真正的革命都不仅破坏了原有的政治框架，而且还提供并建立了新的政治框架。孙中山和同盟会领导的革命，要推翻什么政治制度，建立什么政治制度，是很明确的。辛亥革命推翻了清政府，建立了资产阶级共和国。辛亥革命后由于资产阶级共和国的道路走不通，出现了帝制复辟、军阀割据和混战的局面，这不是辛亥革命带来的，而是袁世凯和其他军阀造成的，是帝国主义和封建主义造成的。应当尊重历史事实，不能任意颠倒是非。如果要说辛亥革命的失误，那恰恰是它对旧制度破坏不彻底，没有完成反帝反封建的任务。这就为以袁世凯为首的北洋军阀窃取革命果实和日后的军阀割据和混战留下了隐患。

三 如何看待统治阶级代表人物

随着史学研究的深入，对近代中国的历史人物提出一些新的看法，这

---

[1] 精卫：《驳革命可以生内乱说》，《民报》1906年第9期。
[2] 思黄：《中国革命史论》，《民报》1906年第1期。
[3]《列宁全集》第8卷，人民出版社1986年，第531页。

本是正常现象。然而，现在做翻案文章成为一种时髦，贬林则徐捧琦善，否定洪秀全称颂曾国藩，抑谭嗣同、孙中山美化袁世凯，一方面贬低、否定进步的、革命的人物；另一方面拔高、美化封建统治者、反动派，这不能说是正常的。

对于历史人物的评价，必须以历史事实为依据，必须符合客观历史实际。然而，有的研究者却是凭自己的主观意愿去论述历史人物，严重背离了历史的真实。如赞扬袁世凯推行的经济、政治、外交、文化等各项政策，"反映了当时社会历史发展的总趋势"；由于他在"政治上的宽松政策，陈独秀、李大钊、胡适、鲁迅等一代新文化大师脱颖而出……革命的报刊如雨后春笋般涌现——言论、出版、结社自由；毛泽东、周恩来等老一代无产阶级革命家在北洋时代成长起来"。一个搞专制统治、复辟帝制、把历史拉向后退的历史罪人，却变成为推动中国社会变革发展的民主政治家，历史完全被颠倒了。辛亥革命后，大致是1912年3月袁世凯任临时大总统至1913年3月宋教仁被刺的一年时间里，社会上确是呈现出一派欣欣向荣的景象，民主空气浓厚，政党、社团、报刊大量涌现。但是，这种局面的出现，是辛亥革命的结果，是清皇朝的覆灭、帝制的废除、民国的成立所造成的，不能归功于袁世凯。当时的袁世凯虽还不能不有所顾忌，但实际却是不断地向集权专制的道路上推进。在刺杀宋教仁、镇压"二次革命"后，他集权专制的做法就更明显了：革命报刊被查封停刊，报人遭逮捕、枪杀，当时国内的报刊锐减三百多种，酿成"癸丑（1913年）报灾"。只有专制、强暴，而不是宽松、自由。至于说陈独秀、李大钊等一代新文化大师的"脱颖而出"，毛泽东、周恩来等老一代无产阶级革命家的成长，都得益于袁世凯北洋政府政治上的"宽松"，未免荒唐得可以。

这种不顾历史事实，对统治阶级的代表人物一味称颂、美化的情况，并不少见。例如，有的人对袁世凯的密友和支持者徐世昌，更是大加颂扬，称赞这个晚清重臣、北洋总统坦荡无私，不为利诱，忠于国家，高风亮节，品德节操光明磊落，是推翻旧时代的先行者，是近代中国大政治活动家、经济家、教育改革家等等。然而在其约20万字的传记中，却难以找出对上述谀词给予有力支持的历史事实。

当然，有些研究者也声称是"依据历史事实"而提出的新论断或新观点。问题是所依据的是什么样的"历史事实"。"历史事实"不等于都符合历史的真实，有些"事实"是靠不住的、不可信的，尤其是一些统治阶级代表人物的言论，更需要具体的分析，不仅观其言，更要察其行。如果不加分析地把他们的言论随意用来作为今天研究历史的立论依据，那么即使口是心非的巨奸大恶也会变成为伟大的人物，袁世凯不也把接受日本"二十一条"的卖国活动说成是"以保全国家为责任"的"爱国"之举吗？

历史人物的活动不是孤立地进行的，而是在社会各阶级、阶层、集团的联系和矛盾斗争中展开的，所以必须把历史人物放到特定的历史环境中做具体、全面的考察。如果把历史人物抽象、孤立地加以描述，或抓住某些言行加以片面渲染，以偏赅全，随意拔高、美化，不仅不能揭示其本质，而且将会导致对历史的歪曲。近年来，在一些研究者的笔下，曾国藩几乎成了一代"完人"。有的人对曾国藩在家书中告诫其子弟要"爱民"等思想大加颂扬。但这只是一面，曾国藩还有另一面，就是在镇压农民起义时心狠手辣，不惜滥杀无辜，而在家书中也对其家人强调对造反的农民军必须"斩尽杀绝"，"断无以多杀为悔之理"。因此，不能只说曾国藩"爱民"的一面，而掩盖他杀民的一面。而且对曾国藩的"爱民"，也要与杀民的阶级本质联系起来考察、分析。这样才有可能对这个封建皇朝的"中兴名臣"有全面、本质的认识。

历史上任何一个正面人物或反面人物，都有其复杂性、多面性。即使是圣贤、伟人，要想找出他们的缺点、错误，并不太难；而那些巨奸大恶，也不一定桩桩件件干的都是坏事。但是，这丝毫也不能改变他们各自的基本面貌，不足以推翻已有的定论。不看主流、本质，不从全面出发，只抓住某些个别事例加以渲染、放大，任意贬损或美化，这不是严肃的学风。列宁曾批评说："在社会现象领域，没有哪种方法比胡乱抽出一些个别事实和玩弄实例更普遍、更站不住脚的了。挑选任何例子是毫不费劲的，但这没有任何意义，或者有纯粹消极的意义，因为问题完全在于，每一个别情况都有其具体的历史环境。……如果不是从整体上、不是从联系中去掌握事实，如果事实是零碎的和随意挑出来的，那么他们就只能是一种儿戏，或者连儿戏也不如。"①这对中国近代史的研究是有指导意义的。

上述美化帝国主义的入侵、否定革命、颂扬统治阶级的代表人物等观点的出现，就多数情况而言，是有的人离开了马克思主义的立场、观点和方法来研究历史的结果。任何一个史学工作者，不管他是否意识到，或是否承认，其研究工作都是在一定的历史观和方法论的指导下进行的。马克思主义是科学的理论，在它的指导下，史学才真正成为一门科学。但是，我们也应该看到，在近些年的中国近代史研究中，马克思主义却受到了一些人有意无意的冷遇或排斥，甚至公开声称马克思主义过时了。这一倾向已对中国近代史的研究产生了不良的影响。历史研究任何时候都必须采取科学的、严肃的态度，实事求是的态度。这就必须坚持以马克思列宁主义、毛泽东思想、邓小平建设有中国特色的社会主义理论为指导。马克思主义是迄今为止最科学、最完善的理论，只有运用它的基本观点和方法去分析历史，才能够把握本质，明辨是非，使历史得到最清楚、最全面的解释。我们相信，只要我们坚持以马克思主义的科学世界观为指导，通过健康的百家争鸣，我们的史学研究定会取得更大的成绩。这对于用历史教育人民，特别是教育干部和青年，弘扬爱国主义、集体主义和社会主义主旋律，加强社会主义精神文明建设，必将发挥更为健康积极的作用。

（原载《人民日报》1996年8月27日）

---

① 《列宁全集》第28卷，人民出版社1990年，第364页。

政治是历史的脊梁

在同白寿彝老师的一次谈话中，曾经谈到什么是历史的中心的问题。寿彝老师认为：历史主要是写政治，政治是历史的脊梁，经济虽是基础，但要受政治的制约，文化更要受政治的制约，文化不能作为历史的中心。话虽不多，但很精辟。听了之后，甚受启发。这里结合教学和科研工作中遇到的问题，谈一点体会。

自从80年代"文化热"以来，"文化"一词很是时兴，无论什么，都要加上"文化"二字，诸如鬼文化、水文化、厕所文化等等，不一而足。似乎冠以"文化"二字，便有了文化的品位，于是乎也就高雅、深刻了。文化和教会的上帝差不多，无所不在，无所不能，主宰一切。究其实是把文化泛化了，既不能解决实际问题，也不能因此就臻于高深，弄不好会使文化庸俗化。

在历史研究中，近些年来较为流行的是文化史观——文化决定论或文化中心论。一个明显的例子是关于太平天国和湘军的评论。有的研究者认为，曾国藩的湘军镇压洪秀全的太平天国，是儒学文化和基督教文化的斗争，前者能够战胜后者，表明儒学文化的胜利，因为"有本者昌，无本者竭"，有了儒学文化这个"本"，就可以无往而不胜。而洪秀全和太平天国之所以失败，就在于是外来的基督教文化，失去了儒学文化这个"本"。照此说来，一场深刻的阶级斗争就变成了"文化斗争"，而湘军的胜利和太平天国的失败也是儒学文化和西方基督教文化斗争的结果。显然，这不符合历史实际。

太平天国是中国历史上最后一次大规模的农民起义，它先是颁布了《天朝田亩制度》，其后又颁布了《资政新篇》，要推翻腐败的清皇朝，"革故鼎新"，建立"有田同耕，有饭同食，有衣同穿，有钱同使，无处不均匀，无人不饱暖"的理想社会。太平军在从金田起义到定都南京的征途中，坚决镇压和打击官僚、豪绅、地主，焚烧粮册、田契、借券，对封建统治秩序进行了扫荡。他们对人民群众爱护备至，"所过之处，以攫得衣物献给贫民……谓将来概免租赋三年"①。这使太平军受到群众的热烈欢迎和拥护，连反对者也不得不承认，太平军至，"争迎之，官军至皆罢市"，"乡民处处助贼打仗"②。无须多加论证，仅此就可以说明太平天国起义绝不是基督教文化与儒学文化的斗争，而是农民反对地主阶级的阶级斗争。它的失败也是由于清政府和外国侵略者勾结起来进行镇压，以及农民阶级固有的局限性，而不是什么儒学文化和基督教文化斗争的结果。如果儒学文化真的有那样大的威力，依靠它就能战胜所谓基督教文化的太平天国，"有本者昌"，那么同样是儒学文化的清政府，在同一时期，为什么却打不赢地道的基督教文化的英法联军？儒学是清政府的官方统治思想，可谓"有本"，然而在基督教文化的英法联军面前却"昌"不起来，而是"竭"了下去，那个咸丰皇帝只好携带后妃、臣属仓惶逃往热河。其实早在20年前鸦片战争时，儒学在基督教文化的英国侵略军面前就败下阵了。看来把文化作为历史的中心，认为文化可以起决定作用，只不过是唯心史观的观念论罢了。大学士倭仁反对学习西方的技艺，提出"立国之道尚礼义不尚权谋，根本之图在人心不在技艺"，并说"以忠信为甲胄，礼义为干橹"。他的这种迂腐的主张，在19世纪60年代已经不适时宜了，遭到恭亲王奕䜣等人的批驳。而今已是20世纪末，即将跨入21世纪，却仍然在鼓吹有了儒学的指导就"有本者昌"，就可以无往而不胜，岂不是历史的倒退！

在社会历史发展的过程中，文化有其相对的独立性。但是，文化并不

---

① 张德坚：《贼情汇纂》，中国史学会主编：《太平天国》第3册，上海人民出版社1957年，第271页。
② 张德坚：《贼情汇纂》，中国史学会主编：《太平天国》第3册，第272、275页。

是什么游离于社会之外的虚无缥缈的东西，不是纯粹观念的产物，它是一种社会观象，是一定社会的经济和政治的反映。文化和社会分不开，它本身就是社会的一个组成部分。文化是随着社会的发展变化而发展变化的，古往今来没有哪一种文化能够离开社会而孤立地存在和发展。而文化对于社会也发挥其应有的作用，或者阻碍社会的进步，或者促进社会的发展。文化这种社会性，在半殖民地半封建的近代中国，表现得很明显。

中国近代文化的产生、发展，并不像西方近代文化那样伴随着资本主义而产生、发展，而是在资本主义还没有产生就遭到西方资本主义国家入侵的情况下吸收西方文化而形成的。1842年清政府在鸦片战争失败后，魏源撰《海国图志》，提出"师夷长技以制夷"，显然学习西方的"长技"是为了抵御西方的侵略。姚莹撰《康𬨎纪行》，也明确表示学习西方是"喋血饮恨，冀雪国耻"。1894年至1895年的中日战争是中国近代史的一个转折点，也是中国近代文化的转折点。清政府在战争中的惨败，随之而来的是亡国灭种之祸迫在眉睫。极大的社会动荡和刺激，促使人们去思考、去探索。此时，中国资本主义有了一定的发展，新的经济和新的资产阶级成了社会基础。康有为呼吁"救亡图存"，孙中山揭橥"振兴中华"，维新、革命成为这时期的社会政治潮流。社会政治浪潮影响并推进了文化的发展。随着救亡图存、振兴中华的爱国主义运动的蓬勃开展，一个新的文化运动也在兴起和发展，"文学救国"、"教育救国"、"科技救国"等口号一个接一个地被人们提了出来，"诗界革命"、"文体革命"、"小说界革命"、"戏剧改良"、"史界革命"、军国民教育思想以及白话文运动等接踵而起，进化论、民权平等思想成为文化各具体领域的指导思想，并用它来批判传统文化中腐朽的东西，批判封建伦理纲常。正是急剧的社会动荡和激烈的政治斗争，推动了近代文化的发展变化。由此可见，文化和社会经济、政治的关系是密不可分的，是社会经济、政治的反映。

美国著名学者塞缪尔·亨廷顿在前几年曾发表《文明的冲突》一文，引起了国际上强烈的反应。这篇文章认为未来国际冲突不是经济的、意识形态的冲突，而是西方文化和儒学文化、伊斯兰文化的冲突。显然是把文化作为社会的中心，是起决定作用的。在历史上，文化不居于中心地位，不起决定作用，在现实社会里，文化同样不居于中心地位，不起决定作用。在现实国际社会中，首要的是经济、政治利益，美国向他国推销其价值观、文化，也是为了实现其经济、政治利益。前些年发生的海湾战争，其根本因素也不是所谓伊斯兰文化和西方文化的冲突。亨廷顿在《文明的冲突》这篇文章的基础上撰成《文明的冲突与世界秩序的重建》一书，对他在"文章中提出的问题提供一个充分的、深刻的和更详尽论证的解答"。尽管他在书中仍然力图说明根本因素是伊斯兰文化和西方文化的冲突，但也不能不承认"海湾战争是冷战后文明间发生的第一场资源战争"。他说："最关键的问题是：世界上最大的石油储备，将由依靠西方军事力量保护其安全的沙特政府和酋长国政府控制，还是由有能力并有可能利用石油武器反对西方的独立的反西方政权的控制？西方未能推翻萨达姆·侯赛因，却获得了某种使海湾国家在安全上依赖西方的胜利。战争之前，伊朗、伊拉克、海湾合作委员会和美国曾为获取对海湾地区的影响展开了竞争。战争之后，波斯湾变成了美国的内湖。"①这里认为这场战争的关键是争夺对"世界上最大的石油储备"的控制权，"战争之后，波斯湾变成了美国的内湖"，都说到了实质所在。但是，亨廷顿却又把这场战争归之于"文明间"的战争，未免自相矛盾。同是伊斯兰文化的国家，为了石油等经济的、政治的利益，彼此之间可以打起仗来，也可以支持、参与美国组织的对伊拉克的战争，这正说明，海湾战争的根本因素不是由于伊斯兰文化和西方文化两种"文明间"的冲突，而是经济、政治利益的冲突。

亨廷顿教授的观点在国际上曾遭到不少学者的批评。美国波士顿大学政治学教授、哈佛大学科学和国际事务中心研究员沃尔特·克莱门斯发表的文章中指出，亨廷顿夸大了文明之间的冲突，"这个世纪的大冲突都不是文明冲突引起的"。他列举了一系列史实证明："1914年，信奉新教的柏林与信奉天主教的维也纳和信奉伊斯兰教的伊斯坦布尔结盟。信奉正教的

---

① [美] 亨廷顿著、周琪等译：《文明的冲突与世界秩序的重建》，新华出版社1998年，第282页。

俄国同信奉天主教的法国和多数信奉新教的英国结盟。信奉正教的塞尔维亚反对信奉天主教的奥地利，但是与信奉正教的保加利亚交战"；"第二次世界大战中的侵略者（意大利、德国、日本）尽管有不同的传统，但仍能合作。后来希特勒袭击苏联，英国首相丘吉尔没有问斯大林是不是正教徒或者甚至问他是不是共产党人，立刻向莫斯科建议联合起来对付共同的敌人"；"后来的冷战与不同的文化没有什么关系。那是霸权之争"；"穆斯林和犹太人都说自己是亚伯拉罕的后代，他们既为争夺圣地而斗，也为土地和资源而斗"。他认为，"文明之间的裂缝比之国际事务中的其他一些因素，只是第二位的或者第三位的。现在同以往一样，国家之间的合作或者冲突是以设想的利益为基础的"①。这些论断，是符合客观实际的。

一个国家的文化对他国产生影响，不是仅靠文化自身，而是与其国力分不开的。国力的强盛不仅是文化成就、繁荣的基础，而且也是它对外产生影响的基本条件。中国汉、唐强盛时，许多国家来进行经济、文化交流，并接受了中国文化的影响。直到17、18世纪，中国文化还对欧洲产生了影响。19世纪以后，中国衰落，而欧洲资本主义发展，尤其是英国成为"海上霸王"。西方"资产阶级，由于一切生产工具的迅速改进，由于交通的极其便利，把一切民族甚至最野蛮的民族都卷到文明中来了。……一句话，它按照自己创造出一个世界"②。西方文化也就这样在殖民地、半殖民地国家传播。当今的美国称霸世界，推行其价值观、文化，也是凭借其国力。

所谓国力，是经济、政治、军事、文化等的综合体现。经济是基础，社会的发展归根到底要靠经济的发展。这也是国力强弱的根本所在。而政治是经济的集中表现，又反作用于经济。没有离开经济的政治，也没有离开政治的经济。经济的发展需要政治的保证。在我们进行社会主义现代化建设过程中，邓小平、江泽民同志都反复强调了这一点。江泽民同志说："搞经济建设，搞现代化建设，必须有政治保证"；"四项基本原则是保证经济建设和改革开放最根本的政治条件"；"没有强有力的政治保证，经济

①《参考消息》1997年1月21日。
②《马克思恩格斯选集》第1卷，第276页。

建设是搞不好的"①。这不独现在为然，过去也是如此。中国近代实业家张謇根据他自己的经验体会，就认为"实业之命脉，无不系于政治"。中国历史上所谓"之治"、"盛世"，原因不只一端，但无疑都是由于有了"明君"、"贤臣"，吏治相对清明，能够励精图治，善于做出有利于社会稳定、生产发展等的决策。而在皇朝衰世时，则无不吏治腐败，政事因循息忽，贿赂公行，奢侈浪费，苛捐杂税，民生凋蔽，社会生产力遭到破坏，阶级矛盾和斗争尖锐，终于爆发了农民大起义。这都表明政治在社会历史中所占有的重要地位和作用。

恩格斯在1883年为《共产党宣言》所写的序言中指出："每一历史时代的经济生产以及必然由此产生的社会结构，是该时代政治的和精神的历史的基础；因此（从原始土地公有制解体以来）全部历史都是阶级斗争的历史，即社会发展各个阶段上被剥削阶级和剥削阶级之间、被统治阶级和统治阶级之间斗争的历史。"②他在1888年英文版序言中再次申明了这个思想，并指出这是"构成《宣言》核心的基本思想"③。在《宣言》中，马克思和恩格斯还提出了"一切阶级斗争都是政治斗争"的著名论断。由此可见，阶级和阶级斗争学说是马克思主义的一个基本原理。如果坚持马克思主义对史学研究的指导，那就离不开阶级分析方法和阶级斗争学说。不能一方面标榜以马克思主义唯物史观为指导，一方面又指责一些中国通史主要是写阶级斗争，断言阶级和阶级斗争学说过时了，用阶层来代替阶级。列宁说得好："阶级关系——这是一种根本的和主要的东西，没有它，也就没有马克思主义。"④

（原载北京师范大学史学研究所编：《历史科学与理论建设
——祝贺白寿彝教授九十华诞》，北京师范大学出版社1999年）

---

① 中共中央宣传部编：《讲学习、讲政治、讲正气》，学习出版社1996年，第345—347页。
②《马克思恩格斯选集》第1卷，第252页。
③《马克思恩格斯选集》第1卷，第257页。
④《关于党的统一和无政府工团主义倾向的报告》，《列宁全集》第41卷，人民出版社1986年，第92页。

要重视近现代史研究的历史观和方法论问题

80年代以来，近现代史研究取得了很大的成绩，思想也很活跃，纠正了过去我们研究中的一些简单化、绝对化、片面化的倾向。

但是，在思想活跃中也有多种多样的说法和议论，这不奇怪，因为都在探讨。这里我举些例子。

有一些文章认为，中国近现代史是世界史中的近现代史，要从世界近现代史的角度看中国近现代史。如果没有近代西方殖民征服，人类特别是东方各民族所有的优秀自然资源将永远沉睡，得不到发展。这是一种看法。

也有人认为，西方国家来中国是帮助中国发展的，不反帝中国也能够发展。有些文章还列举了一些数字，说袁世凯时期，或者后来蒋介石的国民党政府时期，都是中国经济发展最快的时期，由此可以看出，在半殖民地半封建的情况下，中国照样可以发展经济。不反对帝国主义也可以发展经济。

与此相联系，对反侵略战争也有不同的看法。有人提出了反侵略战争究竟有没有必要的问题，比如中法战争，有些论著就认为完全没有必要，中法战争对越南没有好处，对中国也没有好处，其结果是中国沦落。对义和团的反帝运动也有不同的看法，说当时中国衰弱，既然打不过人家，就不要打了。每打一次的结果都是更加沦落。

也有人讲，抗日战争没有什么必要，在伪满洲国日本人搞了工业、铁路，如果不去抵抗，让日本人进来，也许中国今天已经现代化了，跟日本差不多了。有人甚至认为，亡国还可以得到西方的恩惠。中国要富强康乐，先得被殖民100年。这是一种看法。那么到底怎么认识近代的帝国主义侵略和中国反抗侵略的战争？

另外，有人认为，过去讲中国近现代史主要是讲反帝反封建，革命年代那样讲是必要的，但现在是改革开放的年代，应当以新的视野来研究中国近现代史，不必或者不应该再讲反帝反封建的斗争，而是要讲近现代史上的改革开放。有些报刊在组稿中也明确向作者提出，你就写近现代是怎么改革开放的。这就涉及近现代史上的一些历史人物，包括奕䜣、曾国藩、李鸿章、袁世凯等等，都拉入到改革开放的视野中去考察，作出一些评价，当然跟过去的一些评价就不一样了。

还有一种观点认为，革命不如改良，辛亥革命是过激主义，戊戌变法也是过激主义。辛亥革命的结果是中国出现军阀混战。当时清政府虽然腐败，但毕竟在搞新政，如果让清政府慢慢搞下去，中国今天也就现代化了。

还有人认为，从政治、经济的角度来研究中国近代史是浅层次的，只有用文化来解释中国近现代史才是深层次的。中国近现代史的根本问题是中西文化冲突。

还有人明确提出，马克思主义的标签过时了，要回到30年代，但回到30年代的具体含义是什么，没有说明。

总之，在我自己有限的接触里面看到有上述各种各样的观点。用什么思想去指导近现代史的研究，我觉得这个问题值得讨论。对这些问题怎么看，从事近现代史和革命史研究和教学的同志都会遇到，学生也会提出这样那样的问题，比如有的学生就提出香港割让出去很对呀，香港不割让出去哪有今天的繁荣呢？对这些问题怎么认识，怎么看？不明白这些问题，老师怎么回答，怎么解释？怎么回答对，怎么讲就不对？这些问题在教学中更加实际一些，研究中可以不理会这些问题，只管研究自己的课题，但老师在教学中就回避不了。对这些问题大家都很关心，今天的会议就是对此进行一些研讨。学术讨论完全贯彻双百方针，百家争鸣，各抒己见，不同的看法都可以互相探讨。

（原载《高校理论战线》1995年第8期）

中国近代史研究随想

十几年来，中国近代史的研究有很大发展。在注意克服片面性、简单化的偏向，发扬马克思主义实事求是优良学风的情况下，中国近代史的研究不仅是一些原来研究基础较深厚的事件和人物，如太平天国、辛亥革命、洪秀全、孙中山等等，得到加深，而且拓展了研究的角度和领域。如被认为中国近代史研究中最薄弱、最繁难的经济史，十多年来迅速发展，触及的方面也相当广泛，诸如中国资本主义和资产阶级产生、发展和特点，农业资本主义的发展及其特点，外国资本主义对中国的经济侵略，清政府和北洋政府的财政、经济政策、赋税结构，民族地区的经济发展，以及人口问题等。近代城市史的研究，可以说是新开拓的领域，象上海、天津、重庆、武汉等城市都有专门研究，有的已有专著出版。近代文化史的研究虽起步较晚，但也取得了成绩。就研究的方面说，所涉颇为广泛，如探讨近代文化的特点、发展过程和结构的变化、历史地位，论述"中体西用"论、"西学中源"论、"中西会通融合"论、国粹主义、无政府主义等文化思潮，探讨中西文化的冲突、融合和新文化的发生发展，研究各个历史时期的文化和区域性文化，研究重要人物的文化观等。其他如军事史、社会史、中外关系史的研究，也都取得了进展。正是由于近代史研究在深度和广度上都有大的发展，所以成果大量增加。十几年来，发表、出版的论文、著作、译著很多，想看也看不完。

学术研究没有止境。中国近代史研究虽然成绩很大，但不等于没有问题了、不存在什么不足了。这里想说一点想法，有的问题过去也曾说过，还想重提一下。所谓随想，不过是想到什么写什么，自然既不全面，又不系统。

需要加强理论性问题的研究。长期以来，对于有关中国近代史理论性问题的研究，没有引起人们应有的注意和重视，显得很薄弱，有分量的论著极少。例如，关于中国半殖民地半封建社会形态的研究。毛泽东在《中国革命和中国共产党》一文中，曾对这个社会的特点作了精辟的概括。但是，这不能代替对它进行系统深入的研究，包括对经济、政治、文化各个方面的分别研究和综合研究。1946年王亚南的《中国经济原理》出版，1957年增订重版，并改名为《中国半封建半殖民地经济形态研究》。这部著作无疑具有开创性的意义，也产生过影响。但也正因为是"始生之物"，难免有不完善、不足之处。遗憾的是，距这部书增订重版30多年后，还没有一本关于中国半殖民地半封建社会经济形态的新著问世。至于中国半殖民地半封建政治形态和文化形态的研究，则几乎是空白或半空白。又如，外国资本主义侵略和近代中国社会发展的问题。国内外有些研究者认为，中国的封建社会处于静止的停滞不前状态，靠自身力量不能进入近代社会，没有这种"文化基因"，"只有西方的入侵才能带来进步的因素"。这里给我们提出了不少值得探究的理论性问题，如这种"文化基因"论究竟对不对，如果说只有靠外国资本主义入侵带来的"文化基因"才能打破中国社会停滞状态，那么，对于外国资本主义的殖民侵略应当如何认识和评价？中国近代社会发展的动因又是什么？由此而来的是如何看待反侵略、改革、革命，以及爱国主义的问题等。诸如此类的问题，不仅在于弄清事实，而且需要从理论上来探讨。

中国近代史的结构问题。有关中国近代史的系统著作，尤其是教材，出版很多。但是，几乎都是以一个个大事件为中心，纪事本末式地叙述其过程，按事件时间顺序依次排列。中国近代社会错综复杂，动荡而变化急剧，多样而非单一。事实上按照上述的框架结构来编撰，难以反映出近代历史的全貌，给读者造成一种单调贫乏的错觉。多少年来，不少研究者议论及此，也试图改变现有的模式，有所创新，但至今仍没有解决好。中国近代通史应当是一个什么样的结构，才较为科学、合理，是一个需要探讨的问题。

近代文化史还有待具体深入地研究。在"文化热"的那些岁月里，文化和文化史的研究既有成绩，也存在不少问题。譬如，有的研究者就感觉文化问题越说越玄虚，莫测高深。然而就文化史来说，应当是具体的，而不是玄之又玄的东西。就说西学吧，它在近代中国是怎样传播的，具体内容是些什么，在近代中国社会产生什么影响，与中学是怎样又冲突又融合的。又如传统文化在近代发生了什么变化，儒学中的古文经学、今文经学、程朱理学、陆王心学在近代的状况如何，各派之间的关系又是怎样的。还有象诸子学、佛学等在近代的状况，都需要具体深入地研究。没有具体深入的研究，只能始终是模模糊糊，若明若昧而已。

（原载《史学理论研究》1992年第2期）

中国近代史研究的几点思考

一　应当重视中国近代政治史的研究

中国近代政治史的研究，在一段时间里，相对而言，显得有些被冷落。20世纪80年代以来，先是中国近代文化史研究的兴起，并成为热点。回顾过去中国近代史的研究，着重在革命史、政治史，觉得有拓宽领域的必要，于是文化领域受到人们的关注。但是在"文化热"中，又出现贬政治史的现象，有的研究者认为政治史的研究是浅层次的、表象的，只有文化的研究才能进入历史的深层，才是中心。随后，中国近代社会史也引起学者们的兴趣，对它的研究方兴未艾。但是，也出现贬抑政治史研究的倾向，甚至有主张用社会史取代历史的。这些说法是否确切，是值得推敲的。我虽是研究中国近代文化史，但并不认为文化是历史的中心。在同白寿彝教授的一次谈话中，曾经谈到什么是历史的中心的问题。白先生认为：历史主要是写政治，政治是历史的脊梁，经济虽是基础，但要受政治的制约，文化更要受政治的制约，文化不能作为历史的中心。话虽不多，却很精辟。

美国著名学者塞缪尔·亨廷顿在前几年曾发表《文明的冲突》一文，在国际上引起了强烈的反应。这篇文章认为未来国际冲突不是经济的、意识形态的冲突，而是西方文化和儒学文化、伊斯兰文化的冲突。显然，这是把文化作为社会的中心，认为文化是起决定作用的。不论是历史上还是现实社会中，文化无疑有其应有的作用，但它不居于中心地位，不起决定作用。就现实国际社会而言，首要的是经济、政治利益，美国向他国推销其价值观、文化，也是为了实现其经济、政治利益。海湾战争，其根本因素也不是所谓伊斯兰文化和西方文化的冲突。亨廷顿在《文明的冲突》这篇文章的基础上撰成《文明的冲突与世界秩序的重建》一书，对他在"文章中提出的问题提供一个充分的、深刻的和更详尽论证的解答"。尽管他在书中仍然力图说明海湾战争的根本因素是伊斯兰文化和西方文化的冲突，但也不能不承认"海湾战争是冷战后文明间发生的第一次资源战争"。他说："最关键的问题是：世界上最大的石油储备，将由依靠西方军事力量保护其安全的沙特政府和酋长国政府控制，还是由有能力并有可能利用石油武器反对西方的独立的反西方政权的控制？西方未能推翻萨达姆·侯赛因，却获得了某种使海湾国家在安全上依赖西方的胜利，并扩大了和平时期在海湾的军事存在。战争之前，伊朗、伊拉克、海湾合作委员会和美国曾为获取对海湾地区的影响展开了竞争。战争之后，波斯湾变成了美国的内湖。"①这里认为这场战争的关键是争夺对"世界上最大的石油储备"的控制权，"战争之后，波斯湾变成了美国的内湖"，都说明了实质所在。同是伊斯兰文化的国家，为了石油、战略地位等经济的、政治的利益，彼此之间可以爆发战争，也可以支持、参与美国组织的对伊拉克的战争。这正说明，海湾战争的根本因素不是由于伊斯兰文化和西方文化两种"文明间"的战争，而是经济、政治利益的冲突。

贬抑中国近代政治史研究的一个缘由，是有些研究者认为以往中国近代史写的政治史，是阶级斗争史，有的人甚至指责为"以阶级斗争为纲"。恩格斯在1888年为《共产党宣言》英文版所写的序言中指出："人类的全部历史（从土地公有的原始氏族社会解体以来）都是阶级斗争的历史"，是"构成《宣言》核心的基本思想"②。如果坚持马克思主义对历史研究的指导，那就离不开阶级分析和阶级斗争学说。至于将阶级斗争等同于"以阶

---

① [美] 亨廷顿著、周琪等译：《文明的冲突与世界秩序的重建》，第282页。
②《马克思恩格斯选集》第1卷，第257页。

级斗争为纲",那是对不同性质问题的混淆。

对于中国近代政治史研究的弱化,还因为以往史学界着重于从鸦片战争到解放战争这些重大事件的研究,成果颇多,再做研究起点较高,向前推进难度较大,要下更大的功夫。然而这些大事件也不是没有可以继续研究的,还有不少问题没有完全弄清楚,有些问题也有待深入。即如孙中山,近些年又陆续发现一批有关的资料,还没有很好地加以运用研究;关于他的思想等方面的评论,研究者的见解也颇有分歧;何况迄今尚未有一部学术价值高的、有分量的传记。

重大事件自是中国近代政治史的重要内容,但不等于中国近代政治史,不是它的全部内容,中国近代政治史的内容是很丰富的,不应当忽视。中国近代文化史、社会史的研究,扩展了中国近代史的领域,无疑是有意义的。但不宜扬此抑彼,政治、经济、文化乃至军事、外交等都同样需要研究,都有研究的必要和价值。

二 注重微观研究,也要重视综合研究

近些年来中国近代史的研究趋向细化,具体问题的研究受到重视,取得了可喜的成绩。具体的、微观的研究很有必要,这是综合研究的基础,但是过分细化就会流于"碎化"。近代中国100多年的历史,时间不长,人、事繁多,对全部细节或微小问题逐一加以研究,既不可能,也没有必要,即使研究了,也说明不了什么问题。细化的研究需要斟酌所择取的题目有没有研究价值,而有研究价值的题目也不应只是就事论事、叙事清楚,还要将它置于大背景中来考察,以小见大,说明问题。

在具体的微观研究的基础上,要注意开展综合的研究。长期以来,中国近代史分门别类的研究、专题的研究,已经做了不少,有条件做综合的研究。

在我们的研究工作中,分科、分专业,文学、史学、哲学等等各自属

于不同的学科门类。在历史学中，又有中国古代史、中国近代史、世界史以及各种专门史之分。而研究中国近代史的人，又有专攻某一重大历史事件之别。这种分工过于狭窄，过于专门，不利于历史学科的发展，不利于人才培养，不利于出精品，也难以做综合的研究。中国历史上的人物不少都通晓经、史、子、文学、佛学等，对他们的研究不能仅限于一个方面，应当是全面的。例如魏源，在中国近代史、思想史的著作中，主要是写他的经世思想，尤注重于《海国图志》及其名言"师夷长技以制夷"。魏源的经世思想，他的具有代表性的名著《海国图志》，无疑要着重论析。然而魏源博学多闻，年轻时醉心阳明心学，好读史书，后随父至京师，从胡承珙问汉儒家法，问宋学于姚学塽，学《公羊》于刘逢禄，晚年又修禅礼佛。他一生著述甚多，除《海国图志》外，如《曾子章句》、《大学古本》、《庸易通义》、《说文儗雅》、《小学古经》、《两汉经师今古文家法考》、《老子本义》、《孙子集注》、《董子春秋发微》、《诗古微》、《书古微》、《圣武纪》、《元史新编》、《古微堂内外集》等，涉及经、史、子、佛学、诗文，仅经学又及今古文、汉宋学。要对魏源有精深的研究，不能只谈论某些方面，需要综合的研究。这关乎研究者的知识结构问题，应有"通识"的要求。一个学科也有上下通、左右通的问题，要力求改变过于专门、相互割裂的状况。

三 现实与历史不能混同

今天的中国由历史的中国发展而来，现实和历史不能割断。历史的研究者都是生活在现实社会的，现实社会中的问题无疑会引发研究者去思考历史。但是，现实和历史不能等同，二者既有联系又有区别，这是无须赘述的常识，似乎是很明白的。然而在实际研究中，二者的界限却时常被混淆。例如，20世纪70年代末以来，进行社会主义现代化建设，以经济建设为中心，改革开放，引进外资等等，于是有的研究者就以此去反思历史，阐释历史，认为近代中国100多年里，西方列强在中国倾销商品、投资建厂、开矿筑路、掠取原料……是帮助中国实现现代化，应当欢迎他们进来，不应该反抗，如果当年不把帝国主义赶出中国，中国现在就可能现代化了。

出现这种说法，原因不止一端，但其中有一点，就是将历史与现实混淆起来，将现实中进行的现代化建设、对外开放与近代史上的外国人侵混为一谈。近代史上的所谓"开放"，外国人在中国的投资设厂等等，与现在改革开放、引进外资不能混为一谈，必须历史地去看待它。中国近代社会是半殖民地半封建社会，西方列强通过对中国进行的侵略战争，迫使清政府签订了一系列不平等条约，取得了在华政治、军事、经济、外交、文化等方面的许多特权，把持了中国的财政和经济命脉，操纵着中国的政治和军事力量。而现在的社会主义现代化建设、对外开放、引进外资等，其历史背景是中国共产党领导中国人民推翻了三座大山，结束了半殖民地半封建社会的历史，建立了新中国，并进行数十年社会主义改造与建设。中国今天的对外开放、引进外资等是独立自主的，不允许外国附加任何条件，外国人在中国从事经商投资等活动，必须遵守中国的法律。有中国特色的社会主义社会与半殖民地半封建的近代中国相比，其社会性质根本不同，不能以现在的情况和观念硬往历史上套，将历史与现实同等看待。

又如我们现在说和平和发展是当今世界的两大主题；国内以经济建设为中心，强调稳定、安定团结。于是有些研究者就以之去阐释历史，认定中国古代社会发展缓慢，不能走向现代化，就是因为农民战争破坏了稳定，破坏了经济；近代中国没有实现现代化，是革命的结果，革命革糟了，只有改良才能使中国现代化。历史上为什么会发生农民起义、革命，它们是否只是破坏，这些问题不用多说，如果不存偏见，并不难公正地回答。拿现实去规范历史，用现代人的思想去要求历史人物，这不是马克思主义的历史观。研究历史需要用历史观点观察问题，"在分析任何一个社会问题时，马克思主义理论的绝对要求，就是要把问题提到一定的历史范围之内"①。

四　要重视历史教育

历史教育包括学校的历史教育和学校以外的广大人民群众和干部的教育，它对提高全民族的思想、文化素质是不可缺少的。邓小平同志强调："我们要用历史教育青年，教育人民。"②

历史学要在提高民族思想、文化素质上发挥作用，就不能局限于专门学术研究方面。历史研究对于提高学科学术水平、发展历史科学当然很重要，但只做提高方面的工作是不够的，还要重视历史教育，做普及方面的工作。史学工作既要提高又要普及，是两手问题，两手都要抓，两手都要硬。现在的问题是提高方面比较硬，史学工作者注重撰写学术专著，发表学术论文；而这与评职称、提高自身地位等等都有关系。普及工作得不到重视，认为是小儿科，不算学问，评职称也不算数，这种思想观念和实际问题影响了史学工作者对普及的重视，削弱了历史教育。

在知识普及方面，科技工作者做得比较好，出版了许多科普书籍和影视片，实际效果也很好。相形之下，历史工作者就做得不够。从学科要求上说，历史工作者对历史普及、历史教育也要重视，学问不能只停留在专家圈子里。我们的历史著作不用说一般青少年不看，就连干部也没有多少接触。因为这些书籍、论文太专门，难懂，人们读不下去，引不起兴趣。一个学科、一门学问如果离开群众，离开社会，恐怕是很难生存的。

事实上，广大群众和干部并不是不喜欢历史，不需要历史，而是缺少适合他们喜欢的读物或影视片。史学工作者忽视的历史普及工作，影视工作者却很重视。他们编了许多历史题材的影视剧，有正剧，有"戏说"，吸引了众多的观众。但是，这些历史题材的影视剧，存在着随意编造历史

①《论民族自决权》，《列宁选集》第2卷，第375页。
②《用中国的历史教育青年》，《邓小平文选》第3卷，第206页。

的严重问题，不仅给观众以歪曲了的历史知识，而更重要的是给予观众错误的历史观、价值观，危害很大，应当受到史学工作者的关注。

值得关注的是青年中历史知识薄弱。据2001年2月在北京、上海、武汉、深圳四个城市对14岁—28岁1065名青少年的调查中，历史试题25道，每道4分，以百分计算，平均分为27.69，及格率只有1.5%。其中有一道题是"谁在1860年烧毁中国的圆明园"，只有31.8%的人答是英法联军，大部分人的回答是八国联军。而在中学的历史教学中，有的教学大纲存在着明显的科学性问题，如不写太平天国，却将太平军打洋枪队归之于反侵略斗争；近代化的开端有洋务运动，但没有民族资本企业；将辛亥革命与洋务运动同归于近代化，贬损了其历史地位和作用；等等。历史教育的薄弱，甚至误导，其后果堪忧，史学工作者有责任加强历史普及和教育的工作。

（原载《云南大学学报〔社会科学版〕》2002年第3期）

中国近代以来的社会变革

1840年鸦片战争以后，中国由一个独立的封建国家逐步沦为半殖民地半封建国家。直到1949年，中国人民在中国共产党领导下，推翻了帝国主义、封建主义、官僚资本主义三座大山，建立了中华人民共和国，才改变了半殖民地半封建的社会地位，结束了这段灾难深重的、屈辱的历史。

一百多年的中国近代历史，既是屈辱的历史，也是抗争的历史，探索的历史，要解决的主题是独立、民主、富强，即反帝反封建和实现近代化（现代化）。近代社会的变革，不论是对外反抗西方列强的侵略，还是对内的维新、革命，从旧民主主义革命到新民主主义革命，都是围绕这个主题进行的。这里主要讲反帝反封建斗争和近代化、社会变革与思想文化两个问题。

一　反帝反封建斗争和近代化

中国近代社会变革，首先遇到的问题是：近代化和反帝反封建斗争的关系，实现近代化要不要进行反帝反封建斗争，不进行反帝反封建斗争能不能实现近代化，这一直存在着不同的认识和主张。

鸦片战争以后，先进的中国人不断在探索救国救民的道路，提出各种变革中国社会的方案和主张。归结起来，大致有两种方式或道路。

（一）武力反抗、革命的道路

太平天国起义。从1851年1月广西金田起义开始，到1864年天京（南京）失陷为止，前后坚持了14年，势力发展到18个省，并建立了与清政府长期对峙的政权，颁布了《天朝田亩制度》，描绘了人间"天国"的蓝图。太平天国起义动摇了清皇朝封建统治的基础，有力地打击了西方侵略者，充分显示出农民阶级的革命性。

然而，农民阶级不是新式生产力的代表，他们无法克服自身固有的阶级局限性，因而他们从事的反帝反封建斗争具有难以避免的弱点。太平天国政权建立后，迅速走上封建化的道路，规定严格的等级世袭制度，自天王洪秀全以下都醉心于享受，生活日趋腐化，高层领导人之间争权夺利，以至于发生导致太平天国由盛而转向逐渐衰落的"天京事变"。太平天国虽然在《天朝田亩制度》中提出"天下田天下人同耕"的主张，对地主阶级也有所打击，但是并没有能够实行平分土地，而是采取"照旧交粮纳税"的原有政策，农村的封建经济基础和封建势力没有真正消除。太平天国的领袖们对于西方资本主义侵略者也缺乏理性的认识，仅仅停留在感性的体验上。尽管他们坚持不承认不平等条约，反对贩卖鸦片，但却把信奉天父上帝的西方侵略者都视为"洋兄弟"。正是由于阶级的和历史的局限性，太平天国起义最后在西方资本主义侵略者和清朝封建统治者的联合镇压下失败了。

19世纪末爆发的义和团反帝运动。1895年中日甲午战争后，帝国主义对中国的侵略加深，掀起了瓜分中国的狂潮，民族灾难空前严重。义和团反帝运动就是在这种情势下发生的。1898年，义和团反帝运动首先在山东兴起。到1900年5—6月间，这个运动在直隶，尤其是北京、天津地区迅速发展。为了镇压义和团的反帝运动，英、俄、日、美、德、法、意、奥八国组成联军，发动了侵略中国的战争。在帝国主义势力和清政府的联合镇压下，义和团反帝爱国运动失败了。但是，义和团英勇顽强的斗争，显示了中国人民巨大的力量，沉重打击了帝国主义列强瓜分中国的野心。

义和团在组织上是分散的，没有统一的领导机构。它在斗争过程中提出的"扶清灭洋"的口号，虽然反映了帝国主义与中华民族的矛盾十分尖锐，但并不是也不可能用科学的思想武器去分析和认识帝国主义的本质及其同清朝统治者之间的关系，还只是感性认识的产物。因此，这个口号存在着明显的缺陷，既容易使义和团放松对清朝统治者的警觉，又带有笼统排外的性质。而浓厚的迷信色彩，也表现了义和团的落后面。正是由于没有新的经济基础的小生产的局限，义和团反帝运动没有能够解决民族独立的问题。

孙中山领导的辛亥革命。紧接着农民阶级之后领导中国民主革命的是民族资产阶级。19世纪末，中国民族资本主义得到微弱的发展，民族资产阶级逐渐成长，并登上政治舞台。1894年，以孙中山为首的资产阶级革命派成立了革命团体兴中会，举起"振兴中华"的旗帜，努力推进资产阶级革命向前发展。孙中山继承了太平天国的革命传统，他曾以"洪秀全第二"自居，矢志推翻腐朽的清政府。然而孙中山终究不是洪秀全，他总结了太平天国失败的教训，批判他们的"帝皇思想"。孙中山认为，太平天国失败的最大原因，"是他们那一班人到了南京之后，就互争皇帝，闭起城来自相残杀。……因为当时洪秀全、杨秀清争皇帝做，所以太平天国的洪秀全、杨秀清、韦昌辉、石达开那四部分基本军队都完全消灭，太平天国的势力由此大衰"[①]。这表明孙中山所追求的比洪秀全前进了，他代表的不是农民阶级而是民族资产阶级。对此，李大钊曾作了恰当的评论："孙中山先生所指导的国民革命运动……承接了太平天国民族革命的系统，而把那个时代农业经济所反映出来的帝王思想，以及随着帝国主义进来的宗教迷信，一一淘洗净尽。"[②]孙中山和他的同志们从西方资产阶级革命时代的武器库中学来了进化论、天赋人权论和资产阶级共和国等思想武器和政治方案，组织了革命政党同盟会，提出了"驱除鞑虏，恢复中华，建立民国，平均地权"的革命纲领。随后，孙中山将其解释为民族主义、民权主

①《三民主义》，《孙中山选集》，人民出版社1981年，第708页。
②《孙中山先生在中国民族革命史上之位置》，《李大钊选集》，人民出版社1959年，第538页。

义、民生主义，即"三民主义"。三民主义，成为孙中山领导资产阶级革命的指导思想。这次革命经过艰苦的斗争，终于在1911年成功地发动了武昌起义，推翻了清皇朝，结束了两千多年的君主专制，建立了资产阶级共和国。这是中国历史发展的一大转折。辛亥革命的胜利给封建主义致命的一击，使中国人民在思想上得到一次大解放，从"专制主义是正统"变为"民主主义成了正统"（林伯渠语），使民主观念深入人心。同时，它也解放了清朝专制统治下禁锢的生产力，为民国初年资本主义经济进入较大规模发展的"黄金时代"开辟了道路。

但是，孙中山领导下的南京临时政府为时很短。在帝国主义和封建主义的压力下，资产阶级革命派不得不被迫将政权交给代表大地主买办阶级的袁世凯手中。袁世凯建立的北洋军阀政府，对外投靠帝国主义，出卖国家主权，对内残酷压迫人民，复辟帝制。袁世凯死后，各派军阀在帝国主义支持下，连年混战。中国仍旧沉沦在半殖民地半封建社会的深渊里。帝国主义依然操纵着中国的政治和经济命脉，旧的封建剥削制度和经济基础也没有遭到有力的触动。以孙中山为首的资产阶级革命派虽然没有放弃革命的立场，先后领导了"二次革命"、护国战争和护法运动，但这些斗争最终都归于失败。辛亥革命及其后屡次斗争的失败，是由于帝国主义和封建主义相勾结，使用各种手段扼杀革命；同时也是由于民族资产阶级具有明显的软弱性和妥协性，决定他们不可能具有彻底的反帝反封建的精神，无力领导中国革命取得成功。

中国共产党领导的新民主主义革命。既然农民阶级和民族资产阶级都没有能力根本解决中国社会的主要矛盾，都没有能力彻底完成反帝反封建的任务，那么，历史的发展就势必要求新的阶级来充当时代的主角。1919年"五四"时期，中国工人阶级开始以独立的姿态登上政治舞台。而李大钊等先进知识分子接受俄国十月革命的影响，信仰和宣传了马克思主义，并将马克思主义同中国工人运动相结合。1921年，中国共产党正式成立。中国共产党的成立，成为中国革命史上重要的里程碑。从此以后，中国革命由资产阶级领导的旧民主主义革命转变为由无产阶级及其政党中国共产党领导的新民主主义革命。中国共产党领导中国人民经过28年艰苦曲折的斗争，终于推翻了帝国主义、封建主义和官僚资本主义三座大山，于1949年10月1日建立了中华人民共和国。这才彻底完成反帝反封建的民主革命的任务，改变了半殖民地半封建社会的地位，并实现了由民主革命向社会主义革命和建设的伟大转变。这是中国历史发展最伟大的转折，是中国近代社会最根本的变革。这个变革，才使中国能够真正实现现代化。

（二）温和的、改良的道路

中国民族资产阶级的政治代表为了救亡图存，使中国独立富强，一开始就出现两种主张和两条道路，即以孙中山为代表的资产阶级革命派和以康有为为代表的资产阶级维新派。1895年，康有为发动了著名的"公车上书"，成为维新运动的起点。维新派主张开国会，立宪法，实行君主立宪制度，发展资本主义。他们组织学会，开设学堂，创办报刊，积极宣传维新变法主张。1898年6月，光绪帝颁布"明定国是"诏书，宣布变法维新。但是，这个运动只是少数知识分子、官绅依靠无实权的光绪皇帝来开展的，没有群众基础，也没有实力，变法新政只推行103天，慈禧太后为首的保守势力就发动政变，以谭嗣同等"六君子"的流血牺牲而告终。除在思想文化上的影响外，变法的内容只剩下京师大学堂和保甲制度。

维新运动失败的教训，使一些维新人士醒悟，并转向了革命；而康有为等人则继续走改良的道路，企望清政府实行君主立宪。1906年，清政府为了遏制蓬勃发展的革命形势，宣布实行"预备立宪"。对此，改良派大为振奋，纷纷成立立宪团体，主要有郑孝胥、张謇、汤寿潜在上海成立的预备立宪公会，汤化龙在湖北成立的宪政筹备会，谭延闿在湖南成立的宪政公会，以及在海外的康有为以保皇会改名的中华帝国宪政会，梁启超等在东京组织的政闻社等，他们也被称为立宪派。从1907年秋起，立宪派便开始把请愿速开国会作为推动立宪的近期目标。1910年，立宪派连续发动了三次颇具规模的请愿运动，要求清政府于宣统三年召开国会和成立责任内阁，都遭到清政府的拒绝。到准备进行第四次请愿时，清政府即严令禁止，宣布如再有"滋闹情事"，该省督抚应即"查拿严办"。这使立宪派痛心疾首，梁启超撰文痛斥清政府是"误国殃民之政府"、"妖孽之政府"。立宪派中一部分人转向了革命方面。

从清末到民国年间，不断出现如"实业救国"、"教育救国"、"科学救国"等主张。提出这种种主张的人，大都是为了救国，是爱国的。但他们或对反帝反封建的暴力革命不赞成，或认识模糊，认为不进行反帝反封建斗争，不改变半殖民地半封建的社会地位，也能使中国近代化，也能使中国富强。然而，他们的愿望都落空了，无法实现，使得许多人转而投身于革命，或支持革命。

抗日战争胜利后，某些中间势力的人士鼓吹"中间路线"，他们既反对国民党的一党专政和蒋介石的独裁统治，又不赞成共产党的方案，反对暴力革命，主张以和平的、改良的行动来实现建立资产阶级共和国的目标。但是，这时的"中间路线"在中国仍然是行不通的。1947年10月，国民党反动政府以所谓"勾结共匪参加叛乱"的罪名，宣布中国民主同盟为"非法团体"。民盟的被镇压，宣告了"中间路线"的破灭。然而，这也成为民盟的新的起点。恢复了组织、重建领导机关后的民盟，批判了过去"中立"、"中间"的说法，确立了支持人民革命武装反对反人民武装、彻底摧毁南京反动政府、与共产党亲密合作等新的政治路线。

中国近代社会的变革，实现近代化，走向繁荣富强，不能脱离近代中国的社会实际，脱离国情，必须与半殖民地半封建社会的实际密切联系起来，与帝国主义和封建统治的实际密切联系起来，不应当将近代化与反帝反封建斗争对立起来，更不应当否定这一斗争。不改变半殖民地半封建的社会地位，不解决帝国主义、封建主义的掠夺和压迫，近代化就化不起来。这是历史已经作出的结论。

近代史上曾经存在的一些不正确的观点，近些年又在泛起，有些说法在解放前也不曾有过。主要是否定反帝反封建斗争的必要性，认为一百多年的反帝反封建斗争，阻碍、延缓了中国现代化的实现，如果不反帝反封建，中国早就现代化了。有的人公然赞扬殖民侵略，说"如果没有近代西方的殖民征服，人类、特别是东方各民族所有优秀的自然才能将永远沉睡，得不到发展"；"殖民化在世界范围内推动了现代化进程"；"鸦片战争一声炮响，给中国送来了近代文明"；鸦片战争打晚了，如果提前到明朝，"我们中国就远不是如此的面貌了"。甚至有人说亡国还可以得到西方的恩惠，"中国要富强康乐，先得被殖民150年不为过"。帝国主义不是侵略有罪，而是侵略"有理"、"有功"。与此相联系的，是否定中国人民的反帝斗争。有些人的逻辑是，西方列强是先进的资本主义国家，中国是落后的国家，落后不应该反抗先进，先进可以帮助落后。有的人说，反抗就会"让我们中华民族退回到刀耕火种"；"把民族独立看作是近代中国的历史主题"，是"主观先验"的，是"极其浓郁的民族主义色彩"。抵抗不可取，和才是明智。有人还宣称抗日战争是错误的，不抵抗，中国可能早就现代化了。为汉奸翻案的观点也时有出现。那么，西方列强入侵中国，究竟给中国带来了什么，是帮助中国实现现代化，还是使中国陷入半殖民地化、殖民地化？

西方资本帝国主义的入侵，对中国社会产生了巨大的影响。它破坏了中国封建社会的自给自足的自然经济基础，从而促进了商品经济的发展。外国资产阶级为了倾销商品和掠夺原料，为了维护侵略权益，以及生活上的需要，也兴办一些近代工业和设施。但是，我们能据此就去赞颂殖民征服，证明侵略有理、有功？！马克思在论述英国在印度的殖民统治时指出，英国在印度造成的社会革命，"充当了历史的不自觉的工具"。有的研究者以此来作为赞颂殖民主义的依据，证明侵略有理、有功。事实上，这是片面曲解了马克思的原意。马克思虽然肯定英国为了掠夺的需要，在印度修筑铁路、举办工业、发展了资本主义，"造成社会革命"，但他旗帜鲜明地对英国在印度的殖民统治给予严厉的谴责，指出那"完全是受极卑鄙的利益所驱使"。他说："当我们把目光从资产阶级文明的故乡转向殖民地的时候，资产阶级文明的极端伪善和它的野蛮本性就赤裸裸地呈现在我们面前，它在故乡还装出一副体面的样子，而在殖民地它就丝毫不加掩饰了。"①马克思还明确指出："在大不列颠本国现在的统治阶级还没有被工业无产阶级取代以前，或者在印度人自己还没有强大到能够完全摆脱英国的枷锁以前，印度人是不会收到不列颠资产阶级在他们中间播下的新的社会因素所结的果实的"；"英国资产阶级将被迫在印度实行的一切，既不会使人民群众得到解放，也不会根本改善他们的社会状况，因为这两者不仅仅决定于生产力的发展，而且还决定于生产力是否归人民所有"②。这就是说，英国虽然在印度播下了"新的社会因素"，但更重要的是带给印度人民的是灾难和枷锁。英国资产阶级只能是在印度实行殖民化，不可能帮助印度实现资本主义近代化。印度的复兴和重建只有靠印度人自己，只有在摆脱英国的殖民统治之后，只有在生产力归人民所有之后。马克思对英国统治印度论断的基本精神，同样适用于中国。

中国虽然不像印度沦为英国的殖民地，但是同样遭受帝国主义的侵略，是大大小小帝国主义国家的半殖民地。近代中国的历史，是中国遭受帝国主义侵略、压迫、剥削、掠夺的历史；正是帝国主义的侵略、压迫和掠夺，造成了中国的贫穷落后。中国虽然产生了资本主义，并有一定程度的发展，但它始终没有能够得到正常的充分的发展。西方列强依仗不平等条约取得的特权，在中国经营了许多企业，不断扩大外资在华的势力，控制中国的经济命脉。据统计，外国在华资本总额的比重：1894年为60.7%，1913年为80.3%，1920年为70.4%，1936年为78.4%③。可以看出，外国在华资本比中国资本占有明显的优势。而且在中国资本中，官僚资本逐渐压倒民族资本。民族资本在中国资本总额中所占的比重是十分微弱的。在外国资本的压迫摧残下，中国民族资本无力与之抗衡，许多民族工业逃避不了破产或被兼并的命运。例如，被认为中国自己经营最成功的开平煤矿，就在中外合资的名义下，被英国资本加以吞并。此后，又挟其优势，兼并了另一家民族资本煤矿——滦州煤矿。轻工业中的棉纺织业是发展较迅速

---

① 《不列颠在印度统治的未来结果》，《马克思恩格斯选集》第1卷，第772页。
② 《不列颠在印度统治的未来结果》，《马克思恩格斯选集》第1卷，第771—772页。
③ 吴承明：《中国资本主义的发展述略》，《中华学术论文集》，第337页。

的，但在1918—1927年间，因欠帝国主义债务无力偿还而被拍卖、吞并的中国纱厂就有7家。20世纪30年代，上海纱厂资本家已开始呼号："究竟中国纱厂的命运是什么？"他们自己回答道："痛痛快快地说，中国纱厂的惟一致命伤，在于帝国主义对中国的压迫。""中国纱厂一业的复兴与繁荣，必然在现状变化以后。"[①]抗日战争、解放战争期间，中国民族资本主义工业在日、美等帝国主义势力和官僚资本的压迫下，命运更为悲惨，处于风雨飘摇之中。据统计，近代工业在工农业总产值中所占的比重，1920年为4.9%，1936年为10.8%，1949年为17%[②]。这个数字表明，中国资本主义的发展是很缓慢的，在从鸦片战争到中华人民共和国成立的109年里，我国才积累了17%的近代工业经济，而农业和手工业经济占了83%。小农经济如同汪洋大海，而近代工业只不过是这个大海中的几座孤岛。毛泽东深刻指出："这是帝国主义制度和封建制度压迫中国的结果，这是旧中国半殖民地和半封建社会性质在经济上的表现。"[③]帝国主义还和中国封建主义结合起来，支持反动派作为他们统治中国的支柱。正是由于帝国主义的维护，封建的土地关系、商业高利贷资本和一切前资本主义的剥削制度及上层建筑得以继续保持下来。帝国主义使中国沉沦为半殖民地化，又使中国停留在半封建状态。历史事实表明，帝国主义的入侵既没有使中国进入资本主义社会，也没有使中国实现资本主义近代化。认为西方列强赞成和帮助中国实现近代化，不反对帝国主义可以实现近代化，是不符合历史实际的。不进行反帝斗争，不改变半殖民地半封建的社会地位，不改变帝国主义在中国的压迫和掠夺，要实现中国近代化是不可能的。毛泽东曾作过精辟的论断："没有独立、自由、民主和统一，不可能建设真正大规模的工业。没有工业，便没有巩固的国防，便没有人民的福利，便没有国家的富强。……一个不是贫弱的而是富强的中国，是和一个不是殖民地半殖民地的而是独立的，不是半封建的而是自由的、民主的，不是分裂的而是统一

---

① 毕云程：《中国纱厂业的致命伤在那里》，《申报月刊》1935年第4卷第2期。参考汪敬虞：《近代中国社会和中西关系的实质问题》，《近代史研究》1990年第1期。

② 吴承明：《中国资本主义的发展述略》，《中华学术论文集》，第324页。

③ 《在中国共产党第七届中央委员会第二次全体会议上的报告》，《毛泽东选集》第4卷，第1430页。

的中国，相联结的。"①

否定中国人民反抗帝国主义侵略斗争的种种说法，这里不可能都一一谈到，只举其中的一种为例。这种观点的逻辑是中国人必须"信守条约"，不能"违约"，否则，就难怪西方列强发动侵华战争了。其实，帝国主义靠武力逼迫中国签订不平等条约后，可以随时违背条约，从而再逼迫中国签订条件更为苛刻的新约，以扩大在华的侵略权益。而被侵略和奴役的中国人民稍有不满和反抗，却被指责为"违约"，是以"愚昧"抗拒"文明"。这是一种赤裸裸的强盗逻辑！鸦片战争以后，中国被迫签订一系列不平等条约，就是这一强盗逻辑的体现。在《南京条约》签订后，清政府曾梦想信守所谓"万年和约"，但英法联军的炮火将这一梦想打得粉碎。对于帝国主义以武力强加于中国人民头上的不平等条约，中国人民完全有权反对，有权要求废除，不存在违约不违约的问题。如果按照所谓"信守条约"的说法，中国只有永远沦为帝国主义的半殖民地、殖民地，中国人民永远遭受帝国主义的奴役不得翻身。这是一切还有民族良知的人都懂得的道理。一生为谋求民族独立、维护国家主权而努力奋斗的民主革命先驱者孙中山就曾明确指出，"不平等条约就是我们的卖身契"，"一定要主张废除中外一切不平等条约"②。直到去世之前，他一再反复强调说："我们中国人的地位，堕落到了这个地步，如果还不想振作国民的精神，同心协力，争回租界、海关和领事裁判权，废除一切不平等的条约，我们中国便不是世界上的国家，我们中国人便不是世界上的国民。"③他还把这个主张，写进了他的遗嘱。只有彻底斩断殖民枷锁，我们的祖国才有可能真正屹立于世界民族之林——这就是一个伟大的民主革命先驱者对近代中国历史的深刻洞见，这才是近代四万万中国人的心声。

在近代中国社会变革中实现近代化，还涉及如何看待革命和改良的问题。有些人在美化帝国主义、否定反帝斗争的同时，还美化旧中国的统

①《论联合政府》，《毛泽东选集》第3卷，第1080页。
②《在上海招待新闻记者的演说》，《孙中山全集》第11卷，第337页。
③《在神户欢迎会的演说》，《孙中山全集》第11卷，第387页。

治阶级及其代表人物，否定中国人民的反封建斗争，否定革命，对太平天国农民起义、辛亥革命、五四运动直至中国共产党领导的革命，全部给予否定。太平天国起义被说成是把中国历史"拉向后退"，是"破坏"。辛亥革命、五四运动、新民主主义革命等都是"激进主义思潮"的产物。有的人说，革命不如改良，"革命常常是一种情感激流缺少各种理性准备"，是"情绪化"的，它"容易使人发疯发狂，丧失理性"，"必将带来灾难"。"因为革命只是一种破坏性的力量，它破坏了一种政治框架之后，并没有提供新的政治框架。"他们认为，辛亥革命是"搞糟了"，"清朝的确是已经腐朽的王朝，但是这个形式存在仍有很大意义，宁可慢慢来，通过当时立宪派所主张的改良来逼着它迈上现代化和'救亡'的道路，而一下痛快地搞掉，反而糟了，必然军阀混战。所以，自辛亥革命以后，就是不断革命：'二次革命'、'护国、护法'、'大革命'，最后就是1949年的革命，并且此后毛泽东还不断革命。直到现在，'革命'还是一个好名词、褒词，而'改良'则成为一个贬词。现在应该把这个现象明确地倒过来：'革命'在中国并不一定是好事情"。他们把近百年中国人民的革命归结为"百年幼稚和疯狂"，扬言"告别革命"。这种否定革命、鼓吹改良的思想并不是孤立的现象，而是一种国际性的思潮。

把一场伟大的革命简单地归之于某些人"情绪化"、"激进主义思想"的结果，归之于某些人头脑中的主观意愿和人为因素的结果，不能不说是唯心史观在作祟。革命不是凭少数人一时的情感冲动就能煽动起来，也不是仅凭某个阶级和政党的意愿就能发生的。革命的产生，除去革命阶级主观条件外，必须具备革命的客观形势。没有革命的条件，革命时机不成熟，任何人的"情感激流"也制造不出革命来。中国近代史上发生的革命，都是客观形势使然。正如列宁所说："要使革命到来，单是'下层不愿'照旧生活下去通常是不够的，还需要'上层不能'照旧生活下去。"[①]辛亥革命是如此，新民主主义革命也是如此。它们都是代表人民群众的意

---

①《论大俄罗斯人的民族自豪感》，《列宁选集》第2卷，第451页。

愿，顺应历史发展的必然趋势。

即以辛亥革命而言，它是19世纪末20世纪初民族危机严重和社会矛盾尖锐的产物，是十分腐朽的清政府不愿意或没有能力抵御外国侵略和领导国内变革的结果。

20世纪初，八国联军发动侵华战争，清政府宣称"量中华之物力，结与国之欢心"，签订了丧权辱国的《辛丑条约》，沦为"洋人的朝廷"。由于它的卖国与黑暗腐朽的统治，不仅与人民大众的矛盾日益激化，而且与立宪派的矛盾以及统治集团内部的矛盾也愈演愈烈。风雨飘摇的清皇朝，日益走向孤立的境地。当时的客观形势，大致可以归纳为以下几点：

1. 遍布全国各地的群众反清斗争。《辛丑条约》签订后，清政府不能照旧统治下去，不得不做一些变革，对内实施"新政"、"预备立宪"，从而加捐加税，勒索人民。当时，"所有柴、米、纸张、杂粮、蔬菜等项，凡民间所用，几乎无物不捐"[1]；"当捐之行也，一盏灯、一斤肉、一瓶酒，无不有税"[2]。各级官吏乘机从中勒索中饱，广大民众难以为生，民怨鼎沸。人民群众不能照旧生活下去，于是纷纷起而反对清政府的腐败统治。抗捐抗税、抢米风潮、会党与农民起义等各种类型的反清斗争，遍布全国城乡，连绵不断。据统计，1902年到1911年，全国各地此伏彼起的民变多达1300余起，平均每两天半发生一次。遍布全国、越来越尖锐的阶级斗争，削弱了清政府的统治，使清皇朝陷入四面楚歌的困境中，为辛亥革命的爆发创造了客观的社会环境和群众基础。

2. 清政府的倒行逆施，日益将主张改良的立宪派推向自己的对立面。如前所说，1906年清政府宣布"预备立宪"后，立宪派通过请愿要求清政府速开国会和成立责任内阁，尽快转入君主立宪的轨道。但是，一次又一次的请愿运动都遭到清政府的拒绝。尽管立宪派确实没有干犯皇室尊严的用心，然而清朝统治者却不理会他们的"忠心耿耿"，而是变本加厉地

---

① 《江西巡抚冯汝骙奏宜春县乡民抗捐仇绅聚众攻城折》，中国第一历史档案馆、北京师范大学历史系编选：《辛亥革命前十年间民变档案史料》上册，中华书局1985年，第355页。
② 《论近日民变之多》，《东方杂志》1904年第1卷第11期。

加强了皇族的集权统治。1911年，清政府成立所谓"责任内阁"，被称为"皇族内阁"或"亲贵内阁"。事实证明，清政府的"预备立宪"，实质上只是一场骗局。清政府的倒行逆施，将越来越多的立宪派人士推向革命阵营，成为自己的敌对势力。那种认为腐朽的清政府的存在仍有很大意义，可以通过当时立宪派所主张的改良来逼着它迈上现代化道路的论断，并不符合历史实际，只不过是一厢情愿的主观臆造。

3. 清政府内部满汉权贵之间、汉族官僚军阀集团之间、中央与地方之间的矛盾愈演愈烈。20世纪初，袁世凯任直隶总督兼北洋大臣，练成北洋六镇新军后，权势炙手可热，实力迅速膨胀，使得皇亲贵族集团深有猛虎酣睡于卧榻之旁的忧虑。1908年光绪皇帝、慈禧太后相继死后，醇亲王载沣以"监国"身份将袁世凯放逐河南老家。这引起了汉族官僚军阀的不满和怨恨，对清皇朝更加离心离德。武昌起义爆发后，各省总督、巡抚几乎没有人为清政府效力卖命，或保持观望态度，或弃城逃跑，或附和革命，与太平天国起义时期的情况大相径庭。对于一个连自身内部矛盾都无法解决、意志难以统一的政府，又怎么能够指望它去化解更为严重的外部矛盾，将社会整合一起，从而领导国家走上现代化的道路呢？当时的清政府，正如孙中山所形容的那样，像"一座即将倒塌的房屋，整个结构已从根本上彻底的腐朽了"，"全国革命的时机，现已成熟"①。

由上述可见，辛亥革命的发生，是客观形势使然。不仅是"'下层不愿'照旧生活下去"，同时"'上层不能'照旧生活下去"。革命形势在当时已经具备了。革命派起而推翻清政府，是代表了人民群众的意愿，顺应历史发展的必然趋势，并不是"激进主义思想"的结果。

近代中国革命，可以说是被外国侵略者和本国反动统治者逼迫出来的。辛亥革命的领导人和不少骨干分子，并非一开始就主张以革命推翻清政府，而是经历了一条从改良到革命的道路。孙中山曾经说过："可用和平手段即用和平手段，必须用强力时即以强力临之。"②事实也是如此。孙中

①《中国问题的真解决》，《孙中山全集》第1卷，第254、252页。
②《中国问题的真解决》，《孙中山全集》第1卷，第252页。

山曾上书李鸿章，试图通过清政府自上而下的改革来挽救民族危亡，实现国家富强。然而事与愿违，孙中山要求改良的愿望换来的却是李鸿章的极其冷漠。这条改良道路走不通，才使孙中山最终坚定了革命的决心。章太炎、秦力山、孙武等人也是在自立军起义失败前后放弃改良主张，转向革命阵营的。这是由于人们对清政府已经绝望，认为"欲思排外，则不得不先排满；欲先排满，则不得不出以革命。革命革命，我同胞今日之事业，孰有大于此乎？"[①]在中国共产党的创始人中，如李大钊、毛泽东等，早年也曾想以温和、改良的方式来推进中国的发展，只是当他们感到必须以革命的方式才能解决中国的问题时，才提出革命的主张。

宣扬"告别革命"的人攻击革命的一个论点是所谓"杀人流血"。这种说法并不新鲜，戊戌维新失败后的康有为等改良派攻击孙中山领导的革命就是如此说。康有为写了一篇《法国革命史》的长文，对法国资产阶级革命大肆攻击，借此来反对辛亥革命，其中重要的一点就是诋毁革命是"杀人流血"。康有为的这种谬论，遭到了革命党人的批驳。他们指出："革命不免于杀人流血固矣，然不革命则杀人流血之祸可以免乎？革命之时，杀人流血于双方争斗见之。若夫不革命之杀人流血，则一方鼓刀而屠，一方戮辣而就死耳。为国而死，则吝惜之；为野蛮异族政府所蹂躏而死，则忍受之。何死之不择也。"[②]他们还指出：革命可以"救人救世"，"无革命则亦无平和，腐败而已，苦痛而已"[③]。革命战争杀人流血是不可避免的。革命正是要以流血换来不流血，换来广大人民群众免受反动统治阶级的蹂躏、屠杀，免受帝国主义的蹂躏、屠杀。

不用暴力革命，不发生杀人流血，社会永远是平和地发展，当然很好。但这只能是一种幻想，因为中外的历史还找不出这样的事实。"只要社会还分成阶级，只要人剥削人的现象还存在，战争是不可避免的。而要想消灭这种剥削，我们是逃脱不了战争的。战争无论何时何地总是由剥削

---

① 吴樾：《暗杀时代》，中国史学会主编：《辛亥革命》第2册，上海人民出版社1957年，第382页。
② 精卫：《驳革命可以生内乱说》，《民报》1906年第9期。
③ 思黄：《中国革命史论》，《民报》1905年第1期。

者、统治者和压迫阶级挑起的。"[①]"革命是最尖锐、最激烈、你死我活的阶级斗争和国内战争。历史上没有任何一个伟大的革命没有经过国内战争。"[②]被压迫阶级反对压迫阶级的国内战争是合理的、进步的和必要的。不同立场、观点的人对革命的评价自然是不同的，这不足为奇。

认为"革命只是一种破坏性的力量，它破坏了一种政治框架之后，并没有提供新的政治框架"，是不符合历史实际，没有根据的。任何真正的革命都不可能只破坏原有的政治框架，而不提供并建立新的政治框架。无论是孙中山和同盟会领导的革命，还是毛泽东和中国共产党领导的革命，推翻什么政治制度，建立什么政治制度，都很明确。辛亥革命的领导人孙中山，还在1895年在香港建立兴中会总部时，就提出"驱除鞑虏，恢复中华，创立合众政府"的宗旨。1905年成立同盟会时，其纲领为"驱除鞑虏，恢复中华，建立民国，平均地权"。孙中山把它归纳为民族、民权、民生三个主义。三民主义学说成为这次革命的指导思想。1911年武昌起义爆发，推翻了清政府，结束了两千多年的君主专制，建立了资产阶级共和国。这使中国社会曾经呈现出一派新气象，民主观念广泛传播，政党、社团如"雨后春笋，蓬勃兴起"。从临时参议院到参议院、众议院的选举和国会的成立，表明议会制是当时人们努力争取的目标。在政治体制上，基本上是三权分立制。这就是说，西方国家那套资本主义政治制度都被搬来了。当时很多人对此抱很大期望，以为这就可以建设一个民主共和的国家了。但是，由于帝国主义和封建主义势力的破坏，政党政治、议会道路在半殖民地半封建的中国行不通。于是有了中国共产党领导的新民主主义革命。在新民主主义革命过程中，马克思列宁主义的普遍真理和中国革命的具体实践相结合，产生了毛泽东思想。在马克思列宁主义、毛泽东思想的正确指导下，中国共产党领导中国人民才推翻帝国主义、封建主义和官僚资本主义三座大山，取得了新民主主义革命的胜利，改变了半殖民地半封建的社会地位，建立了中华人民共和国，并继续前进，进入了社会主义革

①《列宁全集》第8卷，人民出版社1990年，第531页。
②《列宁选集》第3卷，第310页。

命和建设的新时期。这些都表明那种认为革命只是"破坏了一种旧的政治框架之后，并没有提供新的政治框架"的论断，是没有根据的，是随心所欲下断语。

革命无疑要有破坏，但不是"破坏一切"。任何真正的革命都不可能是"破坏一切"，在世界历史上还找不出所谓"破坏一切"的革命的例子。革命虽然会有所破坏，但它不是革命的目的，而是为了更好地建设。孙中山曾说："我们革命的目的是为众生谋幸福，因不愿少数满洲人专利，故要民族革命；不愿君主一人专利，故要政治革命；不愿少数富人专利，故要社会革命。"[①]对于革命来说，破坏和建设是一个问题的两个方面，密切不可分割。不破坏旧的政权和阻碍社会发展的事物，就不可能建设新的政权和推动社会向前发展。孙中山对革命的破坏和建设的关系作了很好的阐释，他说："革命之有破坏，与革命之有建设，固相因而至，相辅而行者也"；"革命之破坏与革命之建设必相辅相行，犹人之两足、鸟之双翼也"[②]。这是关于革命的破坏和建设关系的辩证论述，而那种将两者完全割裂开来的说法则是形而上学的。

至于说民国初年出现的帝制复辟、军阀割据和混战的局面，是辛亥革命"搞糟了"，是它所造成的必然结果，既不符合历史事实，也是不公正的。民国年间军阀割据和混战的出现，是袁世凯和其他军阀造成的，是帝国主义和封建主义造成的，而不是辛亥革命带来的。

武昌起义后，帝国主义列强对中国革命抱着敌视态度，力图阻止其发展，不断向革命派施加干涉和压迫，加紧扶植袁世凯，鼓吹"非袁不可收拾"。立宪派害怕革命继续发展将危及自己的既得利益，希望拥有北洋武装又受帝国主义宠信的袁世凯来维持社会"秩序"和"治安"，他们在革命内部极力散布对袁世凯的幻想，制造妥协空气。而在革命派内部，妥协思想也在发展。正是在这种形势下，辛亥革命后建立的南京临时政府只存在3个月，1912年4月1日孙中山被迫正式解除临时大总统职务，由袁世凯

---

① 《在东京〈民报〉创刊周年庆祝大会的演说》，《孙中山全集》第1卷，第329页。
② 《建国方略》，《孙中山全集》第6卷，中华书局1985年，第205—206、207页。

取而代之。辛亥革命遭到严重的挫败。

袁世凯窃取政权后，实行专制、卖国的反动统治。他撕毁《临时约法》，取消国会，破坏民主，使"民国"只剩下一块空招牌。进而搞尊孔复古，复辟帝制，以实现他做皇帝的野心。就在袁世凯实行专制独裁统治和复辟帝制的过程中，他亲手培植的两员大将段祺瑞、冯国璋效法他对清政府的态度，各自发展自己的势力，逐渐地抛弃对袁世凯的忠诚。而东北的张作霖，南方的滇系、桂系，也都在扩张势力。袁世凯复辟帝制失败后，北洋军阀中以段祺瑞为首的皖系和以冯国璋为首的直系的分裂表面化。皖系得到日本帝国主义的支持，直系以英、美帝国主义为靠山。张作霖的奉系在日本帝国主义的支持下，成为直皖两系以外一支举足轻重的势力。南方滇系、桂系军阀也各行其是。这就出现军阀割据以至混战不断的局面。

以上事实说明，民国年间的军阀割据和混战，是袁世凯破坏民主共和、复辟帝制的结果，是各地大小军阀所造成的，是帝国主义和封建主义的产物。袁世凯死后，帝国主义失去了统治中国的共同工具，便各自寻找和培养自己的走狗，扩张侵略势力。在列强激烈争夺下，出现了各派军阀割据和混战的局面。正如毛泽东所说："帝国主义和国内买办豪绅阶级支持着的各派新旧军阀，从民国元年以来，相互间进行着继续不断的战争，这是半殖民地中国的特征之一。""这种现象产生的原因有两种，即地方的农业经济（不是统一的资本主义经济）和帝国主义划分势力范围的分裂剥削政策。"①

辛亥革命也有根本性的失误，但不是因为搞掉清政府，而是由于领导这次革命的资产阶级革命派没有一个坚强的领导核心，缺乏一个彻底反帝反封建的斗争纲领；对旧制度破坏不彻底，没有完成反帝反封建的任务，中国依然是半殖民地半封建社会。这就为袁世凯为首的北洋军阀窃取革命果实和日后的军阀割据和混战留下了隐患。

---

① 《中国的红色政权为什么能够存在？》，《毛泽东选集》第1卷，人民出版社1966年，第49页。

对于历史上的革命和改良，应该实事求是地给予正确评价。革命和改良究竟哪一种好，不能抽象地论定。在社会历史的发展过程中，革命是社会变革的动力；在一定的条件下，改良也可以起到某种变革社会的作用。在某一个国家的近代化变革中，是采取革命的方式，还是采取改良的方式，完全取决于这个国家的历史状况、社会政治经济状况、阶级状况等现实国情。也就是说，一切以时间、地点、条件为转移。对革命、改良的得失，必须作实事求是的具体的分析，完全抹煞革命，一味颂扬改良，是错误的。当一个国家内部需要革命，而革命条件又已具备，在这种情况下鼓吹改良以抵制、反对革命，就不足取，应给予批评。

在中国近代史上，无论是戊戌维新运动，还是辛亥革命时期的立宪运动，对中国社会发展都曾不同程度地起过积极推动作用。但是，无论是戊戌维新运动时期的维新派，还是辛亥革命时期的立宪派，以至新民主主义革命时期主张"中间路线"的人士，他们试图以改良方式来解决中国问题的尝试，均以失败而告终。历史证明，只有中国共产党承续辛亥革命没有完成的任务，领导中国人民进行新民主主义革命，才推翻帝国主义、封建主义和官僚资本主义的反动统治，结束了半殖民地半封建社会的历史，建立了中华人民共和国，进行社会主义革命和建设，从而在现代化道路上阔步前进。这是客观的历史事实，谁也无法抹煞。

二　社会变革与思想文化

思想文化是经济、政治的反映，又对经济、政治起反作用。在社会变革中，思想文化往往起了先导的作用，为变革造舆论。而反动统治者为维护其统治，也总是力图加强对思想文化的控制，宣扬反动思想，以抵制进步的社会变革。可以说，这是一条历史规律。在近代中国社会的变革中，思想文化领域的斗争一直是很激烈的。

19世纪40年代，英国发动了侵略中国的鸦片战争，逼迫清政府签订了丧权辱国的《南京条约》。50年代，爆发了洪秀全领导的太平天国农民大起义。洪秀全用来发动和组织这次起义的拜上帝会，是仿效当时传来的西方的基督教。还在起义之前，他先后撰写了《原道救世歌》、《原道醒世训》、《原道觉世训》和《太平天日》等作品，以宣传群众，激励群众起来反抗清政府的腐败统治。在这些作品中，洪秀全从中国农民反对地主阶级压迫剥削、要求"均贫富"的愿望出发，撷取了基督教"在上帝面前人人平等"、天下男女都是上帝生养保佑的兄弟姐妹的思想，并吸收了儒学的"民贵"、"民吾同胞"和"天下为公"的"大同"理想社会的思想，建构起他的社会变革方案，企图建立一个不"存此疆彼界之私"，不"起尔吞我并之念"，变"陵夺斗杀之世"为"公平正直之世"，实行像唐虞三代那样，"天下有无相恤，患难相救，门不闭户，道不拾遗，男女别途，举选尚德"的"大同"社会，达到"天下一家，共享太平"。1853年，太平天国定都南京后，颁布了《天朝田亩制度》。这个制度具体地体现了这种企图建立人间"天国"的理想，即建立一个"有田同耕，有饭同食，有衣同穿，有钱同使，无处不均匀，无人不饱暖"的理想社会。因此，洪秀全和太平军在对清朝统治者进行激烈的军事斗争的过程中，对维护清政府统治的儒学、孔子以及佛、道，都加以批评和贬斥。

洪秀全和太平天国宣传的平均平等思想，在一定意义上是反对封建的上下尊卑的等级制和纲常名教，因此，遭到维护封建统治秩序的曾国藩及其组织的湘军的激烈反对。他在湖南顽抗太平军时发布的《讨粤匪檄》，集中地表现了这一思想。檄文着重强调"历世圣人扶持名教，敦叙人伦；君臣父子上下尊卑，秩然如冠履之不可倒置"，攻击太平天国的平等思想使上下尊卑关系倒置，"自其伪君伪相，下逮兵卒贱役，皆以兄弟称之；惟天可称父，此外凡民之父皆兄弟也，凡民之母皆姊妹也"。"举中国数千年礼义人伦诗书典则，一旦扫地殆尽。此不独我大清之变，乃开辟以来名教之奇变，我孔子、孟子之所痛哭于九原"，呼吁"凡读书识字者，又乌可袖手安坐，不思一为之所也"。曾国藩确实很敏感，他抓住了洪秀全和太平天国对传统的上下尊卑、纲常名教的背离和冲击，也就是对儒学的背离和冲击。这种冲击显然不像曾国藩所描绘的那样严重，但却是不小的冲击波。所以不能不使曾国藩感到痛心疾首，呼吁为之卫道。而这篇檄文也煽动起几乎整个文化知识阶层都站到反对太平天国的立场上。

1895年，清政府在甲午战争的惨败，被迫同日本签订了丧权辱国的《马关条约》。随后，帝国主义列强加紧对中国的侵略，民族危机空前严重。为了救亡图存，以康有为、梁启超为代表的维新派发动了一场资产阶级的维新变法的政治运动。与政治运动相结合，维新派提倡资产阶级新文化，反对封建主义旧文化，为维新变法运动造舆论。

还在1891年，康有为就刊行了他的著作《新学伪经考》，把自东汉以来历代封建统治者和儒学人士奉为经典的《古文尚书》、《左氏春秋》等古文经，统统说成是刘歆伪造事实，与孔子无涉，是伪经，以冲击"恪守祖训"、泥守古法的传统守旧思想。其后，他又出版了《孔子改制考》一书。在此书中，康有为用西方近代资产阶级的社会政治思想，把孔子装扮成变法改制的祖师，并附会《春秋》公羊派的学说，以"据乱"、"升平"、"太平"三世说来解释历史的演进。所谓"据乱世"就是君主专制时代，"升平世"就是君主立宪时代，"太平世"就是民主共和时代。依照这种进化史观，中国当时必须由据乱世通过维新改制进入升平世，即君主专制要被君主立宪所取代。康有为这两部书为维新变法制造了理论根据。

进化论是维新运动的理论基础。达尔文的进化论，恩格斯称之为19世纪的三大发现之一，是科学上一次伟大的革命。它被系统输入中国，是从严复开始的。1895年，严复在《原强》一文的开头就称赞达尔文的《物种探原》，并翻译了赫胥黎的《天演论》。他正是要用进化论的"物竞天择，适者生存"和"与天争胜"的原理，来批判封建顽固派的不变论，唤醒人们顺应天演的规律变法维新，以达到"自强保种"，胥免沦于亡国灭种的危险。《天演论》的发表和出版，对当时及其后的知识界都产生了很大的影响。

维新派在政治上所要实现的是君主立宪，而在思想上则批判封建君权，宣传天赋人权、自由、平等。谭嗣同大胆地提出要"冲决君主之网罗"、"冲击伦常之网罗",痛切批判维护封建统治秩序的"三纲五伦之惨祸烈毒"。特别是对"三纲"中"君为臣纲"的抨击尤为激烈,指出:"二千年来君臣一伦,尤为黑暗否塞,无复人理,沿及今兹,方愈剧矣!"①谭嗣同还进而对君主的起源和君民关系提出了新的观念,指出"生民之初,本无所谓君臣,则皆民也。民不能相治,亦不暇治,于是共举一民为君",既然君可以由民"共举之,则且必可共废之",所以"君末也,民本也"②。严复也指出,国家是"民之公产",王侯将相不过是"通国之公仆隶",人民才是"天下之真主"。而"秦以来之为君,正所谓大盗窃国者耳"③。民本君末、君权民授、主权在民的思想,从根本上否定了尊君权、君主"受命于天"的封建说教。维新派从天赋人权的思想出发,进而提倡自由、平等。严复认为人人享有天所赋予的自由权利是不可侵犯的,"侵人自由者,斯为逆天理、贼人道"。谭嗣同也表现了追求资产阶级平等、自由的精神。他认为"五伦中于人生最无弊而有益",只有"朋友"一伦,因而伦理关系就要像"朋友"那样:"一曰'平等';二曰'自由';三曰'节宣惟意'。总括其义,曰不失自主之权而已矣。"④维新人士很注重提倡男女平权,他们创办女学会、女学堂,创办女报,这在中国是破天荒的。

由于变法维新的政治需要,由于新学的提倡和传播,导致了文学艺术领域的变革。这一变革的特点,是"诗界革命"、"文体革命"、"小说界革命"等相继而起,形成了广泛的文艺革新运动。针对当时诗坛摹拟往古的所谓"宋诗派"、"同光体",梁启超等人在戊戌变法前一两年,提出了"诗界革命"的口号。所谓"诗界革命",就是要"能以旧风格含新意境"。而新意境,则是要反映新事物、新思想,对传统诗歌的内容和语言加以改革。当时在创作实践上成为"诗界革命"之翘楚的是黄遵宪。在"诗界革命"的同时,小说的地位和作用也引起了维新派人士的高度重视。1897年,严复、夏曾佑发表了《〈国闻报〉附印说部缘起》,提倡小说的

①《仁学》,蔡尚思、方行编:《谭嗣同全集》(增订本)下册,中华书局1981年,第337页。
②《仁学》,蔡尚思、方行编:《谭嗣同全集》(增订本)下册,第339页。
③《辟韩》,王栻主编:《严复集》第1册,中华书局1986年,第36、35页。
④《仁学》,蔡尚思、方行编:《谭嗣同全集》(增订本)下册,第349—350页。

重要性。梁启超在《译印政治小说序》中，也把小说看成是最有力的宣传工具。他借用康有为的话说："六经不能教，当以小说教之；正史不能入，当以小说入之；语录不能谕，当以小说谕之；律例不能治，当以小说治之。"[①] 把一向被视为不登大雅之堂的小说，看成能够起到"六经"、"正史"、"律例"所不能起到的作用，是大胆而新颖的见解。同时，散文的发展也进入了一个新的阶段。梁启超提出过"文体革命"，这是因为宣传变法维新的政论文章需要冲破桐城派等传统古文的束缚，创出一种新体散文。这种新体散文号"新文体"，其特点"务为平易畅达，时杂以俚语、韵语及外国语法，纵笔所至不检束"，而"条理明晰，笔锋常带感情，对于读者别具一种魔力"。因而风靡一时，影响颇大，为晚清文体解放开辟道路。

文学改革运动不仅是内容的革新，也要求形式的革新。提倡文学语文合一而出现的白话文运动，是这一改革的表现。提倡白话文最力的是裘廷梁。1898年，他在江苏无锡创立白话学会，并创办《无锡白话报》，认为"白话为维新之本"，主张"崇白话而废文言"，多办白话报以开通民智，传播新知。影响所及，1901年长江下游各省白话报纷纷出现。这场写白话文和办白话报的运动，虽没有取代文言文的地位，但它起了否定传统古文的作用，在语言形式上是一次解放，为五四时期白话文运动开辟了道路。

维新派还特别强调要改革封建的教育制度。他们认为要变法维新，挽救民族危亡，就必须改革科举，兴办学校，指出："变法之本，在育人才；人才之兴，在开学校；学校之立，在变科举。"[②] 以开民智而育人才为变法之本，这是维新派的共同认识和主张。在他们看来，要开民智，育人才，必须兴学校、开学会、设报馆。从1896年到戊戌政变前，各地维新人士纷纷组织学会，创办学堂，出版报刊。综计全国有学会四十多个，学堂十几所，报刊三十多家。这些学会、学堂、报刊，都以讲求新学、开民智、育人才、图富强为目的，有一定的群众性，在社会上影响很大，使民气

① 梁启超：《译印政治小说序》，《饮冰室合集·文集之三》，中华书局1989年，第34页。
② 梁启超：《变法通议》，《饮冰室合集·文集之一》，第10页。

大开。

维新派在戊戌维新时期掀起的这场新的思想文化运动，几乎涉及思想文化的各个领域。它以资产阶级思想为指导，在冲决封建旧文化的网罗中建立和发展新文化，为中国文化增添了新思想、新内容、新方法、新境界，使中国文化步入了近代文化的领域，具有资产阶级启蒙运动的重要意义。正是以这场新的思想文化运动为起点，经过多年的努力，终于使维新变法赢得越来越多的人的同情和支持，维新变法成为一种难以遏制的潮流。戊戌变法虽然失败，但维新思想的传播，开阔了人们的眼界，解放了人们的思想，对于近代中国社会的变革起到了重要的推动作用。

顽固守旧势力对于新思想文化的传播是非常恐惧和仇视的。在维新运动期间，他们著书撰文，攻击民权、平等学说是"异端邪说"，咒骂康有为等人是"名教罪人"、"士林败类"。在维新运动开展得最热烈的湖南，维新变法与反维新变法的思想斗争尤为尖锐。守旧派不仅攻击梁启超等人使时务学堂的学生"不复知忠孝节义为何事"，哄闹南学会，殴打《湘报》主笔，驱逐维新派青年樊锥出境，而且制订出所谓《湘省学约》，妄图以"正心术"、"尊圣教"、"辟异端"等条规来控制学生的思想。他们把儒学说成是永恒的真理，"放诸东海而准，放诸西海而准"，"为天理人心之至公，将来必大行于东西文明之国，而其精意所拘，则有以辉光而日新"①。以兴办洋务著称的湖广总督张之洞则出版了《劝学篇》，以对抗维新变法。在《劝学篇》中，张之洞极力反对维新派提倡的兴民权、开议院，说什么"民权之说，无一益而有百害"，"民权之说一倡，愚民必喜，乱民必作，纪纲不行，大乱四起"，认为"民主万不可设，民权万不可重，议院万不可变通"，"君臣之义，与天无极"，坚决维护君主专制制度。《劝学篇》受到光绪帝的重视，认为它可"以重名教而杜卮言"，"于学术人心，大有裨益"，诏令各省"广为刊布，实力劝导"。因此，《劝学篇》得以"挟朝廷之力以行之，不胫而遍于海内"，暴露了清政府要规定变法方向的企图。

---

① 叶德辉：《明教》，《翼教丛编》卷3，上海书店出版社2002年，第66页。

差不多与康有为掀起一场维新变法运动的同时，孙中山也在发动振兴中华、推翻腐败清政府的革命运动。戊戌变法失败后，进入20世纪，这场革命运动更加蓬勃地发展。辛亥革命无疑是一次政治革命，但同时也是一次文化革命，一次资产阶级新文化反对封建阶级旧文化的革命。革命的思想文化，是革命的先导，为革命做舆论准备；而革命的进程，又推动文化的发展。任何一次大的政治革命，都不可能是单一的，和思想文化分离的。辛亥革命也是如此。以孙中山为首的资产阶级革命派，为了实现推翻清政府、建立共和国的目标，在从事政治、军事斗争的同时，也进行了思想文化的斗争。他们在维新派曾经垦拓过的文化土壤上，继续批判封建文化，传播资产阶级文化，不论在广度和深度上，都有了新的发展。

出版革命报刊，是革命党人在思想文化领域所做的一项很有成绩的工作。革命党人十分重视报刊的宣传作用，以极大的热情创办报刊，自觉地运用这一舆论工具进行反清革命宣传。他们先后在国内外创办了一百二三十种报刊，大大超过了维新派在戊戌维新运动时期所办的报刊数量。这些报刊都在于"灌输最新学说"，"传播革命思潮"，"鼓舞国民精神"。革命党人在创办报刊的同时，还编印了大量宣传革命的小册子，据统计，从1895年孙中山发动广州起义失败到1911年武昌起义爆发期间，革命党人共印发这类读物130种左右。其中邹容的《革命军》影响很大，出版后不到10年，先后印了20多版，发行达110余万册。

革命党人很注意运用文艺的手段来宣传革命思想。这主要表现在两个方面：一是利用原有的文艺形式反映革命的思想内容；一是创造新的文艺样式来表现现实斗争生活。利用原有的文艺形式，较多的是传统的诗词、戏曲、曲艺等。至于创造新的文艺样式，主要是吸收移植外来的，如话剧、学堂乐歌、漫画等。不论旧文艺样式或新的文艺样式，都表现了民主革命丰富多彩的内容和思想感情，生动形象地宣传了反对帝国主义侵略和反清革命的时代主题。而革命斗争的需要，又推动了文艺的发展，不仅使旧的文艺样式有了新的活力，而且增加了新的样式和品种，丰富和发展了文艺的领域，成为后来新文艺运动的滥觞。

革命党人同样重视教育的作用。他们说："社会教育之不兴，我祖国其将不国矣。"①基于这种认识，他们大力提倡"兴学堂，普及教育"，并利用学校进行革命活动，"以学堂为鼓吹之地"。当时，全国很多学校都受到革命党人的影响，有的学校就直接掌握在革命党人之手，如蔡元培主持的上海爱国学社、秋瑾主持的浙江绍兴大通学堂等。这些活动不仅培养了大批革命人才，而且传播了科学文明，促进了近代教育事业的发展。

报刊、书籍、文艺、学校等各种文化事业，既是传播民主革命思想的手段、阵地，也是近代新文化发展的表现。救亡、革命需要思想文化来为它服务，同时又促进思想文化的发展，二者相辅相成，不仅形式是如此，内容也是如此。

从文化的思想内容来说，革命党人除了通过书刊、文艺、学校等部门，揭露清政府腐败卖国和帝国主义侵略罪行外，着重宣传了以下几个方面：

（一）发扬民族主义精神，鼓吹爱国主义。资产阶级革命派所说的"民族主义"，包括两方面的内容：一是指抵制西方列强的侵略；一是指反对国内满族贵族的统治。他们提出了"帝国主义"的概念，并对帝国主义的侵略本性有一定的认识，指出：帝国主义"乃膨胀主义也，扩张版图主义也，侵略主义也"②，而中国成了他们争夺的"舞台之中心点"。处在竞争的时代，在帝国主义的侵略下，要想挽救民族危机，必须振作国民的民族主义精神，"非以我国民族主义之雄风盛潮，必不可能抗其民族帝国主义之横风逆潮也"③。他们认为中国之所以遭受帝国主义侵略，是由于清政府腐败统治造成的恶果，因而要御外侮就必须推翻清皇朝。"革命排满"，成为革命运动中最容易为人们接受的口号。

（二）建立资产阶级共和国的方案。辛亥革命不仅要推翻清皇朝，而且要建立新的资产阶级共和国。戊戌维新运动效法的是日本明治维新、俄

① 云窝：《教育通论》，《江苏（东京）》1903年第3期。
② 自强：《论帝国主义之发达及二十世纪世界之前途》，《开智录》1901年第2期。
③ 邓实：《通论四：帝国主义》，《政艺通报》1902年第5期。

国彼得变政，而辛亥革命则是效法美国独立战争和法国资产阶级革命。他们编译了《美国独立檄文》、《美国独立史》、《法国革命史》等一些作品，极力称颂资产阶级思想家、政治家卢梭、孟德斯鸠、华盛顿、富兰克林等人，认为美国独立史、法国革命史为中国革命提供了很好的借鉴，革命党人主张照此办理，以达到"创立民国"的最终目标。

（三）提倡民权平等，反对封建伦理纲常。在这个问题上，革命党人较之维新派有了新的进展。维新派鼓吹民权，却尊崇君权，要"以君主之法，行民权之政"，并提出"欲兴民权，宜先兴绅权"的主张。而革命派提倡民权，则是要打倒君权，使国民成为"一国之主人翁"，反对改良派既讲民权却又要保护君权的主张。他们认为民权是最要紧的，"世界万国，以有民权而兴，无民权而亡者，踵相接，背相望"①。在民权问题上，革命派对女权的呼吁和争取是很突出的。他们提倡男女平权，认为"女权愈振之国，其国愈文明，女权愈衰之国，其国愈衰弱"②，昌言"二十世纪为女权革命世界"。这些表明在提倡兴民权上，革命派比维新派不仅有更广泛的社会影响，而且在思想深度也前进了一大步。

在批判三纲五伦方面，革命派比维新派也有大的发展。他们痛斥三纲五伦之毒害，提出非"扫荡三纲，煎涤五伦"不可，否则"欲提自由之空气，振独立之精神，拔奴隶之恶根，救民群之悲运，岂可得哉！"③革命派比维新派最大的进展，是他们已将批判的矛头指向了孔子，不仅提出"三纲革命"，而且提出"圣人革命"、"孔丘革命"。有的文章指出："吾国学有渊源，非止孔孟一支，平其心，静其气，无所重轻，兼采众说，以求公理，则虽余固未能谓孔孟无可取也。惟强余以为至圣，沮人生之自由，禁学术之发达，再为第二汉武，定于一尊，则余不忍泯此良心也。"④把孔子的学说仅仅看作是当时的一个学派，这就否定了"圣人"和"圣学"的绝

---

① 《二十世纪之中国》，张枬、王忍之编：《辛亥革命前十年间时论选集》第1卷上册，生活·读书·新知三联书店1960年，第70页。
② 《论中国女学不兴之害》，张枬、王忍之编：《辛亥革命前十年间时论选集》第1卷下册，第924页。
③ 《伦理学平等卮言》，《经世文潮》1903年第2期。
④ 凡人：《无圣篇》，《河南》1908年第3期。

对地位。革命党人还把孔子及其学说视为封建君主专制的精神支柱。君衍用白话写了《法古》一文,明确指出:"因为孔子专门叫人忠君服从,这些话都很有益于君的。所以那些独夫民贼喜欢他的了不得,叫百姓尊敬他,称他为至圣,使百姓不敢一点儿不尊敬他,又立了诽谤圣人的刑法,使百姓不敢说他不好。""总而言之,孔子虽好,必不能合现在的时候了。我但望吾同胞做现在革命的圣贤,不要做那忠君法古的圣贤。"①在无政府主义的刊物《新世纪》上,有人直呼圣人之名,认为"孔丘砌专制政府之基,以涂毒吾同胞者,二千余年矣","欲世界人进于幸福,必先破迷信,欲支那人之进于幸福,必先以孔丘革命"②。从维新派标榜"孔子改制"的旗号,主张定孔教为国教,到革命派反对尊孔,这无疑是中国历史文化上的一大进步。

(四)反对封建迷信、陋俗,陶铸"国民新灵魂"。革命派在报刊上发表了大量文章,批判封建迷信和陋俗,指出封建迷信毒害中国人太深,"事事归之于天,人人听命于神"。他们认为,要启蒙就先要破除迷信,即"革神"、"革天","天革神革而后民性革,民性革则命不革亦革"③。这就把批判天道鬼神的重要性和改造国民性、革命的关系联系起来。他们在反对封建迷信时,涉及民间迎神赛会、崇拜偶像、求签问卜、风水厚葬等种种恶俗。对其他陋习,如包办买卖婚姻、缠足、蓄婢纳妾,以及卖淫嫖妓、吸食鸦片、赌博等,也作了有力的揭露和抨击。另一方面,他们宣传科学的道理,提倡尚勇、公德,提倡树立独立人格,不做专制君主的奴隶,也不做神佛的奴隶。革命派鼓吹"改铸女魂"、"陶铸国魂",也就是改造国民性问题。

(五)广泛传播西方社会政治学说。在20世纪的最初十年间,欧美主要哲学流派和代表人物,从古代到近代,都介绍到中国来。政治思潮除民主主义外,五四前后在各种思潮中曾占有优势的无政府主义思潮,也是在

---

① 君衍:《法古》,《童子世界》1903年第31号。
② 绝圣:《排孔征言》,《新世纪》1908年第52号。
③ 《瞀瞀之来简》,《民国日报汇编》第10集。

此时被介绍到中国的。对中国产生伟大影响并成为实践的马克思主义的社会主义思潮，也是在20世纪开初就介绍进来。革命派对社会主义学说的介绍，当时虽没有产生什么社会影响，但其前驱的作用是不应抹煞的。

革命派在传播资产阶级民主革命思想的过程中，并不是风平浪静、顺利地进行，而是遇到了两种力量和思想的顽抗。一是清政府为了维护其统治，极力强调封建纲常礼教。张之洞在厘订学堂章程时，主张"以忠孝为敷教之本，以礼法为训俗之方，以练习技能为致用治生之具"[①]。在清政府颁布的"整顿学堂"的上谕中，强调要"以圣教为宗，以艺能为辅，以礼法为范围，以明伦爱国为实效"[②]。而在其宣示的教育宗旨中，明确规定"忠君"、"尚孔"等。一是以康有为、梁启超为代表的改良派，企图阻遏民主革命思想的传播，对革命派发动了一场大规模的论战。两派论战主要是围绕"三民主义"进行的，即要不要以暴力推翻清皇朝的统治，政治革命的目标应是君主立宪还是民主共和，以及封建土地制度是否应当改革等问题。这场大辩论以革命派胜利告终，进一步推动了民主革命思想的传播。正是由于资产阶级新思想文化的传播和思想斗争的胜利，成了辛亥革命的先导。

辛亥革命推翻了清皇朝，结束了两千多年的帝制，建立了中华民国。以孙中山为首的革命派主张资产阶级的民权、自由、平等，反对封建的伦理纲常，废除尊孔读经，这是近代中国两种不同性质的文化指导思想的斗争和变革。在《中华民国临时约法》中，对人民权利和自由、平等做了一系列规定，加以条文化和法典化。这在中国政治史上和文化史上都有着划时代的意义。但是，资产阶级的民主政权只是昙花一现，为时很短。革命派既屈服于国内外反动派的压力，也天真地认为"中华民国"已经建立，"革命之事毕矣"，今后所当努力的是政治建设和实业建设，放弃了政治上的斗争，也放弃了思想文化上的斗争。几个月后，政府北迁、袁世凯窃取了政权，实行专制独裁统治，搞帝制复辟，《临时约法》被撕毁，民主被

①许同莘：《张文襄公年谱》，商务印书馆1946年，第180页。
②故宫博物院明清档案部编：《清末筹备立宪档案史料》下册，中华书局1979年，第1001页。

践踏，"民国"成了空招牌。

革命的失败，反革命复辟活动的猖獗，在思想文化上的反映，是出现了一股尊孔复古逆流。在历史上，每当一种新制度的建立，总是要伴随着新旧势力之间的反复较量。而在思想文化领域里，代表没落势力的旧文化，不可能因一场政治风暴而消逝，一旦政治压力放松时就要对新思想文化进行反扑。辛亥革命以后的状况正是如此。随着资产阶级革命政权的丧失，反对民主、自由、平等的喧嚣伴之而起。康有为就大肆攻击辛亥革命及南京临时政府所颁布的政策法令是"扰民害民"，是"礼坏乐崩"的颠倒大变。他说："今天坛不祀，殆将经年，其他百神，殆将废祀，甚至孔子文庙，亦废丁祭，遂至举国礼坏乐崩，人心变乱……并五千年中国之礼教而去之，若尧、舜、禹、汤、文、武、周公、孔子而有知，应无不悼心而泣血也。"①这就不能不令人想起在此之前50年，曾国藩也曾撰文诅咒太平天国起义对孔子和封建礼教的冲击，发出了"乃开辟以来名教之奇变，孔子、孟子之所以痛哭于九原"的哀号。康有为这位戊戌变法时期的维新领袖，此时竟然连禁止赌博、娼妓、迷信等恶习陋俗都横加指责，说什么"若必禁妓，则淫风更乱"，"是绝人道"。与此同时，封建遗老遗少们纷纷活动，鼓吹尊孔复古。在北京成立孔教会并创办《孔教会杂志》后，各地的孔教会、孔道会、尊孔会、经学会等社团相继出笼。帝国主义分子对这股文化逆流也加以推波助澜，一齐鼓吹尊孔复古，"保存国粹"，要"孔教"与"耶教""携手合作"。袁世凯发布了《通令尊崇孔圣文》，在《中华民国宪法草案》里又规定，"国民教育以孔子之道为修身大本"，已经被革命政府废除的尊孔读经，又死灰复燃。如果说辛亥革命前资产阶级文化与封建阶级文化作斗争，是作为资产阶级民主革命的舆论先导，那么在袁世凯窃据大总统后掀起的尊孔复古逆流，则是为复辟帝制作舆论准备。

1915年，以陈独秀创办《青年》杂志（后改名《新青年》）为标志，兴起了新文化运动。新文化运动对尊孔复辟逆流予以反击，它以"民主"

---

① 康有为：《议院政府无干预民俗说》，汤志钧编：《康有为政论集》下册，中华书局1981年，第827—828页。

和"科学"为两大旗帜，反对旧道德提倡新道德，反对旧文学提倡新文学，反对文言文提倡白话文，并把斗争锋芒指向维护封建制度的"孔教"。从总体上说，新文化运动所针对的问题的焦点是孔教，对其批判主要集中在三个方面：（1）以进化论的观点来阐明孔子之道不适应于现代生活，反对把孔教定为国教，编入宪法。陈独秀的《孔子之道与现代生活》、《宪法与孔教》和李大钊的《孔子与宪法》、《自然的伦理观与孔子》等文章，都论述了这个问题。（2）揭示了维护专制制度的孔教与民主、平等思想是背道而驰的。如陈独秀强调说，民主共和国重在平等精神，孔教重在尊卑阶级，"若一方既然承认共和国体，一方面又要保存孔教，理论上实在是不通，事实上实在是做不到"①。他还指出："主张尊孔，势必立君；主张立君，势必复辟。"②（3）以个人独立人格集中批判封建的纲常名教。如鲁迅的《狂人日记》、《我之节烈观》，吴虞的《家族制度为专制主义之根据论》、《儒家主张阶级制度之害》、《吃人与礼教》等，都是揭露封建礼教的罪恶，批判忠、孝、节封建道德的危害。尽管"五四"以前新文化运动的指导思想还是资产阶级民主主义，但却是一次彻底地反封建的文化运动。由于它坚决地对封建文化展开了最猛烈的冲击，为五四政治运动作了思想先导，也为马克思列宁主义在中国的传播创造了条件。

1919年爆发的五四运动，1921年中国共产党建立，使近代中国的变革方向发生了伟大的转折。中国革命由资产阶级领导的旧民主主义革命转变为由无产阶级及其先锋队中国共产党领导的新民主主义革命。

1917年俄国爆发了十月革命，创立了世界上第一个社会主义国家。中国人民终于在彷徨中从俄国十月革命学到一样新的东西，这就是马克思列宁主义。马克思列宁主义在中国，主要是通过李大钊等这样一批在初期新文化运动中起骨干作用的前驱者传播开来的。1918年，李大钊就撰文欢呼和论述俄国十月革命的胜利。第二年，他发表了一批文章，系统地阐述马克思主义，并主编《新青年》出刊的马克思主义研究专号。此后，许多报

---

① 《旧思想与国体问题》，《新青年》1917年第3卷第3期。
② 《复辟与尊孔》，《新青年》1917年第3卷第6期。

刊相继发表了大量介绍马克思主义的文章，马克思、恩格斯、列宁的著作也被翻译出版，马克思列宁主义广泛传播开来。这样，在中国共产党诞生后，在思想理论上居于领导地位的已不再是资产阶级的思想理论，而是无产阶级的思想理论，即马克思列宁主义。

马克思列宁主义在中国传播，并不是一帆风顺，而是经历了严重的斗争和艰辛的历程。马克思列宁主义传入中国后，同时存在的还有其他种种主义，诸如资产阶级民主主义、实验主义、改良主义、无政府主义、新村主义、泛劳动主义、基尔特社会主义、国家社会主义，等等。马克思列宁主义开初只是其中的一家。马克思主义与这些思潮在社会变革的浪潮中竞相传播，斗争是不可避免的。从1919年到1923年，马克思主义和反马克思主义进行了三次论战，先后战胜了以胡适为代表的实验主义和社会改良主义，以张东荪、梁启超为代表的资产阶级改良主义，以黄凌霜、区声白为代表的无政府主义。在中国革命实践中，在思想理论的斗争中，其他种种主义很快便销声匿迹，只有马克思列宁主义为中国人民所接受，并且成为中国革命的指导思想。正是中国人民经过研究、比较和鉴别，最终选择了马克思主义的科学社会主义作为救国救民的理论武器。1920年8月，蔡和森在法国给毛泽东的信中说："我近对各种主义综合审谛，觉社会主义真为改造现世界对症之方，中国也不能外此。"毛泽东表示赞同并指出："我看俄国式的革命，是无可如何的山穷水尽诸路皆走不通了的一个变计，并不是有更好的方法弃而不采，单要采这个恐怖的方法。"[1]周恩来在对当时种种思潮进行认真比较后下定决心："我们当信共产主义的原理和阶级革命与无产阶级专政两大原则"，"我认的主义一定是不变了，并且很坚决地要为他宣传奔走"[2]。在中国革命过程中，马克思列宁主义普遍真理和中国革命的具体实践相结合，产生了毛泽东思想。毛泽东思想是马克思列宁主义在中国的运用和发展，它本身也有一个发展过程。在中国共产党历史上，曾经发生过右倾机会主义和"左"倾机会主义的错误。这些错误，都是脱离

---

[1]《新民学会资料》，人民出版社1980年，第148页。
[2]《周恩来书信选集》，中央文献出版社1988年，第40、46页。

了马克思列宁主义普遍真理和中国具体革命实践相结合的正确轨道，使革命遭受挫折和失败。而毛泽东思想则是在同右倾机会主义和"左"倾机会主义的斗争中产生和发展的，它体现了这条正确的轨道。

在国民革命期间，中国共产党人又先后发起了对戴季陶主义和国家主义派的批判。1925年，国民党右派戴季陶刊行了《孙文主义之哲学的基础》和《国民革命与中国国民党》两本小册子，把孙中山的思想歪曲为"完全是中国的正统思想，就是继尧舜以至孔孟而中绝的仁义道德的思想"，以"仁爱是民生的基础"的"仁爱"说和阶级调和论反对马克思主义阶级斗争学说，以所谓团体"排拒性"的观点反对国共两党的党内合作。戴季陶反马克思主义、反共的谬论，理所当然遭到共产党人陈独秀、瞿秋白、毛泽东等的批驳。他们在撰写的文章中指出，三民主义并不是什么孔孟道统的继承，而是中国民众"要求民族独立、民权政治及所谓民生问题的解决"；"仁爱"说，"是要想暗示农工民众停止自己的斗争，听凭上等阶级的恩命和指使"；所谓团体"排拒性"，"事实上是资产阶级排拒无产阶级"，"根本上要消灭共产党"。国民党左派也支持中国共产党对戴季陶主义的批判，许多国民党人反对戴季陶的主张。反对戴季陶主义的斗争取得很大的胜利，维护了国共合作和国民革命。当时，中国共产党人还同国家主义派展开了激烈的思想斗争。国家主义派是指曾琦等人的中国青年党，因为这个政党标榜国家主义，所以人们称他们为国家主义派。国民革命时期，国家主义派的活动很猖獗。他们反对人民革命，攻击中国共产党和苏联，拥护北洋军阀的反动统治。中国共产党人在报刊上发表文章，驳斥了国家主义派的谬论，揭穿其"完全成了帝国主义的走狗，中国国民运动的仇敌"的反动实质，使国家主义派的影响日益缩小。由于对这两股反共反马克思主义思潮的批判和斗争，使人们深化了对中国革命的认识。

国民革命失败后，蒋介石国民党在全国建立了反动统治。为了加强其法西斯政权，消灭中国共产党，蒋介石国民党在对革命根据地发动军事进攻的同时，还大力进行思想文化的反动宣传和组织对革命文化的"围剿"。国民党政府为了剥夺革命文化的出版自由，对图书、杂志的出版作了种种规定和限制，如1934年颁布的《图书杂志审查办法》竟然规定，一切图书杂志于付印前必须送国民党中央宣传部图书杂志审查委员会审查，不送审的要予以处分。正是在这种高压手段下，大量进步书刊被查禁。据不完全统计，从1929年到1935年，社会科学和文艺书刊被查禁押扣的达千余种。国民党还派遣特务、组织流氓袭击和捣毁进步的文化机构、报馆、书店和电影院，迫害、暗杀共产党员作家和进步人士。在加紧对革命文化"围剿"的同时，国民党还大肆鼓吹封建法西斯思想。1934年，蒋介石在社会上推行所谓"新生活运动"，企图以封建的伦理纲常、四维八德来整治人心，束缚人们的言行，消除共产党革命思想的影响。之后，国民党又发起"文化建设运动"，成立以陈立夫为理事长的文化建设协会，出版《文化建设》等刊物。在此背景下，陶希圣等十位教授联名在《文化建设》上发表《中国本位的文化建设宣言》，鼓吹"中国本位的文化建设"，既反对西方资产阶级自由主义思想，又反对马克思主义社会主义学说，妄图建立中国式的法西斯主义的理论和文化，以适应蒋介石国民党独裁统治的需要。

中国共产党对思想文化领域的斗争非常重视，专门派出干部去加强这方面的工作。在党的领导下，先后成立了中国左翼作家联盟、中国社会科学家联盟、中国左翼戏剧家联盟等革命文化团体。在此基础上，又成立了中国左翼文化总同盟，作为各革命文化团体的联合组织，并创办机关刊物《文化月报》。这些组织的成立，加强了对马克思主义的研究和宣传，并积极投入思想文化界的各种论战之中，内容涉及中国社会性质、文艺、史学、哲学等各个领域。通过这些斗争，粉碎了国民党的文化"围剿"，扩大了马克思主义的影响，并为党领导的反帝反封建的新民主主义革命提供了理论依据。

抗战胜利前夕，中国社会变革面临一个关键时期。蒋介石抛出了《中国之命运》，一些资产阶级政党则提出走"中间道路"的政治要求。中国共产党不仅及时地阐明了自己的主张，对蒋介石的法西斯主义予以痛击，还组织力量批评所谓"中间道路"。为了做好对《中国之命运》的批判，中共中央专门召开会议进行部署，并由刘少奇根据中央精神主持召开了理论干部会议。中国共产党人发表了大量文章，毛泽东、周恩来等都曾亲自撰写文章批判《中国之命运》。这些文章揭露了蒋介石"中国式的法西斯主义"是中国封建思想糟粕和外国法西斯主义的结合，驳斥了国民党对共产党的攻击和诬蔑，指出"没有中国共产党，那就是没有了中国"，"中国的命运完全寄托在中国共产党"。这一斗争对全党和全国人民起到了"警醒和教育"的作用（周恩来语），勾画了中国社会的变革前景，回答了"中国之命运"这一重大的历史课题。

纵观中国近代历史就会发现，思想文化斗争在社会变革中起着重要的作用，忽视了这一点往往就会使变革受挫。中国共产党取得革命成功的一个重要原因，就在于始终重视思想文化领域斗争并最终赢得斗争的胜利，随时纠正党内各种错误认识，肃清非马克思主义思想的影响，从而凝聚了党心、赢得了民意，有力地配合了政治和军事斗争。

在近代中国思想文化斗争中，涉及一个应该以什么样的态度对待中西文化的问题。在近代中西文化论争中，出现了两种颇有影响的思潮：一是文化保守主义，如"中体西用"论、"东方文化优越"论、"中国本位文化"论、现代新儒学等；一是从清末的"醉心欧化"到民国的"全盘西化"。这两种文化思潮虽彼此争论不休，但都反对和排斥马克思主义，否定中国共产党领导的新民主主义革命，反对走社会主义道路。40年代初，毛泽东在《新民主主义论》中对这两种思潮都进行了批评，指出无论是对外来文化还是中国古代文化，都必须是批判地继承，弃其糟粕，取其精华；并提出新民主主义文化应是民族的、科学的、大众的文化。这是科学的总结。

但是，如何正确对待中西文化的问题在社会上并没有完全解决。在80年代的"文化热"中，出现了一股否定中国文化传统，鼓吹"全盘西化"的民族历史文化虚无主义思潮。这种思潮受到一定的批评后，情况有所变化。在90年代的"文化热"中，"转换话题"、"复兴儒学"的主张流行起来，有人提出"以儒学代替马克思主义"。在现实社会变革中，如何坚持以马克思主义为指导，正确对待中西文化，仍然是一个值得重视和有待进一步解决的问题。社会主义文化建设，应以马克思列宁主义、毛泽东思想和邓小平理论为指导，从社会主义现代化建设需要出发，批判地继承中国优秀传统文化和发扬革命文化，批判地吸收外国优秀文化，以建设有中国特色的社会主义文化。

（原载《中南海历史文化讲座——著名学者与中央高层讨论的历史文化问题09版》（内部资料），后收入《中外历史问题八人谈》，中共中央党校出版社2011年）

鸦片战争与世界历史进程*

　　这里提出的是一个粗略的研究提纲。对鸦片战争这一关乎近代中国与世界历史发展的重大问题进行系统、全面的再研究，非区区本文所能为之。我们只是企望从19世纪中叶世界历史横向联系加强与扩展的视角、结合该时期东西方社会行程的宽广背景，试就如下几个问题作些探索。

一

　　西方资本主义的兴盛与东方悲壮的沉沦，是贯穿近代世界发展历程的两大历史现象，引人注目，也发人深省。以英国为中心的欧美国家得风气之先，乘政治革命与经济革命的两大巨轮，率先走出中世纪，闯荡全世界。"历史中的资产阶级时期负有为新世界创造物质基础的使命"，其中之一就是"要造成以全人类互相依赖为基础的世界交往"[①]。"生产的不断变革，一切社会关系不停的动荡，永远的不安定和变动，这就是资产阶级时代不同于过去一切时代的地方"；"不断扩大产品销路的需要，驱使资产阶级奔走于全球各地。它必须到处落户，到处创业，到处建立联系"[②]。世界

*与杨玉圣合撰。
①《工资、价格和利润》，《马克思恩格斯选集》第2卷，人民出版社1966年，第75页。
②《共产党宣言》，《马克思恩格斯选集》第1卷，第254页。

正处在剧烈的大变动之中。西学东渐，欧风美雨，蔚蔚然而成大观。非西欧国家和地区或先或后，纷纷陷入此种无可遏制的殖民主义扩张的旋涡。这是一股铺天盖地的恶浪。19世纪40年代的英国侵华战争，即鸦片战争，正是上述扩张锁链中的重要环节之一。"处在世界资本主义迅速上升的时期，中国不可能长期地把自己孤立起来"，"以英国为首的资本主义国家必然要把中国拉进世界市场，那是毫无疑问的，而中国的大门由当时世界第一个资本主义强国来打开，也决不是偶然的"①。

按照马克思的说法，"世界贸易和世界市场在16世纪揭开了资本的近代生活史"②。世界历史进程的大转折在15世纪末16世纪初即露端倪，地理大发现、环绕世界的航行、文艺复兴、宗教改革，是这一大转折的先导。尼德兰革命、英国革命，则肯定无疑地揭开了这一大转折的序幕。以工业革命为表征的英国经济革命，汇同美国独立革命、法国大革命以及19世纪初的席卷拉丁美洲的民族独立运动、19世纪上半叶几乎囊括欧洲的资产阶级改革与革命，前后关联，浑然一体，造就了"大西洋革命"的时代。这一历史上最深刻的经济革命与最大的政治革命相结合，推动了西欧、美洲局部地区向现代社会的阔步迈进。与轰轰烈烈的政治革命不同，工业革命是一个逐步的渐进过程。不过，必须强调指出，后者尽管悄无声息，却意义深远，史无前例。这一意义就在于它造成了"人类经济环境的一个十分重要的转变"③。生产力的持续的急剧增长再明显不过地说明了这一点。到19世纪20年代，操纵动力织机的人，其产量20倍于一个手工工人；一台动力驱动的纺织机相当于200台手纺车的能力。工业革命以前，世界经济的年增长率微乎其微。工业革命开始后，就大不相同了。1780—1830年，世界工业年增长率是2.6%，世界贸易年增长率为1.4%；1830—1840年，世界工业年增长率达2.9%，世界贸易年增长率达2.8%④。关于工业革命的影响，卡洛·M.奇波拉教授说："到1850年，过去不仅仅是过去，而且是死

---

① 丁名楠等：《帝国主义侵华史》第1卷，人民出版社1961年，第15页。
② 《货币转化为资本》，《马克思恩格斯全集》第23卷，人民出版社1972年，第167页。
③ [美] 肯尼迪：《大国的兴衰》，求实出版社1988年，第177页。
④ W.W.Rostow, *The World Economy, History and Prospect,* London: Macmillan, 1978, P.67.

亡了"；"从那时起，世界不再是以前的世界了"[①]。这是理解未来东西方不同命运的锁钥所在。

英国的工业革命及其后果，尤其对本文的论题具有特殊意义。这一决定英国乃至世界发展前途的经济革命，开始于18世纪后半期，到19世纪30年代基本完成[②]。18世纪以前，英国还落后于法国、意大利和西班牙。然而，经过工业革命的洗礼，这个偏居一隅的弹丸岛国的面貌却全然改观。工业一跃而为"英国社会的中枢"，特别是"棉纺织业愈来愈成为大不列颠整个社会制度的命脉"。统计数字可以具体说明这种情况。1820—1823年，英国的棉织品出口已超过1600万英镑。[③]1820年，英国占世界工业生产总额的50%，占世界贸易总额的18%；1821年，英国对世界各地的出口总额达4300万英镑，到1832年则达6500万英镑；1839年，英国的煤产量比法国、比利时、普鲁士的总和多3倍；1840年，英国已占世界工业生产总额的21%，占国际贸易总额的25%。英国成为"欧洲工业在世界市场上的代表"[④]。迅速膨胀的资本主义工商业经济，必然伴之以经济上的扩张主义。特别是1832年议会改革后，工业资产阶级作为一种崭新的政治力量在英国政治舞台上居于主导地位。因之，从19世纪40年代起全面推行自由贸易政策。"英国的政策就是英国贸易"[⑤]，威廉·皮特的这句著名格言很能说明问题。有人在公开的大会上说，"耶稣基督是自由贸易，自由贸易是耶稣基督"。英国的一位驻外公使声称，"贸易与我们国民生活的关系，犹如空气之与人体生活——是生死悠关的要素，是必需的……即使你不想要它，也不可能，就象我们的肺部不断伸缩要求充足的空气一样。倘若我们得不到足够的贸易，那就必须用战斗赢得它"。所谓自由贸易，究其实质，无非

---

① [意] 奇波拉主编：《欧洲经济史》第3卷，商务印书馆1989年，第3、1页。
② 关于英国工业革命起讫时间，学术界的观点尚不尽一致。本文采用王觉非教授的见解。参见蒋孟引主编：《英国史》，中国社会科学出版社1988年，第422、429页。
③ John Holland Rose, Arthur Perciral Newton, *The Cambridge History of the British Empire*, vol.I, London: Cambridge University Press, 1961, p.237.
④ 《马克思恩格斯选集》第2卷，第8页。
⑤ [法] 博德：《资本主义史（1500—1980）》，东方出版社1986年，第80页。

就是"排除一些仍然阻碍着资本前进的民族障碍"①。与此密切相关，体现19世纪英国政府对外政策的基本原则，用阿·莱·莫尔顿的话说，也非常简单。这些原则就是"'有灵感的行商'的原则，亦即是商人有货要卖的原则。英国用远比它的任何竞争者强大的海军作掩护，努力在经济上渗入它的殖民地和远东国家"②。

莫尔顿教授这里所谓的"远东国家"，虽未明指，但自然也包括中国，当是没有疑问的。面对一个相当于英国幅员36倍、人口16倍的中国市场，想让英国漠然置之，是断难想象的。"在整个17世纪，18世纪的很多时候也一样，没有任何一个欧洲强国处心积虑地谋求在东方建立一个殖民帝国"，主要是为了贸易③。资本原始积累时期尚且如此，工业革命以后的自由资本主义时期难道不只能是更加变本加厉吗？

事实表明，英国早已对中国馋涎欲滴。小弗雷德里·韦克曼教授写道：1833年，英国议会取消了东印度公司的垄断权。"争取自由贸易的战斗在英国国内已获胜利，而广州仍在实行限制。这个城市仍拒外商于城墙之外，使外商受该城官员的辖制。一出广州城，就是4亿人口的中国国内大市场。曼彻斯特的制造商们互相议论说，只要想到这件事：如果每个中国人的衬衣下摆长一英寸，我们的工厂就得忙上数十年！只要能打开这个壁垒就好了。只要英国能找到一个安全港口，能夺得一个岛屿并将它变成一个受英国保护的弊绝风清的货物集散地，那就好了。驻广州的英国散商1830年12月在呈递下院的请愿书中辩解说，对华贸易是世界上潜力最大的贸易。现在该是把对华贸易置于'一个永恒的、体面基础之上'的时候了。"④1834年，英驻广州首任商务监督律劳卑曾对英国外交大臣帕麦斯顿

①《共产主义原理》，《马克思恩格斯选集》第1卷，第207页。L.S.斯诺夫里诺斯教授强调说，"必须记住，到19世纪中叶，英国人开始相信与世界上任何地方进行贸易几乎是一种神圣的权利（a divine right），并且认为各国政府置其国家予自由贸易之外是不正常的、应受谴责的。"L.S.Tavrianos, *The World Since 1500, A Global History*, New Jersey: Prentice Hall, 1971, p.347.

②[英] 莫尔顿：《人民的英国史》下卷，生活·读书·新知三联书店1976年，第557页。

③ D.K.Fieldhouse, *The Colonial Empires: A Comparative Survey from the Eighteenth Century*, New York: Dell Publishing CO., 1966, P.157.

④[美] 费正清编、中国社会科学院历史研究所编译室译：《剑桥中国晚清史》上卷，中国社会科学出版社1985年，第185页。

说，过去英国人在中国政府面前"低三下四"，除了"屈辱和不体面"以外，"什么也没有得到"；而用"强有力和当机立断的措施"，就能得到"完全的成功"①。1837年6月，《中国时报》发表的文章称，假如设在广州的领事得以立足，"那么一俟机遇来临，如碰上革命或事态逐渐变迁，他就能抓住时机，一举而推开中华帝国的大门"②。类似的史料，还有不少。"资本主义如果不经常扩大其统治范围，如果不开发新的地方并把非资本主义的古老国家卷入世界经济漩涡之中，它就不能存在与发展。"③"资本主义世界的缔造者"——英国，借口中国清政府查禁鸦片、断绝中英贸易，悍然挑起侵华战争，决非偶然，而是有其历史的必然性的。林则徐在1840年8月底一份奏折中隐约地意识到此种必然性④。但总的说来，正象有的西方学者所强调，"必须记住，中国官员意识不到引起这次战争的还有其他原因"⑤。最典型的，莫过于战事已启，而道光帝还以为英国人不外"诉冤、乞恩两大端"。这当然是昧于世界大势的呓语。"事实上，英国的目的比战争名称所表达的含义要更为广泛，也更为野心勃勃。"⑥这是不无道理的一种见解。马克思、恩格斯早在其《共产党宣言》中即已明确指出："资产阶级，由于一切生产工具的迅速改进，由于交通的极其便利，把一切民族甚至最野蛮的民族都卷到文明中来了。"资产阶级要"按照自己的面貌为自己创造出一个世界"⑦。这一著名论断也有助于我们从更深刻的层面来理解这一问题。

二

中国在鸦片战争中遭到了屈辱的惨败。这也是非西方国家在近代所遭

① 参见汪敬虞：《19世纪西方资本主义对中国的经济侵略》，人民出版社1983年，第51页。
② 广东文史研究馆编：《鸦片战争与林则徐资料选译》，广东人民出版社1986年，第7页。
③ 《俄国资本主义的发展》，《列宁全集》第3卷，人民出版社1956年，第545页。
④ 林则徐奏曰："若谓夷兵之来系由查烟而起，则彼之以鸦片入内地者，早已包藏祸心，发之于此时，与发之于异日，其轻重当必有辨矣。"参见中山大学历史系中国近现代史教研组、研究室编：《林则徐集·奏稿》中册，中华书局1985年，第884页。
⑤ 〔美〕马士等：《远东国际关系史》上册，商务印书馆1975年，第197页。
⑥ 〔美〕伯恩斯等：《世界文明史》第3卷，商务印书馆1987年，第237页。
⑦ 《共产党宣言》，《马克思恩格斯选集》第1卷，第255页。

遇的大体相同的共同命运。作为一种规律性现象，该作何解释？就战争本身而言，其胜或败，自有许多具体的特殊因素；然而，我们能否从杂乱无序的偶然性中寻绎出蕴含其中的某些内在的必然性呢？恩格斯曾说过，清帝国"是如此衰落，如此摇摇欲坠"，又"是如此腐化，它已经既不能驾驭自己的人民，也不能抵抗外国的侵略"①。马克思说得更明确，"一个人口几乎占人类三分之一的幅员广大的帝国，不顾时势，仍然安于现状，由于被强力排斥于世界联系的体系之外而孤立无依，因此竭力以天朝尽善尽美的幻想来欺骗自己，这样一个帝国终于在这样一场殊死的决斗中死去"②。应该说，这些论述都是极富有启发性的。

单纯从表面上看，清兵无疑在数量上占绝对多数③，但这只是问题的一个方面。从根本上说来，鸦片战争是江河日下的封建的中国与当时世界第一资本主义强国英国的较量。参加侵华战争的英国军队，有炮兵、步兵、工兵和海军，且训练有素，装备先进。以蒸汽机为动力的舰船，"乘风扬帆，虽数百里瞬息可到"，有的战舰装有74门大炮。与此相比，形成强烈反差的是，清兵大多数用的是刀、矛、斧、戟等原始武器，只有少数使用鸟枪、抬枪之类的简陋武器。比这更致命的是，长期以来，清王朝武备松弛，军纪荡然。将不知兵，兵不知战。"文官爱钱而又惜死，武官惜死而又爱钱。"赖此而制胜，岂不怪哉？据史书记载，江苏军队"从未闻有讲求训练一语"，其水师"额数既少，兵技尤疏"。直隶沿海炮台长年失修，所存旧炮，"大半刷膛锈损，多不堪用"④。杭州旗兵演习骑射时，射箭虚发，驰马人坠地，难怪道光帝在其大失所望之余叹曰：堂堂大清国，"将懦兵疲，全无斗志"⑤。如此一群，焉能与英军对垒？"船不敌夷人之坚，炮不敌夷人之利，而兵丁胆气怯弱，每遇夷师船少人稀之顷，辄喜事贪功；

①《卡尔·马克思〈政治经济学批判〉第一分册》，《马克思恩格斯选集》第2卷，第37页。
②《〈政治经济学批判〉导言》，《马克思恩格斯选集》第2卷，第26页。
③鸦片战争初期，侵华英军约7000人，到战争结束时，约为20,000人；清王朝拥兵800,000人之众，战争集中的广东、福建、浙江、江苏4省守军，外加援兵，约258,000人，不可谓不多。参见茅海建：《鸦片战争时期的中英兵力》，载宁靖编：《鸦片战争史论文专集续编》，人民出版社1984年，第181、186页。
④《筹办夷务始末·道光朝》卷14、13、32，中华书局1964年。
⑤《筹办夷务始末·道光朝》卷3。

迫见势强横，则皆望而生惧。"此段文字，出自琦善之口，历来论者皆把它作为琦善不抵抗的诡辩之辞，自在情理之中，但它也多少反映了一些实情。定海失陷，可以说明某些问题。据载，定海"操防巡缉，视为具文"。浙江巡抚"徒托空言"，"形同木偶"。"事前既无准备，临事复觉张皇。"清兵"不战不守，纷纷溃散，各顾身家"，结果只好任由英人占取、肆虐定海。由此而窥一斑，整个鸦片战争期间，英军攻城陷池，而清兵却一败涂地，似也不足为怪了。

其所以出现武备松弛、军纪荡然等上述现象，更重要的原因乃在于清王朝吏治的腐败。1840年的定海失守，同样可以为证。朝廷内外，醉生梦死，麻木不仁。在英寇入侵的警报频传之时，朝野竟无发愤振作之意。道光帝的愚昧心态，是一个活脱脱的典型。两个月前，林则徐奏报传闻英国有大号兵船将次到粤等情，他不以为然，蔑视地说："主客之势自判，彼何能为也？"7月20日，他接到英军进犯定海的奏报，依然满不在乎，称："此等丑类，不过小试其技，阻挠禁令，仍欲借势售私，他何能为！"22日，又老调重弹，"该夷等亦不过稍逞小技，恫疑虚喝，迨至计穷势蹙，自必返棹入洋，无所希冀"①。人家已经打进国门了，却昏昏然，梦幻一般。还在1836年，德国人郭士立即有言在先："清廷百事泥旧，毫无进步倾向，惟知傲慢自尊，不顾世界大势。"如此一来，满朝文武，"不谙夷情，震于英吉利之名，而实不知其来历"②。林则徐到广州后为"知其虚实"，遂"刺探西事"。然而，据外国学者说，当时林则徐很难找到能够胜任移译英国出版的有关文献的译员，相反，在英国，却有大量出色的译员，他们能够完全准确无误地翻译中国官方的有关文告③。两相对照，怎能不发人深省？林则徐是伟大的爱国者，是近代中国开眼看世界的第一人。然而，即便是林则徐，对英军的有关认识亦不无幼稚、片面之处。如林则徐奏称，"且夷兵除枪炮之外，击刺步伐俱非所娴，而其腿足裹缠，结束紧密，屈伸皆所

---

① 《筹办夷务始末·道光朝》卷11。
② 中山大学历史系中国近现代史教研组、研究室编：《林则徐集·奏稿》中册，第649页。
③ James Bromley Eames, *The English in China: Being an Account of the Intercourse and Relations between England and China from the Year 1600 to the Year 1843 and a Summary of Later Developments*, London: Curzon Press, 1974, p386.

不便。若至岸上，更无能为，是其强非不可制也"①。这是1839年7月24日的一份奏折所云。1840年2月，林则徐又说：英人若"涉远而来"，"我天朝水陆劲旅，以逸待劳，岂能不制其死命"②？甚至在是年七月初六日的一份奏折中，林则徐力陈清廷收复定海，内云："一至岸上，则该夷无他技能，且其浑身裹缠，腰腿僵硬，一仆不能复起，不独一兵可手刃数夷，即乡井平民，亦尽足以制其死命。"③在林则徐看来，诱擒英人于陆地，"一经聚有多人，约期动杀，杀之将如鸡狗，行见异种无疑"。至于其他朝廷命官，昏聩平庸，也就不难想象了。姚莹痛心道："自古兵法，先审敌情，未有知己知彼而不胜、瞆瞆从事而不败者也！……中国无人留心海外，宜其轻中国而敢肆猖獗也。"④

再作更多的具体论证，似已不必。金玉其外，败絮其中。中国之在鸦片战争中一败涂地，归根结蒂，无非是验证了马克思主义史学大师范文澜的断言："腐烂了的封建主义决不能对抗新兴的资本主义。"此一语而中的，不失为真知灼见。

回到本节开篇的论点，把视野扩而大之为中国以外的世界。在中国被敲开国门之前即已沦为西方铁蹄下的被压迫民族，先后于19世纪中叶前后掀起反抗西方殖民主义的斗争，如1825—1830年印度尼西亚的蒂博尼哥罗起义、1830年波兰民族大起义、1838年祖鲁人反对布尔人和英国殖民者的武装斗争、1832—1847年的阿尔及利亚反法武装斗争、1846—1848年墨西哥的反美侵略战争、1848—1852年的伊朗巴布教徒起义、1857—1859年的印度民族大起义、1863—1864年的波兰民族大起义等，可歌可泣，英勇壮烈，构成近代民族主义运动中激动人心的绚丽篇章，成为推动世界历史前进的伟大动力之一。虽然在资本主义洪流的旋涡中间，这些斗争以悲剧告

① 中山大学历史系中国近现代史教研组、研究室编：《林则徐集·奏稿》中册，第676页。
② 中山大学历史系中国近现代史教研组、研究室编：《林则徐集·公牍》，第188页。
③ 中山大学历史系中国近现代史教研组、研究室编：《林则徐集·奏稿》中册，第861页。
④ 姚莹：《东溟文后集》卷8。这里最能说明问题之关键的，恐以道光皇帝为尤甚。作为中国清王朝最高统治者，自然也是这场战争中中国方面的最高决策人，然而，他以"天朝大国"之君，仅仅视不列颠为"区区小丑"，既不知彼，又不知己，当系断难解其咎的。最可笑的是，甚至到了1842年，中国已被迫屈辱议和、割疆赔款，但清朝皇帝仍旧不辨大体：英吉利此国，"地方周围几许？所属国共有若干？其最为强大不受该国统属者共有若干？又英吉利至回疆各部有无旱路可通？平素有无往来？与俄罗斯是否接壤，有无贸易可通？"云云。

终，正象资产阶级使乡村服从于城市一样，它强迫东方服从于西方，这是世界近代史演进的一个主要事实。然而，包括中国人民在内的反对殖民主义的斗争，不仅丰富了世界历史的内容，奠定了这些被压迫民族最终赢得独立的坚实基础，而且为我们积淀下了极其宝贵的精神遗产。

三

鸦片战争后，"牢固的中华帝国遭受了社会危机"。英国人的鸦片麻醉了中国人，同时也唤醒了中国人。不能不指出，睁眼看世界思潮的勃兴，表明了先进的中国人的追求；近代民族主义的萌动，是不甘屈服的中国人的抗争；救国图强的思想和实践，预示了近代中国的希望。不独中国如此，这大致也是面临与中国相似命运的近代世界其他被压迫民族的一种共同抉择。上层的改革、下层的起义以及两者难以游离的全民族性的反殖斗争，此伏彼起，绵延不断，这是19世纪中叶前后的世界潮流之一。除日本以危机为契机而大获成功外，其他的概归失败。但是，这一波澜壮阔的历史活剧毕竟给19世纪中叶的世界历史进程打上了深刻的烙印。

英国用暴力征服中国，首开资本主义列强鱼肉中国的恶例。这是用血与火的文字铭刻在世界编年史上的。毫无疑问，这同样是资产阶级文明的极端伪善和它的野蛮本性的赤裸裸的暴露。马克思本人曾专门著文揭露英国人对华侵略战争的"极端不义"。同时，马克思还正确指出，"与外界完全隔绝曾是保存旧中国的首要条件，而当这种隔绝状态在英国的努力之下被暴力所打破的时候，接踵而来的必然是解体的过程，正如小心保存在密封棺木里的木乃伊一接触新鲜空气便必然要解体一样"[1]。泱泱"天朝"，竟一败不可收拾。经此一战，清王朝的声威"扫地以尽"，"天朝帝国万世长存的迷信受到了致命的打击"[2]。万马齐喑的知识界，首先觉醒。林则

---

[1]《马克思恩格斯选集》第2卷，第3页。
[2]《马克思恩格斯选集》第2卷，第2页。

徐、魏源、姚莹等启蒙发聩，"慷慨论天下事"，不仅睁眼看世界，把中国人的视线开始引导到广阔的世界去，而且首倡"师夷之长技以制夷"，开近代中国人救亡图存的先声。三元里的人民用行动证明，"鬼子不足怕"。由此肇始的英雄的中国人民的抗争，为衰败的中国社会添加了自强不息的活力。延续数千年的封建的中国，到19世纪中叶，随着外国资本主义的侵入，其内部"发生了重大的变化"，"促使中国封建社会解体，促使中国发生了资本主义因素，把一个封建社会变成了一个半封建的社会"①。这当然是在屈辱中开始的，而且灾难、痛苦伴随其中，但无论如何，中国社会终归启动了大转变的巨轮。中国已经不是原来的中国了。

中国在鸦片战争中的败绩，实际上宣告了清王朝闭关自守政策的破产。不管愿意与否，汹涌澎湃的世界历史前进的潮流是无情的。马克思不止一次地说，英国的大炮"迫使天朝帝国与地上的世界接触"，"野蛮的、闭关自守的、与文明世界隔绝的状态被打破了"②。

在近代以前，世界各地区、部分之间是相当陌生的。古代不必说了，就是到了中世纪初期所绘的世界地图，也仅有欧洲、近东、中东和中国一带，非洲自撒哈拉以南即为漆黑的半圆形，西部大洋被绘成妖怪形，大约中国的东北部被绘制成一条大蛇。把个别的、局部的、偶然的国际联系与商品交往，变成统一的、有机的、经常性的联系，这是资本主义、殖民主义兴起以后的事。马克思、恩格斯1845—1846年在《德意志意识形态》一书中写道：大工业"创造了交通工具和现代化的世界市场"，"它首次开创了世界历史，因为它使每个文明国家以及这些国家中的每一个人的需要的满足都依赖于整个世界，因为它消灭了以往自然形成的各国的孤立状态"③。不论是物质的生产，还是精神的生产，都越来越成为世界性的了。马克思在讲到资产阶级建立世界市场时，曾专门提到了殖民地化的问题。如同万峰教授所分析的，"这是在资产阶级世界革命时代所不可避免的一

---

① 《毛泽东选集》（合订本），人民出版社1964年，第589、593页。
② 《马克思恩格斯选集》第2卷，第3、2页。
③ 《唯物主义观点和唯心主义观点的对立》，《马克思恩格斯选集》第1卷，第67页。

个历史过程。尤其是西方资产阶级要革东方封建阶级的命时，这一强迫改造必然表现为殖民地、半殖民地化。先是印度被大英帝国征服，后是19世纪四五十年代构成世界市场最后一环的中国和日本的开港，都雄辩地证明了这一点"①。

　　人类历史并非自始就具有世界性、自始就是世界历史。历史之成为世界历史，其自身经历了一个历史过程，"一个由原始的相互闭塞的不同人群的历史，逐步打破彼此间的闭塞，日益加深各民族、各地区间的联系，终之构成一个在全局意义上的世界历史的过程"②。这种极其深刻的论述应引起充分的关心与重视。当然，这种过程并非风平浪静、和平演进，而往往夹杂着暴风骤雨、曲折发展。中国是这样，其他非工业化的农耕国家也是这样。马克思事实上很重视这一点。1853年时，他说：中国在鸦片战争失败后，与世界"开始建立联系，这些联系从那时起就在加利福尼亚和澳大利亚黄金的吸引之下迅速地发展了起来"③；1858年，他又重申，"资产阶级社会的本来使命是建立世界市场（至少在轮廓上），建立以这种市场为基础的生产。因为地球是圆的，所以随着加利福尼亚和澳大利亚的殖民地化，随着中国和日本的门户开放，这个使命似乎已经完成了"④。这一画龙点睛之笔，再恰切不过地反映出了中国鸦片战争与19世纪中叶世界历史进程的内在联系。

（原载《世界历史》1990年第4期）

---

① 万峰：《日本资本主义史研究》，湖南人民出版社1984年，第10页。保罗·哈里森在《第三世界——苦难·曲折·希望》中写道："欧洲人统治最主要的结果，是造成了全球经济。处于石器和铁器时代的人民，被迫与西方的工业文明进行有破坏性的接触。现金交易关系向全世界撒下了天罗地网。"[美]保罗·哈里森：《第三世界——苦难·曲折·希望》，新华出版社1984年，第27页。
② 吴于廑：《〈大学世界历史地图〉前言》，《世界历史》1988年第5期。
③《马克思恩格斯选集》第2卷，第2页。
④《马克思恩格斯书信选集》，人民出版社1962年，第110页。

鸦片战争与中国半殖民地化

鸦片战争已经过去150年。一百多年来，人们对这次战争及其对中国的影响，一直在进行研究，出版的著作和论文为数不少，认识也颇有歧异。有些问题曾有过共识，但过了一段时间又出现了异议。例如，有一种意见认为，鸦片战争后外国资本主义打入中国是好事，如果鸦片战争来得早一点，"我们中国就远不是如此的面貌了"。或者以所谓"近代客观的历史主流是近代的世界史，而不是国别史"为由，反对"把'帝国主义'与中华民族的矛盾看作是近代中国最主要矛盾，把民族独立看做是近代中国的历史主题"。甚至说，"如果没有近代西方殖民征服，人类，特别是东方各民族所有优秀的自然才能将永远沉睡，得不到发展"，"殖民化在世界范围内推动了现代化进程"，中国要当"三百年殖民地"，等等。有的论著还引用马克思关于英国在印度统治的论述，来作为自己立论的依据。究竟应当怎样看待鸦片战争后中国的"开关"，怎样看待帝国主义的殖民征服？它们给中国等半殖民地和殖民地国家带来的是什么？这是需要认真对待的问题。

鸦片战争以前，清朝政府实行对外闭关自守的政策。鸦片战争爆发后，中国的大门被英国的大炮打开了。这也是一种开放。但是，这种开放是被强迫的，是不平等的。开放应当是平等的，而鸦片战争的"开放"，恰恰是英国扩大殖民地的侵略战争，是要占领中国的领土，获取特权和利益。这从爆发这次战争的原因，就可以说明。

　　鸦片战争的直接导因，是1839年林则徐受清廷委派在广州查禁鸦片走私，而英国则"旨在维护鸦片贸易而发动和进行"对华战争（马克思语）。因为鸦片走私不仅对鸦片贩子带来极大利益，而且对英印政府也带来极大利益。正如马克思指出的："英国政府在印度的财政，实际上不只是依赖对中国的鸦片贸易，而且正是依赖这种贸易的走私性质。"①

　　当然，英国政府向中国发动鸦片战争，不仅是鸦片问题，更深层的原因在于资本主义的本质和特性。英国当时号称"海上霸王"、"日不落帝国"，在世界各地占领了许多殖民地，包括中国的邻邦印度。列宁指出："资本主义如果不经常扩大其统治范围，如果不开发新的地方并把非资本主义的古老国家卷入世界经济漩涡之中，它就不能存在与发展。"②正是基于这种资本主义的特性，英国政府绝不可能让土地广阔、物产丰富、人口众多而又衰弱的中国长期孤立起来，必然要把它卷入世界资本主义市场。为此，英国资产阶级中有一派人主张对中国采取强硬的路线，甚至使用武力来解决。还在1836年，有人就叫嚷："如果我们要和中国订立一个条约，这个条约必须是在刺刀尖下，依照我们的命令写下来，并要在大炮的瞄准下，才发生效力的。"③鸦片战争和《南京条约》的签订，正是英国这种"炮舰政策"的体现。它以大炮来迫使中国对外开放，使中国丧失了独立自主和领土完整。战争的结果，改变了中国历史的进程，使中国历史发生了转折。鸦片战争以前，中国社会内部已经存在着资本主义的萌芽。鸦片战争以后，由于西方列强的入侵，截断了中国社会正常发展的道路，而沦为半殖民地半封建社会。它既不是原来的封建社会，也不是像西方那样的资本主义社会，而是被扭曲了的畸形的社会。谈论鸦片战争后的"开关"，这应该是一个基本的出发点。

　　为了证明外国资本主义的入侵对中国和亚洲其他国家所起的帮助作用，论证殖民征服对东方历史发展的"功绩"，人们常引马克思在《不列

---

① 《鸦片贸易史》，《马克思恩格斯选集》第2卷，人民出版社1972年，第28页。
② 列宁：《俄国资本主义的发展》，人民出版社1954年，第543页。
③ 广东省文史研究馆译：《鸦片战争史料选译》，中华书局1983年，第48页。

颠在印度的统治》一文提到的英国在印度造成的社会革命"充当了历史的不自觉的工具"的观点。如果说马克思的话是指西方资本主义入侵对东方社会变化起了客观刺激作用，自无异议。如果是引用马克思的话来为赞颂殖民征服作论证，证明侵略有理、侵略有功，则违背了马克思的原意。对于马克思的话不能以偏概全，应该全面地把握其精神实质。

马克思对英国在印度的殖民统治，是给予严厉谴责的。他说："当我们把自己的目光从资产阶级文明的故乡转向殖民地的时候，资产阶级文明的极端伪善和它的野蛮本性赤裸裸地呈现在我们面前，因为它在故乡还装出一副很有体面的样子，而一到殖民地它就丝毫不加掩饰了。"①马克思还明白无误地指出："英国人在印度进行统治的历史，除破坏以外恐怕就没有什么别的内容了"②；"印度失掉了他的旧世界而没有获得一个新世界，这就使它的居民现在所遭受的灾难具有了一种特殊的悲惨的色彩，并且使不列颠统治下的印度斯坦同自己的全部古代传统，同自己的全部历史，断绝了联系"③。马克思虽然肯定英国为了掠夺的需要，在印度修筑铁路，举办工业，发展了资本主义生产。但是，他紧接着明确指出："在印度人自己还没有强大到能够完全摆脱英国的枷锁以前，印度人民是不会收到不列颠资产阶级在他们中间播下的新的社会因素所结的果实的"，因为"这不仅决定于生产力的发展，而且还决定于生产力是否归人民所有"④。这就是说，英国虽然在印度播下了"新的社会因素"，但更重要的是带给印度人以灾难和枷锁。英国资产阶级只能是在印度实行殖民化，不可能帮助印度实现资本主义近代化。印度的复兴只有靠印度自己，只有在摆脱了英国的殖民统治之后，只有在生产力归人民所有之后。马克思对英国统治印度论断的基本精神，同样适用于中国。

中国虽然不象印度沦为英国的殖民地，但是同样遭受帝国主义的侵略，是大大小小帝国主义的半殖民地。帝国主义为了压迫和掠夺中国，用

①《不列颠在印度统治的未来结果》，《马克思恩格斯选集》第2卷，第74页。
②《不列颠在印度统治的未来结果》，《马克思恩格斯选集》第2卷，第70页。
③《不列颠在印度的统治》，《马克思恩格斯选集》第2卷，第64页。
④《不列颠在印度统治的未来结果》，《马克思恩格斯选集》第2卷，第73页。

军事武装进行侵略，发动了多次侵略战争。继鸦片战争之后，接着就是英法联军的侵略战争，法国进攻中国的战争，日本侵略中国的甲午战争，八国联军的侵略战争，日本和沙俄在中国领土上进行的战争，1931年开始的日本进攻中国东北的战争，1937年开始继续了八年之久的日本进攻中国全境的战争。侵略军在战争中烧杀淫掠，无恶不作，对中国社会破坏极大。由于中国在战争中的失败，被迫签订了一个又一个不平等条约。这些条约除割地、赔款外，外国侵略者从中国取得了诸如关税协定、治外法权、传教、商船和军舰内河航行、驻扎军队、投资设厂以及租界、租借地和海关等一系列特权，使中国半殖民地地位越陷越深。

巨额的战争赔款，给中国人民带来了极其沉重的负担。从《南京条约》赔款二千一百万元，到《马关条约》赔款二亿三千万两，再到《辛丑条约》赔款四亿五千万两，数量越来越大。从鸦片战争到八国联军入侵的六十年间，清政府的对外赔款，连利息在内共约十三亿两白银。为了应付赔款，清政府一方面加强对人民搜括，弄得民穷财尽；一方面只好向帝国主义借款，以关税等收入为担保，从而加强了帝国主义对中国财政的控制。

西方列强根据不平等条约而取得了关税协定权，中国大门的钥匙海关也为外国人所掌握。外国向中国进出口货物尽量压低税率，中国当时成为世界上进口税率最低的一个国家。外国资本主义还掠取中国沿海和内河的航运权，垄断和控制中国的铁路运输。因此，西方资产阶级能够大量推销他们的商品，把中国变成他们的工业品市场，同时又使中国农业生产服从于帝国主义的需要。

西方列强控制了中国的外贸和金融。在20世纪初，有二千三百多家外国商行掌握着中国的对外贸易；九十家外籍银行及其分支机构操纵着中国外汇，经办对中国政府贷款，投资开设工矿，大量发行纸币，形成在中国金融系统中的垄断地位。

西方列强依仗不平等条约取得的特权，在中国经营了许多企业，不断扩大外资在华势力，控制中国的经济命脉。据统计，外国在华资本占中国资本总额的比重：1894年为60.7%，1913年为80.3%，1920年为70.4%，1936年为78.4%。[①]可以看出，外国在华资本比中国资本占有明显的优势。中国虽然产生资本主义并有一定程度的发展，但它始终没有能够得到正常的充分的发展。据统计，近代工业在工农业总产值中所占的比重，1920年为4.9%，1936年为10.8%，1949年为17%[②]。这个数字表明，中国资本主义的发展是很微弱的，在从鸦片战争到中华人民共和国建立前夕的109年里，才积累了17%的近代工业经济，而农业和手工业经济占了83%。小农经济如同汪洋大海，而近代工业只不过是这个大海中的几座孤岛。"这是帝国主义制度和封建制度压迫中国的结果，这是旧中国半殖民地和半封建社会性质在经济上的表现。"[③]帝国主义还和中国封建主义结合起来，支持反动派作为他们统治中国的支柱。先是扶植腐败的清政府，后来又支持一个个代表地主阶级和买办官僚资本利益的军阀官僚。正是由于帝国主义的维护，封建的土地关系、商业高利贷资本和一切前资本主义的剥削制度及上层建筑得以继续存在下来。帝国主义使中国沉沦为半殖民地，又使中国停留在半封建状态。这就是半殖民地半封建社会的实质所在。在帝国主义和封建主义的统治下，中国没有进入资本主义社会，没有实现资本主义的现代化。

也有认为不允许中国发展资本主义的是愚昧糊涂的清政府，不是外国资本主义势力，外国资本家是愿意帮助中国实现资本主义近代化的。为了证明这种论点的正确性，论者通常引用外国人（包括当时和后来的）的话作为根据。象赫德在向总理衙门呈递的《局外旁观论》中提出，应"准洋商合华商会制轮车电机等事"，就是推动中国发展资本主义的一个例子。而且这个政策得到了英商协和洋行的支持，它的成员所发表的言论，一般都赞成帮助中国朝着近代化的方向发展。究竟应当怎样看待这个问题呢？

经济史家汪敬虞先生在一篇论文中说得好，他说："西方国家当时在中国的活动者和后来记述他们这种活动的历史学家，从各方面模糊我们的

① 吴承明：《中国资本主义的发展述略》，《中华学术论文集》，第337页。
② 吴承明：《中国资本主义的发展述略》，《中华学术论文集》，第342页。
③ 《毛泽东选集》第4卷，人民出版社1991年，第1430页。

视线。他们很自然地把他们的一切活动，都和中国的现代化直接挂起钩来，把他们的所作所为都和文明的西方对落后的东方的帮助，直接联系起来。东方落后，西方文明。改变中国的落后，只能靠西方的帮助。这是西方的恩惠，历来如此。由此可见，外国帮助中国实现的现代化，这是一个十分古老的观点。"[1]汪先生的论断很有见地，说到了问题的实质所在。如果看一看当时渴望实现中国资本主义近代化的民族资产阶级是怎么说的，也许可以避免视线被模糊。据汪先生在论文中引用的《申报月刊》4卷2期所载，在本世纪30年代，上海的纱厂资本家已开始呼号："究竟中国纱厂的致命伤是什么？"他们自己回答道："痛痛快快地说，中国纱厂的惟一致命伤，在于帝国主义对中国的压迫。""中国纱厂一业的复兴与繁荣，必然在现状变化以后。"前面曾谈到外资压迫、兼并民族资本工业的一些情况，也可以说明认为西方列强赞成和帮助中国实现资本主义近代化是不符合实际的。在殖民地、半殖民地国家和地区里，西方列强要用自己的面貌去改造它们，使东方从属于西方。它们实行一种殖民化政策，例如英国在印度的"英吉利化"，法国在越南的"高卢化"，日本在中国台湾和东北伪满洲国的"日本化"，美国对外推行"美国化"等。西方列强之所以对殖民地实行同化政策，目的是便于巩固它们的殖民统治，使这些地方成为它们赖以生存发展的一部分。事实就是如此，西方资本主义的发展，是与殖民地、半殖民地国家的遭受掠夺和破坏连在一起的，西方的发达是与东方的贫穷落后连在一起的，它们是同一枚硬币的两面。西方殖民主义者及其理论家不愿用赤裸裸的殖民化的词语，制造了一个近代或现代化的动听的词语，其实仍然是以西方为中心的殖民化的变称。

帝国主义及其在中国的代理人统治下的半殖民地半封建社会里，是不能实现资本主义近代化的。在近代中国，不少仁人志士曾经为实现近代化作了努力，有的致力于实业救国、教育救国、科学救国，有的呼吁立宪，有的为共和奔走。不可否认，他们都在不同程度上取得了成就。但是，他

---

[1] 汪敬虞：《近代中国社会和中西关系的实质问题》，《近代史研究》1990年第1期。

们也都没有达到目的。这是历史已经证明了的。他们的愿望之所以不能实现，是由于帝国主义和封建主义的阻碍。所以，近代化不能脱离近代中国的实际，不可能孤立地进行，必须与半殖民地半封建社会密切联系起来，与帝国主义和封建主义的统治密切联系起来。不改变半殖民地的社会地位，不解决帝国主义在中国的压迫和掠夺，近代化就化不起来，而只能是半殖民地的"近代化"。

西方资本帝国主义的侵略和掠夺，引起了中国人民强烈的反抗。从鸦片战争起，中国人民为反对资本帝国主义的侵略，为维护、争取民族的独立，前赴后继，进行了不屈不挠、英勇顽强的斗争。由于中国人民的英勇斗争，使得帝国主义不能灭亡中国。五四运动后，中国人民在中国共产党领导下，经过艰苦奋斗，终于推翻了帝国主义、封建主义和官僚资本主义三座大山，建立了中华人民共和国，取得了民族的独立，恢复了全部国家主权，结束了半殖民地半封建社会和屈辱的历史，从而为中国的近代化、现代化开拓了宽广的道路。这也是历史证明了的。

但是，人们的看法并不一样，也有人认为对帝国主义的侵略，中国不应该也不能反抗，如果反抗，就会"让我们中华民族倒退到刀耕火种"；或者说，不能"把民族独立看做是近代中国的历史主题"，因为那是"主观先验"的，是"极其浓郁的民族主义色彩"。总之，是认为不应该反抗帝国主义侵略，反抗不仅无济于事，而且只能使中华民族因此而吞下苦果。应该怎样看待帝国主义的殖民侵略，中国人民要不要进行反抗斗争？

这里涉及到两个问题：一是近代中国的这些战争是谁挑起的，是不是因为清政府不懂得处理正确外交关系，只是一味对外兵戎相见造成的？一是反抗帝国主义侵略是否只是一种"壮举"，而给中华民族带来的却是"苦果"？

从鸦片战争到八国联军入侵，五次大规模的对外战争，都是资本帝国主义首先挑起的，清政府是被迫应战。这是历史事实，也是常识，不必一一加以论证。当然按照上述的说法，在资本帝国主义向中国发动侵略战争时，清政府不应当以兵戎相见，而应该采取"外交手段"去解决，也就是用"和"来制"战"。不打战而能解决问题，无疑是好事；但这却不是一厢情愿的事。事实上从鸦片战争开始，清政府对外政策就强调"抚"，不要"衅自我开"。例如中日甲午战争，是年正值筹办慈禧太后六十寿辰庆典，在日本发动侵略战争的野心已暴露的情况下，慈禧仍"不令先开衅生事"，依靠李鸿章寻求外国调停。李鸿章的办法是"以夷制夷"，也就是依靠外国的调停或干涉来解决中日争端。他先后恳求俄国、英国出面调停，但都遭到失败。黄海海战后，李鸿章等又央求俄、英帮助调停。英国出于在华利益的考虑，曾建议俄、法、德、美等国联合调停。但日本气焰正盛，给予拒绝了。其后，又请求美国担任调停，《马关条约》就是在美国操纵下签订的。清政府腐败，确实暗于国际情势，但即使善于运用"外交手段"，恐怕也难避免割地赔款、丧权辱国的命运。"弱国无外交"，资本帝国主义统治的世界，只讲强权不讲公理。李鸿章也想运用外交手段——"以夷制夷"，但没有主动权，只能听人摆布，其实是"受制于夷"。孙中山长期在国外活动，了解国际情况，也注意运用外交手段，但在南京临时政府成立就任临时大总统时，帝国主义国家都拒不承认。尽管孙中山很焦急，也无可奈何。

至于说反抗帝国主义侵略，要求赶走帝国主义，只是"豪言壮语"，给中华民族带来的却是苦果，这话恐怕不妥。按这种逻辑，不仅是中国，所有殖民地、半殖民地国家反抗帝国主义侵略，争取民族独立，都是不必要的，没有意义的，甚至是倒退的。历史不能如此颠倒。殖民地、半殖民地国家反抗帝国主义的入侵和压迫，争取独立、主权、自由的民族解放运动，无疑是促进本国和人类的发展，是进步的。正是由于民族解放斗争的不断发展和高涨，才使世界殖民主义体系终于瓦解。

在近代中国人民的反侵略斗争中，大概最受人指责的是义和团运动，尽管肯定他们的英勇，但认为他们愚昧落后，结果使中华民族蒙受奇耻大辱，吞下了苦果。不可否认，义和团有其落后性，也有盲目排外，最后被帝国主义和清政府联合镇压了。然而义和团反帝运动不是毫无意义的，把中华民族蒙受奇耻大辱的责任推到他们头上更是不公正的。义和团的反帝斗争，显示了中国人民的巨大力量，表现了中国人民敢于同帝国主义侵略者血战到底的英雄气概，打击了帝国主义瓜分中国的阴谋。就在1901年，《开智录》上发表了《义和团有功于中国说》的文章，指出"狂思妄想豆剖瓜分我中国者，观于此能无废然变计耶"。这一点，帝国主义侵略中国的重要人物也是承认的。八国联军统帅瓦德西发现义和团运动"含有无限蓬勃的生气"，并断言"无论欧美、日本各国，皆无此脑力与兵力，可以统治此天下生灵四分之一"，瓜分中国不啻"梦呓"①。长期占据海关总税务司职位的赫德，认为瓜分中国不是一个根本解决的办法，因为中国人民的"民族情感是一个恒久性的因素"，决不可能永远处于屈辱的地位。他对义和团运动及其显示的未来远景作了很清醒的估计，他说："今天的这段插曲不是没有意义的，那是一个要发生变革的世纪的序曲，是远东未来的历史的主调，公元2000年的中国特大大不同于1900年的中国！无论如何，外国人决不可期望永远保持他们的治外法权地位以及中国被迫让与那种种通商条件。……外国的发号施令有一天必须停止，外国人有一天必须离开中国，而目前引起注意的这段插曲就是今天对于将来的暗示。"②赫德虽然是站在帝国主义的立场上说这番话的，但很有见地，并且也言中了。对于喜欢贬低或否定中国人民反帝斗争的人，未尝不可从中引发思考。

（原载《北京师范大学学报〔社会科学版〕》1990年第6期）

---

① 翦伯赞、荣孟源、杨济安等编：《拳乱笔记》，中国史学会主编：《义和团》第3册，神州国光社1951年，第86页。
② 卢汉超：《赫德传》，上海人民出版社1986年，第265—266页。

鸦片战争与近代中国*

今年是鸦片战争爆发170周年。一百多年来，人们对这场战争及其对中国影响的认识，对于鸦片战争时期的代表人物林则徐的认识和评价，既曾有过共识，又时有异议。近一段时间，一些文章大肆指责林则徐不明世界形势，采取激进和扩大化的禁烟政策，激发鸦片战争。有人甚至断言，林则徐被后世尊为民族英雄、"开眼看世界的第一人"，实际上是一种虚幻的"神话"。林则徐的"思想并未脱离当时一般士大夫的'华夷之辩'的范畴"，他对待在他眼里和怪物没有多少差别的英夷，不可能采用平等的视角，必然是将鸦片和中外贸易混为一谈，最终将矛盾不断激化，激起战争。这些指责是没有道理的。

一　鸦片战争的爆发和英军作战计划的真相

我们知道，鸦片战争的爆发是英国政府蓄谋已久的。

鸦片战争爆发的直接原因，是英国走私、贩卖鸦片，毒害中国人的身体和精神，并赚取大量白银。清政府在1839年派林则徐为钦差大臣到广东查禁鸦片，而英国政府"为保护鸦片贸易而打起来的战争"①。但在因为中

---

* 与邱涛合撰。
①《马克思恩格斯选集》第1卷，人民出版社1995年，第719页。

国禁烟而起的战争背后，却牵涉许多错综复杂的问题。西方学者在强调近代中西冲突的文化因素的同时，亦强调鸦片战争中海军的战略决不能与外交、政治、政府、政府代表等因素分离。因此，中西之间不仅在文化上，在政治、外交、商业贸易乃至宗教信仰等方面都存在着隔膜和误解。

中西逐渐发生接触的几百年中，在文化、政治、外交、商业贸易、宗教信仰等方面都存在着误解、矛盾和冲突。东西文化之间，因为长期的不同发展，加之因海洋阻隔而缺乏接触，已深深地划上一道鸿沟。这些鸿沟、误解当然不会是鸦片战争爆发前夕才有的，至迟在明末清初欧洲人航海东来时就有了，到19世纪初，中外关系依然时生龃龉，商欠的纠纷、审判的争执、鸦片走私、白银外流等，都因为中外互不了解，无法循由外交途径作合理的解决[1]。尤其是英国，一则因其对华贸易额最大，再则其海军也最强，号称"海上霸王"，正处于其殖民扩张的鼎盛时期，对中国觊觎已久，故对中国的态度尤其不满，一再交涉均无满意结果，最后决定兵戎相见，以武力解决，就成为英国殖民霸权强权的必然逻辑。鸦片战争的直接导因虽是1839年的林则徐禁烟，但此前英国政府就为发动侵略战争作了充分准备。1832年，英国商人胡夏米、法籍传教士郭士立等七十余人就受英国政府的资助，乘武装间谍船"阿美士德号"在中国北起山东南至福建的沿海地区进行了半年多的侦察活动，搜集了大量的经济、政治和军事情报，测量了一些河道、海湾，绘制了航海图，为发动战争作了大量准备。1836年，美国传教士裨治文主办的《澳门月报》载文分析了中国南大门广州的海防情况，包括炮台和大炮配置，战舰的吨位和火力、陆军的武器和作战方法以及中国军队的各种缺陷，其结论是英军可以用突袭轻而易举地攻破清军防线。显然，在1839年林则徐奉命到广州禁烟以前，英国侵略者早已在策划发动对华战争了。后来的禁烟斗争不过是英国发动战争的可耻借口。没有这个借口，他们也会找别的借口，甚至干脆制造一个借口来发动战争。

---

[1] Gerald S.Graham, *The China Seation, War and Diplomacy, 1830-1860*, Oxford, 1978, Preface.

在鸦片战争中，英军没有进攻广东，是因为害怕林则徐的应战准备，还是另有作战计划？有人认为，英军并不是害怕林则徐的武备，而是英国军事行动的既定计划就是舍弃广东，撇开林则徐，北上清朝政治势力的中心地区，寻找比林则徐官职更高的官员解决争端。而一旦谈判不成，将在长江下游和北方地区继续开战。这种观点存在严重缺陷。

可以被上述观点引为依据的是1978年英国剑桥大学出版社出版的《剑桥中国晚清史》的相关论述。书中说："英国的策略是明确的：绕过广州向北行进，占领舟山岛，然后驶向天津附近的北河口，递送巴麦尊致清帝的照会。"[1]这一关于鸦片战争中英军作战命令的表述不准确，我们根据《英国外交档案》可以证明。其实，早在20世纪初出版的英国人马士所著《中华帝国对外关系史》就是根据今天收录于《英国外交档案》中的《巴麦尊子爵致奉命与中国政府交涉的全权公使（懿律海军少将和义律大佐）函》，对英军作战计划作出了相对更准确的表述[2]，并为今天能看到更为充分的英方材料的中外学者所认可，即英国政府给予英国远征军的命令是：远征军封锁中国所有的重要港口，以向中国人显示英国的力量；要求获得军费赔偿，占领舟山直到赔款全部付清；要求中国政府在白河给予答复，当然谈判可在其他地方进行[3]。英军封锁的中国所有重要港口，当然不会舍弃而是包括林则徐负责的广东各港口。而且，封锁珠江口的军事行动表明，如果有战机，不排除英军有寻机进攻广州的意图。正如巴麦尊给懿律等的信中所说，英国远征军应迅速占领便于通商和军事补给的港口，这些港口包括广州和中国其他贸易地点在内。

根据《英国外交档案》，英国作战计划具有多面性、随机性，其背后目的具有显著的复杂性。英国封锁广州海面，同时又进攻浙江舟山，其决策的情报来源是多方面的，前述战前郭士立、胡夏米等的军事侦察活动，就提出在舟山建立作战基地的建议，并为英国政府采纳。而郭士立、胡夏

---

[1] [美]费正清编、中国社会科学院历史研究所编译室译：《剑桥中国晚清史》上卷，第213页。
[2] [美]马士著、张汇文等译：《中华帝国对外关系史》第1卷，生活·读书·新知三联书店1957年，第709—711页。
[3] [美]徐中约著、计秋枫、朱庆葆译：《中国近代史》，世界图书出版公司2002年，第181页。

米等的建议，既有他们进行军事勘测作为基础，又有对此前广州海面和内河的中外武装冲突的借鉴。英国政府接受这一建议，原因也是多方面的，既与鸦片战争前中英在广州海面乃至深入内河的军事行动，英方均难以达到预期效果有关，又与英国迫于国内外压力，不可能在中国打长期战争，必须速战速决等复杂的战争考虑有关，加上战争爆发前夕林则徐的充分准备，也是企图速战速决的英国远征军不能不考虑的因素①。

英军的作战意图是要速战速决，避免陷于持久战争，因此，对于林则徐作了充分应战准备的、也是中英不断发生武装冲突的广州海面的作战经验极为重视。根据统计，在1840年6月下旬英国远征军开到广东海面之前的9个月，广东沿海共发生战事9起，即便以《天朝的崩溃》一书所指"至1840年6月下旬之前，中英双方运用国家武力进行的战争，仅为两起，即九龙之战和穿鼻之战"来看，无论对于战况和战果中英双方有多少一致和分歧之处，我们从该书的细节描述中，仍可明确一点，就是战前英方的战争行为并没能在广东获得预期效果，如果鸦片战争在广东打，显然很难达到英国政府作战命令的目的②。

因此，鸦片战争中英军出于速战速决的作战意图，不愿也不敢在广州陷于长时间的纠缠。没有在广州作战的计划，正显示出英国政府对在广东作出充分准备的林则徐的战略性"畏惧"。确实，我们不能肯定林则徐的准备能在短时间内战胜英国侵略军，但是，使英军陷于缠斗，不能实现速战速决的作战计划，则是完全可能的。

二 正确评价林则徐及其禁烟政策

鸦片战争时期，率先了解世界局势，坚决禁绝鸦片烟毒和抵抗英国侵

---

① British Documents on Foreign Affairs, Reports and Papers from The Foreign Office Confidential Print, Part i, Series E, Volume16.
② 茅海建：《天朝的崩溃》，生活·读书·新知三联书店1995年，第127—131页。

略的代表人物林则徐，今天却被人扣上盲目禁烟、战争的制造者、对世界形势愚昧无知的帽子。那么，我们究竟应该如何认识林则徐呢？

将鸦片战争的爆发归咎于林则徐"不了解整个世界形势"，而"断然采取的有些激进和扩大化的禁烟政策"，这是没有道理的。英国蓄意发动战争，寻找什么合适的借口，主动权在英国，怎么能算在林则徐的"激进和扩大化的禁烟政策"头上呢？有海外学者说林则徐在广州禁烟时，"他的方针是放手严惩中国的鸦片贩子、窑口主和吸食者，同时沉著坚韧地面对外国商人。他知道英国的威势，希望尽可能避免与它的冲突；但是鸦片必须禁绝，哪怕不惜一战"[①]。这显然是一种谨慎而又坚决的态度。

进一步说，林则徐所禁的"烟"，是鸦片，是毒品，无论是从道德判断还是价值判断来说，在英国政府将鸦片毒品走私作为其国家事业的前提下，林则徐对鸦片实行任何最为"激进"和"扩大化"的查禁政策都不为过。即使在1840年的英国，国会议员就"指责政府动用武力处理中国鸦片危机"，使"我们的国旗成了海盗的旗帜，她所保护的是可耻的鸦片贸易"[②]。今天，人们都在讲人性，什么是真正的人性？解读虽然可以是多样的，但保障人类的生存、健康、发展是其基本精神。将鸦片毒品输入中国，不仅使吸毒者倾家荡产，还摧残中国人的身心，相信没有人会说这些英国毒贩是有人性的，那么，在当时将鸦片走私作为国家事业的英国政府，能称得上有人性吗？马克思曾经引用当时英国人蒙哥马利·马丁的话说："'奴隶贸易'比起'鸦片贸易'来，都要算是仁慈的。我们没有毁灭非洲人的肉体，……我们没有败坏他们的品格、腐蚀他们的思想，也没有毁灭他们的灵魂。可是鸦片贩子在腐蚀、败坏和毁灭了不幸的罪人的精神存在以后，还杀害他们的肉体；……英国杀人者和中国自杀者竞相向摩洛赫的祭坛上供奉牺牲品。"[③]林则徐坚决地禁绝鸦片，显示出真正的人性的光芒，代表了人类禁绝毒品的历史趋势，得到了全世界的赞许和认同。

---

① [美] 徐中约著，计秋枫、朱庆葆译：《中国近代史》，第177页。
② [美] 特拉维斯·黑尼斯三世、费兰克·萨奈罗著，周辉荣译：《鸦片战争———一个帝国的沉迷和另一个帝国的堕落》，生活·读书·新知三联书店2005年，第88—90页。
③《马克思恩格斯选集》第1卷，第719页。

1987年6月，联合国第42届联大将林则徐虎门销烟的第二天，即6月26日，定为一年一度的"国际禁毒日"，号召全世界共同抵御毒品。在联合国总部门前大街上，矗立着林则徐的雕像。这些，都代表了世界人民对这位中国禁毒先锋的尊崇①。

有人还认为，林则徐采取招致战争的"激进和扩大化的禁烟政策"，说明他的思想并未脱离传统士大夫"华夷之辨"的范畴，在林则徐的眼里，英夷和怪物没有多少差别，不可能用平等的视角，必然将鸦片和中外贸易混为一谈，最终激化矛盾，激起战争。因此林则徐并非"开眼看世界的第一人"，这位"民族英雄"只是一个虚幻的"神话"。这种观点荒诞无稽。

首先，林则徐没有将正常的中外贸易与鸦片贸易混为一谈，即便严厉禁烟时期，林则徐仍然鼓励外国商人进行正常贸易。中英贸易时生龃龉，只是因为中外长期隔阂、无法由常规途径合理解决，加之英国殖民霸权思维，导致这种矛盾不断激化。而且，在禁烟期间下令禁绝中英一切贸易（包括正常贸易）的不是林则徐，而是道光皇帝②。国际贸易争端是互动、双向的，林则徐即便有处理失当之处，也绝非他单方面的责任，与英方同样处理失当密不可分。如果这就表明林则徐不了解世界形势，仍局限在传统士大夫思想范畴，那么，是否同样可以说英国方面也不了解世界形势？如果因为英国在战争中获胜了，就说英方洞悉世界发展趋势，林则徐等主张抵抗的中国人蒙昧，那这恐怕难逃"强权"逻辑之嫌。

其次，有人说林则徐的思想并未脱离当时一般士大夫的"华夷之辨"的范畴，他对英夷的认识不过就是"夷兵除枪炮外，击刺步伐俱非所娴，而腿足裹缠，结束严紧，屈伸皆所不便，若至岸上更无能为，是其强非不可制也"③。不可否认，这确是林则徐在1839年9月1日呈道光帝的奏折中说

① 1987年6月12日至26日，联合国在维也纳召开由138个国家的三千多名代表参加的麻醉品滥用和非法贩运问题部长级会议，会议提出了"爱生命，不吸毒"的口号。会议代表一致同意6月26日定为"国际禁毒日"。纽约林则徐铜像由美国林则徐基金会于1997年，树立在纽约市华埠中心，东百老汇街的前端——编者注。
② 中国第一历史档案馆编：《鸦片战争档案史料》第1册，天津古籍出版社1992年，第742页。
③ 中山大学历史系中国近现代史教研组、研究室编：《林则徐集·奏稿》中册，中华书局1965年，第676页。

过的话。还不止此，1840年8月7日，林则徐又在奏折中说：英军"一至岸上，则该夷无他技能，且其浑身裹缠，腰腿僵硬，一仆不复能起，不独一兵可手刃数夷，即乡井平民，亦尽足以制其死命"①。但是，我们必须客观看待这些今天看来很可笑的内容。需要明确的是，前一道奏折是林则徐向道光皇帝转禀"澳门文武"、"引水探报"所探知的情报，含有为道光皇帝鼓气的意义。至于说英兵"一仆不能复起"这一道奏折，更是有其特定的背景和目的，它是在定海失陷后，林则徐为了给陷于惊慌失措、畏敌情绪严重的道光皇帝打气，也是为了"献策悬赏激励军民杀敌"②。

林则徐对当时世界形势和知识的探索，是人所共知的事情。林则徐开眼看世界的途径主要有三种：一是亲自查访；二是他雇有"洋商、通事、引水二三十位"，加上官府打探人员，作为自己的情报人员；三是购买和翻译外国书报，了解西方历史、地理、法制、鸦片生产和时事知识，以及外国的科学技术、军事技术等知识。因此，称他为"近代中国开眼看世界"的第一批人的代表，是理所应当的。当然，我们并不否认林则徐对当时世界形势的了解仍存在诸多缺陷，但要苛责像林则徐这样刚刚开始了解世界，对世界真假混杂的某些具体情况认识不全面或产生错误理解的中国人，并不明智。我们尊崇林则徐，并不仅是单纯推崇他有多么渊博的世界知识，而更推崇他作为一名位高权重的大臣，在当时那种举国闭锁的环境下，不计个人名位，勇于突破思想的桎梏、勇于了解世界的精神。他这种精神和禁绝鸦片、保护中国人民的行动，说明他"民族英雄"的称号是当之无愧的。

三　近代中国反侵略战争的意义

有人认为，鸦片战争时期林则徐在广州的武器装备处于"中世纪冷兵

---

① 中山大学历史系中国近现代史教研组、研究室编：《林则徐集·奏稿》中册，第861页。
② 茅海建：《天朝的崩溃》，第135页。

器时代的水平"，在"沐浴着工业革命的阳光的英国人的船坚炮利"面前不堪一山，并进而涉及一个近代中国始终面临的问题：自鸦片战争以来的历次对外战争中，落后的中国面对先进、强大的西方列强的侵略，即便反抗也必然会失败。如果落后的中国不接受这一现实，还想要边抵抗、边学习，这种反抗就是"犯贱找抽"！

只看表面现象，这种说法似乎不无道理：落后、弱小的国家和民族必然挨打，反侵略战争是没有用的，因为反抗注定要失败，因此反抗不仅无益，反而有害。但仔细推敲起来，我们不仅要问一个关键问题：这种"落后必败"论究竟是客观历史规律还是一种经不起历史事实检验的主观论断？这需要我们从中外历史中去寻找真相。

近现代战争中，经济落后者对抗强大的侵略者时往往会遇到难以想象的困难，但这不意味着落后者必败，只要敢于斗争、善于斗争，完全有可能以少胜多、以弱胜强。落后的小国海地在独立战争中就战胜了当时正称雄欧洲的法国殖民者；两个超级大国，美国在越南战争、苏联在阿富汗战争中，均未能战胜比他们落后得多的对手。

这些事例说明，战争不是单纯的经济技术水平的竞赛，而是包括人力和物力、精神力和物质力在内的各种实力的综合较量。经济技术水平对实力有巨大影响，是毫无疑问的。但是，一个国家实力的大小并不单纯取决于经济技术水平，它还与国家大小、人口多少、自然资源条件、地理环境、气候条件以及国家的政治制度、财政经济制度、从统治者到平民对长期艰苦战争的精神准备等多种因素密切相关。德国著名军事理论家克劳塞维茨在其名著《战争论》中就说：战争中发挥作用的力量包括"战斗力量（军队）、国土（包括土地和居民）和盟国"等等，而不仅仅是经济技术水平或"军事力量"。他还形象地将物质的因素比作刀柄，而把精神因素比为"贵重的金属"，是"真正的锋利的刀刃"，战争的胜负并不是机械地取决于战争双方实力的对比，还在很大程度上取决于双方实力发挥得如何。而实力发挥的状况则取决于人心的向背、政治领导和军事领导是否正确和强有力等精神和物质因素①。当然，在近现代战争中，落后国家要打败先进的侵略者，会遇到诸多困难，需要经过长期艰苦、败而不馁的抗战。美国独立战争就打了6年，中国的抗日战争打了8年，越南的抗美战争打了9年，阿富汗抗苏战争打了10年，等等。这些国家的反侵略史就印证了上述理论概括的精辟。

近代中国反侵略战争屡遭失败，经济技术落后、武器装备的落后固然是一个重要原原真，但更根本的原因还是当时中国的统治集团——清政府的腐败，多数当权者惯于妥协苟安，害怕长期面对严酷的战争，以致不能将抵抗坚持到底。典型事例就是中日甲午战争，战争刚打了几个月，清军处于不利局而，慈禧太后、李鸿章等当权者就如对中日双方都颇为了解的英国人赫德所预言的那样"稍受挫败即将屈服"②，拒绝主战派提出的持久抵抗的主张，匆匆对日乞和，接受屈辱和约。因此，正如毛泽东在总结近代反侵略战争失败的原因时说："其原因：一是社会制度腐败，二是经济技术落后"③。

那么，主张先学习西方然后再抵抗的观点有没有道理？当年李鸿章就说过："查西洋诸国，以火器为长技。欲求制驭之方，必须尽其所长，方足夺其所恃"。如果在"尽其所长"之前就急于反抗，则"即暂胜必终败"④。按照李鸿章的主张，在赶上西方、具备抵抗近代强国的实力之前，中国在外敌入侵时，只能妥协乞和，而把抵抗推向遥远的未来。但要"尽其所长"，赶上西方发达国家，即使在争得民族独立以后，也还需要几十年甚车上百年的努力。在近代半殖民地条件下，这无疑是"痴人说梦"，其结果只能是加速殖民地化，而决不是近代化。至于把中国长期止步不前的罪责加在林则徐等抵抗派头上，指责林则徐对敌强我弱的现实避而不谈，并坚持抵抗，给时人以误导，使中国的变革被长期延误，更是毫无道理。

抵抗的要求本应是变革图强的动力，抵抗的实践本应使人们更清楚、

---

① [德] 克劳塞维茨著、中国人民解放军军事科学院译：《战争论》第1卷，商务印书馆1997年，第11、13、188页。
② 中国近代经济史资料丛刊编辑委员会主编：《中国海关与中日战争》，中华书局1983年，第49页。
③ 华国锋1978年的《政府工作报告》中引用毛泽东1963年的讲话见《人民日报》1978年3月7日。
④《李鸿章全集·奏稿》卷7、24，光绪三十一年金陵刻本。

更具体地看到中国与西方的差距，看清楚学习西方、变革图强的必要，更能看清变革的目标。近代中国只是由于腐朽的清朝当权集团并无抵抗侵略的决心，也没有发愤图强、改弦更张的愿望，而是苟且偷安、不思振作，才使抵抗失败。应当承担罪责的应是放弃抵抗论调的代表人物慈禧太后、琦善、李鸿章之流，是腐朽的清政府。林则徐等人主张边抵抗侵略，边学习西方的"长技"，这才是切实可行的。抵抗与学习并不是互相排斥的，而是互相促进的。正是通过在反侵略斗争中不断学习，不断提高，才得以改变屡战屡败的历史，赢得了国家和民族独立。

西方列强侵入中国后，的确给中国带来了近代的生产力和生产关系，带来了一些近代文明。但是，殖民国家把中国这样的半封建半殖民地拉进资本主义世界体系的目的，是要把它们当作自己的商品市场和原料供应地，为了有效地发挥它们这方面的功能，不能不使落后的殖民地半殖民地在一定程度上近代化。但殖民国家必然把它们的近代化严格限制在一个远远低于自己的水平，绝不允许它们真正近代化，成为自己的竞争对手。近代中国的历史就证明了这一点。西方殖民国家通过巨额的战争赔款，给中国人民带来极其沉重的负担，并逐步控制中国财政。西方列强根据不平等条约而取得的关税协定权，使中国成为当时世界上进口税率最低的国家。外国资本主义还掠取中国沿海和内河的航运权，垄断和控制中国的铁路运输。因此，西方国家能够大量倾销他们的商品，把中国变成他们的工业品市场，同时又使中国农业生产成为服从于他们需要的原料市场。西方列强还控制了中国的外贸和金融，在20世纪初，2300家外国商行掌握着中国的对外贸易，90家外资银行及其分支机构操纵着中国外汇，经办对中国政府贷款，投资开设工矿企业，大量发行纸币，形成对中国金融业的垄断。

在半殖民地条件下，中国的近代化虽然在侵略者推动下开始起步了，但中国的经济命脉却始终控制在西方殖民者手中，前进的步伐受到侵略者的严格控制，使中国始终与殖民国家有着巨大差距。据统计，外国在华资本占中国资本总额的比重：1894年为60.7%，1913年为80.3%，1936年为78.4%，外国在华资本占据着绝对优势。中国近代工业在工农业总产值中所占的比重，1920年为4.9%，1936年为10.8%，1949年为17%。这些数字说明，中国经济控制在殖民者手中，中国资本主义是有所发展，但发展是微弱的。它也说明，没有一个殖民地半殖民地国家在挣脱殖民统治以前，能够急起直追，发展成为比较先进的国家。正如毛泽东所说："这是帝国主义制度和封建制度压迫中国的结果，这是旧中国半殖民地半封建社会性质在经济上的表现"①。

　　落后国家必须保持自己的独立主权，才能真正走上发展的道路。新中国成立后60多年的进步，远远超过了半封建半殖民地时期100年，就证明了这个道理。今天，中国经济和社会的发展已令西力国家无法忽视，国家的综合国力和人民的生活水平大幅度提高。2009年，国内生产总值达到33.5万亿元，居世界第三位。这就像百年前一个帝国主义分子不得不清醒认识和预言的那样："公元2000年的中国将大大不同于1900年的中国！"②

（原载《思想理论教育导刊》2010年第10期）

---

① 《毛泽东选集》第4卷，第1368页。
② 吕浦、张振鹍等编译：《"黄祸论"历史资料选辑》，中国社会科学出版社1979年，第144页。

建国三十五年来鸦片战争史研究综述 *

马克思、恩格斯在19世纪50年代撰写的文章中，对鸦片战争的性质作了科学的论断，指出英国发动的对华战争是不义的战争，热情赞颂中国军民英勇顽强的反侵略斗争。这些精辟论述，对研究鸦片战争史具有指导意义。

对鸦片战争的研究，还在它发生后不几年就开始了。当时地主阶级中的一些有识之士，企图通过检讨清政府在鸦片战争中的失败来总结经验教训，以求"制夷"之道。魏源的《道光洋艘征抚记》、梁廷枏的《夷氛闻记》、夏燮的《中西纪事》等，可以说是其中具有代表性的作品。在这些作品中，尽管还不可能作出科学的阐述和结论，但它表现出来的爱国思想是值得称道的。

至于外国资产阶级和中国的买办文人则极力歪曲鸦片战争的性质，为英国侵略者开脱侵华的罪责，把这次战争称为"通商战争"，把侵略说成传播西方文明的"友善"行动。历史在他们那里，完全被颠倒、被混淆了。

也有一些学者在他们的论著中，虽然认为英国对华发动的鸦片战争是一场侵略战争，但由于其资产阶级的思想观点，却把战争的发生归于中国"通商制度之不合理"、"中国官吏知识之幼稚"，以及林则徐在禁烟问题上不谙外情，操之过急。他们对待人民群众的抗英斗争，持批评或否定的态

---

*与谢维、孙燕京合撰。

度。这种错误的观点，不可能正确地阐明鸦片战争的历史。

中华人民共和国成立前，在中国共产党的领导下，一些史学家如范文澜、胡绳等同志，以马列主义、毛泽东思想为指导，对鸦片战争史进行了系统的研究，发表了具有开创性的论著。但是，由于当时种种客观条件的限制，这样的成果为数还不多。

新中国成立以来，鸦片战争史的研究虽然没有像太平天国、辛亥革命等课题的研究那样"热门"，但也不像有些事件那样过于冷清。三十五年来研究的成果，据不完全统计，书籍有三十种左右（中国近代通史性书籍没有计入），资料书十余种，文章六百余篇。这些成就，体现了广大近代史工作者的辛勤劳动，大致反映了鸦片战争史研究的现有水平。

这里着重就新中国成立后鸦片战争史的研究作一概述。

一

鸦片战争史的研究，同近代史其他领域的研究一样，在新中国成立后的三十五年里，虽历经了起伏曲折的过程，但就总的趋势来说，是不断向深、广发展的。

新中国成立后至20世纪60年代中期，鸦片战争史的研究，由于马列主义基本原理以及马克思、恩格斯和毛泽东关于鸦片战争的一系列精辟论述在这个领域占支配地位，所以较之新中国成立前，有着根本的变化。

第一，正确论述鸦片战争发生的原因和战争的性质，指出这次战争是西方资本主义国家用武力扩展经济的支配势力借以奴役中国人民的一次侵略战争，英国保护鸦片贸易，阻挠中国禁烟是引起战争的直接原因。对中国来说，这是一次反侵略的正义战争[1]。这就矫正了以往资产阶级学者所制

---

[1] 齐思和：《鸦片战争时期英国烟贩们是英国侵略中国的主谋》，《光明日报》1953年6月27日；丁名楠等：《第一次鸦片战争——外国资本主义侵略中国的开端》，《中国科学院历史研究所第三所集刊》1954年第1集；姚薇元：《论鸦片战争的直接原因》，《武汉大学学报（人文科学版）》1963年第4期。

造的那些颠倒黑白、混淆是非的说法。

第二，改变了旧史学轻视以至否定人民群众的弊病，注重研究、论述三元里以及东南沿海人民群众在鸦片战争中抗击英国侵略军的斗争，指出三元里的抗英斗争是中国人民自发武装反抗外国资本主义侵略的第一声，显示了中国人民绝不屈服和敢于同敌人斗争的英勇气概，充分肯定了人民群众的历史地位和作用。同时，对于爱国官兵浴血抗战、英勇牺牲的精神也给予称颂赞扬。[1]

第三，纠正了旧史学对中国在鸦片战争中失败原因的问题上所散布的"唯武器论"、"必败论"等唯心主义的谬论，阐明失败的关键在于清政府腐朽的封建统治，在于清政府对内反人民、对外屈服投降的反动政策，英国的"坚船利炮"和清军武器的陈旧落后，虽然是战争失败的重要因素，但不是决定的因素[2]。

第四，通过对战后中国社会经济和政治各方面变化的分析探讨，阐明鸦片战争是中国近代史的开端，即半殖民地半封建社会的开端。这个社会，既不同于鸦片战争前的封建社会，也没有确立独立的资本主义制度，不同于资本主义社会，它具有自己的特点。由于社会性质的变化，中国革命的性质、对象、任务也跟着发生变化，中国人民面临着反对帝国主义和封建主义的严重任务[3]。此外，还有的文章专门讨论了鸦片战争前中国的社会经济[4]。

---

[1] 孙志芳：《第一次鸦片战争时期中国人民的反英斗争》，《历史教学》1965年第2期；刘恢祖、华世珍：《1840年上海抗英战争》，《学术月刊》1960年第12期；蒋顺兴：《第一次鸦片战争时期江苏人民的自发抗英斗争》，《新华日报》1962年8月7日；陈家平：《鸦片战争中的"黑水党"》，《历史教学》1963年第6期；蔡如金：《鸦片战争时期厦门军民的抗英斗争》，《历史教学》1964年第2期；高鸿志：《关于乍浦镇之役的旗军》，《历史研究》1958年第6期；陈锡祺：《鸦片战争时期广东人民的反侵略斗争》，《中山大学学报（社会科学版）》1961年第2期；陈原：《略论三元里反侵略斗争》，《人民日报》1961年5月31日。

[2] 戴逸：《中国近代史稿》第1卷，人民出版社1958年；牟安世：《从鸦片战争看胜败的因素是人不是武器》，《人民日报》1965年10月11日。

[3] 郭沫若主编：《中国史稿》第4册，人民出版社1976年；来新夏：《第一次鸦片战争对中国社会的影响》，《南开大学学报（哲学社会科学版）》1956年第1期；彭泽益：《鸦片战争后十年间银贵钱贱波动下的中国经济和阶级关系》，《历史研究》1961年第6期；刘大年：《鸦片战争时期的士大夫思想》，《新建设》1962年第12期；胡正恩：《鸦片战争时阶级关系和社会主要矛盾变化》，《历史教学问题》1958年第8期。

[4] 王仁忱：《鸦片战争前夜的中国社会》，《历史教学》1954年第9期；农也：《清代鸦片战争前的地租、商业资本、高利贷与农民生活》，《经济研究》1956年第1期；汤象龙：《鸦片战争前夕中国的财政制度》，《财经科学》1957年第1期；伍丹戈：《鸦片战争前夕土地制度、剥削关系和剥削形态的变化》，《复旦学报（社会科学版）》1963年第1期。

第五，在人物研究方面，也取得了较好的成绩。不仅纠正了以往旧史学为投降派琦善、耆英等开脱罪责的谬误，肯定了主战派林则徐、关天培等的爱国行为，而且对一些人物作了逐步深入的研究。其中如林则徐、龚自珍、魏源尤为研究者所注意，涉及的方面较广，包括他们的活动和哲学思想、经济思想、政治思想以及向西方学习的思想，还包括他们的文学观点、历史进化观点等①。除林则徐、龚自珍、魏源外，对其他人物也做了一些研究②。

还应该提到史料的收集、整理。在史学工作者的努力下，有关鸦片战争史料的整理出版，成绩显著，是新中国成立前所不能比拟的。出版的专题资料有《三元里人民抗英斗争史料》（中华书局出版）、《鸦片战争末期英军在长江下游的侵略罪行》（上海人民出版社出版），个人文集有《林则徐集》（中华书局出版）、《龚自珍全集》（中华书局出版），综合性资料有中国史学会主编的《中国近代史资料丛刊·鸦片战争》，等等。后者出版于1954年（神州国光社出版，后改由上海人民出版社出版），是一部大型的史料汇编，为鸦片战争史的研究提供了有利的条件。

这期间的鸦片战争史研究，成绩无疑值得充分肯定，但也不是没有问题，不是没有不足和失误。例如在一些撰写这一事件和有关人物的出版物中，居多的是通俗性小册子（这里没有要贬低通俗读物的意思），缺少有分量的研究性学术著作。在有关文章中，批判性、纪念性或介绍性的文章，即便是保守的估计，也占到了总数的一半以上。所涉及的范围比较狭

---

① 胡思庸：《伟大的爱国者林则徐》，《新史学通讯》1954年第1、2期；王威：《林则徐与鸦片战争》，《光明日报》1953年6月3日；陈胜燊：《林则徐在被遣戍期间和在此前后的思想与活动》，《历史教学》1961年第8、9期；易梦虹：《关于龚自珍的社会经济思想》，《光明日报》1961年8月28日；任访秋：《龚定庵文学略论》，《开封师院学报（社会科学版）》1963年第2期；李时岳：《论龚自珍政治思想的核心及其经济改革方案》，《吉林大学社会科学学报》1963年第3期；杨荣国：《龚自珍思想初探》，《中山大学学报（社会科学版）》1963年第3期；冯友兰：《魏源——19世纪中期的中国先进思想家》，《人民日报》1957年3月26日；陈丹阳：《试谈魏源的诗》，《光明日报》1960年4月24日；易梦虹：《魏源的经济思想》，《人民日报》1961年8月12日；吴泽：《魏源的变易思想和历史进化观点》，《历史研究》1962年第5期。
② 吴则虞：《论包世臣》，《文汇报》1962年4月13日；胡滨：《包世臣的思想》，《光明日报》1963年12月18日；胡思庸：《关天培与陈化成》，《新史学通讯》1953年第11期；陈胜燊：《论钱江》，《学术研究》（广东）1964年第1期；邹翔贯：《爱国者姚莹》，《合肥师院学报》1963年第1期；丁凤麟：《怎样评价鸦片战争中的海龄》，《江海学刊》1963年第12期。

隘，事件限于讲发生、经过和结果，人物则偏重写林则徐、龚自珍、魏源等人，广度和深度都不够。尤其是"左"的、教条主义的影响，妨碍了对鸦片战争史的实事求是的研究。例如，分析英国政府和烟贩活动的文章不到十篇，而抨击美国政府及烟贩活动的文章却在十篇以上。我们并不反对研究其他国家在鸦片战争时期的政策和活动，但鉴于这场战争本身爆发于中英两国之间，而对英国却没有给予深入细致的考察，这种状况显然是受到当时政治形势的影响。更为明显的事例是把强调人民群众的抗英功绩同肯定爱国官绅在这次斗争中的作用予以割裂或对立，拔高前者，贬抑后者，回避甚至抹杀爱国士绅在三元里抗英斗争中的领导和组织作用，等等。这种情况，反映了鸦片战争史研究中所存在的片面性和简单化的倾向。

十年"文化大革命"的动乱，破坏了历史科学的研究，同样也破坏了鸦片战争史的研究。从数量上说，新中国成立后十七年间平均每年发表的有关鸦片战争史的文章在20篇左右，而在"文革"十年间，每年仅得六七篇。不仅如此，鸦片战争史成为江青之流搞政治阴谋的工具，被人为地纳入"儒法斗争"的轨道。在这几十篇文章中，从儒法斗争角度论述鸦片战争的占到90%以上。反对英国侵略的历史被篡改为儒法两条路线斗争的历史，林则徐、龚自珍、魏源被加上"法家"的称号，把他们描绘成尊法反儒的"斗士"。历史失去了真实性，被歪曲、糟蹋了。

打倒"四人帮"后，特别是1979年以来，随着拨乱反正、清除"四人帮"流毒的深入开展，鸦片战争史的研究也进入了一个新的阶段。这些年，不仅出版了几部较有分量的专著，还发表了一批有学术价值的论文。从发表的数量上看，从1976年10月到1984年10月，平均每年在55篇以上。特别值得提出的是，这一时期的研究具有较为实事求是的态度，气氛活跃、思路开阔，扩展了研究的领域，从而使鸦片战争史的研究取得了可喜的进展，在深度和广度上超过了以往的水平。

篇幅较大的研究性学术专著的出版，是近年来鸦片战争史研究的重要收获，它改变了只限于通俗小册子的局面。这一类作品，有牟安世的《鸦片战争》和杨国桢的《林则徐传》。前者详尽地阐述了鸦片输入过程、禁烟过程和战争过程，探讨了战争的每一阶段以至每一次主要战役在战略战术上的利弊得失，层次鲜明，脉络清楚。后者细致地描绘了林则徐这个杰出的政治家和民族英雄的形象，揭示了他的成长道路和发展变化的原因，知人论世，有血有肉，性格鲜明。两书的作者都用力甚勤，在史料的搜集、整理、分析和使用上，下了相当大的工夫，从而使它们具有坚实的史料基础，并订正了一些传统的错误说法。管林、钟贤培、陈新璋的《龚自珍研究》，则着重对龚自珍在文学方面的成就进行了探讨。至于中国社会科学院近代史研究所编的《中国近代史稿》（第1册），胡绳的《从鸦片战争到五四运动》，苑书义、胡思庸等的《中国近代史新编》（上册）等书中关于鸦片战争的阐述，都具有自己的特点。另外，来新夏的《林则徐年谱》以年记事，条理清晰，史料丰富，也有参考价值。

在研究课题方面比以往广泛了，对所研究的问题也进行了较为深入的探讨。就面的开拓而言，对过去被忽视或注意不够的课题开展了研究，发表了一批可喜的成果。这些论文，有阐述鸦片战争前后的士林风气、经世派以及对西方的了解[1]，有探究汉学和宋学的论争[2]，有研究这一时期外国传教士在华的活动[3]，有分析统治集团内部的矛盾斗争[4]，有论述香港历史、英国侵占香港地区的经过和香港人民的反侵略斗争[5]，有考察战争前后清政府财政的困难状况[6]，等等。就战争本身来说，对清政府在鸦片战争中失败的原因，已不满足于比较笼统的结论，而是抓住清政府的战略战术变化和中

---

[1] 李侃：《鸦片战争前后"士林风气"的变化》，《北京师范大学学报（社会科学版）》1978年第2期；龚书铎：《清嘉道年间的士习和经世派》，《中华学术论文集》，第187—206页；陈胜粦：《鸦片战争前后中国人民对美国的了解和介绍》，《中山大学学报（社会科学版）》1980年第1、2期；胡逢祥：《鸦片战争时期中国的世界史地研究》，《华东师范大学学报（哲学社会科学版）》1984年第4期。

[2] 胡思庸：《鸦片战争前夕的"汉宋之争"》，《史学月刊》1981年第4期；汤志钧：《清代经今文学的兴起》，《中国史研究》1980年第2期。

[3] 何桂春：《第一次鸦片战争时期西方传教士的侵华活动》，《福建师范大学学报（哲学社会科学版）》1979年第3期；徐恭生：《鸦片战争期间天主教传教士的在华活动》，《历史教学》1983年第7期；张浚哲：《法国传教士与黄埔条约》，《中国哲学》1982年第4期。

[4] 来新夏、李喜所：《论第一次鸦片战争时期清朝统治集团的内部斗争》，《新疆大学学报》1981年第4期。

[5] 丁名楠：《英国侵占香港地区的经过》，《近代史研究》1983年第5期。

[6] 周育民：《1840—1849年的清朝财政》，《山西经济学院学报》1982年第2、3期。

英双方的兵力对比进行具体的分析①。还有的文章，对某一支军队或某一个过去很少涉及的地区进行了有益的探讨②。对战争前后中国社会经济状况与变化的研究，较之以往也更为细致、深入，如对在华的洋行势力、战前科学技术水平、战后新阶级的产生、经济格局、地区经济等方面进行的研究，都取得了一定的成效③。在人物研究方面，对以前论述较多的主要人物林则徐、龚自珍、魏源的研究取得了新的成果，像魏源与太平军的关系、龚自珍的佛教信仰等问题，反映着研究面的扩大④。值得注意的是，近几年的研究者对林、龚、魏向西方学习的思想发生了浓厚的兴趣，并试图探讨西方文化对他们的影响，这对于研究西学在中国的传播无疑是有益的⑤。除去林、龚、魏外，近年来还对那些过去注意不够的人物（包括反面人物）做了有益的研究，如邓廷桢、黄爵滋、姚莹、张穆、道光皇帝、琦善、杨芳、徐继畬、穆彰阿、徐广缙、裕谦、梁廷枬等都有专文论述⑥，所涉及的

① 张一文：《试论清军在鸦片战争中失败的基本原因》，《历史档案》1983年第1期；茅海建：《鸦片战争时期的中英兵力》，《历史研究》1983年第5期。

② 沈雨吾：《一支抗英人民武装——黑水党》，《浙江师院学报》1982年第4期；张思温：《鸦片战争中的甘军》，《西北史地》1984年第1期；孔凡清：《清朝满蒙将士在第一次鸦片战争中的积极表现》，《荆州师专学报》1983年第3期；卜居才：《第一次鸦片战争与安徽》，《安徽史志通讯》1983年第2期。

③ 魏鉴勋：《清代鸦片战争前科学技术简论》，《社会科学辑刊》1982年第3期；聂宝璋：《19世纪中叶在华洋行势力的扩张与暴力掠夺》，《近代史研究》1981年第2期；陈诗启：《论鸦片战争前的买办和近代买办资产阶级的产生》，《社会科学战线》1982年第2期；戴鞍钢：《五口通商后中国外贸重心的转移》，《史学月刊》1984年第1期；杨源兴：《中国五口通商时期丝茶出口贸易》，《学术研究》（广东）1984年第3期；黄逸平：《鸦片战争前夕中国社会经济所处的历史阶段》，《学术月刊》1982年第2期；郑天挺：《鸦片战争前清代社会的自然经济与资本主义萌芽》，《中国社会经济史研究》1982年第1期；徐新吾：《关于鸦片战争前中国民营丝织手工工场并未存在的考证》，《学术月刊》1983年第9期；傅衣凌：《鸦片战争后湖南洞庭湖流域商品生产的分析》，《社会科学战线》1983年第4期；彭泽益：《鸦片战争前广泛新兴的轻纺工业》，《历史研究》1983年第3期；萧国亮：《鸦片战争前长江三角洲地区商品经济的发展与经济联系的加强》，《社会科学》（上海）1984年第1期；范植清：《鸦片战争前汉口镇商业资本的发展》，《中南民族学院学报（哲学社会科学版）》1982年第2期。

④ 卢兴基：《龚自珍中年学佛的考察》，《文学遗产》1981年第1期；管林：《论龚自珍的佛教信仰及其对创作的影响》，《华南师院学报（哲学社会科学版）》1981年第1期；钟葵生：《试谈魏源与太平军的关系》，《邵阳师专学报》1982年第2期；陈其泰：《魏源与鸦片战争史》，《史学史研究》1982年第3期；黄丽镛：《魏源与太平天国关系史实考辨》，《华东师范大学学报（哲学社会科学版）》1982年第2期。

⑤ 杨国桢：《林则徐对西方知识的探求》，《厦门大学学报（哲学社会科学版）》1979年第2期；竺柏松：《龚自珍与中日文化交流》，《中华文史论丛》1980年第2期；李汉武：《试论魏源历史观中的近代因素》，《求索》1983年第4期；李汉武：《论魏源认识论中的近代因素》，《湖南师范学院学报（哲学社会科学版）》1984年第1期。

⑥ 陈致宽：《黄爵滋与禁烟运动》，《历史教学》1980年第9期；龚书铎：《姚莹交游述略》，《北京师范大学学报（社会科学版）》1982年第5期；杨维：《论道光帝在禁烟运动中的地位和作用》，《福建论坛》1983年第1期；邱远猷：《琦善与鸦片战争》，《中学历史教学》1981年第1期；徐公义：《鸦片战争期间的杨芳初探》，《北方论丛》1981年第3期；潘振平：《徐继畬和〈瀛环志略〉》，《华东师范大学学报（哲学社会科学版）》1981年第6期；刘德鸿：《穆彰阿评价刍议》，《青海社会科学》1983年第2期；刘毅政：《民族英雄千古流芳——纪念蒙古族英雄裕谦抗英殉国一百四十周年》，《内蒙古社会科学》1981年第1期；丁宁、周正山：《梁廷枬与〈粤海关志〉》，《学术研究》1983年第2期。

人物或某一人物的方面，都比以前更广泛。

对某些史实的错误加以订正或提出怀疑，也是近年来鸦片战争史研究的明显成果。关于19世纪30年代鸦片进口和白银外流数量，李伯祥等的论文作了仔细的推算，认为一些近代史和近代经济史论著在引用马士的《东印度公司对华贸易编年史》和《中华帝国对外关系史》的统计材料时有不够确切和错误的地方，存在着偏高的情况，经过订正，鸦片进口数量，1830年到1840年平均每年为二万四千箱，其中输入量最高的1838到1839年度为三万五千五百箱，历年白银外流的数量估计只有五六百万两。但关于白银外流的数量，有的同志认为在战前二十年"接近一亿两左右"，甚至还有的认为："1800—1939年……白银外流数量至少也是……六亿两之多。"[1]在此问题上所存在的歧异，有待于进一步考订核实。关于宣南诗社，过去史学界曾经长期把它说成由林则徐、龚自珍、魏源等人在1830年发起组织的进步团体，1964年杨国桢在题为《宣南诗社与林则徐》[2]的论文中否定了这种说法，指出这个诗社成立于嘉庆九年（1804），是来自南方的小京官和士大夫在京"雅歌投壶"的消闲组织，不带有进步的政治色彩，林则徐是其中成员，龚自珍、魏源、黄爵滋则不是。近年来有不少同志撰文继续对这个问题发表意见，更详尽地阐明宣南诗社的创立、成员和性质[3]。关于林则徐的家庭成分，传统的说法认为是封建官僚地主家庭出身，或说是出生于破落的中小地主家庭，杨国桢在《林则徐传》中对林氏家族资料作了分析研究，指出其祖父是失去土地的教书先生，父亲和伯父也都以教读为业，没有直接经营土地，应是一个下层封建知识分子家庭。关于《川鼻草约》，英国侵略军于1841年1月强占香港时曾发布公告，诡称是经义律与琦善签订的，此后中外史籍颇多沿袭此一谬说，胡思庸、牟安世在他

① 李伯祥、蔡永贵、鲍正廷：《关于19世纪30年代鸦片进口和白银外流的数量》，《历史研究》1980年第5期；胡晏：《略论鸦片战争前的白银问题》，《苏州大学学报》1984年第4期；刘鉴唐：《鸦片战争前四十年间鸦片输入与白银外流数字的考察》，《南开史学》1984年第1期。
② 杨国桢：《宣南诗社与林则徐》，《厦门大学学报（哲学社会科学版）》1964年第2期。
③ 杨国桢：《再论宣南诗社与林则徐》，《中华文论丛》1980年第1期；王俊义：《关于宣南诗社的几个问题》，《清史研究集》第1辑，光明日报出版社1980年，第216—242页；黄丽镛：《宣南诗社管见》，《上海师范大学学报（哲学社会科学版）》1980年第1期；樊克政：《关于宣南诗社的命名时间及其他》，《华东师范大学学报（哲学社会科学版）》1980年第4期；陈致宽：《宣南诗社成员考异》，《光明日报》1980年10月7日。

们的论著中，对琦善与义律在广东谈判过程的有关文献详加考订，都断定琦善始终没有在这个草约上签字①。关于广州人民反抗英国强租河南地斗争的年代，林增平、廖伟章分别撰文加以辨误，据有关文献证实事件应发生于1847年，纠正了近三十年来中国近代史著述中所说的发生于1844年的错误②。上述史实的订正，有利于加强鸦片战争史的科学性，也有助于加深对这段历史的研究。

注意克服片面性、简单化的偏向，坚持实事求是的精神，是这几年来鸦片战争史研究中出现的好现象。这种良好的学风，在上述的情况中可以反映出来。这里还可略举一例来加以说明。关于三元里斗争的领导者，不少论著根据新中国成立后的调查资料肯定是菜农韦绍光，近年来有的同志对此提出不同的看法。他们的文章认为，三元里的抗英斗争是以农民群众为主要力量，但是不能否认地主阶级在当时起了组织领导作用，根据鸦片战争时的公私文献，爱国士绅何玉成应是斗争的领导人之一，而菜农韦绍光，在当时的公私文献，甚至民间歌谣中没有片文只字的记载，不可能是领导人。文章还指出，研究和编写历史必须实事求是，拔高韦绍光，抹掉何玉成，是一种唯成分论的表现③。论者的意见是符合历史实际的，对克服简单化偏向、发扬实事求是的学风是有益的。

史料的搜集、整理，也有一定的新进展。这主要表现在对林则徐、龚自珍、魏源等的文、札的辑佚和考释，其中集中的成果是杨国桢编的《林则徐书简》（福建人民出版社出版）。此外，初版于1976年的《魏源集》（中华书局出版）在经过增补、校订之后重行印行。外文史料的翻译也受到注意，广东文史馆从《澳门月报》选译，编成了《鸦片战争史料选译》（中华书局出版）一书。

---

① 胡思庸、郑永福：《〈川鼻草约〉考略》，《光明日报》1983年2月2日；牟安世：《鸦片战争》，上海人民出版社1982年。
② 林增平：《广州群众"反河南租地"事件年代辨误》，《近代史研究》1979年第2期；廖伟章：《广东人民在第一次鸦片战争后对英国租地斗争新议》，《学术研究》1979年第2期。
③ 卞哲：《研究和编写历史必须实事求是》，《读书》1979年第2期；田间：《何玉成冤词》，《史学月刊》1980年第1期；吴杰：《三元里抗英斗争组织者考》，《历史教学》1983年第3期。

二

三十五年来，鸦片战争史的研究能够有所创获，有所进展，原因很多，其中一个重要原因是"双百"方针的贯彻。"双百"方针得到贯彻，学术气氛就活跃，研究者们就能够思想开阔，各抒己见，展开有益的讨论，推动学术的发展。这当中，不可避免地也会出现某些见解的分歧。下面就存在着不同意见的几个主要问题做一概述。

（一）鸦片战争前清政府闭关政策的评价

如何评价闭关政策，这在20世纪五六十年代就已存在着不同的看法[1]，但那时持批评的意见还不多，因而分歧还不突出。粉碎"四人帮"后，尤其从1979年开始，对这一政策持批评态度的意见多了起来，分歧因之明显。

一种意见认为闭关政策起了民族自卫作用，因为任何一个主权国家都有权规定在对外贸易上实行什么样的制度，这些规定并没有越出这种权力，虽然其中个别次要的规定反映了中国封建统治者落后的成见，但是当西方殖民主义者正以冒险家、海盗的身份在世界上一切他们所能到达的地区和国家肆无忌惮地为所欲为的时候，这些规定，就其主要部分来看，实在是当时中国方面所可能采取的必要的自卫措施。问题是，在国内以维持落后的封建生产关系为任务的反动统治者，不可能把对外的自卫政策认真贯彻下去，更不可能把这种自卫政策同争取本国的社会经济的进步发展结合起来[2]。

---

[1] 王仁忱：《满清的海禁与闭关》，《历史教学》1954年第12期；孔经纬：《鸦片战争前清政府实行闭关政策的经济实质》，《理论战线》1960年第5期；《鸦片战争前中英矛盾的发展和清政府日趋严格地实行闭关政策》，《光明日报》1960年3月20日；湖北大学国民经济史教研组：《关于清政府实行"闭关政策"的原因及其实质》，《理论战线》1960年第7、8期。

[2] 胡绳：《从鸦片战争到五四运动》，人民出版社1981年；万青芝：《也谈清代的闭关政策》，《黄石师院学报》1983年第4期。

另一种意见则否定闭关政策，认为这一政策是落后的封建经济和建立在这种经济基础之上的封建帝国政治以及蒙昧主义的产物，它严重阻碍了国内资本主义萌芽的生长，也妨碍了中国人学习世界先进的思想文化和科学技术，使得中国和西方国家的差距越来越大。由于清政府把防卫措施同闭关政策结合起来，所以不否认闭关政策的实施过程中间包含有一定的防卫因素。但这绝非一个主要的因素，它既不是防止侵略的必要手段，更不是防止侵略的有效办法。中国能不能抵住外来的侵略，决定于中国能否急起直追，迅速进步，改变中国和外国的力量对比，而绝不能依靠自我孤立、自我隔离的政策[①]。

上述关于闭关政策的不同意见，归纳起来，还有一些问题需要进一步加以探讨，才有助于对这一政策作合乎历史实际的评价。例如，在范围上，究竟只限于中外贸易，还是涉及中外交往的一切政策和思想；在产生原因上，究竟起于外国侵略者的侵略行径，还是起于封建制度和蒙昧主义；在作用上，究竟是对西方殖民主义者的侵略有一定的遏制效果，还是促使中国不能抵抗外国的入侵。有的研究者在充分利用有关中外文献的基础上，就闭关政策的一些问题作了细致的分析和论述，指出清王朝禁海闭关的内容大体上有三个方面：一是对商人出海贸易的禁止和限制，二是对通商口岸的停闭和限制，三是对出口商品的禁止和限制。其所以实行禁海闭关，最初是为了防止沿海人民和台湾郑成功发生联系，对西方国家则采取宽大和优容的态度。促使清王朝针对西方殖民主义者采取愈来愈周密的限制措施的，是他们愈来愈嚣张的侵略活动。西方殖民主义国家的侵略活动，是清王朝在对外贸易方面采取限制政策的基本原因。清王朝在对外贸易方面所采取的一系列政策措施，对遏制西方殖民主义者的违法行为，有的产生了一定的效果；但整体看来，许多限制措施和管理条例形同虚设。文章认为，以禁海闭关为支柱的清王朝对外贸易政策，它的目的，有防

---

① 戴逸：《闭关政策的历史教训》，《人民日报》1979年3月13日；胡思庸：《清朝的闭关政策和蒙昧主义》，《吉林师大学报》1979年第2期；牟安世：《鸦片战争》；吴常：《清朝闭关锁国政策及其历史教训》，《解放军报》1979年2月10日；沈渭滨、夏林根：《清代"闭关政策"有自卫意义吗?》，《复旦学报（社会科学版）》1979年第6期。

止外国侵略的一面。从这一点看，可以说有它必要的一面。而其所以可能，则是由于中国当时仍然是自给自足的封建经济。我们今天评判它的是非，必须考虑到这样一个特定的历史环境，而不能一概斥之为清王朝的愚昧无知和妄自尊大。如果不首先看到西方殖民主义者的胡作非为，就不可能对清前期的闭关政策作出全面的评价。当然，禁海闭关，对中国当时的经济发展而言，有其不利的一面。而且即使对付外国侵略，也不是有效的手段。因为西方侵略者叩击中国的大门，从一开始就在"贸易"之外，还有大炮的配合。因此，中国要抵御外国的侵略，单靠禁海闭关，也势所不能，还得在此之外，也加上大炮。清王朝固然有禁海闭关的一手，却缺乏同时以大炮对付外国大炮的准备。它纵能禁于一时，终究不能摒除侵略者于国门之外。从这一点看，单纯的闭关政策，是值得批判的[1]。这里对闭关政策所作的具体的历史的分析，将有助于讨论的进一步深入，并作出全面的评价。

（二）严禁派、弛禁派的阶层划分

新中国成立后有关鸦片战争的论著中，在谈到统治阶级内部对待鸦片问题的态度上，一般都分为严禁派和弛禁派，这是没有分歧的。但对这两派是否各自代表地主阶级内部不同阶层的利益，则有不同的说法。在一些著述中，没有具体指明严禁派和弛禁派各自代表地主阶级中哪个阶层的利益，只是说弛禁派本质上代表中外鸦片贩子以及在鸦片贸易中获利的官吏们的利益，严禁派是一群对腐朽黑暗的现实政治不满、要求有所改革的地主阶级知识分子，他们主张禁烟是从维护封建统治政权立论的[2]。但有的论著则把这两派区分为地主阶级中不同阶层利益的代表者，认为弛禁派是最腐朽的大贵族、大官僚、大地主商人的代表，而严禁派则代表了一部分中

---

① 汪敬虞：《论清代前期的禁海闭关》，《中国社会经济史研究》1983年第2期。
② 中国社会科学院近代史研究所：《中国近代史稿》第1册，人民出版社1978年；胡绳：《从鸦片战争到五四运动》；牟安世：《鸦片战争》。

小地主和正当商人①。关于"中小地主说",不仅出现于中国近代史的研究中,在中国古代史、思想史、文学史的研究中也颇有持此说者。在论述一些政治改革者或进步思想家、文学家时,不乏作为中小地主利益的代表来解释的。但也有的研究者不赞成这种说法,并展开了讨论。看来这是一个需要进一步探讨的问题。即就禁烟问题而言,例如道光帝虽曾摇摆不定,但终于决定严禁,处分了一些吸食鸦片的王公贵族,任命林则徐为钦差大臣,使禁烟从议论变为实际行动,能否说这时的道光帝也是代表中小地主的?林则徐主张禁烟的名言是无可以御敌之兵和充饷之银,其实质是为维护整个封建统治阶级还是仅从中小地主阶级的利益出发?诸如此类的问题都有待于从理论上和事实上加以论证。

(三)社学的性质和作用

在20世纪60年代初,广东史学界曾就1841年到1849年间"社学"的性质和作用进行过讨论,意见歧异。有的研究者认为,从三元里抗英到反入城斗争,主要是以农民为主体的广大爱国群众的自发斗争,社学虽然在一定时期和一定程度上也参加了人民的反侵略斗争,并在其中起了一些积极作用,但它是被地主士绅领导、掌握的,始终没有改变其维护封建统治秩序的性质,更谈不上是反侵略斗争的组织者和领导者,它的活动不能超出清朝统治者所允许的范围,反侵略的程度非常有限,并且表现出极大的动摇妥协,从而破坏了人民的反侵略斗争②。有的研究者持相反的看法,认为在战前是地主阶级文教机构的社学,到战争时期其性质发生了变化,主要成员由士绅变为人民群众,成了群众性武装组织。名义上的领导权虽仍操于士绅之手,但在反侵略斗争中起主要作用的是广大人民群众。因此它不仅是人民抗英斗争的领导者和组织者,而且它所领导的斗争始终是这一时

---

① 苑书义、胡思庸等:《中国近代史新编》上册,人民出版社1981年。
② 《广东历史学会1960年年会关于若干学术问题讨论意见的综述》,《历史研究》1961年第1期;何若钧:《鸦片战争时期广州人民的反侵略斗争不是社学领导的》,《学术研究》1962年第2期。

期广东人民反侵略斗争的主流。只是进入19世纪50年代才又改变了性质，重新成为封建统治的组织①。也还有研究者对上述两种意见都不赞同，提出了另一种解释，认为作为维护封建秩序的组织，社学的性质是单一的，且不可能改变，但在民族矛盾上升为主要矛盾的情况下，由于人民群众大量地参加了社学和中小地主中的知识分子、爱国士绅愿意参加人民的抗英斗争，就使社学的职能和作用发生了较大变化，即在一定程度、一定范围和一定时间内起了推动人民抗英斗争的积极作用。当然因为社学的领导权掌握在地主阶级手中，所以它也有消极、妥协的一面②。

近年来，关于社学的问题没有再讨论，不过从一些著述中可以看到，意见虽还不尽一样，评价也有高低，但在基本点上是一致的。如认为社学是参加抗英的组织，并起组织和领导群众的作用；社学的领导权掌握在士绅和有功名的知识分子手里，基本群众是广大农民；士绅对于反对外国侵略者是温和的，有时也表现为广大人民的反对情绪的代表者，但他们与官府保持密切的联系，在斗争中动摇不定，甚至帮助官府维持秩序；清政府对社学则是既控制又利用，通过社学的士绅去缓和群众的不满情绪，约束、限制群众的反侵略斗争③。这些意见，应该说是持平的，切合历史实际。但是，也有同志有异议，认为商绅是操纵社学的核心势力，社学团练的经费主要来源于商人的捐助，因此社学的反英斗争代表了商人的利益④。

（四）人物评价

鸦片战争时期的人物，是研究者感兴趣的研究对象之一。由于多集中于评论对当时和以后发生较大影响的林则徐、龚自珍、魏源三个人物，这里着重就对这三人以及道光皇帝研究的若干问题做一概述。

---

① 《广东历史学会1960年年会关于若干学术问题讨论意见的综述》，《历史研究》1961年第1期；陈锡祺：《再论鸦片战争时期广东社学的性质和作用》，《学术研究》1962年第5期。
② 蒋祖缘：《论社学在1841—1849年间的抗英斗争中的性质和作用》，《学术研究》1962年第2期。
③ 中国社会科学院近代史研究所：《中国近代史稿》第1册；苑书义、胡思庸等：《中国近代史新编》上册；胡绳：《从鸦片战争到五四运动》。
④ 王大华：《广东社学与商人》，《陕西师范大学学报（哲学社会科学版）》1984年第1期。

在林则徐研究中，研究者对他的基本评价是一致的，都认为他是一个有才干的、开明的和较为清廉的封建政治家，又是严禁鸦片、坚决抗英的爱国主义者，是近代中国开眼看世界的第一人。但是，在具体问题的评论上，则存在不同的意见。这些看法是：林则徐在禁烟斗争中的策略究竟都是正确的还是也有错误之处，如果说也有失当之处，加以指出分析，是否是苛求或贬低；他的"民心可用"的思想是属于封建统治者利用人民力量的观点，还是具有朴素的人民战争思想；他的爱国主义思想，是属于地主阶级抵抗派的爱国主义，还是已从本阶级的思想中游离出来，升华为全民族共同的精神财富，或者是具有新的时代特色，即具有初步的民族意识和近代国家主权观念；他的改革活动的指导思想，是有某些民主思想的因素，还是已形成民本主义或民本思想；等等[①]。对林则徐的评价，虽然在一些问题上有不同看法，也有探讨的必要，但从倾向上看，则有就高的趋势。

龚自珍研究与林则徐研究比较起来，情况不尽一样。对他的基本评价，有一致的一面，也有不一致的一面。研究者一致指出龚自珍是一个杰出的社会批评家。他用犀利和生动的笔无情地揭露和嘲骂了当时的社会，尤其是封建统治集团中所存在的各种黑暗腐朽现象。但当进一步谈到他的社会改革方案时，分歧就出现了。有的研究者认为，龚自珍是划时代的思想家，具有发展的进步历史观，要求近代的言论自由，具有财产法上的形式平等思想，主张自由的商业资本活动，梦想着近代的资本主义的所有制关系，反对清王朝的民族压迫，并且对封建专制进行了批判[②]。按照这一说法，龚自珍是近代资产阶级启蒙思想家。在一些论著中，与上述的说法虽有所不同，但也有相近之处，即认为龚自珍的思想在客观上反映了资本主义发展的要求，是资产阶级改良派的奠基者[③]。断定龚自珍的言论本身具有

① 宇文：《"林则徐与鸦片战争学术讨论会"综述》，《福建论坛》1982年第6期；杨国桢：《林则徐研究的几个问题》，《福建论坛》1983年第1期。
② 侯外庐：《中国思想通史》第5卷，人民出版社1992年；陈恒富：《龚自珍与今文经学》，《浙江学刊》1983年第2期。
③ 易梦虹：《关于龚自珍社会经济思想的评价问题》，《光明日报》1962年4月9日；林庆元：《近代爱国主义和维新思想的先驱龚自珍》，《福建师大学报（哲学社会科学版）》1982年第3期。

资产阶级的思想主张，看来与实际不符。至于说在客观上反映了资本主义发展的要求，有的研究者也不以为然，认为龚自珍的改革思想是空前尖锐的农民与地主之间阶级斗争的产物，而不是资本主义因素发展的结果；是为了挽救封建统治危机，而不是争取资产阶级的东西，只能是地主阶级改革派的思想家①。有的研究者更进而提出，龚自珍所设计的改革内容有一部分十分落后，尤其是"农宗"的理想蓝图，不仅是空想，而且在政治倾向上是反动的②；他的仇视人民与林则徐的"民心可用"异，而主张不反抗外国侵略、枪口对内则与琦善同③。综观诸说，歧异很大。这种分歧并不是坏事，它将促进对龚自珍研究的进一步深入。

类似的分歧在评价魏源时也同样存在。对于魏源的爱国、改革、学习西方等思想，论者都是肯定的，而在谈到魏源的思想与资本主义的关系时，则出现不同的见解。一种意见认为，魏源对于科技的进步作用和资本主义制度优于封建制度都有一定的认识，对美国民主制度做肯定性介绍的本身就表明了他对这种制度的向往，他要求中国走上工业化的大路，憧憬中国成为发达的资本主义社会④。与此意见相近的是，有的研究者认为魏源在19世纪40年代初期主张发展新式的军事和民用工业；提倡商办，在经济上有了初步的发展资本主义的要求；到19世纪40年代末期以后，思想又有所发展，对封建君主专制已经不满，开始向往西方的政治制度⑤。另一种观点则认为，战后魏源经济思想的着重点已从除弊转变到兴利，即转变到提倡发展商办民用工业上，这在当时是一种新颖而进步的思想，可以称为中国近代维新思想的先驱；不过，他的"师夷长技"和建立近代工业的主张，都是以保存封建制度为前提的⑥。还有一种意见认为，魏源主张向西方学习长技以御侮的思想，并没有达到要求学习西方新的生产方式用以改变中国经济制度的高度，而且只限于军事科学技术的狭窄范围，根本上是为

① 王沛：《论龚自珍思想的性质和评价》，《中山大学学报（哲学社会科学版）》1964年第4期。
② 严清华：《评龚自珍的经济思想》，《武汉大学学报（社会科学版）》1984年第2期。
③ 苑书义、胡思庸等：《中国近代史新编》上册。
④ 陈胜粦：《鸦片战争前后中国人民对美国的了解和介绍》，《中山大学学报（哲学社会科学版）》1980年第2期。
⑤ 苑书义、胡思庸等：《中国近代史新编》上册。
⑥ 李侃：《论魏源》，《中国近代史散论》，人民出版社1982年，第20—47页。

了加强封建统治；他主张商民办厂局，是站在官方立场上，而不是站在商民立场上与清政府力争这种权力，甚至认为魏源改革的见解与魄力远逊于龚自珍①。跟这些意见相联系的，是魏源究竟是属于地主阶级改革派，还是从地主阶级分化出来的中国资产阶级前身的代表人物。就讨论的意见看，当然还可以细分，但归纳起来，不外是上述地主阶级知识分子与非地主阶级知识分子两类。

还需要提到关于道光帝的评价，这是近年来比较受到研究者注意的问题。研究者们着重探讨的是道光帝在禁烟和战争中的表现。在有关的著述中，大都认为道光帝在禁烟和战争中态度摇摆不定，没有一贯的坚定方针，在英军攻占定海、北迫天津之后，迅速地从妥协转到投降，最后充当了投降派的总代表。有的研究者则认为道光帝在禁烟高潮中，基本上顺应了当时的历史潮流，起到了组织者的作用；在战争开始时，他曾一度力求息兵妥协；在战争中，他想打，但由于其自大与无知，因而在指导战争中盲目冒进，企求速胜，致使广州战役和浙江战役速遭惨败，可以说他是虚骄的误国之主，而不是自觉的卖国之君，不能简单地把他划归投降派之列②。还有的文章认为，道光在两年的战争期间并没有放弃组织抵抗，他是主战的，对于最后的议和与战争的失败，应作具体分析，不能全归罪于道光一人；议和后，他也没有苟且偷安，经常考虑防务，希望能重振国威③。在道光皇帝与林则徐的关系中，学者们也存有分歧，但争论并不大④。过去对道光帝的研究是薄弱的，有的问题如他在禁烟和战争中摇摆不定的原因是什么，是否只是由于自大与无知而误国，都还需要进一步探究。

近两年来，对穆彰阿的评价也有人提出异议。有的人认为穆彰阿在禁

① 方晓：《评魏源思想研究中的几个错误观点》，《华东师范大学学报（哲学社会科学版）》1965年第2期；徐光仁：《试论魏源向西方学习的思想》，《华南师院学报（哲学社会科学版）》1981年第2期；任访秋：《魏源论》，《河南师范大学学报（哲学社会科学版）》1983年第2期。
② 宇文：《"林则徐与鸦片战争学术讨论会"综述》，《福建论坛》1982年第6期；杨维：《论道光帝在禁烟运动中的地位与作用》，《福建论坛》1983年第1期；李荣华：《鸦片战争时期的道光皇帝》，《辽宁大学学报（哲学社会科学版）》1984年第3期。
③ 冯士钵、丁伯铭：《试论道光在鸦片战争中的几个问题》，《中州学刊》1983年第4期。
④ 周衍发：《道光帝与林则徐》，《文汇报》1982年6月7日；丁凤麟、张道贵：《也谈道光帝与林则徐》，《文汇报》1983年1月31日；袁武振：《道光帝与林则徐禁烟》，《史学月刊》1984年第2期。

烟的争论中站在严禁派一边，在战争过程中也不是投降派的首领或代表人物，充其量也只能说是唯道光帝马首是瞻。另外在战后，穆彰阿仍有抵抗外国侵略者的要求，表现还是积极的[1]。

三

三十五年来，鸦片战争史的研究虽然还比较薄弱，但趋势是良好的，也取得了一定的成绩。然而，如果从学术发展的需要来看，从与太平天国、辛亥革命等的研究相比，那么已有的成绩就显得不够了，还有必要作更大的努力。为了推动鸦片战争研究更迅速地发展，我们认为以下几个问题是值得注意的。

第一，要重视马克思主义理论的学习。只有学好理论，运用马克思主义的立场、观点、方法来分析问题，才能推动鸦片战争史研究的发展。就鸦片战争史研究的现状来看，存在着侧重于一般性和就事论事的陈述，或史事的考释，对重要理论性问题的探讨和理论的概括显得薄弱。史料的不断搜集整理，具体史事的考订，这都是需要的，但不能仅停留在这上面，不能和理论的研究对立起来。如果忽视对重要理论性问题的探讨，轻视理论的概括，鸦片战争史的研究就很难有重大的突破。即以争论的问题而言，所以存在分歧，固然有史料的因素，更重要的还是理论问题。从上面介绍的情况可以看出，不少问题所据的史料基本上是一样的，主要是观点、方法的分歧。概括地说，是实事求是的问题。实事求是地研究历史，重要的一点就是要用历史的态度来对待历史问题，把问题提到一定的历史范围之内，对具体情况作具体分析。现实是从历史发展来的，现实社会的问题往往会启迪人们去回顾历史走过的足迹，去思考历史上发生过的问题，去总结历史的经验教训。这是必要的，也是自然的。然而历史毕竟不

---

[1] 刘德鸿：《穆彰阿评价异议》，《青海社会科学》1983年第2期。

是现实，这就需要实事求是地进行具体的历史分析，避免把历史现实化，警惕用现代人的思想感情去塑造历史人物和事件，或者予以不恰当的苛求。当然要做到恰如其分，不拔高，不贬抑，并不容易。有时候因为研究者自己的爱憎，或者因为是乡贤、亲族，也会影响客观地、实事求是地评论所研究的对象。这种情况如不加以注意，将会妨碍鸦片战争史研究的正常发展和学术水平的提高。

第二，加强综合的整体的研究。从现有的成绩来看，鸦片战争史的研究基本上是以从鸦片问题到战争过程及其结局为主要研究对象。作为战争史，固然要以战事为主要线索；而这次战争，不论对中国社会或清朝政府来说，都是有深刻影响的大事。但是，重大事件不等于唯一的事件，它不是孤立于社会之外，而是存在于社会之中，是发生于这个社会的。社会生活所包括的经济、政治、军事、思想、文化以及阶级斗争等各个方面，都必然会受到战争的冲击、影响，又都会对它起制约作用。例如，当时社会的动荡，农民反抗斗争的发展，灾荒的存在，吏治、军事的腐败，士习的颓劣，财政的恶化，经世思潮的兴起等，都会影响清政府政策的抉择和战争的进程。又如战后社会经济受到的冲击，民族意识的觉醒，社会风气和观念的变化，等等，也都有互相的联系性。历史是一个整体，我们可以分割开来做具体问题的研究，但更需要对政治、经济、军事、文化进行综合的考察和分析，这样才能有全面的了解、深刻的认识。对于人物的研究也是如此。我们比较注重对于单个人物的研究，如林、龚、魏等，这是必要的，但相形之下，"群体"的研究就显得过于薄弱了。就拿林、龚、魏等人来说，他们既是独立的个体，又是一个"群体"。他们有自己的个性，又有着共性，形成一股政治力量、一股社会思潮。这就需要进行"群体"研究，才能弄清这些更带有普遍意义的问题。具体研究与综合研究不能偏废，忽视前者，后者就缺乏基础；而没有后者，就难以对历史作出规律性的说明。

第三，加强薄弱环节的研究，开拓新的领域。过去鸦片战争史的研究，比较注重在政治方面，对于经济、军事、文化、中外关系等则缺少研究，甚至是空白。即使是研究较多的政治史，也很不全面，严格地说是局限于战争史，对当时政治的一些方面若明若昧。比如清政府是这次反侵略战争的组织者，然而我们对它的研究就很不够，许多问题说得很不清楚，还没有涉及。而对于战争史，一般都偏重于对战争发展过程的阐述，从军事史的角度来探讨的很少，我们见到的文章只有两三篇。在人物研究方面，主要是林、龚、魏三个大人物，对其他人物或反面人物的研究甚为寥寥。总的说来，研究面还比较狭隘。老问题、熟题目需要进一步深入探讨，但也不能停留在这上面，使丰富复杂的历史内容显得有点贫乏单调。只有不断扩大研究的领域，提出新问题，探索新问题，才能促进鸦片战争史研究的发展。要改变这种情况，有一点值得注意，就是避免研究上的"一窝蜂"，提倡避"热"趋"冷"的精神，做艰苦的、扎实的研究。

第四，继续加强资料的搜集、整理和翻译。资料是研究的基础。三十多年来，这方面的工作是很有成绩的，它为鸦片战争史研究的进展提供了良好的条件。今后除去继续发掘、整理有关的中文资料外，还应当更多地注意外文资料的翻译。有关鸦片战争的外文档案和私家著述数量不少，但已经翻译出版的为数有限，以《英国蓝皮书》为例，《鸦片战争》资料所收很不完善，有待较有系统的翻译。

以上对鸦片战争史研究的综述，可能不够全面，或有不准确之处，一些想法也未必妥当。如果通过这一简略的回顾，多少能有助于推进鸦片战争史的研究，也就达到我们的愿望了。

（原载《近代史研究》1984年第3期）

太平天国史研究随想

　　几十年来，太平天国史研究取得的成绩很显著，单就出版的各类书籍，在书架上可以摆满一两层。然而人们在充分肯定成绩之余，也还感到有某些不足。似乎研究的领域还不够广阔，角度和方法都比较单一。太平天国这场农民战争前后历经了十余年，是中国近代历史这根链条中的一个环节，受到纷繁复杂的社会因素的制约，又影响着这个社会。由于纵横交错的客观历史实际，本来就是多面的。相应的，我们的研究工作也不能局限于农战史的范围，应当是多角度、多层次的。譬如说，可以从社会史的角度来探讨，也可以从文化史的角度进行研究……这里且就文化史方面举若干事例以为说明。

　　太平天国农民战争酝酿于19世纪40年代，发动于19世纪50年代，结束于19世纪60年代，前后跨越了三个"十年代"。这三个"十年"，正是中国社会发生急剧变化，也是西方文化传入中国，与中国固有文化发生矛盾冲突、渗透融合的年代。在中国近代文化变化发展的过程中，中西文化关系是一个重要的问题。这个问题，在太平天国也有明显的表现。如果说鸦片战争时期林则徐、魏源等在西方大炮的惊醒下睁开眼睛去看世界，去了解西方，主张"师夷长技"，那么太平天国领袖洪秀全则是从西方的基督教文化中吸取他所需要的东西，在实践中企图去建立人间的"天国"。

　　洪秀全本是一介儒生，受以儒学为中心的传统文化的教育，与当时一般儒生所走的道路并没有什么不同或特殊之处。功名仕途的挫折，使他陷入苦恼、迷惘和反思，他转而接受基督教的教义，由尊奉孔子变为尊奉耶稣、上帝，由崇尚世俗的传统儒学文化进而崇尚宗教的西方神学文化。这无疑是尖锐的矛盾。人们熟知的《太平天日》中所虚构的上帝斥责、鞭挞孔丘的神话，正是两种不同文化意识冲突的表现。洪秀全的反传统文化，不仅是针对儒学，而且也指向佛、道。简括地说，他所批评、贬斥的是中国传统文化中影响最大的儒、佛、道三者，实际上是中西文化接触后初次明显冲突的反映。

当然问题也并非如此单纯。洪秀全吸收西方的宗教文化，是由当时社会现实和矛盾斗争的客观实际所决定的，也经过了他的主观的认识和创造。宗教是人创造的，又在人世中传播，既虚幻又现实，既是神学文化，也包含着世俗文化的因素。从洪秀全所走的道路看，他不是要成为一名神职人员，而是要做"真命天子"，"斩邪留正"，建立人间"天国"。这样，他对基督教就不仅接受其宗教文化的因素，而且也吸取其世俗文化的因素。即如正邪善恶这些观念，某些宗教教义和条规，也可以赋予世俗的意义。

尽管洪秀全抨击孔子和传统的儒学文化，然而他毕竟深受儒学文化的浸染。儒学文化迷漫和渗透着当时的社会，洪秀全不可能也不会清除掉自己头脑里的儒学积淀。相反，正像他从基督教中吸收宗教和世俗的文化因素一样，他也需要从儒学文化中继承他认为有用的东西。这里既有民主性的精华，又有封建性的糟粕。不论前者或后者，对洪秀全来说都是合乎逻辑的。在当时的文化背景下，洪秀全的反传统只能是虚构鞭挞孔丘的神话，撤去孔丘的牌位，删改儒家经典中某些无关紧要的词汇，捣毁偶像和破坏庙宇等，至于封建文化的核心伦理纲常，则几乎被完全接受并加以鼓吹。不过洪秀全也从儒学文化中吸取民主性的因素，以建构他的社会方案。"天下为公"的"大同"理想社会，就是明显的例子。这种理想社会，在《天朝田亩制度》里有所体现，虽然这是小农经济的社会结构的现实，是小生产者文化意识的表现。

如果进一步来考察，在洪秀全的思想中，不论是原有的儒学文化，或者是后来接受的基督教文化，并不是各不相干的独立存在，作为人的思维，是融合为一个整体的。在洪秀全的言论里，譬如关于"人"的观念，他提出的"天下总一家，凡间皆兄弟"的观点，是基督教的人都是上帝子女的教义和儒学的"民贵"、"民吾同胞"等思想的结合。关于上帝观，也是把基督教的上帝和儒家经典中的"天"附会在一起。至于太平天国的一些制度，也反映了宗教的教义、戒条、仪式和儒家等级思想的结合。虽然这些都难免表现出肤浅，甚至包含着消极的内容和形式，但不可否认是中西文化接触后的某种融合。

中西文化接触后，在太平天国内部出现了基督教文化与儒学文化的某种融合，而在整个社会则发生了尖锐的冲突。1854年曾国藩在湖南顽抗太平军时，发布了《讨粤匪檄》，着重攻击太平天国"举中国数千年礼义人伦诗书典则，一旦扫地荡尽。此不独我大清之变，乃开辟以来名教之奇变，我孔子、孟子之所痛哭于九原"，呼吁"凡读书识字者，又乌可袖手安坐，不思一为之所也"。曾国藩确实很敏感，他抓住了矛盾冲突的所在，抓住了洪秀全和太平天国对传统的"礼义人伦诗书典则"的背离和冲击，也就是对以儒学为中心的传统文化的背离和冲击。问题显然不像曾国藩所描绘的那样严重，但却是不小的冲击波。所以不仅使曾国藩感到痛心疾首而发出呼号，而且鼓动起几乎整个文化知识阶层都对之持反对的立场。湘军和太平军的这场战争，从文化史的角度来说，是维护传统和反传统的斗争，是某种意义上的中西文化冲突。

相对而言，湘系集团的文化性格和心理，具有浓厚的儒学正统。从曾国藩、胡林翼、罗泽南到刘蓉、江忠源、李元度等人的身上，都明显表现出来。19世纪60年代后，他们也奉行"中学为体，西学为用"的方针，采用西方的自然科学和技术，但比起淮系集团更为保守儒学正统。曾国藩就认为："彼外国之所长，度不过技巧制造、船坚炮利而已。以夷狄之不知礼义，安有政治之足言。即有政治，亦不过犯上作乱、逐君弑君、蔑纲常、逆伦理而已，又安足法。"李元度更有意思，他甚至幻想"用夏变夷"："今此通商诸国，天假其智慧，创火轮舟车以速其至，此圣教将行于泰西之大机括也。"这些言论典型地揭示了他们的文化性格和心理。

以上只是举例而言，鳞爪片段，点到为止，难免浅薄，看法也未必妥当。借此发点感想，无非是希望太平天国史研究领域能不断开拓，研究的角度和方法能更加多样化。

（原载《太平天国学刊》第5辑，中华书局1987年）

太平天国青年将领陈玉成

——纪念陈玉成牺牲一百周年*

今年六月四日，是太平天国杰出的青年将领英王陈玉成牺牲一百周年。陈玉成从十四岁参加金田起义至二十六岁被捕遇难的十二年中，都在戎马倥偬的战斗生活中度过。这十二年，是他短促生命中最重要、最可贵的年代，可以说他把一生都献给中国人民反封建反侵略的革命事业，忠心耿耿，死而后已。

在陈玉成十二年的革命生活中，随着他的成长和革命形势的发展、变化，可以分为三个阶段：从参加革命至天京政变、石达开出走为第一阶段；从天京政变、石达开出走后至1860年破江南大营为第二阶段；从1860年破江南大营后至1862年殉难为第三阶段。下面依这三个阶段来阐述。

一

陈玉成参加太平军后的两年多时间内，因年幼未参与军事。他开始任职是在1853年太平天国定都南京后，为左四军正典圣粮。但正式带兵征战，却是始于1854年之随韦俊西征。从十八岁开始"当大敌"至1856年参加破江北、江南大营，历经无数次大小战阵，头角初露，即战绩渐著，其

---

*与方攸翰合撰。

间以攻武昌、卫九江、援镇江等战役尤为出色。

1854年初，太平天国的西征军围攻武昌。6月间，陈玉成被派随韦俊至武昌增援。他完全表现了一个农民革命者应有的英雄本色，勇敢地担负起先登武昌城的战斗任务，率领五百多壮士从梁子湖绕至武昌东面，于6月26日缒城而上，奋击清军，清军数千人立即溃散，遂克复武昌。在这次战斗中，陈玉成以先登之功，被超升为殿右三十检点，并受命统率陆军后十三军和水营前四军。

是年年底，由于西征军在湖南、湖北战场上同曾国藩反动湘军作战相继失利，武汉再次失陷，敌人以水陆重兵围攻九江，西征战局处于不利地位。九江形势很重要，"据江湖之形胜，实南服之咽喉，而湖广、江南之腰膂也"。保住九江，下可以固安庆、天京之防，上可以进扼武汉。为保卫九江，扭转西征战局，天京派翼王石达开为统帅，率军自安庆至江西湖口主持战事。陈玉成也自北岸引军至九江协同林启容防守。九江的境况很艰苦，城外有凶悍的湘军逼攻，城里粮食已尽，但由于陈玉成、林启容和全体将士对太平天国革命事业的忠诚，表现了坚忍、顽强、勇敢的战斗精种，奋力抗击敌人的进攻，使九江屹立不动，取得了胜利。九江保卫战的胜利，不仅守住了长江上这一重要据点，而且牵制了湘军陆路的主力，使在湖口的石达开有可能集中力量歼灭湘军水师于鄱阳湖。这是西征战局的转折点。西征军从劣势转为优势，乘胜锐进，终于在1855年初再克武汉，形成西征的新高潮。

正当西征军在上游取得胜利之际，1856年初清江北大营托明阿和江南大营向荣、张国梁加紧对天京的围攻。江苏巡抚吉尔杭阿在镇压了上海小刀会起义后，也率军进驻九华山，紧困镇江，形势十分危急。陈玉成此时已升任冬官正丞相，在燕王秦日纲的统率下，与李秀成等往援镇江。秦日纲召集陈玉成等计议，准备联络城内守军夹攻敌军，但镇江被敌军隔绝，内外消息不通，必须有人冲破敌人的封锁线入城联系，陈玉成即担负起这一艰危的任务。他带着壮士数人，驾一叶小舟，冲由水面而下镇江。江面清军炮船密布，四面拦截陈玉成的坐船，玉成毫无惧色，奋不顾身，横冲直荡，终于穿过敌人炮弹密炽的火网，冲出重围，进入镇江城内，会同守将吴如孝，自城内杀出。其时，李秀成以奇兵夜袭汤头敌营，断清军后路，"内外之兵，和作一气，大锐声张"。遂大败敌军，破清营十六座，解了镇江围。

镇江围解，陈玉成与李秀成乘胜直趋九华山。因吉尔杭阿严防其大营，于是避实就虚，由金山连夜渡过瓜洲，进逼江北大营，连破清营一百二十余座。托明阿军溃逃遁，江北大营破灭。4月5日，陈玉成、李秀成等又攻克扬州。在取得粮食等补给后，即仍由金山渡江，围攻高资，大败吉尔杭阿，其营七八十座全部溃散，这个反革命头子逃跑无路，只好以手枪当心门自行打死。

破过江北大营和吉尔杭阿军之后，太平军即把矛头指向江南大营，6月间，陈玉成在统帅秦日纲率领下，与李秀成等回至天京外围，配合石达开自上游下援的西征军夹攻江南大营。19日，大破孝陵卫大营，向荣、张国梁溃败，落荒而逃，遁入丹阳城。陈玉成率军在前追击，克句容，逼丹阳，将向荣困在丹阳城内。向荣气急败坏，自缢而死。

太平天国的摧破江北、江南大营，在军事上发展到最高峰。在形成这个高峰的过程中，陈玉成建立了不少功劳。这时，陈玉成虽然"官小"，主要是在秦日纲的统率下作战，但已渐著战绩，显露出军事才能。他以勇敢善战著称，在武昌率数百壮士缒城而上，在镇江以一叶孤舟冲由敌人战船密布的江面而下，都表现出勇敢无畏的英雄气概；而九江保卫战，则又显示了何等坚忍顽强的战斗精种，堪称为一员骁将。陈玉成之英勇善战，使敌人又畏又恨。张德坚的《贼情汇纂》说："玉成舍死苦战，攻城陷阵，趑捷先登，'贼'中之最可恨者。"反革命分子认为陈玉成为"最可恨"，正说明他给予敌人打击之沉重。从这段辱骂的词句中，也还可以反映出陈玉成这位青年将领在初期作战中的特点。

但是，"骁勇"只是陈玉成在这一阶段作战中的主要特点，而不是全部，更不能说他仅凭借骁勇而硬拼硬打。实际上他已经表现出"善战多能"，富有谋略。还在湖北战场上，陈玉成即时常以"杀回马枪"的战术打败敌人。所谓"杀回马枪",即是先以一支军队诱敌军作战,俟其疲乏时,乃收队撤退,引诱敌军追赶,然后以精锐部队突击敌军,使其不及防备遭受猛然攻击而溃败。这一战术是很机智的,也是他的"长技",在后来的作战中还常使用。敌人深怕他这种战术,因而在湖北曾流行着"三十检点回马枪"的称号。

正是由于陈玉成之英勇顽强、善战多能,因而他经常被派到艰险、重要的地方去作战或救援。从上述一系列的战斗中,可以具体表明。陈玉成自己也说:"何处官兵多,我即向何处救应。"显然,陈玉成是在同敌人战斗中经受锻炼而成长起来的。他的成长,不仅表现在军事才能的日趋成熟,而且也表现在他的部队的"旺"和"强",表现在他所担负的责任之日益重要。这也就使我们可以了解,在天京政变后,主持太平天国军事的重担落在他的肩上,而他又能够出色地担负起这份责任,并不是偶然的。

二

当太平天国在军事上发展到最高峰时,不幸在天京内部发生了政变。领导集团内部的矛盾,韦昌辉杀害杨秀清和在天京的大屠杀,石达开的脱离天京并带走了大部精锐,使革命力量遭受重大挫伤、损失,使敌人在受到沉重打击之后得到了喘息的机会。敌人重新建立起江南、江北大营,围困天京;而太平天国的一些重要据点也先后陷入敌手。继安徽的重镇庐州失陷之后,清军"大小营寨百余座,自庐郡三河、舒城、六安、庐江、巢县、无为等处,节节连营,处处严密,困逼桐城"①,以孤立安庆。对保卫安庆和天京具有重大战略意义的武汉于1856年底丢失,从此永远陷入敌手,使湘军和湖北军得以将兵力进逼九江,威胁安庆。作为天京下流屏障的镇江,曾坚守了四年多,也于1857年陷落。优势转为劣势,太平天国的

---

① 《李秀成自述》,中国史学会主编:《太平天国》第1、2册,第794页。

整个形势十分艰危。处在这样恶劣的情况下，陈玉成象苍松翠柏般屹然挺立，表现了他对革命事业的无限忠诚，坚毅地担负起支撑危局的重担，成为太平天国主要军事负责人。

在这一阶段中，陈玉成统率部队北战南征，摧坚披锐，获得了辉煌的战绩。1858年之大破江北大营、三河镇全歼湘军李续宾部和1860年大破江南大营等战役，都是荦荦卓著的。

1858年5月江南大营和春、张国梁进逼雨花台，与江北大营隔江对峙，互相呼应。天京形势很吃紧。陈玉成为解救天京，与李秀成等在安徽枞阳举行军事会议，"各誓一心，订约会战"。会后，陈玉成率军于8月11日由安徽潜山过舒城、三河，23日克服庐州，又北进店埠、梁园，由界牌而下滁州。9月17日自滁州乌衣向浦口推进，连克东葛、西葛。9月26日，与李秀成所统率的另一路太平军会师乌衣，把江北大营钦差大臣德兴阿、蒙古都统胜保的马步军打得落花流水。第二天乘胜追击，于小店歼灭由江南大营派来救援的清总兵冯子材部五千人。陈玉成、李秀成军势如破竹，直下浦口，合力夹攻，彻底击溃江北大营，歼灭清军一万余人，打得江北大营主帅德兴阿狼狈逃走，先逃至扬州，旋走四源沟，又逃到瓜洲，直到沙头，复奔五台山，一口气连续败逃百数十里。

浦口的克复，打通了天京与浦口的交通线，解除了北岸敌人的包围。为了巩固浦口、江浦，李秀成率军攻下扬州、天长，陈玉成率军往攻六合。"六合居金陵之北，以浦口为咽喉，形势险要"[1]，"非破六合不能救金陵。盖六合破，则艇师（指清水师——笔者）必失势东下，而浦口可踞，七里洲官军可走，秋稼被野，百万刍粮，咄嗟可办"[2]。六合所具有的重要战略意义，于此可见。反动地主阶级顽据六合，以扰乱江北，围困天京。太平军曾屡攻不下，敌人吹嘘为"铁铸六合"。但是，在陈玉成锐师的进攻下，这座被敌人顽据五年多的所谓"铁铸六合"城，终于在10月24日克服了，并斩杀凶顽的清道员温绍源。六合的攻克，太平天国既得一重要据

---

[1]《平贼纪略》，太平天国历史博物馆编：《太平天国史料丛编简辑》第1册，中华书局1961年。
[2] 周长森：《六合纪事》，向达编：《太平天国》第5册，神州国光社1952年。

点以保固江北防务，有利于后来之破江南大营，且使陈玉成之往援三河无后顾之忧。

正当下游大捷，而安徽军情又告紧急。1858年5月，九江被湘军李续宾部攻陷。这一重要据点的失落，使敌军得以将兵力向安徽推进，并企图先夺取安庆，再下芜湖，直逼天京。都兴阿、多隆阿、鲍超的马步军联合湘军杨载福水师逼攻安庆；而湘军中最凶悍的陆军李续宾部入犯安徽不到一月，连陷太湖、潜山、桐城、舒城，进逼三河，气焰极为嚣张。

三河镇在庐州府合肥县南九十里，处合肥、庐江、舒城交界，位巢湖边，"为水陆冲途，实扼庐州之总要"。太平军在这里建立要塞，筑"城一座，砖垒九座，凭河设险，负固有年。……其屯聚米粮军火，即以接济庐州、金陵"，敌人必"先得三河，乃能进兵庐州"①。因此，三河在军事上和经济上的地位极为重要，势所必争。陈玉成以三河守将"一日五文前求告急"，遂奏准天王率军往援，并请李秀成率军随后而来。陈玉成分析三河的形势，看出敌人军锋虽然迅厉，但庐江仍在太平军手中，敌军有孤军深入、兵分力单的弱点，决定采取速决战，以迅速歼灭敌人。于是集中了优势兵力，采取迂回包围的战术，自率一军由江浦出发，昼夜兼程，经巢县、庐江，直趋白石山金牛镇，包抄李续宾后路；而命吴如孝、张乐行自庐州率军由北而下，断绝李续宾与舒城清军的联系。李续宾完全遭受包围，成了瓮中之鳖。11月15日黎明，与敌军在金牛镇展开大战，连续击溃其左、中、右三路。李秀成后军及时赶到，三河守将吴定规也自城内杀出，三路会兵追至敌营，将李续宾困于营中。战至深夜三更，李续宾大败，这个被反革命誉为"谋勇素优"的湘军悍将在绝望中上吊自杀了。李续宾在三河全军覆灭，使清军"各有惧意，少有战心"。陈玉成、李秀成乘胜锐进，连克舒城、桐城。进犯安庆的清军以腹背受敌，连忙撤兵遁回宿松。

三河大捷，给清政权重要的支柱——曾国藩的反动湘军以最沉重的打击，计歼敌近六千人，杀毙武将文官四百余员。汉奸刽子手曾国藩感到痛

---

① 胡林翼：《查明巡抚衔浙江布政司李续宾三河阵亡实绩恩恩加等优恤疏》，《胡文忠公遗集》卷32。

苦失望，他说："三河之败，歼我湘人殆近六千，不特大局顿坏，而吾邑士气亦为不扬，未知此后尚能少振否？"[1]另一反革命头子胡林翼也悲伤地说："三河败溃之后，元气尽伤，四年纠合之精锐，复于一旦。而且敢战之才，明达足智之士，亦凋丧殆尽。斯时收集旧卒，添募新营，急迫成军，将领尚未得其选，恐一二年不能得力。"[2]"军事以气势为主，以百战之余复于一旦，是全军皆寒，此数万人者将动色相戒，不可复战。'贼'何日得平，楚又何时可保哉！"[3]

破灭江北大营和三河大捷后，陈玉成又先后打了几次漂亮仗。1859年3月20日，陈玉成攻破围庐州的清署安徽巡抚李孟群的大营，生擒李孟群。就在这年夏天，他以功劳最大，进封英王。11月16日，又与李秀成会师进攻浦口清军，大战五日，攻破敌军营盘五十多座，斩清湖北提督周天培，收复浦口。1860年初，江南大营和春、张国梁逼困天京。4月间，陈玉成自潜山、太湖率军东向，由西梁山渡江，经江宁镇而至板桥、善桥一带，与李秀成等会师包围江南大营。5月，大破江南大营，歼敌数万，钦差大臣和春狼狈窜逃。包围天京八年之久的江南大营一举歼灭，清朝统治者从此再也无力恢复了。

陈玉成在同清军作战中所取得这一系列的胜利，对太平天国革命形势的发展变化起了重大的作用。它使上游的战局稳定了一个时期，使天京得以暂时解除敌人包围的威胁，使李秀成赢得有利条件以锐意进取江浙，建立起许多根据地。这样，就使在洪、杨、韦、石事件发生后出现的危局被扭转过来，并出现了一个新的革命高潮，在中外反革命势力的联合镇压下，仍然能够支持了近八年之久。汉奸刽子手曾国藩在遭到陈玉成的沉重打击后，看出陈玉成所统率的太平军是一支最坚强也是最可怕的力量。他说："自洪杨内乱，镇江克复，金陵'逆'首凶焰久衰，徒以陈玉成往来江北，勾结捻'匪'，庐州、浦口、三河等处，叠挫我师，遂令皖北糜烂日

---

① 曾国藩：《复刘霞仙》，《曾文正公全集·书札》卷7。
② 胡林翼：《复胜克斋钦使》，《胡文忠公遗集》卷61。
③ 胡林翼：《致司道》，《胡文忠公遗集》卷59。

广，江南之'贼'粮不绝。"^①因此，这个老奸巨滑的反革命头子对陈玉成在安徽的力量非常重视，认为必须先着力于安徽，夺取安庆，从根本上消灭陈玉成的力量，才能攻围天京，镇压下太平天国的革命。

陈玉成所以能够获得辉煌的战绩，扭转了太平天国的革命形势，自然有许多原因，诸如各地起义军和石达开远征部队给予敌人的牵制，江北一带人民的热烈支持，天京内部新的领导核心的形成，李秀戒、张乐行等的联合作战，陈玉成部下将士的忠勇奋战，等等。这些都是不能忽视的重要因素。但是，陈玉成个人的主观能动作用，也是应该给予充分估计的。他很爱护百姓，和皖北捻军张乐行关系很好，与李秀成也能密切配合作战，都是值得提起的。这里只着重阐述他在军事上的表现。

陈玉成"威名震天地，是天朝第一个好角色"。他在反革命头子曾国藩、胡林翼的心目中被视为"狡悍"者，曾国藩甚至认为"自汉唐以来，未有如此'贼'之悍者"。曾经在胡林翼部下湘军里跟陈玉成对抗过的方玉润，也低头承认陈玉成"之能战，近世罕有其匹"。他说："陈'逆'素号能军，今观其布置营垒，调遣队伍，颇有法度，信非虚语。此'贼'不灭，两湖未能安枕。"^②连凶恶奸滑的曾国藩之流，对陈玉成之"能军"也是"深畏之"而又深恨之。的确陈玉成很善于治军，其部队组织严整，纪律良好，训练有素。据曾经参加太平天国革命的赵雨村，以亲身见闻记载了陈玉成军队组织的情况可以概见。"英王自带中队中，十万，中队左、中队右、中队前、中队后，各五万，皆系上将管带。前营八大队，后营八大队，左营八大队，右营八大队，中营八大队，无一不立功者。前营护将，后营护将，左营护将，右营护将，中营护将，中队、前队、后队、左队、右队，每队无日不操练，无一不精壮。最可惧者，英王自带中队中，长龙队一千，先五人一排，退十人一排，退十五人一排，退二十人一排，有进无退，必至一千而止。"^③如此严整的军队组织和"无日不操练，无一

---

① 曾国藩：《遵旨悉心筹酌折》，《曾文正公全集·奏稿》卷11。
② 方玉润：《战形》，《星烈日记汇要》卷35。
③《被掳纪略》，中国科学院历史研究所第三所近代史资料编辑组：《太平天国资料》，科学出版社1959年。

不精壮"的将士，无怪乎被称为"军强冠诸镇"。

陈玉成之"能军"，不仅表现在治军有方，而且也表现在战略战术之高明，"诡计多端，令人不测"。综其大端，有如下几点：

一、疾速灵活。陈玉成指挥部队作战、救援，具有流动活泼、电掣风驰的特点。他经常在江北之两浦至皖鄂边界这条线上迅疾奔驰，使敌人迅雷不及掩耳，捉摸不定，而居于主动地位。被反革命誉为"谋勇素优"的李续宾，也不能不承认"'逆'往往飘忽变动，俱是活着，我军往往为'贼'牵制，总足滞着"①。

二、迂回包围。陈玉成很善于打运动战，疾速灵活和迂回包围是其明显的特点。上述三河镇歼灭李续宾的战役，就是出色地运用迂回包围的例子。在这次战役之前，1857年初陈玉成之解桐城围，也是出色地运用了迂回包围的另一例子。其时清提督秦定三、总兵郑魁士围困桐城，情势危急。太平军守将李秀成派人向陈玉成求援，并在枞阳举行军事会议。会后，陈玉成以"奇兵制胜"，由枞阳一鼓而下，攻破无为州，下仓头镇，运漕，攻克巢县，在东关打败清总兵札隆武，复下庐江，击溃清付将鲍云翥，斩都司彭万镒，即引兵上埠河、大关，包过桐城之后，截断清军粮道，造成敌人饷糈恐慌，局面混乱。而后与李秀成内外夹攻，大败清军，解了桐城之围。枞阳在桐城东南，距桐城一百二十华里，由枞阳直接上援桐城，路程是很近的。但清军厚集兵力于桐城一带，正面攻坚，于军事不利。而巢县、庐江一带清军的主力被郑魁士带往桐城，防守单薄，陈玉成乃避实就虚，来一个⌐形的大迂回，先拔除这些外围据点，突破其外线包围圈，切断清援兵和粮道，把围桐城的清军孤立起来，而后包围击溃。足见陈玉成之善于用兵。反革命头子胡林翼也承认这是陈玉成的"长技"，"近年在鄂，总是分枝作小包大包之势，以狡计与官军为难"②。"善围官军是其长技，鲍春霆（即鲍超——笔者）七年血战意生寺，六营一统将，仅

① 李续宾：《又复王观察》，《李忠武公书牍》。
② 胡林翼：《致各帅》，《胡文忠公遗集》卷70。

余一二人尚在，其余非捐躯即成废。"①

三、避实乘虚。兵贵捣虚，计乘不备，不作攻坚硬拼，而以乘间抵隙取胜，以减少兵力的损耗，是陈玉成善用兵的又一表现。所谓"每善于乘虚，长于攻瑕，百计牵动，使入彼之术中"②。如1858年4月间陈玉成率同捻军张乐行、龚得树等数万人之西征湖北，即为一例。其时，军行至鄂皖边界之宿松，受到都兴阿、李续宾的阻扼，"遂变由间道窜入豫省，避实乘虚"，自固始、商城进入湖北，一举而克麻城，"直欲乘虚以犯汉阳、德安之边境"，引起了敌人很大的震惊。

四、声东击西。陈玉成作战，常以声东击西之计虚张声势，迷惑敌军，使敌人分兵他往，兵单势弱，而后骤歼之。如1859年秋之解六合围，攻清总兵李若珠营"不能破入，忽发一枝兵勇，绕入扬州城边。扬州告急，李若珠分兵前往，而'贼'又急攻李若珠之垒，遂致被围"③。李若珠鼠窜扬州，六合之围遂解。

五、反客为主和"杀回马枪"。兵事所谓"主"、"客"，乃是争取作战主动权的问题。陈玉成非常重视并善于掌握战争的主动权，他往往先诱敌出战，使攻坚垒、攻山险，俟敌疲乏后，再以优势的精锐兵力攻击敌人，一鼓而歼。所谓"初示弱以诱我军（指清军——笔者），继奄忽以集其众"。曾国藩认为陈玉成"从不先发，最善反客主"。又说"'四眼狗'（反动派对陈玉成污骂之称——笔者）之长技有二：一则善于日暮收队时杀回马枪；一则播散谣言，诱人攻他，他得反客为主"④。因此，这个老奸巨滑的刽子手屡戒其部下"坚壁勿战"、"坚忍不出"，待"减其锐气"，然后乘机而发，以夺取主动权。

总之，从以上所述，我们可以看出陈玉成在战斗中的锻炼，积累了丰富的作战经验，已经成长为一位成熟的、有才能的军事统帅。虽然由于其"性情轻躁，不能耐久"和因胜而"骄气过甚"、"不知自忌"的弱点，致

① 胡林翼：《致曾涤帅》，《胡文忠公遗集》卷67。
② 李续宾：《又复王观察》，《李忠武公书牍》。
③ 胡林翼：《致各帅》，《胡文忠公遗集》卷70。
④ 曾国藩：《复多礼堂都护》，《曾文正公全集·书札》卷10。

有时受挫失利，但在整个阶段的战斗中，其战绩无疑是辉煌的，非常出色的，是他军事生活中所达到的最高峰。

三

1860年春，陈玉成、李秀成合兵破江南大营，天京再度解围。旋即兵下苏南，挺进浙江，太平天国革命在军事方面出现了新的高潮。然而在长江上游遭受的军事压力却没有减轻，自武昌、九江相继失守以来，湘军曾国荃部进逼安庆外围的集贤关，谋夺安庆。太平天国则积极准备西征，力图解安庆之围，以保障天京的安全。革命和反革命两个方面何以把注意力都集中在安庆，这必须从安庆在战略地位上所具有的重要价值说起。

安庆地当皖鄂赣三省要冲，是"吴楚咽喉，江淮腰膂"。对于建都在长江下游的太平天国来说，安庆是天京上游的大门，洪仁玕曾经做了一个确切的譬喻："夫长江者古号为长蛇，湖北为头，安省为中，而江南为尾。今湖北未得，倘安徽有失，则蛇既中折，其尾虽生不久。"[①]安庆还不仅是天京的大门，安徽巢湖一带盛产米粮，是天京食粮的主要供给地，太平军据有安庆，就能够防止湘军东下，控制这一产粮之区，保证天京粮道不致中断。因此，安庆的战略地位，对太平天国而言是"安庆一日无恙，则天京一日无险"。反革命头子曾国藩、胡林翼把占有上游，夺取安庆，一直放在反动战略中的首要地位。在江南大营崩溃之后，曾国藩指出：向荣、和春由东面进攻天京之所以"屡进屡挫"，主要原因是"形势之未得"。他们顽固地主张，只有取得安庆，才能以"上游制下游之势，为进攻芜湖克服金陵张本"，否则，"水陆阻梗，不能直抵金陵"。同时，他们还意识到活动在上游的太平军，是由陈玉成统率的精锐部队，这是保卫太平天国的一支重要武装力量，只要这支军队存在一天，他们就无法顺江东下，包围

---

①《洪仁玕自述》。

天京。这些，就决定了安庆保卫战的成功与失败，不仅关系着天京的门户——安庆的得失，而且形成太平军在上游的主力与清政府反动武装的主力决战的局面。在这次战役里，作为军事上主要领导人之一的陈玉成，他的战略思想和战役的具体布署，对战役的胜利与失败，对天京的安危，对太平天国革命的前途，都起着极其重要的作用。

反革命方面为进犯安徽、夺取安庆煞费苦心，曾国藩和胡林翼经过多次密议，在1859年确定四路进兵安徽的计划：一路由宿松石牌进窥安庆，一路循太湖、潜山攻桐城，这两支军队都以安庆为争夺目标；一路由英山、霍山攻舒城，一路自松子关出商城、固始攻庐州，这两支军队为阻击太平军援军而设置。到1860年春，清军为集中兵力夺取安庆，改变原来的布署，以曾国荃率军围安庆，以多隆阿率军攻桐城，李续宜驻军青草塥，游击策应诸军。并在英山、霍山险要地区，兴修碉堡，以防太平军自皖西入湖北攻其老巢。胡林翼还一再告诫驻守皖西诸军，必须"坚壁不出，少则战，多则不战，据险以挫其锋"。这个被清政府吹嘘为老谋深算的战略计划，却具有致命的弱点，湘军、楚军精锐尽屯于皖鄂之交，形成后方异常空虚的局面。

太平天国解决上游危险局势的战略是非常正确的，在天京的军事会议上，决定"发兵一枝，由南进江西；发兵一枝，由北进蕲、黄"，两路会师，合取武汉。这是一个和清军控制上游、包围天京针锋相对的计划。太平军以劲旅攻湖北，包围安庆的湘军、楚军将因失去后方而混乱，安庆之围可不战自解。曾国藩的机要幕僚赵烈文在李秀成被俘后和他的谈话中就明白的表露出来："（咸丰）十一年（1861年）秋，尔兵至鄂省南境，更进则武昌动摇，皖围撤矣。"[①]而且这时包围天京的江南大营已被粉碎，西征太平军无后顾之忧。敌人所说的"昔年金陵屯有重兵，'贼'尚为所牵缀，不敢悉力西窜，今则益无忌惮"[②]，正说明军事形势对太平天国非常有利。这一计划的正确性，还在于利用敌人后方空虚的弱点。陈玉成的战术，一

①《赵烈文日记》，转引自罗尔纲：《忠王李秀成自传原稿笺证》，中华书局1957年。
②胡林翼：《奏陈逆匪纠合捻众上犯楚军会剿大胜情形疏》，《胡文忠公遗集》卷42。

向以迂回运动、避实就虚、出其不意地打击敌人著称，他可以利用这种弱点，以己之长攻敌之短。总之，进军湖北解安庆之围的战略，使太平军居于主动地位。

1860年秋，太平军第二次西征开始了。陈玉成统率北路西征军进兵安徽，合捻军，众至十万，于1861年3月以奇兵攻占霍山，摧毁胡林翼在霍山一带之防御。随即挥军进取英山，下蕲水，迅速占领黄州。黄州"地形辽阔，为鄂皖适中之区"，是围攻安庆清军的重要后方，也是武汉三镇的东面屏蔽。陈玉成既占有黄州，就把设大营于太湖的胡林翼抛在后面，使武昌完全暴露在太平军的面前。这时，"黄州以上，无一卒一将"，武昌也非常空虚，城防薄弱，守军"仅存马队百数十名，营兵亦止二千数百"，这在强大的太平军面前"剿守均难足恃"。武昌城内已然乱作一团，镇守武昌的湖广总督官文是"忧心如焚"，而远在太湖的胡林翼也急得"呕血旬日，屡濒危殆"。如果陈玉成乘胜疾攻武昌，清军很难守得住这个重镇。可惜他错过了这个绝好的机会。在攻克黄州之后，英国侵略者公开进行干涉，派参赞巴夏礼至黄州见陈玉成，说什么太平军如进攻武汉会妨碍英国的利益，不免发生冲突，并捏造李秀成统率的南路西征军此时尚未进入江西，以阻挠太平军进攻武汉。陈玉成竟轻易相信侵略者的话，放弃武昌，改向麻城、德安一带进军。复以安庆告急，李秀成率领的南路西征军又未能如期会师湖北，陈玉成乃留赖文光镇守黄州，亲统大军回师救援安庆，经宿松石牌进入集贤关。北路西征军半途而废。从此，安庆保卫战进入直接争夺的攻坚阶段。

陈玉成为直接保卫安庆，重新集结大量兵力，洪仁玕、林绍璋和黄文金也分别统军来援，先后与曾国荃、多隆阿、杨载福、鲍超诸军战于集贤关、菱湖、棋盘岭等处。曾国荃包围安庆以来，在安庆周围筑有许多堡垒，顽固地抱着"务使援'贼'与城中之'贼'声息不通"的主张，凭垒顽抗。多次激战之后，陈玉成没有能够粉碎敌人的包围圈。1861年6月，安庆外围重要据点赤岗岭在清军猛攻之下，苦战二十余日终于失陷，坚守赤岗岭的靖东主将刘玱林及其部四千多人壮烈牺牲。7月，太平军在菱湖北岸的十三垒和南岸的五垒也被清军攻陷。重要据点相继失陷，陈玉成在军事上日趋于不利地位，安庆保卫战进入更加艰苦的阶段。面对着不利的条件，陈玉成仍然进行着顽强不屈的斗争。为断多隆阿、鲍超的粮道，他率领一支人马趋英山，绕过宿松，直扑太湖大营，猛攻敌人后方，但为清军击败。陈玉成继续组织兵力，与敌军战于集贤关，"亲援枹鼓督阵"，猛扑曾国荃所筑的新垒，不克。湘军一面以长壕困安庆，一面筑垒顽抗陈玉成的援军。陈玉成又在菱湖北岸筑垒，以小艇运粮入安庆，接济守城将士。湘军出动水师，竭力断安庆粮道，守军粮尽援绝。1861年9月5日安庆失陷，守将叶芸来等战死，安庆保卫战壮烈结束，陈玉成退出集贤关，经皖鄂边境走庐州。

安庆保卫战失败的原因是多方面的，如英国侵略者的欺骗和恐吓阻挠了陈玉成的继续西攻武汉，是使北路西征军半途而废的原因之一。但更重要的，却是太平天国军事领导人对进兵湖北以解安庆之围的战略意义认识不足。李秀成虽然同意西征的计划，但更多注意于江浙，迟迟未能进入湖北，这是李秀成用兵以来犯的一次大错误，也影响陈玉成进攻武汉的决心。而陈玉成由于曾长期活动于长江上游，无数次战斗的锻炼，使他具有只有占据上游，才能保卫天京安全的观念，因而对安庆的战略地位有着深刻的认识，对安庆的得失非常重视。但是他却没有意识到如果据有安庆上游的武汉，曾国藩、胡林翼之流的"必保鄂然后能谋皖，必保皖然后能平吴"的反动战略就无法实现，"但求力破安庆一关，此外皆不遽与之争得失"的反动布署也必然破产，而执着于对安庆的直接争夺。这种思想，在整个安庆保卫战中都有所反映。还在1860年春天京研究进军方向时，陈玉成就"意在救安省"。后来虽然确定了西征计划，但陈玉成重视得不够，1860年秋在进军湖北之前，便企图顺道先解安庆之围，结果失利于挂车河，就是一个明显的例子。黄州回师也因解安庆之围心切，急于回兵援救，以致弃虚而就实，和优势敌人直接争夺安庆。安庆保卫战在安庆外围激烈展开，这件事的本身就意味着太平军从战略上的主动转为被动。也正由于陈玉成战略思想存在问题，以致他所擅长迂回包抄、避实就虚等一系列战术没有能够运用，反而和湘军主力进行决战。这时湘军精锐尽集安庆外围，马步各军达五万之众，还有水师配合，并有经营一年多的防御工事。主客之势业已形成，敌我力量又有悬殊，使陈玉成在安庆外围战事屡遭挫折。在攻坚战不利的情况下，他没有寻求新的对策，孤城安庆的争夺，吸引和消耗了他的兵力，给太平军带来很大损失。因而，安庆保卫战的失败，是西征计划半途而废的必然结果。

安庆的失陷，太平天国革命面临严重局面，如何挽救危机，需要正确的策略来指导军事行动。当时，陈玉成的处境非常困难，安庆新败，士气低落，回到庐州之后，"尔言我语，各有一心"，洪秀全又"革其职权"。这一切使陈玉成没有能冷静地思考对策，也没有采纳赖文光的"北连张、苗，以固京师，次出奇兵，以进荆、襄之地，不下半年，兵多将广，可图恢复皖城，俾得京门巩固"[①]的正确建议。后虽派陈得才、赖文光等率师由庐渡淮，经豫入陕，以图进取。但这支精锐部队的远征西北，对牵制敌人东下起不了什么作用，而且犯了分兵的错误。陈玉成本人也错误地"坐守庐州，愚忠于国"，把自己放在占有优势敌人进攻的焦点。他虽然竭力加强庐州的防务，修垒筑卡，挖沟濬濠，但此时湘军已顺流东下，连陷巢县、含山、和州、西梁山等地，庐州和天京联系非常困难。多隆阿也在1862年初自舒城进至距庐州三四十里之处，"步步为营，渐次逼城"。1862年5月陈玉成突围走寿州，不幸为苗沛霖诱俘。1862年6月4日就义于河南延津。

陈玉成的牺牲给太平天国带来无法补偿的损失，多年来他驰骋于上游战场，捍卫着安徽根据地，保证天京人力和物力的补充，从而保障了天京的安全。陈玉成牺牲之后，安徽腹地尽失，湘军迅速进逼天京外围，天京处境也就十分危急。历史事实证明了："如英王不死，天京之围必大不同，因为若彼能在江北活动，令我等常得交通之利，便可获得仙女庙及其附近诸地之源源接济也。英王一去，军势军威同时堕落，全部瓦解，因此清军便容易战胜。"[②]陈玉成自己所说的"太平天国去我一人，江山也算去了一

---

① 《赖文光自述》。
② 《洪仁玕自述》。

半"这句话，如果从太平天国军事上失去了两大支柱之一，上游形势再不能和清军争夺来理解，也是十分确切的。

陈玉成在他从事革命的一生中，为太平天国所领导的中国人民反封建反侵略的革命事业建立了奇功殊勋，忠诚地为太平天国革命事业英勇奋战，直至最后牺牲。在他被俘后送至胜保营里，仍然表现了坚贞不屈的英雄气概。《被掳纪略》中有着一段非常生动的描绘：胜保"坐中军帐，旗帜枪炮排列森严，凡带兵营官皆要站班，耀武扬威。升坐，叫英王陈玉成来。英王上去，左右叫跪，大骂云（指着胜保）'尔胜小孩（太平军以胜保带兵如儿戏，讥称为"小孩"——笔者），在妖朝第一误国庸臣。本总裁在天朝是开国元勋，本总裁三洗湖北，九下江南。尔见仗即跑。在白石山踏尔贰拾伍营，全军覆没，尔带十余匹马抱头而窜。我叫饶尔一条性命。我怎配跪你？好不自重的物件'"。在敌人斧钺之前，表现得如此从容镇定，临危不惧，蔑视、鄙视敌人，大节凛然，真是豪气三千丈。

正是由于陈玉成对太平天国革命事业的忠心不贰，赢得了人民的爱戴和尊敬，人民以歌谣来称赞道："尽忠报国陈玉成。"他十四岁投身革命，十八岁当大敌，二十一岁而为军事统帅。在天京政变后，太平天国革命处于低潮时，他不畏艰危困苦，屹然挺立，毫不犹豫地担当起支撑天国危局的任务，艰苦奋战，为太平天国革命新高潮的出现尽了他的力量。他的忠心诚笃，壮志凌云，有胆有识，勇敢顽强的精神，虽时隔百年，仍然对我们有着启发和教育的作用。而他的战略战术，也还可供我们借鉴，值得加以研究。

附记：本文撰写时，参阅了《陈玉成自述》、《李秀成自述》、《洪仁玕自述》、《曾文正公全集》、《胡文忠公遗集》、《剿平粤匪方略》、《胡文忠公年谱》、《湘军志》、《陈玉成受擒记》等书，为避免注文过多，除较长的引文注明外，其余不一一注出。

（原载《北京师范大学学报〔社会科学版〕》1962年第2期）

沙俄侵占伊犁和不平等的《中俄伊犁条约》*

镇江市博物馆在近年发现了邵友濂的一部分手稿——"邵友濂使俄文稿和家书"。它从一个侧面揭露了沙俄在十九世纪七八十年代侵占我国伊犁地区的罪行和沙俄在外交谈判中的狰狞嘴脸。沙俄在继十九世纪五六十年代通过不平等的中俄《瑷珲条约》、《北京条约》、《勘分西北界约记》等，强占中国东北、西北一百四十四万多平方公里领土之后，又于1871年出兵侵占中国新疆伊犁地区，并且逼迫清朝政府签订另一个不平等条约——《中俄伊犁条约》。对于沙俄的这一侵略罪行，苏修叛徒集团及其御用文人却千方百计为其开脱辩护，制造种种奇谈怪论，胡说什么沙俄侵占中国伊犁地区是为了"不让英国势力扩张到俄属中亚领土"[①]；《伊犁条约》"丝毫未损害中国的主权"，"根本不能说该条约对中国是不平等的"[②]；甚至反诬中国"自己对中亚抱有侵略意图"；《中俄伊犁条约》中规定的大量"赔款"，是中国方面"自己建议再增加"的[③]；等等。这完全是颠倒是非，混淆黑白。制造奇谈怪论和信口开河毕竟掩盖不了历史事实，大量中外历史文献，包括上述参加归还伊犁谈判的清朝政府使俄参赞邵友濂的未刊文稿、家书，是最好的见证，苏修先生们的狡辩，只能是枉费心机。

---

* 与李侃合撰。

① [苏] 齐赫文斯基：《中国近代史》，生活·读书·新知三联书店1974年，第241页。

② [苏] 普罗霍罗夫：《关于苏中边界问题》，商务印书馆1977年，第167页。

③ [苏] 纳罗奇尼茨基等编：《远东国际关系史》上册，商务印书馆1976年，第三章。

一

伊犁辖惠远、惠宁、熙春、宁远、拱宸、广仁、瞻德、塔勒奇和绥定九城，其中惠远城（今新疆霍城县南）是清朝伊犁将军的驻地，新疆的首府。这个地区不仅形势险要，而且土地肥沃，物产资源丰富，久为沙俄所垂涎。十九世纪中叶，俄国对中国的陆路贸易日益频繁，"主要商路是经过中国的领土伊犁"。十九世纪六十年代，沙俄在强行侵占了巴尔喀什湖以东以南四十四万多平方公里中国领土以后，伊犁地区便成为它蓄意霸占的另一个目标。侵占伊犁的沙俄侵略军头子科尔帕科夫斯基曾公开提出："我们不只必须派出边防部队，我甚至认为有责任提出占领塔城、伊宁（伊犁）、喀什噶尔。"[1]当时在俄军参谋部任职（后任陆军大臣）、疯狂推行沙俄对外扩张政策的库罗巴特金也露骨地叫嚣：伊犁是向东伸延的一个谷地，这个地区要是归并俄国，不仅对俄国有很多好处，而且可以在战略上给中国以威胁。充分暴露了沙皇俄国图谋霸占中国伊犁地区的险恶用心。

1864年后，我国新疆发生了各族人民反对清朝封建统治的斗争。但不久，封建势力篡夺了斗争的领导权，进行分裂割据。浩罕汗国的军事头目阿古柏乘机率军入侵，占据整个南疆和北疆的一部分，对新疆各族人民实行极端残酷的血腥统治。清政府对新疆大部分地区暂时失去了控制。善于"灵活地利用一切领土扩张的机会"[2]的沙皇俄国，认为这是对中国西部边疆扩大侵略的绝好时机。于是，它一方面竭力拉拢、扶植阿古柏，妄图通过这条走狗来控制南疆等地，一方面策划直接出兵先占领伊犁、塔尔巴哈台（塔城），进而把整个准噶尔盆地纳入其魔掌之中。1871年6月，沙俄以"安定边境秩序"为借口，派科尔帕科夫斯基率侵略军近二千人入侵中国，7月，武装占领了伊犁地区，并悍然宣布："伊犁永远归俄国管辖。"[3]

---

① [俄] 加蒙盖尔钦洛夫：《吉尔吉斯与俄罗斯》，第314页。
② 《俄国利用奥地利——华沙会议》，《马克思恩格斯全集》第22卷，第17页。
③ [美] 金楷理等：《西国近事汇编》卷3，上海机器制造局1878年，第61页。

沙俄侵略者闯入我国伊犁地区后，烧杀掳掠，无恶不作，犯下了滔天罪行。1871年6月12日，沙俄侵略军在进犯伊犁的一次战争中，就屠杀了抗击入侵者的中国维吾尔、哈萨克、回、汉等族人民五百多人。同年7月1日，沙俄侵略军又在金顶寺一带将抵抗侵略的中国各族人民"剿杀一半"[1]。在占踞伊犁地区后，沙俄侵略者将原伊犁将军驻扎的大城全部毁去，拱宸、广仁、瞻德三城"隳为平地"，把拆卸的木料、砖瓦全部搬到大城东南九十里金顶寺地方另建市区，"营造市廛几二十里"，作为沙俄侵略军的驻扎地[2]，妄图永远霸占伊犁地区，并以此为据点，继续扩大对整个新疆的侵略。

沙俄侵略者在侵占伊犁以后，将清政府设在伊犁的一切机构全部撤消，非法"设官置署"，实行殖民统治，并蛮横地宣称：中国"不可派员管理"伊犁地方，中国军队亦"不可前往"[3]。甚至叫嚷："塔（塔尔巴哈台）、库（库尔喀喇乌苏）两城大路迤南及极西地方，均归本国以兵力办理。"[4]残暴贪婪的沙俄侵略者对伊犁地区的中国各族人民进行疯狂的掠夺搜括，"税重差繁"："中户每年纳丁畜税银十数两，上户数十百两，最下亦须数两，兵役、通事人等供应需索在外。日朘月削，劳扰不堪。"[5]据清政府总理衙门估计，"俄人在伊犁地方，岁收各项税租，每年不下数十万两"[6]。除了苛重的租税和劳役之外，还明目张胆地抢劫当地人民的牲畜财产，强迫种植鸦片，严重地破坏农牧业生产。从1871年到1881年十年间，沙俄侵略者在中国伊犁地区的殖民统治，给当地各族人民造成了严重的灾难。

伟大领袖毛主席指出："中华民族的各族人民都反对外来民族的压迫，都要用反抗的手段解除这种压迫。"[7]沙俄侵略伊犁地区时，中国各族人民

---

① 《筹办夷务始末·同治朝》卷83，第31页。
② 王彦威、王亮编：《清季外交史料》卷15，第29页。
③ 《筹办夷务始末·同治朝》卷88，第21页。
④ 《筹办夷务始末·同治朝》卷93，第8页。
⑤ 王彦威、王亮编：《清季外交史料》卷15，第29页。
⑥ 王彦威、王亮编：《清季外交史料》卷15，第17页。
⑦ 《中国革命和中国共产党》，《毛泽东选集》第2卷，人民出版社1952年，第586页。

奋起坚决抵抗。1871年6月30日，当沙俄侵略军侵入清水河地区时，当地居民和由维吾尔族为主组成的地方部队全部投入战斗，英勇顽强地抗击侵略军。许多老人和儿童从牺牲了的亲人手里接过武器，继续打击敌人，宁死不屈。1872年，沙俄侵略军伪装成商队，诡称赴玛纳斯贸易，途中遭到中国人民的截击，打死打伤沙俄侵略者数十人。中国各族人民前仆后继、不屈不挠的反抗，有力地打击沙俄侵略者，阻击了他们向乌鲁木齐一带的继续入侵。在沙俄侵略者殖民统治期间，中国各族人民也不断地进行反抗斗争。沙俄侵略者采取了极其卑劣无耻的手段，对中国爱国军民"逼令投降"。但是，热爱祖国的中国各族人民和军队毫不屈服于沙俄的威逼利诱。"所有满、绿、索伦、锡伯、察哈尔、额鲁特各营，以及民人，并有晶河（今精河）土尔扈特贝勒等人众，均已同心能死，不降俄夷。"① 伊犁地区中国各族人民在沙俄暗无天日的残酷统治下，热切地盼望中国政府早日"收还伊犁，得睹天日"②。他们不甘忍受沙俄侵略者的凌辱，自动起来斗争，逃出伊犁，"纷纷内徙"③。伊犁西北的哈萨克族人民，一次"举众数千人来归，持仗兵器者约一千五百人，过界时击死俄兵多名"④。所有这些，"都表现了中国人民不甘屈服于帝国主义及其走狗的顽强的反抗精神"⑤。

二

沙俄出兵侵占伊犁地区，完全是无视中国主权的侵略行动。在我国新疆各族人民的节节抵抗下，遭受了沉重打击的沙俄侵略者害怕进一步激怒中国人民，虚伪地向清政府声明："俄国并无久占（伊犁）之意"，只是"代为收复，权宜派兵驻守，俟关外肃清，乌鲁木齐、玛纳斯等城克复之

① 《筹办夷务始末·同治朝》卷84，第11页。
② 王彦威、王亮编：《清季外交史料》卷15，第29页。
③ 《清季外交史料》卷16，第4页。
④ ［美］金楷理等：《西国近事汇编》卷1，上海机器制造局1880年，第33—34页。
⑤ 《中国革命和中国共产党》，《毛泽东选集》第2卷，第595页。

后，即当交还"。①这纯粹是骗人的谎言。事实上，沙皇政府认为中国根本无力收复新疆，它在占领伊犁之后就对当地居民扬言："俄国所占地区，将永远不归还中国。"②在中国清朝政府派出署伊犁将军荣全同沙俄内政部代表交涉谈判时，俄方施展蛮横狡诈手段，不仅拒不交还伊犁，反而节外生枝，提出允许俄国在新疆全省通商、重新划定中俄边界以及赔偿俄国"损失"等一系列无理要求，甚至要中国把额尔齐斯河地区割让给俄国。在沙俄的步步进逼下，清朝政府感到沙俄"心殊叵测"，"不仅窃据伊犁"，而且"将尽新疆之地皆为己有"③。如果"中国不图规复乌鲁木齐，则俄人得步进尺"，不仅新疆"已属堪虞"，而且连蒙古、陕西、甘肃、山西等地也"将无晏眠之日"④。于是，清政府决定以左宗棠为钦差大臣督办新疆军务，进军新疆。从1876年3月至1878年初，清军在新疆各族人民的积极支援下，消灭了阿古柏入侵势力，收复了除沙俄侵占的伊犁地区以外的新疆领土。

清政府在派兵讨伐阿古柏匪帮、收复新疆领土的过程中，又一再向沙俄要求实现它在强占伊犁地区时所作过的诺言，将伊犁地区归还中国。沙俄侵略者虽然没有任何理由再赖在新疆不走，但仍然"一味狡展"，提出什么"先议后交"来拖延纠缠，并以此作为讨价还价的手段，以便向清朝政府进行讹诈、勒索。清朝政府多次反复交涉，仍然毫无结果，不得已于1878年10月派总理衙门大臣，吏部左侍郎崇厚为头等全权大臣，邵友濂为头等参赞，出使俄国，直接进行谈判。

沙皇政府设立了以陆军大臣米留金为首的"特别委员会"，经过精心策划，制定了勒索方案：以归还伊犁一部分地区为诱饵，割占伊犁的战略要点；索取赔款五百万卢布，并进一步取得在中国的商业特权；以"调整"边界为借口割占中国领土。并决定由代理外交大臣吉尔斯、外交部高级顾问热梅尼、驻华公使布策等利用"谈判"具体执行这一侵略计划。

崇厚于1878年底踏上俄国的土地之后，即陷入沙皇政府精心策划的圈

---

① 王树楠等编：《新疆图志》卷54"交涉二"，宣统三年刻本，第2页。
② [俄] 库罗巴特金：《俄中问题》，第85—86页。
③ 《筹办夷务始末·同治朝》卷89，第9页。
④ 左宗棠：《左文襄公奏稿》卷54，古香阁光绪二十八年刻本，第41页。

套中。据邵友濂揭露，1879年1月20日崇厚向沙皇亚历山大二世递交国书时，"其礼部官员库得勒甫策夫与翻译官孟第，按照公法接待头等钦差之礼，以六马公车（至旅馆）迎迓"。当崇厚抵达沙皇宫廷时，由"（礼部大臣、亲王）礼文前导，各营兵及侍卫等咸举军械致敬，列队相迎"①。沙皇政府对崇厚这种"优礼相待"，完全是包藏祸心，玩弄手段。根据左宗棠的分析，这种手段不外是"先以巽词话之，枝词惑之，复多方迫促以要之"②。事实就是如此，所谓"优礼相待"的背后，无非是对崇厚加以诱骗，而在谈判交涉中则千方百计施加压力，进行恫吓讹诈。邵友濂在他的信札中曾指出：布策等人"阴狠性成"，"要挟刁钻"，"我愈急，彼愈缓，我愈退，彼愈进，不餍其欲不止，餍其欲方止"③。

　　昏庸的崇厚被沙俄的阴谋诡计弄得昏头昏脑。他对穷凶极恶的沙俄侵略者既要"推诚相待"，又只知"其船炮之精，兵力之厚，以为可畏"④；他既惑于沙俄的欺骗，又慑于沙俄的压力，结果就在沙俄的威胁诱骗之下，于10月2日未经清朝政府同意，擅自在沙俄炮制的《里瓦几亚条约》及三个附件上签了字。

　　《里瓦几亚条约》的签订经过，充分暴露了沙俄侵略者贪婪的野心和恶劣的手段。当崇厚在黑海的里瓦几亚签字后，沙皇俄国的外交讹诈得逞，欣喜若狂，据邵友濂揭露，布策当场放肆地对崇厚奚落挖苦，胡说什么：中国"不劳一兵，不折一矢，竟将伊犁好好安坐而得之，天下竟有如此便宜之事乎"？⑤真是狡猾嚣张到了极点。沙俄非法强行侵占中国的伊犁地区已达九年之久，中国政府收回被侵占的领土是理所当然的。况且沙俄归还的并不是被侵占的伊犁全境，而只是部分地区。把被它宰割欺侮的中国，说成是得了"便宜"，这正是沙皇俄国的外交惯伎，也是沙俄侵略者的强盗逻辑。沙皇政府在《里瓦几亚条约》中玩弄的是"名还实占"的

---

① 见邵友濂使俄文稿和家书。
② 王彦威、王亮编：《清季外交史料》卷18，第6页。
③ 见邵友濂使俄文稿和家书。
④ 王彦威、王亮编：《清季外交史料》卷20，第16页。
⑤ 见邵友濂使俄文稿和家书。

骗局。根据条约规定：俄国归还伊犁城，但割占霍尔果斯河以西及特克斯河流域大片中国领土；将喀什噶尔和塔尔巴哈台两地所属边界，按照俄方要求重新加以调整；赔偿"代收代守伊犁所需兵费"五百万卢布（合二百八十万两白银）；俄商在新疆、蒙古贸易免税；增辟陆路至天津、汉口的通商线路，其进口税较由海路运入中国口岸货物减低三分之一；俄国在嘉峪关、科布多、乌里雅苏台、哈密、吐鲁番、乌鲁木齐、古城等地增设领事。这样，沙俄侵略者攫取了大量的侵略权益，伊犁一地名义上虽然归还中国，但其西境、南境险要之地俱被沙俄割占，截断了伊犁和天山南路的交通孔道，使伊犁"已成弹丸孤注，控守弥难"[1]，陷于北、西，南三面被俄国包围的危险地位。当时有人揭穿沙俄的险恶用心，指出这是"扼吭之谋"[2]。

沙俄胁迫崇厚签约的消息一传入国内，朝野上下，群情激愤，纷纷谴责沙俄的侵略罪行，要求严惩崇厚。在舆论压力下，清政府将崇厚革职治罪，并于1880年2月19日正式照会沙皇政府：崇厚所议条约，"多有违训越权之处"，"窒碍难行"[3]，拒绝承认和批准。

三

清政府惩办崇厚，纯属中国的内政。然而，沙皇政府看到它即将到手的侵略利益不为清政府所承认，恼羞成怒，悍然使出它惯用的外交恐吓和武力威胁的卑劣手段。

1880年初，沙俄驻华代理公使凯阳德跑到总理衙门"抗议"惩处崇厚，无理取闹，对中国内政进行粗暴的干涉。并且蛮横地进行武力威胁，声称："俄国并非无力量，至条约准与不准，在俄国总是一样。"[4]在彼得堡，

---

[1] 王彦威、王亮编：《清季外交史料》卷16，第27页。
[2] [美] 金楷理等：《西国近事汇编》卷1，第36页。
[3] 王彦威、王亮编：《清季外交史料》卷19，第3页。
[4] 王彦威、王亮编：《清季外交史料》卷18，第11页。

沙皇政府也向清政府驻俄代理公使邵友濂进行讹诈威胁。布策对邵友濂施加压力，叫嚷：中国"若竟将崇宫保（厚）治以死罪，则关系邦交大局"。甚至无耻地狡赖，把沙俄对崇厚的种种胁逼诱骗推得一干二净，说什么"崇宫保所允各事，我并未尝相强"。邵友濂当即予以驳斥，指出："历次商议，我皆在座，宫保偶有不允之事，布大人便相持不下，何得谓之未尝相强？"布策的谎言被邵友濂当面戳穿后，只得厚着脸皮承认一点，说只有割占伊犁西南一块地方等一两件事情是强迫崇厚答应的①。这就是沙俄外交官所做的精彩表演。

在进行外交讹诈的同时，沙皇政府还在中国边疆和沿海纠集了大批军队和军舰，对中国施加武力威胁。当时仅伊犁边境附近就集中了步兵十四营和二十个哥萨克骑兵中队，各种火炮五十门。沙俄还调动铁甲舰二艘、快船十三艘加入太平洋舰队，准备封锁中国海面。但是，沙皇俄国的武力威胁，更激起了中国舆论的极大愤慨。那个热梅尼就承认："中国人不但没有被我们的示威所吓倒，反而被我们的要求激怒了。"②在全国一片同仇敌忾的气氛中，清朝政府为了应付沙俄的武装挑衅，也作了一些防御性的军事部署，并于1880年2月另派驻英公使曾纪泽到俄国去谈判改订条约。

1880年8月，中俄双方在彼得堡重开谈判。俄国代理外交大臣吉尔斯对曾纪泽"面冷词横"③，盛气凌人，一再声称原来同崇厚签订的条约"只要照办，无可商议"④，拒绝进行谈判。但是，沙皇政府当时处于内外交困、危机四伏的窘境。它在欧洲处境相当孤立，在亚洲同英国争夺中亚的矛盾在加剧。俄土战争把沙俄拖得精疲力尽，"国债累累"，财政极端困难。人民反对沙皇政府的斗争也在日益发展，沙皇列车被炸、冬宫被炸等事件接连发生。处在这种情况下，沙皇政府感到要把中国的伊犁地区一口吞下去，或为此而发动一场侵华战争，将是力不从心的。于是在8月21日又召开了由陆军大臣米留金主持的有外交、海军等部头目参加的特别会议，讨

论改订条约的问题，决定提出重开谈判的原则：中国增加赔款，并在其他边境线上进行调整以示补偿，俄国可以不坚持保留特克斯河流域，修改条约必须不损害俄国的"荣誉"和"声望"。为了保证这些"原则"得以实现，"俄国必须以武力为威胁手段，使谈判迅速解决"[1]。这一决定，表明沙俄继续以武力威胁为手段，以便在谈判中攫取侵略权益。

在谈判中，沙俄就是按照这个既定方针进行的。吉尔斯凶相毕露，叫嚷："应该向他们露一露牙齿"，"我们不能放弃要求赔偿……如果中国人不愿意理解这点……则我们只有向他们伸出拳头"。热梅尼更是疯狂叫嚣："不仅是露一露牙齿的问题，而应该用牙齿咬"，"把枪口对准他们的胸膛"，"要用大炮来提出明确的要求"[2]。沙皇俄国的这两个外交头目，就是用"牙齿"、"枪口"和"大炮"来进行"谈判"的。在摆出这样一幅凶恶蛮横的架势以后，接着来的便是恣意进行敲诈勒索，他们要"中国沿海地方作为补偿"，增加赔偿"兵费"。曾纪泽拒绝以中国沿海地方作为"补偿"，也拒绝用"兵费"的名义赔款；但表示可用其他名义多出些钱。那个热梅尼马上表示："无论兵费不兵费，总算是鄂（俄）国要钱。"[3]真是厚颜无耻！经过多次谈判，在沙俄代表露骨地叫嚣"若再迟延，不如打仗"[4]的威胁下，1881年2月24日，曾纪泽签订了不平等的《中俄伊犁条约》。

根据《伊犁条约》的规定，中国虽然收回伊犁和在《里瓦几亚条约》中被割占的特克斯河流域，但霍尔果斯河以西的大片土地仍被沙俄强行割去，连同后来的几个勘界议定书，沙俄又割占中国西部七万多平方公里领土。条约还规定，赔款增加为九百万卢布（合五百多万两白银）；俄商在天山南北两路贸易"暂不纳税"，在蒙古各城贸易概不纳税，并得由陆路经新疆至嘉峪关贸易；除照旧在伊犁、塔尔巴哈台、喀什噶尔、库伦设立领事外，亦准在嘉峪关和吐鲁番设立领事。沙俄通过这个不平等条约，不仅割占我国大片领土，而且攫取了各种政治、经济特权，严重地侵害我国

---

① 《米留金日记》卷3，第267页。
② [苏] 杰拉维奇著、北京编译社译：《俄国在东方》，第124、125、137、151页。
③ 曾纪泽：《金轺筹笔》卷2，第22页。
④ 曾纪泽：《金轺筹笔》卷1，第33页。

主权。

1882年2月，中国收回了被沙俄强占十年之久的伊犁，我国西北边疆的这块美丽富庶的地区，由于沙俄侵略者的长期蹂躏，已变得残破不堪。沙俄侵略者滚出伊犁之前，强迫中国维吾尔、哈萨克、柯尔克孜、回族等各族大量居民离开自己的家园，迁居俄国，在沙俄的残暴逼迫之下，"哀号之声，彻于田野"[①]。又几乎抢走了全部牲畜。沙俄侵略者给我国伊犁地区的人民造成了严重的灾难。

沙俄侵占我国伊犁和强迫清朝政府签订《伊犁条约》的过程，只是沙皇俄国侵略中国整个历史过程中的一个组成部分。但是它却相当典型地暴露了老沙皇蓄意侵占我国新疆的野心，和为实现这一野心而采取的军事强占、武力威胁、外交讹诈、经济勒索的卑鄙伎俩，以及劫走居民、抢夺牲畜、破坏生产、毁坏城市等强盗行径。铁一般的历史事实，是最好的见证，任凭苏修社会帝国主义的所谓"历史学家"们怎样挖空心思，摇唇鼓舌，颠倒黑白，伪造历史，也无法改变他们的前辈老沙皇疯狂侵略中国的罪恶历史事实。把卑鄙当作光荣来宣扬，把侵略当作"援助"来辩解，这恰好证明了老沙皇和新沙皇是衣钵相传的一丘之貉。

（原载《文物》1976年第10期）

---

① 王彦威、王亮编：《清季外交史料》卷32，第15页。

帝国主义对中国的经济侵略

——甲午战争前后至五四运动期间 *

今年10月1日是伟大的国庆十周年。十年来，在党和毛主席英明、正确的领导下，我们祖国的建设事业飞跃发展，取得历史上前所未有的辉煌胜利。就以钢产量来说，建国以来一直在迅速地增长着，在第一个五年计划期间增长了四百万吨。特别是去年，全党全民为了贯彻执行党的建设社会主义总路线，尽速改变我国"一穷二白"的面貌，掀起了轰轰烈烈的大炼钢铁的群众运动，钢产量达到1108万吨；如果不包括土钢在内，洋钢的产量也达到800万吨，比第一个五年计划增长了265万吨。这是任何资本主义国家从来不曾有过、也永远不可能有的高速度。

我们如果回过头来看看解放前的情况，就会得到更清楚的认识。从清代末年（1890年）张之洞在湖北大冶开办第一个钢铁厂起到1949年的59年间，累计钢产量只有760万吨，平均每年钢产量128,000吨。59年产量的总和远不如我们去年一年的产量，其差别如同霄壤。从这里可以看出，解放了的中国人民为了自己祖国的富强，在党的领导下，表现出惊人的智慧和巨大的力量。同时，也表明旧中国遗留下来的国民经济基础是极端落后的，使我们处于又穷又白的状态。这种情况，有利于我们写最好看的字，画最好看的图画；但也给我们的建设事业带来了不利和艰巨的一面，需要付出更大的劳动。

*与张安民、许崇武、张凤仙合撰。

国民经济基础极端落后状态的造成，是由于近百年来帝国主义侵略和腐朽的清政府、北洋军阀及蒋介石国民党反动统治的结果。尤其是帝国主义侵略者更是穷凶极恶，贪得无厌地对中国人民进行掠夺，极力阻止中国社会经济的发展，趁着庆祝伟大的中华人民共和国成立十周年的时候，回顾一下过去历史上所经历的坎坷道路，温故而知新，是不无助益的。

1840年，帝国主义用商品、鸦片和大炮打开了中国的大门，使延续二千多年处在发展迟缓的状态中的封建社会，发生了急遽的变化。在外国资本主义的影响下，自给自足的自然经济的基础遭到破坏，民族资本的新式工业从夹缝中获得了某些发展。但是"帝国主义列强侵入中国的目的，决不是要把封建的中国变成资本主义的中国，帝国主义列强的目的和这相反，它们是要把中国变成它们的半殖民地和殖民地"①。帝国主义侵略者为了达到这个目的，对中国采用军事的、政治的、经济的和文化的压迫手段。帝国主义对中国的经济侵略，则是随着资本主义经济的发展而逐步加深。在1894年中日甲午战争以前，世界资本主义还处在自由竞争的时期，对中国经济侵略的特点主要是以倾销商品为主，把中国变成它们的工业品市场。虽然，在这期间也在中国举办了若干工厂企业，设立了银行，开辟了航运，但是所有这些，基本上还是为倾销商品服务的。1895年中日甲午战争以后，世界主要资本主义国家发展到帝国主义阶段，对中国的经济侵略就从以商品输出为主变为以资本输出为主。帝国主义通过《马关条约》攫取了在中国设厂制造、开矿、筑路的特权，更进一步的控制了中国的经济命脉，使中国人民迅速贫困化。同时，在帝国主义和封建势力勾结下，中国民族资本主义的发展也受到了压迫和束缚，使它没有成为中国社会经济的主要形式，它的力量很软弱，它的大部分是对于外国帝国主义和国内封建主义都有或多或少的联系。这就决定了民族资产阶级在民主革命中的两重性。

需要说明，本文并非全面阐述帝国主义对中国的经济侵略，而是就中日甲午战争前后至"五四"运动期间帝国主义反对中国发展资本主义这一

---

① 《毛泽东选集》第2卷，第598页。

个侧面进行一些具体的探讨，从帝国主义利用商品控制中国市场，通过投资设厂来压迫兼并民族工业，其垄断组织对民族工业的全面控制，以及帝国主义掌握动力工业等方面来说明。

一

还在1840年，英国等资本主义侵略者，为了扩张商品市场，获得高额利润，发动了可耻的鸦片战争，以武力胁迫清政府签订不平等条约，取得一系列的特权。《江宁条约》第二款规定："准英国人民带同所属家眷，寄居大清沿海之广州、福州、厦门、宁波、上海等五处港口贸易通商无阻"；第十一款规定：中国的海关关税"秉公议定"，"英国货物自由在某港按例纳税后，而准由中国商人遍运天下，而路所经过税关不得加重税例，只是照估价则若干，每两加税不过分"。这些规定冲破了清政府的闭关政策和对外贸易的限制。外国侵略者剥夺了中国部分关税自主权，并助长了资本主义商品侵入中国内地。第二次鸦片战争签订的天津、北京条约又增加了加开通商口岸，"改订关税税率"，"外国兵船得往来于各通商口岸"等规定，外国资本主义的势力自南而北，达到东北地区；并且又伸展到长江内地的城市。这表明了侵略者的商品势力一步一步深入中国内地市场了。

就1849年上海的贸易数字来看，一般商品和鸦片合计输入19,209,023美元；输出8,403,149美元，入超了10,805,874美元，入超的情况是很惊人的。

再就1891年长江沿岸各商埠的收入情况来看，重庆、宜昌、汉口、九江、芜湖、镇江和上海七关收入总数11,333,267两，占全国二十四关总收入的48.2%左右。更从当时很低的关税率来推论，资本主义商品推销的情况一定是很惊人的，同时也说明了长江流域这些都市在开埠后，资本主义的商品就源源流入，并通过这些都市原有的运输系统，分布到各处去，于是中国长江流域的内地受资本主义商品的影响逐渐加深。

随着资本主义生产的发展，必然会导向帝国主义阶段。自由竞争变成了垄断，银行变成了金融寡头的统治，资本输出代替商品输出，对殖民地的商品掠夺变成了它的独占。各帝国主义必然更激烈地争夺商品市场，原料市场和投资市场，为它们的剩余产品和原料找到销地和来源。为它们的过剩资本找到最有利的市场。在世界领土被瓜分完的情况下，日本帝国主义在英美扶植下，于1894年7月对中国发动了无耻的侵略战争。战争的结果，腐败的清政府于1895年和日本订立了卖国的《马关条约》。其中规定开沙市、重庆、苏州、杭州为通商口岸，日本轮船可以驶到重庆、苏州、杭州，这等于将中国最富庶的长江流域和江浙两省全部向外国开放了。据条约规定，帝国主义还获得在中国设厂的权利，可以直接利用中国廉价的原料和劳动力，设厂自由制造各种商品。帝国主义侵略者从条件中所获得的特权，不仅扩大了商品倾销市场，而且开辟了投资的场所。这给中国社会经济带来了极严重的后果，它加速了中国农村手工业的破产，并严重地妨碍了中国民族工业的发展。

在这期间，帝国主义的商品同资本一样的急流于中国的市场，从下表看得很清楚：

1895—1920年出入口货值净数的统计[①]

单位：两

年份	洋货进口净数	国货出口净数	入超
1895	171,696,715	143,293,211	28,403,504
1899	264,748,456	195,784,832	68,963,624
1905	447,100,791	227,888,197	219,212,594
1910	462,964,894	380,833,328	82,131,566
1915	454,475,719	418,861,164	35,614,555
1920	762,250,230	541,631,300	220,618,930

从上表来看，1895年入口货净数171,696,715两，1905年是447,100,791两，十年中约增加了2.5倍；1920年是762,250,230两，二十年中约增加了4.4倍。但出口货值二十年中增加还不到进口十年之多。虽然出入口货值都在不断地上升，而入口比出口更快，所以入超增加更快。1895年入超

---

① 严中平等编：《中国近代经济史统计资料选辑》，科学出版社1955年，第76页。

二千八百多万两，1920年入超达二亿二千万以上的巨额。

就中国各地区在进口贸易价值上所占的比重看：全国总值为100%。1901—1903年，华中59.3%；华南29.8%；华北9.2%；东北1.6%。1909—1911年，华中50.1%；华南29.2%；华北10.9%；东北9.8%。1919—1921年，华中52.1%；华南18.6%；华北13.1%；东北16.2%[①]。不仅富庶繁华的华中、华南是帝国主义商品倾销的好市场，而且华北、东北进口贸易日益增加，也成了帝国主义销售剩余产品的广大场所和掠夺原料的供给地了。帝国主义经济势力从华南到华中，又深入到华北和东北各个大小城市，于是遍地几乎都成了帝国主义的吸血管了。

帝国主义对华的商品输入，其严重性不仅在于数量的激增，而且还在于在内容上所表现的殖民地贸易的本质。现将1901年—1921年主要进口货物所占进口总值的比重列表如下[②]：

进口货总值=100

年份	鸦片	棉布	棉纱	棉花	染颜料油漆	钢铁	机器及工具	其他
1901—1903	12.3	19.7	18.6	0.8	1.3	1.7	0.4	45.2
1903—1911	10.3	16.7	12.8	0.6	2.3	3.0	1.9	52.4
1919—1921		18.4	9.6	2.6	2.6	5.0	4.5	57.0

细致地考察此表，可以看出这样几种情况：第一，鸦片虽还占有相当的比重，但在迅速下降，而棉布、棉纱在贸易中占首要地位。据1903年（光绪二十九年）总税司报册，进口洋货值银三万二千七十余万两，其中洋布值银一万二千八百六十余万两，约占总值40%强。第二，消费资料在贸易中大于生产资料的进口，就是生产资料进口有所增加，帝国主义也不是为发展中国工业而进口，而是压制中国民族工业倾销的。第三，帝国主义货物倾销比资本主义时期增长更快，侵略的市场更广泛，对市场也控制得更严重，对民族工业也迫害得更凶恶。

棉花及棉纱、棉布在中国进出口贸易中地位的演变，是说明近代中国民族工业变化过程和半殖民地地位加深的一个主要标志。我们这里就以棉

[①] 严中平等编：《中国近代经济史统计资料选辑》，第66页。
[②] 严中平等编：《中国近代经济史统计资料选辑》，第76页。

纺织业为例，来说明帝国主义商品倾销对中国民族工业发展的阻碍。

　　帝国主义开始在中国倾销洋货总值中，棉织品仅次于鸦片而占第二位。这时洋纱的大量输入对中国纺织业就是个很大的打击。到了中日甲午战争以后，又加上了洋资的压力，这就更使中国纺织业日益破产。但是这时对中国纺织业的主要压力仍然是洋纱的倾销。1874—1913年洋货进口总值比棉织品进口总值如下[①]：

五年平均、单位：千英两

年份	洋货进口总值	棉制品进口值	棉制品占进口总值之%
1874—78	69,294	18,675	27.0
1879—82	80,943	23,357	28.0
1884—88	95,097	32,834	34.0
1889—93	131,689	46,458	35.0
1894—98	189,760	68,141	35.0
1899—03	272,245	107,377	39.4
1904—08	402,468	137,616	34.2
1909—13	479,177	147,657	38.8

　　从上表可以看出，中日甲午战争以后，或者说资本主义发展到帝国主义阶段，并没有减少对中国的商品输出，特别是棉制品的进口值不仅没有降低而是逐年提高。1894年以后提高得更快，如果以1894年以后的四个五年与以前的四个五年的棉制品总值作个比较的话，就可以看出1894—1913年棉制品进口值460,791,000英两比1874—1893年棉制品进口值121,533,000英两增加了3倍多。这里要特别注意的是由于资本主义在华争夺市场的竞争使洋纱像洪水一样淹没了中国的市场。

　　最早输入中国棉纱的是英国，1859年英国就开始有棉纱输入中国。1884年以后就逐年增加，但数量并不算大，1876—1878年间仅有年额3万包，价值不过200万两左右。但是在当时，中国进口之棉纱全为英国棉纱所独占，1883年印度棉纱进口以后，英国在中国市场上的棉纱势力逐渐衰退，独占中国棉纱之权柄让给了印度。1893年印度棉纱占中国进口额的

────────────────

① 参看严中平：《中国棉纺织史稿》，科学出版社1955年，第8页。

95%。但是印度专纺粗纱，英国专纺细纱，所以在中国市场上的进口棉纱中，虽然印度占了首席，但是细纱方面英国仍有相当势力，其结果是英印分别控制了中国市场，使中国棉纱处于无立足之地。1894年以后中国市场上日本棉纱逐渐增加，这是印度争夺中国市场的一个劲敌，由于日纱的压迫，印纱在中国市场上逐渐减少，1896年还占洋纱进口额的90%，这比1893年来说已经降低了，但到1904年更降低到50%左右。然而日本并没有夺得印度的席位，1904—1913年间英、日、印棉纱进口数量比较如下[1]：

单位：担

年份	印度	日本	英国
1904	1,628,783	638,729	8,218
1905	1,846,846	681,442	21,837
1906	1,840,235	654,371	30,701
1907	1,640,789	564,149	33,128
1908	1,353,272	400,868	27,318
1909	1,675,440	674,654	21,728
1910	1,304,154	937,908	5,147
1911	1,058,263	767,436	7,719

日印两国为了争夺中国棉纱市场，尽可能的进行倾销。如果把日印两国棉纱输华及输出总数作个比较，就看得十分清楚[2]。

年度	印度（单位：十万磅）			年度	日本（单位：千捆）		
	输华量	输出总量	输华占输出%		输华量	输出总量	输华占输出%
1892—93	1,770	1,890	93.7	1903	279	307	90.9
1899—00	2,140	2,410	88.8	1905	233	267	87.0
1905—06	2,820	2,980	94.6	1907	191	226	84.3
1911—12	1,290	1,510	85.4	1909	236	259	91.2

从上表中人们可以看出，日印对中国的棉纱的输出占总输出量的绝大多数，至少都在80%以上。日印尽量的把棉纱输入到中国来，据严中平先生考察"三都澳以南，海陆边境十七个关口中除去福州、厦门、汕头、广州四口而外，其余十三个关口都不见有国纱试销的踪迹。就是这四个口

---

① [日] 井村董雄著、周培兰译：《中国之纺织业及其出品》，商务印书馆1933年，第23—32页。
② 严中平：《中国棉纺织史稿》，第146页。

岸，每年销量也不过各自数百担至数千担，较之印纱数万至数十万担，实卑微不足道"。"福建、广东、广西、贵州、云南这南中国五省之广大棉纱市场，简直没有国纱的插足地。""东北市场上也无国纱插足地。"[①]在华中与华北虽然有国纱销售，但是与外国一比较则相形见绌，显得十分可怜！在华中洋纱占70%以上，在华北洋纱占80%以上，而国纱在市场上一直占不到30%，有时甚至降低到6%，可见洋纱势力对华纱压力之巨！尽管如此，洋纱总还没有塞满中国这样十分广大的市场，中国棉纺织业在洋纱倾售的压力下，虽然岌岌可危，但还有喘息的机会。这从1904到1913年中国棉纱消费量的大概情况就可以得到证明。

中国之棉纱消费额概况表[②]

单位：担

年份	日英印棉纱	其他外国棉纱	中国棉纱	共计
1904	2,275,370	5,148	600,000	2,880,878
1905	25,00,125	3,672	700,000	3,253,797
1906	2,525,307	15,915	900,000	3,441,222
1907	2,238,066	35,353	900,000	3,173,419
1908	1,793,485	29,277	1,050,000	2,872,735
1909	2,371,823	34,287	1,050,000	3,456,110
1911	2,247,209	35,263	1,050,000	3,332,472

从这里可以看出，洋纱销路每年增长，国纱销路也同样每年增长，这是由于洋纱进口使手纺业破坏而市场扩大的原因。但是我们要认识，虽然手纺业的破坏，给民族工业发展提供了市场条件，但这个条件大都掌握在帝国主义手里，便利了帝国主义对中国的侵略。中国棉织工业只能摭拾洋纱瓜分中国市场的余惠得到喘息的发展。

再以棉布来说，1894年市布、粗布，漂布、粗斜纹布、绒布、日本棉布及日本绉布之输入总值不过30万海关两，到1905年，即增至265万两，计增加八倍半强。洋布的这种长足发展，一方面抑制了中国民族工业的发展；另方面侵夺了中国土布市场，尤给予中国土布以重大的打击。据工科

① 严中平：《中国棉纺织史稿》，第144页。
② ［日］井村董雄著、周培兰译：《中国之纺织业及其出品》，第39—49页。

给事中刘学谦说："前（指1905年以前）十数年，用土布与用洋布者犹各居其半，近则用土布者不过十分之二，用洋布者乃至十分之八。"①虽然，当时民间也兴办一些机器织布业，如"海州县，间有购手摇机器或脚踏机器以纺织洋布，但数量既少，且所织布匹仍须购买洋纱"②。这就表明洋纱洋布对民族纺织业的控制之深。

从矿业的情况，也可以说明帝国主义控制中国市场，压迫民族工业。1913年在中国煤市场上，华籍厂矿生产量仅5,743千吨，而外国进口及外资在华厂矿的生产量却达到8,828千吨，外煤所占比重为60.59%，占煤市场的大多数，可见帝国主义控制着中国市场，足以排挤、打击民族资本的厂矿。在国内市场上，矿产品的价格是受制于外商的。"湘省矿山林立，所出生锑，异常充足，去年（1901）年终，锑砂云集，各矿商多需银应用，跌价至六十余两，各西商仍抑勒价值，不肯收受。"③这对于矿业的发展，是非常不利的。

由于帝国主义侵略者享受着不平等条约所规定的特权，在市场上，洋货较之国货得到诸多优越的条件，可以挟其优势以打击国产品。以关税一项而言，外国商品进口所纳税额极轻，如"洋煤入口每吨税银不过五分，一税之后，便可到处销售，而土煤则需一两五钱以上，且不止一税"④。显然，土煤自是难与洋煤竞争。卷烟的情况也是如此，英美烟公司在捐税上享有特权，其产品就地行销，并不纳税；转口行销，亦只完纳正税一次，并无其他税项，而南洋公司的烟草既纳进口正税，复纳子口半税、杂捐、附加等税，负担既重，成本加重，虽出品优美，诚难与外货竞卖。甚至津货入京，到崇文门也要上落地税每箱七元。英美出品，通过包办烟酒公卖费，每箱通算二元，而南洋每箱三至八元、十元不等⑤。封建政府对于民间

---

① 据明清档案馆藏：光绪三十一年十二月初四日工科给事中刘学谦奏折。
② 据明清档案馆藏：光绪三十一年十二月初四日工科给事中刘学谦奏折。
③ 《时报》，1911年2月13日，转引自汪敬虞编：《中国近代工业史资料》第2辑下册，科学出版社1957年，第1166页。
④ 据明清档案馆藏：光绪二十年九月二十七日江南道监察御史钟德祥奏折。
⑤ 中国科学院上海经济研究所、上海社会科学院经济研究所编：《南洋兄弟烟草公司史料》，上海人民出版社1958年。

兴办工矿事业，不特不加以支持，反而是多方刁难压制，"地方官束不胜重迭钤束，及批准委员踏勘，则又多方需索，土豪复乘间串通胥吏，把持而鱼肉之，及得煤出售，所过关卡朘剥尤甚"①，因此商民对开矿一事，认为"不特无利，而且骇为异途"，即若广东廉州一带"煤质甚美，且矿山较近水，运载尤便"，但却是"向来无议开此矿者"。这种情况的对比下，清楚地说明民族工业在帝国主义和封建势力的压迫下，其发展是"难于上青天"的。

二

帝国主义对中国民族工业的压迫，除去洋货倾销以外，还有洋厂之倾轧。它们在中国投资设厂是处心积虑，蓄谋已久了的。自两次鸦片战争之后，它们在扩大商品权利的同时，就注意投资权利的攫夺。1879年外交团与总理衙门讨论厘金问题时，就涉及到在中国开办工厂的事情。外国人在华开办工厂本来没有任何根据，但是外交团的代表们却费尽了心机，在1858年中法《天津条约》第七款中找到了所谓"工作"二字，这就是它们唯一的根据。该第七条称："自今以后，凡大法国人家眷，可带往第六款所开中国沿海通商及江之各口市埠地方居住贸易工作平安勿碍……"②这里所谓"工作"二字，系指手艺工匠的职业而言，不能作任何外国在华设厂的根据，它们为什么这样故意歪曲呢？司马昭之心，路人皆知，显然是扩大侵略的新阴谋。这从美国人惠特摩在1882年给上海美副领事杰舍尔的报告中就可以得到证明。这个报告说："在丹立（美驻上海前任总领事）君离华之前不久，我拟定了组织一个公司的计划。这计划是利用机器、把中国的棉花，纺成棉线。……我曾与丹立君举行几次谈话，商讨此事。他告诉

---

① 据明清档案馆藏：光绪二十年九月二十七日江南道监察御史钟德祥奏折。
② 总税务司编：《中外条约》第1卷，第606页，转引自卿汝楫：《美国侵华史》第2卷，生活·读书·新知三联书店1956年，第173页。

我说，我有一切理由进行这一计划，在上海附近选择适当的地点，开办工厂。我于是组织了一个公司，拟定资本为三十万两海关银，并开始募股，已经收入的股本达三分之一……"①这里完全暴露了侵略者的面目。一个日本人说得更加明白，他说："欧美人士深知中国适于经营企业，而又获利较大"，因为"中国国土大，人口多，市场的扩充较为容易"，"特别是劳动力的低廉，原料之丰富，且需要范围也并不狭小，经营工业最为适宜"。所以1892年英国老公茂纱厂在上海开车时，德钟竟大言不惭的说："我本人开始注意在上海租界开办纱厂以来，已经有十年了。"②可见帝国主义在中国开办工厂，并不是《马关条约》以后的事，《马关条约》是帝国主义进一步侵略中国取得了"合法"的条约根据。该条约第六款第四条规定："日本臣民，得在中国通商口岸城邑，任便从事各项工艺制造，又得将各项机器，任便装运进口，只交所定进口税。日本臣民，在中国制造一切货物，其于内地运送税，内地税钞课杂派以及在中国内地沾及寄存栈房之益，即照日本臣民运入中国之货物一体办理，自应享优例，豁除亦莫相同。"③帝国主义就根据这一条特权并挟其雄厚的资本，在中国大施开设工厂经营制造。

单就帝国主义在华的工业投资而言，从下表所列各时期外籍主要工厂的设立和资本的情况，我们可以看出其发展的趋势④。

时期	设立的家数	设立时的资本额（千元）
1840—1870	7	2,802
1871—1894	16	4,829
1895—1913	136	103,153

捷足先登的当然是日本，《马关条约》签订以后，日本马上计划在上海杨树浦设立东华公司，但是日本商人作了研究以后，认为在日本内地经营有利，故中途将机器运往神户，建成后来的钟渊第二工厂。美、英、法在《马关条约》以后，以最惠国条款利益均沾的特权，在中国开设工厂便

①《美国外交档案》1883年，第133页，转引自卿汝楫：《美国侵华史》第2卷，第174页。
②汪敬虞编：《中国近代工业史资料》第2辑上册，第184页。
③黄月波等编：《中外条约汇编》，商务印书馆1945年，第152页。
④汪敬虞编：《中国近代工业史资料》第2辑上册，第31页。

接踵而来。最先在通商口岸设立纺织工厂的是美帝国主义者。1897年美国在上海设立鸿源纱厂，资本为1,000,000两，纱锭为40,000枚，英国同年也在上海设立了老公茂纱厂与怡和纱厂，前者资本为715,800两，纱锭为25,000枚；后者资本为1,501,000两，纱锭为40,000枚。在上海一年内就出现了外国四家大的纱厂，这对中国的纺织业是个很大的打击。一位中国资产阶级经济学家也承认"自甲午（1894年）一役，我国败北，迫于日人之要求，签订《马关条约》，许其在华有制造权，于是外国纷纷援例，外资工业遂如雨后春笋，蓬勃滋长，而造成今日外商在我国工业上之霸权，几于牢不可破，仅就上海一埠而言，外资工业实力之雄厚，已非国人望其项背"。这倒是反映出当时的一些真情。

《马关条约》以后，外国在华投资设厂，是极为疯狂的，除去鸿源、瑞记、老公茂、怡和以外，英国在1897年还接办了华人办的裕晋纱厂，改为协隆纱厂，1910年又接办了公益纱厂，1914年又把香港设立的染织厂移到上海来，称为上海杨树浦纱厂。美、英、德在华纷纷设立工厂，日本当然没有坐视。日本这时的特点是一方面直接投资，另一方面是收买通商口岸华商困难的工厂，如1911年设立的内外棉纺织株式会社就是纯由日商投资的工厂，上海纺织株式会社就是1902年收买上海九成纱厂而设立的。1897—1914年外国在华主要纱厂列表如下[1]：

国别	厂名	厂址	设立年代
英	怡和纱厂	上海	1897
英	老公茂纱厂	上海	1897
英	公益纱厂	上海	1910
英	杨树浦纱厂	上海	1914
英	协隆纱厂	上海	1897
美	鸿源纱厂	上海	1897
德	瑞记纱厂	上海	1897
日	上海纺织株式会社	上海	1902
日	日信纱厂	上海	1907
日	内外棉纺织株式会社	上海	1911

[1] 汪敬虞编：《中国近代工业史资料》第2辑上册，第180页。

从上表来看，这些大的纱厂都设在上海，上海是全国商业和工业的总汇，帝国主义控制了上海，就控制了中国经济的枢纽。1897年外资在上海的势力已经超过华厂，到1913年竟占上海纱厂总数的70%。以全国而言，外资纱厂也占40%。可见帝国主义对中国纺织业压力之巨！如果我们选择中国一个纱厂与外国纱厂作个比较的话，帝国主义对中国的经济压力看得更为显明。我们现在就以中国生产规模较大的大生纱厂与鸿源、瑞记、老公茂、怡和四家的资本、纱锭比较如下：

开设年代	厂名	国别	资本（两）	纱锭（枚）
1897	老公茂纱厂	英	715,800	25,000
1897	鸿源纱厂	美	1,000,000	40,000
1897	瑞记纱厂	德	1,000,000	40,000
1897	怡和纱厂	英	1,501,000	40,000
1897	大生纱厂	中	500,000	20,350

从以上看来，无论就资本或纱锭来说，中国都不能与外商相争，同时再加上帝国主义在中国有一系列的政治特权，更使华商立于必败之地了。帝国主义为了获得高额利润，在纺织上不断的拼命扩展。如老公茂纱厂在1900年纱锭30,000枚，到1914年就增加到40,096枚[1]，瑞记到1913年底为扩大厂房就化去40,128.97两[2]。在矿业方面，从1895—1913年，帝国主义在华设立的重要矿冶业32家，资本为49,969,000元；在同时期的136家重要外国厂矿的资本为103,153,000元，而矿冶业即占48%。可见矿冶业在帝国主义经济侵略中是占着相当重要的地位。这仅就其开业的资本而言，实际上帝国主义在矿业中的投资远不止此。以煤矿业为例，1905年各国在华投资合计20,033,000元，至1913年则为64,837,000元，增长324%。以1913年为例，中国所有41家煤矿资本14,100,000元，而开滦一家就有资本额20,630,000元，仅及68%。这些矿业投资的增长，是和剥削中国人民，垄断矿业生产，压迫民族工业分不开的，我们只要看看其盈利的情况，就可明白。就煤矿说，一般盈利率都在20%左右，最高的盈利率达85.95%。这里我们必须弄

[1] 汪敬虞编：《中国近代工业史资料》第2辑上册，第200—201页。
[2] 汪敬虞编：《中国近代工业史资料》第2辑上册，第200—201页。

清，帝国主义在华扩大投资，并不是出于自己的荷包，而是利用吸吮中国人民的血汗再来榨取中国人民的脂膏。同时它们往往利用少数资本掌握很多企业，以获得高额利润。怡和纱厂名义上是英商纱厂，而实际上资本的80%以上是中国人投资。从这里可以看出，帝国主义直接设厂对中国民族工业发展的阻碍，与榨取中国人民的丑恶面目了。

帝国主义向中国大量倾销商品，和直接设厂制造的结果，给中国民族工业的发展带来了资本、原料、市场上的种种困难。乘此机会，帝国主义便采取了更奸险的手段对民族工业进行兼并吞噬。其方式一面是通过借款达到收买的目的，一方面是通过"合办"达到兼并的目的。

就棉纺织业的情况来说，裕晋纱厂是中国被迫拍卖的第一家纱厂，1895年该厂在上海开车时纱锭15,000枚，经营了两年，1897年夏改组称协隆纺织局，但新局定资本750,000两，实际只收是571,600两，相差169,000两，资本不能流通，不得不靠银行的投资来维持，到了1901年因欠道胜银行380,000两，被逼拍卖，改组称兴泰纱厂。其实当时中国的许多纱厂都因外资的压力而处在危机、拍卖的前夕。1899年盛宣怀给两广总督刘坤一的信上说："上海只有华盛、华新、大纯、裕源、裕晋五个纱厂，皆系商本商办。……《马关条约》准开洋厂，乃有怡和、瑞记、公茂、鸿源四洋厂，互相争轧，亏折甚巨。洋商力足，华商难支，裕晋华厂已收协隆洋厂，现在仅止四厂，势甚危殆。"[①]1902年盛宣怀又奏："上海华洋商厂，皆聚于杨树浦一隅，互相倾轧，无不亏本，而华商魄力太微，与各洋厂驰逐于咫尺之地，不待智渚而策其必败矣！裕晋厂见机独早，禀请将全厂售于德商；裕源厂亦禀请另招洋商入股，大纯、华新均岌岌自危，不可终日，华盛机器倍多，所折愈甚。"[②]这里且不论盛宣怀的买办思想，但从这一片哀鸣中可以看出华厂当时"岌岌自危，不可终日"的惨景。裕源纱厂请另招洋商"入股"的结果把全厂卖给了日商内外株式会社，其余三个厂没有过几年同样遭到了悲惨的结果。1905年大纯纱厂归日商山本太郎租办，1906年

① 盛宣怀：《愚斋存稿初刊》第34卷，思补楼刻本，第120页。
② 盛宣怀：《愚斋存稿初刊》第5卷，第41—42页。

4月由山本收买，改称三泰纱厂，1908年改称上海纺绩会社第二厂。官商合办的华新纺织新局在外资洋货的压力下也几次停工易主。就是李鸿章指派盛宣怀办的华盛纺织总局，虽向香港注册，悬挂英商牌号，但仍不能自救，终因亏累太多，售与汇丰银行。

在其他企业部门同样可以看到类似的情况发生。象我国民族工业中最大的造船厂求新制造厂，就是因为欠法国东方汇理银行的债款，而被迫拍卖给法帝国主义的。这个厂的创办人为东方汇理银行的买办朱志尧，朱在创办该厂后，由于基础薄弱，加以当时第一次世界大战不久，中国民族工业走下坡路，亏蚀甚巨，曾欠下东方汇理银行债款80余万两。至1918年6月，由于债主的催逼，无法应付，遂由东方汇理银行估价（估为51万两），拍卖给法国邮船公司和法国歇乃达钢铁厂，将该厂改为中法合办，实权却完全操于法资本家手中，从东方汇理的借债、逼还，以及最后卖给法国资本家，可见外国银行与他们的工业财阀勾结在一起，掌握金融命脉，随时可以挤垮中国的民族工业，给民族工业的发展以极大的压力。

华厂在外资压力下，处境十分困难的时候，除去向外国贷款以外，就是希望合办，但一经合办，华商便在该厂失去了任何权力，最后被帝国主义独吞。现在我们就看1896到1910年中外在上海合办的振华纱厂、九成纱厂、公益纱厂的结果吧！

振华纱厂开始是由怡和洋行买办吴祥林与怡和大班凯福合办的，1905年成立，资本定为300,000两，实际收足200,000两，纱锭11,648枚。这厂名为合办，实际一切计划甚至厂屋布置均出于凯福之手。九成纱厂是中日合办的，由华人某与日本棉会社合资购买日厂被焚后的机器所办的，纱锭9,424枚，合办不久，就归日商，改名日信公益纱厂。公益纱厂原为买办祝大椿主办。后来为了便于经营起见，利用怡和洋行以推广销路，让一部分股份给英国人，改为中英合办。祝大椿企图利用英国的势力替自己"推广销路"，这只不过是梦想而已。英国资本象恶性细菌一样，一渗入这个工厂，不久就结束了这个工厂的性命，把它全部吞为己有了。

在矿业中的例子也习见不鲜。抚顺千山台煤矿，初为王性尧所经营，设华兴利公司。后公司改组，1902年加进了道胜银行的股份，股金计16万两，内10万两由华商募集，6万两归道胜银行承认，然而道胜仅交2.75万两，其余延不交纳。1905年，嘎礼特拉司多夫率领俄人四百余名占领了五个煤井中的三个井，进行采煤，另有俄人三百余名用火车装运煤斤；其余二井仍由华兴利公司的矿工采煤，但所采煤不许售卖。这是所谓"初则附股，继用术策，终胁威力，据为己有"的办法。实际上，即使不被兼并，也仍然遭到控制，上述仍由华兴利公司开采的二井的煤斤，即不许售卖。实际上帝国主义对中国企业的兼并，并不一定通过投资的方式，往往采取强力兼并，这在矿业中更为明显。除上述抚顺煤矿外，象德国华德公司在山东的沂水、诸城、潍县、烟台等四处矿界既经准其查勘，即与准其开采无异，如有华人已开之矿，公司欲并则并之，其公司所弃地段，也只准华人用土法开采，既不准擅用机器，更不得与他国人合股。

以上我们只以纺织业与矿业为例，分析帝国主义利用洋资对中国企业的压迫。其实在其他企业中，差不多都受到帝国主义的侵并，其结果也是遭受同样的悲惨命运。以合办企业来说，中日合办电气公司中，辽阳电灯公司日本占总资本的87%；铁岭电灯局日资占总资本的77%，这里，外资占着绝对的优势。象中日合办的营口自来水电气株式会社成立后全由日商经营。

总之，帝国主义对中国之经济侵略，把中国变为一个半殖民地半封建的社会，它们利用洋货洋资强大压力，特别是利用在中国一系列的政治上的特权，完全操纵了中国的经济命脉，使中国半殖民地半封建的经济产生了片面性和对帝国主义的依赖关系，从而失去了它完全独立发展的可能性。它们在十分困难时，不是向帝国主义贷款就是和外国人合办。但是，贷款的结果，是被帝国主义收买；合办的结果，则被帝国主义吞噬。

三

在帝国主义商品和投资设厂进行经济侵略的过程中，需要特别提到其垄断组织所起的恶劣作用。帝国主义的垄断集团,操纵了中国的经济命脉,成为中国工业上的垄断力量,更严重的阻碍了中国民族工业的发展。

列宁全面而深刻的研究了帝国主义经济政治现象以后,科学的指出了帝国主义的五大特征,第一个就指出"生产和资本集中已发展到很高程度,以至造成了在经济生活中起决定作用的垄断组织"[①]。垄断是帝国主义最深刻的经济基础,是帝国主义最基本的特点。它们凭着商品与资本的强大力量,双管齐下,控制了中国市场、原料和金融。成为中国经济生活的垄断力量。如1913年中国煤矿生产中帝国主义直接攫夺和投资的占全国总产量的55%,机器开采则占全国机器开采总产量的93%[②],它是多么大的一种控制力量!这种经济力量都操纵在少数垄断集团手里,如英国的开滦、福公司,日本的本溪湖,德国的山东德华公司,操纵着整个中国的煤矿生产。德华矿务公司(山东矿山公司)就曾强迫清政府同意在章程中加上如下四条规定:

1.30里以内(指铁路沿线),均应由山东矿山公司使用机器开采;

2.30里以内,过去已经华人开采的矿山,可以继续经营,但是只限于使用土法开采,共开采范围只限于原有范围之内,不得扩大;

3.山东矿山公司拟在30里以内地区使用新法开矿的时候,得在未开采之前将计划呈报山东巡抚备案,在自备案之日起的二年之内,在新开矿区周围15里以内的华人所开办的各矿必须停止营业,在德矿开采的时候,其周围15里以内的地区华人不得再开矿井;

4.在30里以内,山东矿山公司可以采取使用机器的新法开矿,清官宪无干涉之权[③]。

据此,德华矿务公司取得铁路沿线"所有佳矿","且不许华商开矿使用机器,由是华商以势不能敌,相率停闭,而德人遂得垄断内地卖煤之权利"[④]。即使华商所开的矿,本在"德矿界线"以外,但因出煤颇旺,"德人

---

①《列宁文选两卷集》第1卷,人民出版社1953年,第995页。
②严中平等编:《中国近代经济史统计资料选辑》,第124—125页。
③转引自陈真等编:《中国近代工业史资料》第2辑,生活·读书·新知三联书店1958年,772—773页。
④《山东矿务之一斑》,《东方杂志》1910年第7卷第9期,转引自陈真等编:《中国近代工业史资料》第2辑,第77页。

且以有碍利益由德领事要求封闭"。德华公司在山东独占垄断煤矿的事例，就可看出帝国主义在矿业中垄断情况的一般。

在造船业中，耶松船厂垄断了当时上海整个造船工业。水电工业中英国资本，变成了"制造煤气比欧洲和美洲以外的任何英国煤气公司都要多"的庞大托拉斯[①]。这时帝国主义在中国最大的垄断组织，还是英国的怡和洋行和日本的南满株式会社。它们不仅垄断了一个部门，而且垄断了几个部门，形成了垄断网。怡和洋行在中国经营范围十分广泛，有保险事业、制造工业、航运码头业、公用事业、不动产、贸易，等等。在工业上不仅有纱厂，而且包括缫丝、打包、木材、电灯、制糖、制冰、冷藏等。而且每一行业在全国范围内，都撒下了它的垄断网，如怡和制材厂，厂址设在上海，但在汉口、牛庄、镇江、南京等地都设有支行。日本南满株式会社，不论在投资范围上还是经营范围上并不亚于怡和洋行。它不仅直接控制着东北，成为东北的统治者，而且支配和参加的企业，几乎遍及整个生产领域。它不仅经营铁道，而且在工业、矿业、甚至在华的旅馆建设，地方营造上都有巨大的投资。另外，1904年在汉口成立的日本棉花株式会社，也并不是只经营棉花，而是经营肥料，各种农产品的输出及日本棉纱、棉布、煤炭、火柴、洋伞、钟表和其他杂货的输入业。它拥有几个大的工厂，如棉花打包厂，棉籽榨油厂与豆油厂。从这里我们可以看出，帝国主义象细菌一样，是无孔不钻的。在中国不论轻工业还是加工工业，都渗透了外国的资本。

这里，我们以英美烟草公司为例，来说明帝国主义垄断组织对民族工业的压迫。

中国是个出烟草的国家，但是中国烟草事业的命运却掌握在英美烟草公司的手里。英美烟草公司是外国在中国最大的烟草托拉斯，握中国烟草之牛耳，占着绝对的统治地位。1913年中国所有20家纸烟公司资本额为1,378,000元，英美烟草公司就有资本额11,000,000元[②]。这一家公司的

---

① 汪敬虞编：《中国近代工业史资料》第2辑上册，第268页。
② 汪敬虞编：《中国近代工业史资料》第2辑上册，第400页后插图。

资本额等于中国20家公司的7倍多，可见势力之雄厚！该公司是由美国烟草公司与英国的烟草公司为了共同分割世界市场而联合起来的国际托拉斯。

美国在1890年就建立了烟草托拉斯。从这时起欧美对华的贸易中就有了烟草的项目。不过数量很小，销路也只限于上海、天津、广东等几个大的商埠。但到19世纪末，情况就有了变化，如上海的美国烟草公司1897年投资为105,000元，到1898年投资为210,000元，一年工夫就增加了一倍多。英国这时红了眼，在20世纪初烟草事业也插足到中国来了。于是美国烟草公司与英国烟草公司就发生了冲突，不仅在东方而且在世界范围内也展开了剧烈的斗争。帝国主义为了瓜分世界市场，"与其两败俱伤，莫若暂联合"，因而英国的帝国烟草公司、奥格丁公司和美国的美洲雪茄公司、美国烟公司、联合烟公司等于1902年合并为英美烟草公司。这样庞大的托拉斯，虽然受伦敦指挥，但在英美两国国内并没有工厂。在中国则一方面在上海设立工厂，一方面大量输入外烟，形成了控制整个中国烟业的垄断组织。除在上海设有工厂以外，在汉口、天津、坊子、沈阳、哈尔滨、威海卫等地都设有工厂。香港、汉口、天津、北京、青岛、济南、秦皇岛、芝罘、宣化、大同、张家口、广州、梧州、汕头、厦门、南宁、江门、云南、长沙、九江、南京、沙市、芜湖、澳门、威海卫等地都有英美烟草公司的办事处。英美烟草公司把它们的势力伸展到了中国的各个角落，它控制了华北烟草的90%；华中、华南的60%—70%；1905年其势力也伸向了东北，1913年前后，"东三省之烟草营业已为英美公司占去$\frac{7}{10}$矣"！就是在穷乡僻壤，该公司的纸烟也屡见不鲜，"许多乡村有不知'孙中山'是何许人，但很少地方不知道'大英牌香烟'"。

英美烟草公司一开始就注意了向中国农村的侵略，以便垄断原料。英国烟草商人一插足中国，就很快的了解到山东地方气候、土壤适于栽种黄色烟叶，1902年在威海卫南方的文登县及胶济线的潍县附近试种美国烟草。美国大烟草商人托马斯曾亲自到中国进行调查以后，从美国烟叶产地带了一百多名青年，给予预备知识的短期训练，然后让他们带着美国烟叶的种子，骑上马到山东农村去向农民宣传种植美国烟叶的好处[①]。并经常派人四出，分散美国烟种，把美国烟种带到豫、鲁、皖、粤、川及东北一带，并向农民传授改进耕种与配制的方法。为了奖励农民种植美国烟叶，采取如下手段与农民订立了合同。

1.无偿的贷给种子和肥料以及烤烟用的必要的工具。

2.在收获时期，不论烟叶的品质如何，均以最高价格收买。

3.在收买时一律付以现金[②]。

这些办法对农民有很大的魅力，有人甚至缩减田粮来种植美国烟叶，如当时安徽凤县有的村70%以上的农户都种植美国烟叶。种植农户这样多，并不意味农民在种植美国烟叶中得到好处，"合同"上所说的"无偿的贷给"，"最高价格收买"，那只是骗人的鬼话。实际上是"以贷款俾其乐种，其后收获，独登垄断……被外商抑价欺压，其困苦不堪言状也"。帝国主义除去直接剥削农民以外，往往和地主，高利贷者纠合在一起，共同吸吮农民的血汗。地主高利贷者贷款给烟农，除去高额利息剥削外，通常以约定低于市场50%的价格出卖烟草为条件。这样种植烟草的利润不是农民所得，而是流入洋商、地主和高利贷者的荷包。据南洋兄弟烟草公司创办人简玉阶的回忆说："颐中集团（英美公司）在皖、鲁、豫产烟区，占有烟田数千亩，又通过买办、土豪、地痞、以少量成本对农民贷种、贷肥，而廉价独占了全部烟叶（仅有少数拣剩坏烤叶，农民可以自由出售）。"[③]这不但加重剥削了农民，使广大农村成为它们原料市场，并利用农村廉价劳动力来发展它们的企业。而且使民族卷烟业以较高价格只能买到劣质烟叶，提高了成本，无法兴之竞争。英美烟草公司还直接派人到农村收买烟叶，它们有自己的烤烟厂，收到的烟叶马上在自己的厂里烤好，再运到上海。有人描写说："在扬子江上的任何一个轮船里面，你可以看到来自附近各省运交到英美烟公司的大包烟叶，走到江边，你就会看到民船装

---

① [日] 萍叶登著，李公绰、陈真译：《侵略中国的英美财阀》，生活·读书·新知三联书店1956年，第53页。
② 陈真等编：《中国近代工业史资料》第2辑，第141页。
③ 中国科学院上海经济研究所、上海社会科学院经济研究所编：《南洋兄弟烟草公司史料》。

载货物，全是运交这一家公司的未加整理的烟叶。"①

英美烟公司在开辟烟草地带的同时，就建立了它的烟草收买推销网。从东北的珲春、哈尔滨到西南的思茅、腾越，从沿海口岸到内地边疆，都推售着该公司的产品，实为洋货密漫全国，至可惊人！帝国主义在这样大的推销地区里除通过本国商人传教士进行推售工作以外并利用买办、商人和高利贷者在各地组成了推售网，农村中的地主也尽了它们的代理人的任务。于是地主买办高利贷阶级就成为帝国主义剥削中国人民的工具了。

从以上事实证明毛主席说："帝国主义列强从中国的通商都市直至穷乡僻壤，造成了一个买办的和商业高利贷的剥削网，造成了为帝国主义服务的买办阶级和商业高利贷阶级，以便利其剥削广大的中国农民和其他人民大众。"②完全精辟而正确，研究帝国主义对中国经济侵略时，绝不能忘记毛主席对我们的指示。

帝国主义对中国民族工业的压迫，除去垄断原料和销售市场外，在营业方面所使用的竞争手段更是多方面，而且极其恶毒。这从英美烟草公司给当时中国最大民族卷烟企业——南洋兄弟烟草公司所加的压力，可以看得最清楚。首先是采取薄利多销和削价竞销的方式。美国烟草公司1897年派托马斯来中国调查卷烟贸易情况，托马斯经过广泛旅行以后，发现中国人民十分贫困，购买力已到枯竭的地步。但是为了榨取中国人民的最后的一滴血，便采取薄利多销的办法，向本国公司建议，特制一种每包只装五枝的廉价香烟，而且采取零支出卖以适应中国人民的购买力。有人曾问托马斯烟草公司成功的秘诀，他说："那秘诀就是重视一分二分钱。"可谓敲骨吸髓之极！削价竞销的方式是英美为挤垮南洋的主要手段，1914年把原价250元一箱的"Good Beam"，降低一半出售，企图在营业上挤垮南洋。1916年英美公司为在上海和南洋竞争，将外埠"派律"统运回沪，每箱由250元跌回225元。这种削价竞争并不是英美烟草公司独有的方式，其他公司也同样用这样的手段。如耶松船厂1906年开股东大会时，胡顿·普茨致

---

① 汪敬虞编：《中国近代工业史料》第2辑上册，第215页。
② 《毛泽东选集》第2卷，第623页。

词讲了与机器工业竞争及对中国江南制造船厂的排挤意见，其大意说：现在兴起了一批企业，都是我们的对手，如果对手削价竞争，必须还以削价竞争。如果需要的话，在价格上可以比对手降低5%，如果有必要，可以终年赔本不要一文股息吧！公司有的是信用，最后还是会胜利的[①]。可见帝国主义为了和对手竞争，为了压制中国工业的发展，下了多么大的决心！此外，还采取登刊广告，张贴街招，每货箱内附送物品，以及收换空盒，或附送彩票、月份牌及画图，沿途派烟分送酒楼、茶馆、学堂、衙署、军校各界，甚至各地妓院，也成为其广告宣传的重点。英美烟草公司每年广告费要花费数十万元，这是华商办不到的。至如控制代理商号，对意图兼做南洋代理的商号，进行打击，取消其本分号的代理权；收买南洋内部工作人员，以坐探机密；或收买得力的代理商号，以使推销遭受困难等办法更是层出不穷。而最为卑鄙恶毒的则莫如打击南洋商标和破坏南洋的商誉。1907年，对南洋所出的"白鹤"，诬指为影射英美商标，借香港巡理府之力，强行集中了两千余元之成品，当众焚毁，业务因此大受打击。1915年，对南洋所出的"三喜"进行同样压迫、使南洋不得不将"三喜"改"喜雀"替代。英美还采取一切卑鄙手段来进行破坏，有时故意向市场购进大批南洋烟，等到霉坏变质之后，再推售出去，以破坏南洋之商誉；同时又后指使烟贩到南洋掉换，造成损失[②]。

在英美烟草公司这样强大的压力下，中国烟草事业当然一蹶不振，这从1905—1914年上海华商烟草公司之消长可以看出[③]：

年份	1905	1907	1908	1909	1910	1911	1912	1913	1914
公司数	二	一	一	一	一	一	二	二	二

另外，1902年英美烟草公司成立不久，因美国禁止华人入境事件发生，各地展开了反美帝爱国运动，纷纷提倡国货，在烟草企业中也纷纷要求自制烟草。1905年虽然在营口建立了复记公司，北京建立了大象公司，

①汪敬虞编：《中国近代工业史资料》第2辑上册，第255页。
②中国科学院上海经济研究所、上海社会科学院经济研究所编：《南洋兄弟烟草公司史料》。
③上海储蓄调查部编：《商品调查丛刊》第九编《烟与烟业》，上海商业储蓄银行信托部1934年，第158页。

天津建立了北洋公司，上海建立了三星公司及德隆烟厂，广州建立了南洋公司等，但是都因资本缺乏，不能与外国竞争，几年以后先后倒闭。南洋公司在其历史发展的过程中，其业务虽有发展较快的时候，如1919年后几年获利是很丰的，但由于英美垄断、竞争的压力，使公司的发展呈现曲折性，我们从"简玉阶的回忆"中可以看到，"1907年，南洋出品的'白鹤'牌被诬指为影射英美商标，强迫在港当众焚毁，业务因此大受打击，继出'飞马'牌，'双喜'牌名烟，1908年初，双喜牌烟，又同样受到英美公司的打击，经营遂致一蹶不振，前后开工仅十三个月，负债十余万。……终因业务无法打开，而外债重重，于1908年5月宣告清理拍卖"①。1909年，由简铭石出面，以9万元收买，改组为南洋兄弟烟草公司，辛亥革命后，在革命和人民爱国力量增长的影响下，业务一度蒸蒸日上。但因英美公司的竞争至1918年不能不再度改组为南洋兄弟烟草有限公司，准备扩大招收，"以联国人协力抵抗之"。

南洋公司为当时烟草工业中民族资本势力最大的一家，虽然遭受英美公司的多方压迫，但因其"多借国货二字为号召，故得社会人心之助力"，业务扩展极快，英美终觉得这是心腹大患，必须设法及早扑灭，因此，自1914年至1922年曾经三度企图加以吞并。在1914年即派买办邬挺生与南洋谈判收买事宜。当时南洋资产约值50万元，英美愿出100万元予以收买，南洋索价300万元，条件没有谈妥，收买未实现。至1917年，英美又从多方面发动攻势，提出合并的建议，其条件中有"英美烟草公司方面有权认购每种股票的60%"一款，企图通过占股60%，达到实际上吞并南洋的阴谋。后因条件未妥及公司意见不一，没有实现。1922年，英美又一次发动合并的谈判，也没有成功。但是从这里可以看出帝国主义压迫民族工业，进行垄断的真面目②。

总之，从以上看来，帝国主义对中国的经济侵略中不仅控制了一个部门，几个企业，而是控制了沿海城市，而且控制了穷乡僻壤，使民族工业

---

① 中国科学院上海经济研究所、上海社会科学院经济研究所编：《南洋兄弟烟草公司史料》。
② 参阅中国科学院上海经济研究所、上海社会科学院经济研究所编：《南洋兄弟烟草公司史料》。

毫无插足之地。

四

在揭露帝国主义对中国经济侵略的时候，也不能忘记帝国主义在公用事业上的控制。帝国主义在垄断其他企业的同时，也垄断了中国的公用事业，而且进行极大的扩张，如上海主要公用事业都为英美帝国主义所垄断，美国垄断了电话、电力事业；英国垄断了电车，公共汽车及自来水事业。当时在上海水、电气工业中最大的三家托拉斯是：工部局水电处、上海自来水公司和上海煤气公司。这些托拉斯为吸尽中国人民的血汗进行着无限制的扩张，英国自来水公司历年资金增长值如下[①]：

年份	全部资本	年份	全部资本
1880	100,000	1905	163,000
1885	120,000	1906	327,000
1886	144,000	1915	400,000

另外我们从一些帝国主义分子的报告中也可以看出它们在公用事业上的势力以及扩张的情形。1911年上海煤气公司董事会的一份报告中说："该公司的业务继续令人满意的进展。营业账上的盈利总额共达321,455.54两，比头一年多出41,489.95两；这一年的净利总额为288,012.71两，比1910年增加了37,544.64两。"[②]再看1914年上海自来水公司召开股东大会时的主席报告，报告人说："我在上次大会上提到的三个滤水池，今年上半年已经完工，当时就应用了，而水的需要不断增加，现在又在建造两个滤水池，在夏季以前可以做好。"主席还说："提到这一点可能大家感到兴趣。"[③]我们看！帝国主义在这里喋喋不休的表述它们企业发展的快速，计算他们的盈

---

① 陈真等编：《中国近代工业史资料》第2辑，第149—150页。
② 汪敬虞编：《中国近代工业史资料》第2辑上册，第269页。
③ 汪敬虞编：《中国近代工业史资料》第2辑上册，第262页。

利所得，显得多么扬眉吐气。其实帝国主义的每一份利益，都是中国人民的一滴血汗，帝国主义工业的发展就是中国民族工业的倒闭。

这里更要注意帝国主义在中国的电力与煤气事业的发展，因为问题的严重性在于，这时的电力与煤气已不仅是供给"租界"的帝国主义分子及中国官僚买办点灯烧饭等日用为目的了，而是变为发展帝国主义企业的动力。帝国主义为瓜分世界市场与在中国建立殖民地统治，十分注意经营推动各项企业发展的动力工业——煤气和电力。外国在华的投资占着巨大的数字。1913年中国所有40家发电厂资本额为13,880,000元，而上海工部局电气处一家就有9,615,000元[1]，在电力工业中外资产量占全年的60%以上，中国最大的发电组织——上海电力公司便在美国独占之下。我们从下表全国中外电厂发电容量和发电度数的比较，可以看出帝国主义对动力的控制情况[2]。

		关内			东北			全国		
		中国	外国	合计	中国	日本	合计	中国	外国	合计
一九二三年	千瓦	66,767	125,400	192,167	12,800	73,000	85,800	79,567	198,400	277,967
	百分比	34.7	65.3	100	14.9	85.1	100	28.6	71.4	100
	千瓦时	98,676	327,877	462,553	17,390	166,680	184,070	116,066	494,557	610,603
	百分比	23.1	76.9	100	9.4	90.6	100	19	81	100

帝国主义动力工业的发展，促使其他企业的发展，使它们获得高额利润，侵略中国的资本日益扩大，更使民族工业陷于破产倒闭之境地。

五

由上所述，我们可以看到早在旧民主主义时期，帝国主义就多方地对中国进行经济侵略，它们和封建势力勾结在一起，到处致力保持资本主义前期的一切剥削方式，残酷地剥削压迫中国人民，造成中国工业发展微弱，国民经济极端落后的状态。

---

[1] 汪敬虞编：《中国近代工业史资料》第2辑上册，第400页插图。
[2] 陈真等编：《中国近代工业史资料》第2辑，第971页。

　　五四运动以后，由于日、美等帝国主义和北洋军阀、蒋介石政权的反动统治，社会经济遭受摧残、破坏的情况更为严重。美国等帝国主义侵略者妄图使中国永远落后，永远成为它们奴役、宰割的半殖民地、殖民地，但是，中国人民在中国共产党的领导下，推翻了压在中国人民头上的两座大山，根本改变了半殖民地、半封建的社会地位。1949年10月1日，伟大的中华人民共和国成立了，东方升起华光四射的太阳，一个黑暗的、落后的时代一去不复返了。帝国主义不但不可能在中国永远统治下去，而且终于失败，成为向隅泣的可怜虫。

　　十年来，中国人民在党的领导下，意气风发，干劲十足地为尽速改变帝国主义和中国的反动统治阶级所造成的又穷又白的面貌，建设一个富强的社会主义共产主义社会而斗争，取得了辉煌的成就。尤其是1958年经济建设的飞跃发展，钢、煤、粮、棉等工农业产量，都是史无前例高速度地增长，为资本主义国家所望尘莫及。最近党的八届八中全会提出要在今年内提前完成第二个五年计划的重要指标，要在十年左右的时间内实现"在十五年内，在主要工业产品的产量方面赶上英国"的口号，并且有可能大大提前超额完成十二年（1956—1967年）农业发展纲要。这是一个伟大的号召，全国人民为实现这个伟大的号召，正以无比热情掀起一个新的生产高潮，用更加辉煌的成就，来迎接建国十周年。但是，帝国主义是极端仇视在总路线指引下的中国人民的无限美好的前途，对我们实事求是地调整今年的生产指标加以歪曲，胡说什么是"大跃退"，断言调整后的指标也不可能完成。帝国主义之所以如此热衷于希望我们缓慢发展，以至于失败，无非是企图让中国永远保留"一穷二白"的状态，以便有一天得以重新奴役中国人民。然而，我们的建设将会是更快速度地前进，中国只能是越来越美好，中国人民所经历过的被奴役的旧时代，永远不可能重演，就让帝国主义和国内敌对分子去梦想、叫嚷、哭泣吧，历史发展的规律永远是无法抗拒的！

（原载《北京师范大学学报〔社会科学版〕》1959年第5期）

翁同龢与甲午战争

一

晚清政坛上，翁同龢无疑是一个重要人物。其父翁心存曾为咸丰、同治两朝帝师，官拜体仁阁大学士，兄翁同书、翁同爵均官至巡抚，侄翁曾源高中状元，可谓家世显赫。他本人也是状元及第，先后为同治、光绪两朝帝师，两任军机大臣，兼差总理衙门，官至协办大学士、户部尚书，官高位尊。在翁同龢的宦海生涯中，可说是仕途畅达，官运亨通。即使在1884年中法战争期间，因慈禧太后借故罢斥恭亲王奕䜣搞了军机大换班而被免去军机大臣差事，但工部尚书本职仍得以保留。10年后，1894年中日甲午战争期间，翁同龢又与奕䜣一同入军机。大致说来，在此之前，翁同龢不仅受到光绪皇帝的宠信，"每事必问翁同龢，眷倚尤重"[1]，而且也得到慈禧太后的倚畀信赖。他两任帝师"授皇帝读"，都是慈禧太后所派，尤其是任光绪师傅时，慈禧特指明由他"一人授书"。甲午战争以后，翁同龢因支持变法图强、帮助光绪向慈禧争取权力等问题，逐渐被慈禧所忌恨，1898年2月即被撤出毓庆宫授读，失去了与光绪单独谈话的机会。

在同治朝，翁同龢官位升迁很快，仅从同治四年（1865）至十年（1871）的6年间，即由正六品的詹事府右中允升至从二品的内阁学士。然

---

①《清史稿》卷442《翁同龢传》。

而，他毕竟未被大用，没有掌握什么权力。翁同龢得参与政要，是在光绪朝。其间，他经管、经历的事务虽然不少，但影响大且被人注目的主要是两件事：一是中日甲午战争，一是维新变法活动。就翁同龢与甲午战争的关系而言，应当如何评价，还是有待探讨的问题。

与翁同龢同时及后来的人，对翁在甲午战争中所起的作用褒贬不一，总的看贬多于褒。归纳起来，主要认为翁同龢误信文廷式、张謇等名流所鼓吹对日强硬论，极力主战，终于导致中国在甲午战争中的全面败绩，造成很恶劣的后果。如胡思敬《国闻备乘》卷1说："甲午之战，由翁同龢一人主之。同龢旧傅德宗，德宗亲政后，以军机大臣兼毓庆宫行走，常蒙独对，不同值诸大臣不尽闻其谋。通州张謇、瑞安黄绍箕、萍乡文廷式等皆文士，梯缘出其门下，日夜磨砺以须，思以功名自见。及东事发，咸起言兵。是时，鸿章为北洋大臣，海陆兵权尽于其手，自以海军弱，器械单，不敢开边衅。孝钦以旧勋倚之，謇等仅恃同龢之力，不能敌。于是廷式等结志锐密通宫闱，以珍妃进言于上。妃日夜怂恿，上为所动，兵祸遂开。"王伯恭《蜷庐随笔》说："甲午之事，始于项城（袁世凯），成于通州（张謇），而主之者常熟（翁同龢）也。"光绪二十四年（1898）五月初九日《申报》记述翁同龢被开缺回籍的缘由说得更明确："此次恭忠亲王抱疾之时，皇上亲临省视，询以朝中人物，谁可大用？……皇上问：'户部尚书翁同龢如何？'奏称：'是所谓聚九州之铁不能铸此错者。'甲午之役，当轴者力主和议，会建三策……时翁大司农入军机，均格不得行，惟一味夸张，力主开战。以致十数年之教育，数千万之海军，覆于旦夕，不得已割地求和。外洋乘此机会，德踞胶澳，俄租旅大，英索威海、九龙，法赁广州湾，此后相率效尤，不知何所底止？此届大司农阶之厉也。"此类说法，近人的一些论著中也时有所见。上面所举的这些记载，所述并不都属实，有些情况显然出于风闻，不可靠。但是，他们都把中日甲午战争的发生、失败及其严重后果的责任归之于翁同龢。这些记述、论著的逻辑是：中国海军、陆军装备都不如日本，战则必败，李鸿章"知己知彼"，主和是正确的，而翁同龢既昧于形势，又误信一班放言高论的书生的意见，一味主战，并影响了光绪皇帝赞成主战。把这样一场重大战争的发生和失败都归于翁同龢，由他一人负责，未免过于简单化，也不符合历史实际。

翁同龢及"后清流"黄绍箕、丁立钧，门人张謇、文廷式等人，的确都极力主战，反对李鸿章等人的妥协求和。但是，主战不等于"开兵端"、"开边衅"，更不能说这场战争是翁同龢造成的。把挑起这场战争的责任归于翁同龢或其他人，实际上就是把它归之于中国。这完全是颠倒是非，混淆黑白，为日本侵略中国开脱罪责。

中日甲午战争完全是日本策划、发动起来的，清政府始终处于被动状态。这是历史事实，也是常识。明治维新后，日本政府就制定了"大陆政策"，把对外侵略扩张分为五个时期，前四期为侵略中国和邻邦朝鲜：第一期征服中国的台湾岛；第二期征服朝鲜；第三期征服中国的东北和蒙古地区；第四期征服全中国。随后，日本政府即按此"大陆政策"，对中国、对朝鲜进行侵略扩张。显然，日本为了"征服"中国，对中国发动侵略战争是蓄谋已久的。而1894年，日本只不过是利用朝鲜东学党起义制造了挑起战争的机会。东学党起义后，朝鲜政府深感惶恐，为镇压起义，向清政府"借兵"代戡平"匪乱"。日本乘机诱使清政府出兵朝鲜，并声称"我政府必无他意"。李鸿章也听信日本驻天津领事荒川己次所谓日本"别无他意"的保证，告诉"派兵一事势在必行"。他在致总理衙门电中也说："鸿现候朝鲜文转到，拟派叶提督选派精队数百，乘商轮速往，并派海军四舰赴仁川、釜山各口援护。"[1]李鸿章在接到朝鲜政府"恳北洋大臣酌遣数队，速来代剿"的文书后，即派直隶提督叶志超等选带淮军2400多人，分三批乘招商局轮船东渡朝鲜，在牙山登陆集结。同时，照会日本外务省，"派兵援助，乃我朝保护属邦旧例"，并声明"一俟事竣，仍即撤回，不再留防"。[2]怂恿清政府派援兵赴朝，是日本政府设下的外交骗局。李鸿章派兵入朝，正中了日本设下的挑起中日军事冲突的圈套。日本以此为借口，陆续派兵入朝，达到4000多人，占据了从仁川到汉城一带的战略要

---

① 吴汝纶编：《李文忠公全书·电稿》卷15，光绪三十四年刻本。
②《日本外交文书》卷27，第167—168页。

地，海军军舰8艘控制了仁川等海口。

当中日两国陆续派兵赴朝时，东学党起义已平息。中国政府按原议提出中日两国同时从朝鲜撤军的方案，同时命令正准备增援的后续部队停止出发，并电令在朝清军向牙山集结，准备定期内渡回国。但是，日本决心挑衅，不仅拒不撤兵，反而命令驻扎仁川的日军开进汉城，把朝鲜政府置于日军的监督之下，并继续增兵入朝。到6月底，侵朝日军已达万人，数倍于清军。战争迫在眉睫。

以上事实说明，中日甲午战争是日本蓄谋已久，精心策划的。朝鲜东学党起义，给日本以诱使清政府派兵赴朝的机会，以制造挑动中日军事冲突的事端。

二

在战争一触即发的情况下，清政府内部出现了主战和主和两种主张。翁同龢为主战派代表，李鸿章为主和派代表。他们的支持者分别为光绪皇帝和慈禧太后。究竟怎样评价战、和的是非，是否求和战争就不会爆发，是否因翁同龢等人反对求和而误国，战败的责任谁负？这是需要辨明的。

在中日战争爆发前，李鸿章掌握着军事、外交大权。面对紧急的形势，李鸿章没有在军事上积极备战，而是企图在外交上依靠西方列强的折冲调停，迫使日本与中国同时从朝鲜撤军，以此来保持和局。他先是认为俄国向来注意向朝鲜攫取利益，必然不让日本为所欲为，于是请求"俄国出面调停此事，以迫使日本立即与中国同时在朝鲜撤退军队"。[1]他还向俄国驻华公使喀西尼表示：为了报答俄国的"效劳"，"中国正式承认，俄国具有与中日两国共同解决朝鲜内部组织问题的权利"。[2]俄国为了不让日本在朝鲜建立独占势力，甚至攫取这个半岛，也曾接受李鸿章的请求，照会

---

[1] 张蓉初译：《红档杂志有关中国交涉史料选译》，生活·读书·新知三联书店1957年，第14页。
[2] 张蓉初译：《红档杂志有关中国交涉史料选译》，第27页。

日本政府，劝告它与中国同时从朝鲜撤兵。李鸿章几乎把全部希望都寄托在"以俄制日"的外交上，他在致总理衙门的电中说："喀使奉该国覆电，即令巴参赞来告，俄皇已电谕驻日俄使转致日廷，勒令与中国商同撤兵，俟撤后再令议善后办法。如日不尊办，电报俄廷，恐须用压服之法。"①但是，日本政府拒绝了俄国的建议。俄国政府从它自己的利害关系考虑，不愿直接"卷入朝鲜纠纷"，对要求日本从朝鲜撤兵只是所谓"友谊的劝告"而已，当它的建议遭到日本拒绝后，也就不了了之。李鸿章所寄予的希望，便成为泡影。

当俄国在进行干预时，英国为阻止俄国插手，也出来进行调停。英国驻华公使欧格讷出面斡旋，促使总理衙门大臣奕劻和日本驻华代理公使谈判。然而，英国为了自己的利益，实际上是帮助日本迫清政府对日让步。日本为了发动侵华战争，也需要得到英国的支持。7月14日，日本政府照会清政府，拒绝双方同时撤兵，并指责清政府"有意滋事"，使和谈破裂。7月16日《日英通商航海条约》签订后，日本得到了英国的支持，就迅速下达了作战命令，挑起侵华战争。

上述的事实表明，李鸿章和主持总理衙门的庆王奕劻等人从6月20日至7月16日用了将近一个月时间，依靠俄国、英国出面调停，没有做任何军事上的准备，贻误了时机。而日本则加紧进行战争的部署，还在7月12日，日本外相陆奥宗光电告驻朝鲜公使大鸟圭介说："英国在北京之调停已告失败，目前有采取断然处置之必要，只要在不招致外国过分非难的范围内，不妨利用任何借口，立即开始实际行动。"②7月17日，日英订约第二天，日本大本营举行御前会议，决定对华开战，并制订了作战计划。7月21日，大鸟率日军包围朝鲜王宫，囚禁国王，并矫诏"委托"日军驱逐驻扎牙山的清军，挑动战争。面临紧急情况，在光绪皇帝催逼下，李鸿章才不得已派兵增援，但已经是缓不济急了。

7月25日，日本舰队在丰岛海面袭击了清政府往朝鲜增援的济远号和

---

① 吴汝纶编：《李文忠公全书·电稿》卷15。
② [日]陆奥宗光著、伊舍石译：《蹇蹇录》，商务印书馆1963年，第34页。

广乙号军舰，击沉租用运兵的英国商船高升号，清军七八百人壮烈殉难。30日，总理衙门照会各国公使，声明日本首先开战。李鸿章等人对日本退让求和，并没感动日本侵略者，避免战争的爆发。恰恰相反，正是由于李鸿章等人一心寄希望于俄、英调停，没有积极备战，助长了日本的侵略气焰。事实上，到日本发动侵华战争为止，清政府的对日交涉是由李鸿章等主和派主持的。7月17日，礼部侍郎志锐的奏折中指出："近日证以传闻，参诸洋报，皆言北洋大臣李鸿章与译署大臣主持此事，一味因循玩误，辄借口于衅端不自我开，希图敷衍了事。……窃以为有大谬不然者，何也？衅自我发，则谓之开；衅自人起，则谓之应。今日人之据朝鲜，以四条挟我，俨然有开衅之心。我若急治军旅，力敌势均，犹冀彼有所惮，不敢猝发，是示以必战之势，转可为弭衅之端。不然，则我退而彼进，虽欲求无衅不可得也。"他还指出："综计中日交涉以来，于台湾则酬以费，于琉球则任其灭；朝鲜壬午之乱，我又代为调停，甲申之役，我又许以保护。我愈退，则彼愈进；我益让，则彼益骄。养痈贻患，以至今日，夷焰鸱张，贪婪无已，一误再误，则我中国从此无安枕之日，可不虑哉！"①志锐是帝党、主战派，他在奏折中对李鸿章和总理衙门大臣对日本的"因循玩误"，"敷衍了事"，步步妥协退让，不作军事准备，以致"我退而彼进，虽欲求无衅不可得"，提出了批评，是符合事实的，不能说是苛责和无理要求。他认为如果能"急治军旅，力敌势均"，则"转可为弭衅之端"，也不是不负责任的"放言高论"，而是切合实际的。志锐上奏折的这一天，正是李鸿章等人依靠西方列强干预落空的时候，也是日本大本营举行御前会议决定对华开战的日子。这也说明这场战争根本不是翁同龢等主战派制造出来的，胡思敬等人的说法是站不住脚的不实之词。但是，当代的研究者竟然不加考订辨析，随意依据这些不属实的记述来立论，同样把这场战争的责任归于翁同龢等人，是不严肃的。

事实上，在日本侵华的整个过程中，从"九一八"事变、"一·二八"

---

① 《清光绪朝中日交涉史料》，中国史学会主编：《中日战争》第2册，新知识出版社1956年，第623—624页。

事变，到全面侵华的"七七"事变，都不是因为中国有人主战而起衅。当时的国民党政府对日本步步退让，妥协求和，而日本得寸进尺，为实现其征服中国的野心，发动了一次又一次的侵华战争。妥协求和的结果，不仅没有能够阻止日本对中国的侵略，换来的是日本武力侵占东三省，建立伪满洲国，是对热河、察哈尔和河北地区的武力侵占。究其实，在近代中国，所谓"主战"，都不是中国方面主动挑起战端，去打人家，而是在外国资本帝国主义武力侵略下被迫抗战。如果主张抵抗也受到指责，那就连基本的是非都没有了。

指责翁同龢等人主战误国的人，有一个理由是认为中国的"海军弱，器械单"，不如日本，战则必败。李鸿章也是这种论调，他尤其强调北洋舰队与日本舰队相比，"快舰不敌"，"海上交锋，恐非胜算"，因此，只能"保船制敌"[①]。黄海海战后，他进而提出"避敌保船"，更表现出对日本侵略者的畏惧。北洋舰队与日本舰队相比，航速、射程确实不如，但并不是绝对劣势，镇远、定远两艘重型铁甲舰就使日本人望而生畏。黄海海战中，北洋舰队沉毁五艘。而日本舰队包括旗舰松岛在内五艘军舰均遭重创。日本舰队无力再战，首先退出战场逃避，北洋舰队还尾追了一阵才返回旅顺。黄海海战在近代世界海战史上其规模罕见，北洋舰队虽损失不小，而日本舰队也遭到很大打击，失去继续作战的能力。李鸿章强调的"避敌保船"，黄海海战后让北洋舰队待在威海卫港内，终于全军覆灭。北洋舰队不是因迎战敌舰被消灭，而是躲在港内"避敌保船"被消灭的。

清政府在甲午战争中的失败，原因不止一端，与军备相对落后于日本固然有关，但根本的是清政府的腐败，军队士无斗志，将领大都怯懦畏敌，贪生怕死，甚至闻风而逃，即使武器精良，也难免失败。以投入战场的主要部队淮军而言，其腐败情状，朱克柔在所作的《拟白香山新乐府》中有形象的描绘："'文官三只手，武官四只脚。'(时北洋谚辞如此)四脚脱如飞，还恐被追攫。……制敌不在斗，与斗何如走。"[②]还在20年前，赵

[①]《清光绪朝中日交涉史料》，中国史学会主编：《中日战争》第3册，第72页。
[②]《朱强甫集》，中国史学会主编：《中日战争》第5册，第509—510页。

烈文在他的日记中就记载了光绪元年淮军腐败的情况："淮军驻津者，皆令赴海滨屯田。兵勇虽来自田间，而逸乐已久，不甘劳苦。又统领营官，腋削日甚，食米、旗帜、号衣之外，下至包头、裹腿，均制办发给，而扣其应食之饷，每人月不得一金。士心嗟怨，逃者纷纷，每哨仅十余人。将弁利其虚伍，以为干没，闻之可为寒心。自军务稍息，合肥公养尊处优，不为未然之计，而前后左右，无一骨鲠之士，佞谀者进，朴勤者退。凡不急之务，如兴造土木、捐创善堂及宦游幕客，或赡家，或归榇，或引见，或刻书，均勒营中资助。甚者嬉游宴饮，狎妓娶妾，无不于焉取之。武人多获穹爵，其巧捷者，知头衔无益，而欲求补署，非联络要津不可，故悉力以奉承上心。顾坐营无掠夺之利，办公薪水又仅足日用，不得不设法渔猎。将习巧宦，而士有离心。当此海疆多事，隐忧甫切，奈之何哉！"赵烈文是很有见识的人物，他见到淮军的腐败和李鸿章的"养尊处优，不为未然之计"，而担忧海防不可恃，结果不幸而言中。李鸿章本人其实也是"巧宦"，他和淮军将领都干着腋削、干没、勒派等勾当。据梁士诒说，甲午之役李鸿章离北洋大臣任赴日本议和时，淮军钱银所尚存有白银八百余万两。当时清政府财政拮据，军费困难，而李鸿章手上还掌握这样一笔巨额款项，却在叫喊无钱添置军备，这是很不正常的现象。另外，清政府在甲午战争中失败，还因为李鸿章本人企图依靠俄、英等国的调停，不做战守准备，军事上失去适时把握的时机，造成被动挨打的局面。战争的失败不是由于主张抵抗，而是由于妥协求和的结果。

三

翁同龢等主战派主张抵抗日本侵略、反对妥协求和，无疑是对的。但是，主战派大都是翰苑、台谏，有些是"清流"中人，他们对外部事务不甚了了，对内部事务也缺乏实际经历，喜欢放言高论，却拿不出切实有效的办法，顶多也只能提出如"联英、德以御倭人"一类实现不了的建议。

10月7日，由文廷式领衔、翰林院38人联名所上的奏折，即提出："此时倭人得志，势将不利于英；法人与其兵谋，德国亦所深忌。故闻英人颇有借端与倭开衅之志，兵船五十余号尽集南洋。德人亦特厚于我，凡将弁之效力于中国者，其主皆特赏宝星，又任中国购买军火，藉资御敌。"他们认为英、德两国"卫我即所以自卫"，只要给予"大约不过二千万金上下"的兵费，就可以"使伐倭人"①。这些说法，有的是属于不是事实的风闻，有的是对西方资本主义国家缺少认识，有的则是一厢情愿而已，都表现出这些翰林学士对国际事务不太了解。前面曾谈到奕劻、李鸿章依靠英国调停落空，然而三个月后文廷式等人却提出联络英国以伐日本，同样也是实现不了的。所不同的是，奕劻、李鸿章是依靠英国求和，文廷式等人则是要利用英国对日本作战，然而此时英国与日本早已订立了条约。

翁同龢为什么主张对日作战，在一些当时人的笔记和现代研究者的论著中认为，是"不很光明的心理状态存在，即是欲借此以与李鸿章为难"，"久怀宿怨，屡待报复，李鸿章不欲战而迫之速战"。这就是说，翁同龢的主战是为了借此对李鸿章报复私怨。一般论述都认为翁、李之间关系不好，翁同龢有无借机报复有待探讨，但把对待这场重大战争的和战问题归之于个人之间的恩怨，未免过于简单化，也不符合历史事实。这里仅就翁同龢的主战予以概括地阐述。

翁同龢的主战，不是甲午战争时才如此，而是他一贯的主张。这就需要涉及清流派。翁同龢是清流派的领袖人物之一（前清流的首领是李鸿藻，后清流的首领为翁同龢，也有认为翁是前清流南派的首领），而清流派不论是前清流还是后清流，都是主张积极筹备战守，抵御外敌入侵，抨击对外妥协、卖国。1879年崇厚未经清政府同意，在沙俄的胁迫下，擅自与其签订丧权辱国的《里瓦几亚条约》。消息传来，"朝野骇然"，舆论谴责崇厚的卖国行径。在清政府内部，出现了允约与改约的分歧。李鸿章主张批准条约，"徐图补救"，认为"若先允后翻，其曲在我"②。清流派支持

---

① 汪叔子编：《文廷式集》上册，中华书局1993年，第26页。
② 吴汝纶编：《李文忠公全书·奏稿》卷35。

左宗棠的改约主张，反对批准这个危害中国的条约，主张重治崇厚罪，遣使改订条约。无疑这表现出他们维护国家领土、主权的立场。正是在这种斗争下，清政府将崇厚革职拿问，派曾纪泽与沙俄交涉改订条约。尽管改订后的条约仍是不平等条约，但在界务、商务方面毕竟争回了一部分主权，使沙俄把已经吞下的中国领土又吐了出来。19世纪80年代，中法越南交涉和中法战争期间，清流派也是反对李鸿章等人的妥协求和，认为"越人以和亡其国"，主张抗击法国的侵略。中日甲午战争时，清流派仍然继续其抗战的主张，反对李鸿章等人的妥协求和、不筹战备。翁同龢的主战并不偶然，他体现了清流派对外思想的基本点。而甲午战争时也还夹杂着帝党与后党的权力矛盾等问题。从这场战争的具体情况而言，主张抵抗日本的侵略战争是对的，而一味妥协求和、不积极筹战备则是错误的。这里有是非问题，不能把它简单归之于翁、李之间因个人宿怨而以迫战为报复。

　　就个人素质而言，翁同龢虽身居高位，但不是一个有见识、敢于有为的政治人才。在一些记载中，认为他喜欢联络名士，以"巧妙用事"。王伯恭《蜷庐随笔》记潘祖荫、翁同龢两尚书事说："光绪中，吴县潘伯寅、常熟翁叔平两尚书皆以好士名。潘公断断无他，尤为恳到，翁则不免客气。潘公不好诣人，客至无不接见，设非端正人士，则严气正性待之，或甫入坐，即请出。翁则一味蔼然，虽门下士无不答拜，且多下舆深谈者。此两公之异也。潘公尝向吾言：'叔平虽为君之座师，其人专以巧妙用事，未可全信之也。'已而笑曰：'吾与彼皆同时贵公子，总角之交，对我犹用巧妙，将来必以巧妙败，君姑验之。'后又曰：'叔平实无知人之才，而欲博公卿好士之名，实亦愚不可及。'庚寅冬，潘公薨于位，翁旋为军机大臣。戊戌罢官，潘公之言竟验。"潘祖荫与翁同龢系世交，他对翁的评论，当不是妄言。在荣禄于甲午战争期间写给陕西巡抚鹿传霖的便条中，对翁同龢也有类似的说法。便条中说："常熟奸狡性成，直有令人不可思议者；其误国之处，有胜于济宁，与合肥可并论比。合肥甘为小人，而常熟则仍作伪君子。刻与其共事，几于无日不因公事争执。而高阳老矣，又苦于才短，事事为其欺朦，可胜叹哉！"① 荣禄与鹿传霖私交很好，便条所说为"私房话"，不仅对翁同龢，对李鸿章、孙毓汶都有贬斥，其中虽不无荣、翁之间的个人恩怨，但不能说是无中生有。荣禄用的"奸狡"与潘祖荫用的"巧妙"，有轻重之别，而根本点是一致的。对一个久历官场而又面对着派系矛盾纷争的官员来说，这也不奇怪。

人的思想性格往往是多面的、复杂的，不那么单一。翁同龢的为人"巧妙"只是一面，他还有非"巧妙"的一面。平壤、黄海战役后，慈禧太后打算求和，命翁同龢往天津与李鸿章商请俄使调停，翁同龢拒不受命，辞以"臣为天子近臣，不敢以和局而为举世吐骂也"。慈禧不得已，改为"诘问"淮军败状②。翁同龢敢于当面顶撞慈禧，反对求和，亦属不易。另据刘声木《苌楚斋随笔》所载："富顺宋芸子太史育仁《哀怨集》自注云：'甲午之役，合肥为朝士所排，常熟密查，覆奏其心无他，乃以大学士入阁办事。余自使间归，见常熟不禁伤瘁，叹曰：栋折榱崩。言未既，常熟曰：我执其咎'云云。是文恭公亦以甲午战事自承，不委过于人。"③ 如此说来，翁同龢的人品亦足称道，上述所谓迫李鸿章战以为报复宿怨的说法似未可置信。

（原载《清史研究》1994年第4期）

---

① 中国史学会主编：《中日战争》第4册，第576页。
② 翁同龢：《翁文恭公日记》第33册，台湾商务印书馆1973年，第89页。
③ 中国史学会主编：《中日战争》第5册，第505页。

中日甲午战争的和战问题

　　甲午战争中，清政府对日的和战问题，不仅为当时朝野上下所关注，事后仍然议论纷纭，而且在现代人的研究中也评说不一。如胡思敬《国闻备乘》（卷1）说："甲午之战，由翁同龢一人主之。同龢旧傅德宗，德宗亲政后，以军机大臣兼毓庆宫行走，常蒙独对，不同值诸大臣不尽闻其谋。通州张謇、瑞安黄绍箕、萍乡文廷式等皆文士，梯缘出其门下，日夜磨砺以须，思以功名自见。及东事发，咸起言兵。是时，鸿章为北洋大臣，海陆兵权尽于其手，自以海军弱，器械单，不敢开边衅。孝钦以旧勋倚之，謇等仅恃同龢之力，不能敌。于是廷式等结志锐密通宫闱，以珍妃进言于上。妃日夜怂恿，上为所动，兵祸遂开。"王伯恭《蜷庐随笔》说："甲午之事，始于项城（袁世凯），成于通州（张謇），而主之者常熟（翁同龢）也。"直到戊戌变法期间，《申报》（光绪二十四年五月初九日）在记述翁同龢被开缺回籍的缘由时说得更明确："此次恭忠亲王抱疾之时，皇上亲临省视，询以朝中人物，谁可大用？……皇上问：'户部尚书翁同龢如何？'奏称：'是所谓聚九州之铁不能铸此错者。'甲午之役，当轴者力主和议，会建三策……时翁大司农入军机，均格不得行，惟一味夸张，力主开战。以致十数年之教育，数千万之海军，覆于旦夕，不得已割地求和。外洋乘此机会，德踞胶澳，俄租旅大，英索威海、九龙，法贳广州湾，此后相率效尤，不知何所底止？此届大司农阶之厉也。"此类说法，近人的一些论著中也时有所见。上面所举的这些记载，所述并不都属实，有些情况显然出于风闻，不可靠。但是，它们有一个共同点，都把甲午战争的发生、失败及其严重后果归之于翁同龢等主战者。把导致这样一场重大战争发生和失败的责任让翁同龢等主张抵抗日本侵略的人来承担，不符合历史实际。

一　战争是日本挑起的

还在这场战争爆发之前，以及战争进行的过程中，清政府内部出现了主战与主和两种主张，翁同龢为主战代表，李鸿章为主和代表。翁同龢及"后清流"黄绍箕、丁立钧，门人张謇、文廷式等人，都极力主战，反对李鸿章等人的妥协求和。但是，主战不等于"开边衅"、"开兵祸"，不能说这场战争是翁同龢等人造成的。把挑起这场战争的责任归于翁同龢等人，实际上等于把责任归之于中国。这是颠倒是非，无异于为日本侵略中国开脱责任。

中日甲午战争完全是日本策划、发动的，清政府始终处于被动状态。明治维新后，日本政府就制定了"大陆政策"。"大陆政策"主要内容是以征服朝鲜为其"利益线的焦点"，并进而吞并中国的东北、台湾和澎湖列岛等地。日本提出这一政策，其意也在于与西方列强角逐东亚。随后，日本政府即按此"大陆政策"对中国、对朝鲜进行侵略扩张。显然，日本为了"征服"中国，对中国发动侵略战争是蓄谋已久的。而1894年，日本只不过是利用朝鲜东学党起义制造了挑起战争的机会。东学党起义后，朝鲜政府深感惶恐，为镇压起义，向清政府"借兵"代戡平"匪乱"。日本乘机诱使清政府出兵朝鲜，并声称"我政府必无他意"。李鸿章也听信日本驻天津领事荒川己次所谓日本"别无他意"的保证，告诉"派兵一事势在必行"。他在致总理衙门电中也说："鸿现候朝鲜文转到，拟派叶提督选派精队千数百，乘商轮速往，并派海军四舰赴仁川、釜山各口援护。"① 李鸿

---

① 吴汝纶编：《李文忠公全书·电稿》卷15，第33页。

章在接到朝鲜政府"恳北洋大臣酌遣数队，速来代剿"的文书后，即派直隶提督叶志超等选带淮军2400人，分三批乘招商局轮船东渡朝鲜，在牙山登陆集结。同时，照会日本外务省，"派兵援助，乃我朝保护属邦旧例"，并声明"一俟事竣，仍即撤回，不再留防"①。怂恿清政府派援兵赴朝，是日本政府设下的外交骗局。李鸿章派兵入朝，正中了日本设下的挑起中日军事冲突的圈套。日本以此为借口，陆续派兵入朝，达到4000多人，占据了从仁川到汉城一带的战略要地，海军军舰八艘控制了仁川等海口。

当中日两国陆续派兵赴朝时，东学党起义已平息。清政府按原议提出中日两国同时从朝鲜撤军的方案，同时命令正准备增援的后续部队停止出发，并电令在朝清军向牙山集结，准备订期内渡回国。但是，日本决心挑衅，不仅拒不撤兵，反而命令驻扎仁川的日军开进汉城，把朝鲜政府置于日军的监督之下，并继续增兵入朝。到6月底，侵朝日军已达万人，数倍于清军。战争迫在眉睫。7月25日，日本舰队在半岛海面突然袭击中国军舰，发动了侵华战争。

以上事实说明，中日甲午战争是日本蓄谋已久，精心策划的。朝鲜东学党起义，给日本诱使清政府派兵赴朝的机会，以制造挑动中日军事冲突的事端。

在日本侵略中国的整个过程中，单就战争而言，从"九一八"事件、"一·二八"事变，到全面侵华的"七七"事变，都不是因为中国有人主战而起衅，而是日本帝国主义为了实现其征服中国的野心，发动了一次又一次的侵华战争，以武力侵占东三省，建立伪满洲国，进而又以武力侵占了热河、察哈尔和河北地区，以至发动卢沟桥事变，进行全面侵华。事实说明，所谓"主战"，并不是中国方面主动挑起战端，去打日本，而是在日本帝国主义武力侵略下被迫抵抗。

---

① 《清光绪朝中日交涉史料》，中国史学会主编：《中日战争》第2册，第548—549页。

二　主战、主和的是非

在战争一触即发的情况下，清政府内部出现了和战两种主张。究竟怎样评价和、战的是非？是否求和，战争就不会发生和失败？是否因翁同龢等人反对求和而误国？

在中日战争爆发后，李鸿章掌握着军事、外交大权。面对着紧急的形势，李鸿章没有在军事上积极备战守，而是企图在外交上依靠西方列强的折冲调停，迫使日本与中国同时从朝鲜撤军，以此来保持和局。他先是认为俄国向来注意向朝鲜攫取利益，必然不让日本为所欲为，于是请求"俄国出面调停此事，以迫使日本立即与中国同时在朝鲜撤退军队"①。他还向俄国驻华公使喀西尼表示：为了报答俄国的"效劳"，"中国正式承认，俄国具有与中日两国共同解决朝鲜内部组织问题的权利"②。俄国为了不让日本在朝鲜建立独占势力，甚至攫取这个半岛，也曾接受李鸿章的请求，照会日本政府，劝告它与中国同时从朝鲜撤兵。李鸿章几乎把全部希望都寄托在"以俄制日"的外交上。他在致总理衙门的电中说："喀使奉该国覆电，即令巴参赞来告，俄皇已电谕驻日俄使转致日廷，勒令与中国商同撤兵，俟撤后再令议善后办法。如日不遵办，电报俄廷，恐须用压服之法。"③但是，日本政府拒绝了俄国的建议。俄国政府从它自己的利害关系考虑，不愿直接"卷入朝鲜纠纷"，对要求日本从朝鲜撤兵，只是所谓"友谊的劝告"而已，当它的建议遭到日本拒绝后，也就不了了之。李鸿章所寄予的希望，便成为泡影。

当俄国在进行干预时，英国为阻止俄国插手，也出来进行调停。英国驻华公使欧格讷出面斡旋，促使总理衙门大臣、庆亲王奕劻和日本驻华代理公使谈判。然而，英国为了自己的利益，实际上是帮助日本迫使清政府对日让步。日本为了发动侵华战争，也需要英国的支持。7月14日，日本

---

① 张蓉初译：《红档杂志有关中国交涉史料选译》，第14页。
② 张蓉初译：《红档杂志有关中国交涉史料选译》，第27页。
③ 吴汝纶编：《李文忠公全书·电稿》卷15，第51页。

政府照会清政府，拒绝双方同时撤兵，并指责清政府"有意滋事"，使和谈破裂。7月16日《日英通商航海条约》签订后，日本得到了英国的支持，就迅速下达了作战令，挑起了侵华战争。

李鸿章和主持总理衙门的奕劻等人从6月20日左右至7月18日，用了将近一个月时间，依靠俄国、英国出面调停，没有在军事上认真做准备，贻误了时机。而日本则加紧进行战争的部署。还在7月12日，日本外相陆奥宗光电驻朝鲜公使大鸟圭介说："英国在北京之调停已告失败，目前有采取断然处置之必要，只要在不招致外国过分非难的范围内，不妨利用任何借口，立即开始实际行动。"①7月17日，日英订约的第二天，日本大本营举行御前会议，决定对中国开战，并制订了作战计划。7月21日，大鸟率日军包围朝鲜王宫，囚禁国王，挑动战争。面临紧急情况，在光绪皇帝催促下，李鸿章才不得不派兵增援，但已经是缓不济急了。

7月25日，日本舰队在半岛海面袭击了清政府派往朝鲜增援的济远号和广乙号军舰。30日，总理衙门照会各国公使，声明日本首先开战。李鸿章等人对日本退让求和，并没有感动日本侵略者。相反，正是由于李鸿章等人一心寄希望于俄、英调停，没有积极备战，助长了日本的侵略气焰。事实上，到日本发动侵华战争为止，清政府的对日交涉是由李鸿章等主和的人主持的。7月17日，礼部侍郎志锐的奏折中指出："近日证以传闻，参诸洋报，皆言北洋大臣李鸿章与译署大臣主持此事，一味因循玩误，辄借口于衅端不自我开，希图敷衍了事。……窃以为有大谬不然者，何也？衅自我发，则谓之开；衅自人起，则谓之应。今日人之据朝鲜，以四条挟我，俨然有开衅之心。我若急治军旅，力敌势均，犹冀彼有所惮，不敢猝发，是示以必战之势，转可为弭衅之端。不然，则我退而彼进，虽欲求无衅不可得也。"他还指出："综计中日交涉以来，于台湾则酬以费，于琉球则任其灭；朝鲜壬午之乱，我又代为调停，甲申之役，我又许以保护。我愈退，则彼愈进；我益让，则彼益骄。养痈贻患，以至今日，夷焰鸱张，

---

① [日] 陆奥宗光著、伊舍石译：《蹇蹇录》，第34页。

贪婪无已,一误再误,则我中国从此无安枕之日,可不虑哉!"①志锐是主战的,他在奏折中就李鸿章和总理衙门大臣对日本的"因循玩误","敷衍了事",步步妥协退让,不作军事准备,以致"我退而彼进,虽欲求无衅不可得",提出了批评,是符合实际的,不能说是苛责和无理要求。他认为如能"急治军旅,力敌势均",则"转可为弭衅之端",也不是不负责任的"放立高论"。志锐上奏折的这一天,正是李鸿章等人依靠西方列强干预落空的时候,也是日本大本营举行御前会议决定对华开战的日子。对于和战问题要做具体分析,不能一概而论。但是,就甲午战争而言,日本蓄谋借端发动侵华战争,主张抵抗是无可厚非的。

关于和战问题,不仅是清政府内部争议的问题,也是当时社会上关心的重要问题,是报刊评论较多的一个问题。在时论中,人们就如何摆好和战之间的关系发表意见。不少文章谈到:"从来言和必先言战,战者和之本,能战而后能和,未有不能战而能和者也。不能战而和,和之害有不可胜言者。是故善谋国者不战则已,战则不肯轻于言和,非好战而恶和也,事势然也。夫善战者,善和者也。战之愈力,斯和之愈久。彼忽而言战忽而言和者,其战也不胜,其和也必不久。"②有的文章则从和、战、守三者的关系来加以论述:"盖必能战而后能守,能战、守而后能和,三策相为表里,缺一不可者也。倘不能战而退守则为恃敌,不能守而议和则为请降。"③不论和、战还是和、战、守,能战确实是根本。正如有的评论者指出的:"断未有不修战备,专主和议,而可奠疆宇于苞桑,巩河山于磐石者。"④

有的评论从主动权的角度来看待和战问题,强调"权之所在,其国乃胜","权不可以假人"。然而自中日战争爆发数月以来,中国"皆坐以待攻,一筹莫展。日人欲与我战,我始勉强以应之。日人不与我战,我不敢先挑其怒以撄其锋。水陆两军,如出一辙。此战之权不操之于中国,而操之于日本也。日本空国出师,我不敢以一矢相加遗。我拥险自护,犹不足

①《清光绪朝中日交涉史料》,中国史学会主编:《中日战争》第2册,第623—624页。
②《论议和有十难》,《申报》1895年1月12日。
③《拟中东和战议》,陈耀卿编:《时事新编初集》卷4,光绪二十一年上海印本,第4页。
④《论中之与日宜战而不宜和》,《申报》1894年12月6日。

以捍御。是守之权在日本则有以自必，在中国则不能自必也……惟侥幸于一和，以求得目前之无事。"①这就是说，清政府主持军事、外交者"不修战备，专主和议"，不论是战或守，都没有掌握主动权，主动权操于日本之手，只是企图依靠和议以苟安于一时，而和议也就必然受制于日本，更谈不上有任何主动权了。

清政府在军事上节节败退，求和也由传闻而成为事实，于1894年12月20日派张荫桓、邵友濂为与日和谈代表。张、邵遭日方拒绝后，清政府即改派李鸿章前往日本乞和。社会舆论对议和反应很强烈，不少文章反对向日本屈膝乞和，批评主张求和的大臣是"不察事势，不恤人言，显违众论，而逞一己之私，贸贸然以和议进，其失国而散人心姑且弗论，不解其何以逆料倭人之就我范围不事要挟耶？……倭人而不能就我范围不事要挟，则和之一字讵非空谈耶？空谈何补，只辱国耳！"②

养吾氏在《榴龛醉语》中指出："平日之政事，一贪字坏之；今日之军务，一和字败之。夫两国相争，必终于和，畴不知之？顾未有和战并行者，且未有主和之人可任以战事者。"③养吾氏把军务之败归为一和字，不无简单之处。但他认为边和边战，边战边和，特别是让主和的人来主持战争，不能不说是导致战争失败的一个重要原因。不是主战者误国，而是"不修战备，专主和议"者误国。也正是在这种情况下，朝野上下强烈反对签订丧权辱国的《马关条约》，强烈反对将台湾割与日本。如光绪二十一年二月十四日，《申报》即发表评论文章，论述"中国万不可允倭人割地之请"。

指责翁同龢等人主战误国的一个理由，是认为中国的"海军弱，器械单"，不如日本，战则必败。李鸿章也是这种说法，他尤其强调北洋舰队与日本舰队相比，"快舰不敌"，"海上交锋，恐非胜算"，因此，只能"保船制敌"④。黄海海战后，他进而提出"避敌保船"，更表现出对日本侵略者

---

①《权论》，《申报》1894年12月10日。
②《论倭人以议和为缓兵之计》，陈耀卿编：《时事新编初集》卷3，第12页。
③ 阿英编：《甲午中日战争文学集》，中华书局1958年，第448页。
④《清光绪朝中日交涉史料》，中国史学会主编：《中日战争》第3册，第72页。

的畏葸。北洋舰队与日本舰队相比，航速、射程确实不如，但并非日本舰队就拥有绝对优势，镇远、定远两艘重型铁甲舰曾使日本人望而生畏。黄海海战中，北洋舰队沉毁五艘，而日本舰队包括旗舰松岛在内，五艘军舰均遭重创。日本舰队无力再战，首先退出战场逃避，北洋舰队还尾追了一阵才返回旅顺。黄海海战在近代海战史上规模罕见，北洋舰队虽损失不小，而日本舰队也遭到很大打击，失去继续作战的能力。李鸿章强调"避敌保船"，黄海海战后让北洋舰队待在威海港内，终于全军覆灭。北洋舰队不是因迎战敌舰被消灭，而是躲在港内，"避敌保船"被消灭的。

三　战败在于清政府的腐败

清政府在甲午战争中的失败，原因不止一端，但根本的是在于清政府的腐败。前引养吾氏所说"平日之政事，一贪字坏之；今日之军务，一和字败之"，即指涉吏治腐败的问题。而所谓"和"，也与腐败相关连。养吾氏在《榴龛醉语》中还说："中国之政，坏于贪官……中原之财，半流于外国，半饱于宦囊。"[1]吏治的腐败，首先表现为官吏的贪污成风。官吏们任职不是为国为民，而是为钱，为了发财。当时报刊评论指出："就官而论，或由科目，或由荐保，或由捐纳。每一得缺，不问风俗之盛衰，不问人民之良莠，斤斤焉以缺之优绌为较量。夫缺既有优绌，则其不专恃廉俸可知矣。不专恃廉俸，则其钱何自而来？大者数十万，以至数万数千，即佐贰极小之缺，亦不下数百千。合二十二行省计之，每岁入宦囊者奚止千万，非国库之羡余，即民生之血肉！"为官者发财即以之经商，官商结合，权钱结合，"故商而富者必先求官，欲借官为护财之符也；官而富者且欲为商，欲因商为退运之地也"。贪官污吏们"不知有人，但知有己；不知有国，但知有家。一若欲常得此富贵，以贻子孙而永久不败者"[2]。为官就是

---

[1] 阿英编：《甲午中日战争文学集》，第451页。
[2] 《论捐输助饷宜官先于民》，《申报》1895年1月1日。

捞钱，为保一己一家之富贵，为子孙后代永保富贵，坐令吏治腐败，置国家兴衰存亡于不顾，甲午战争又怎能不失败。

19世纪60年代后，清政府效法西方办洋务，"故轮船有局，电线有局，织布有局，铸钱有局"。但是，这些设施，"利不归于国，而归于官，归于商，则徒夺民利以为利，而国已阴受其弊"[①]。有的评论者指出："朝廷创一新法，官吏即多一利源，出洋者以购置机器为美差，位高者以调剂属员为能事。"向外国购置原料、货物，也是利源所在，只顾自己得利，不管国家吃亏。"洋商以钢煤硝磺来售者，必先贿其门丁司事，而后成交。夫贿从货出，不得不以恶劣之货尝试之。而华人但计贿之多寡，不辨货之美恶，洋商洞烛其奸，贿日以增，货日以劣。"[②]真是蠹国殃民！

官吏贪污成风，政以贿成，当然不可能勤于政事，而是因循泄沓，掩盖粉饰，上下欺蒙。有的文章尖锐指出："特以官场习气，掩盖粉饰，是所专长。""今之臣下，乃以无为有，饰伪为真，以自欺而欺人，且以是为长技，更以是为终南之捷径。"[③]掩盖粉饰，互相欺蒙，泄泄沓沓，应付差事，"文恬武嬉，得过且过"，积习相沿，非一朝一夕，已形成官场的腐败风气。即使"封疆大吏，惟知故事奉行，苟不被人纠参，即已心满意足，绝不思绸缪未雨，先事预防"。而身居高位的当轴者，"平日性成畏葸，睨睨伈伈，若妇人孺子然。自以为位重功高，颐指气使，一举动即深恐开罪邻国，以致外侮之来任令承其下风者"[④]。正是这种腐朽的官场风气，不能不使战事失误。人们认为，之所以丧师失地，"一误于因循，再误于蒙蔽，三误于粉饰，四误于虚骄"，"遂令日人得以承其蔽"[⑤]。有的把它归纳为三失："一失于因循，不能自占先着；再失于粉饰，讳败而为胜；三失于将帅无人，兵士解体。"[⑥]不论四误或三失，都表明因循粉饰的腐败官场风气，是使战争失败不可忽视的原因。

---

① 《防倭论》，阿英编：《甲午中日战争文学集》，第479页。
② 养吾氏：《榴觞醉语》，阿英编：《甲午中日战争文学集》，第444页。
③ 《论中国之吏在乎欺》，《申报》1894年11月10日。
④ 《愤言》，《申报》1894年10月1日。
⑤ 《追论丧师失地之由》，《申报》1895年2月18日。
⑥ 《论用兵谋国当先审几料敌》，《申报》1895年1月7日。

清政府不仅吏治腐败，军事上也很腐败。军事上的腐败，表现在"将不能用兵，兵不为将用，众心涣散，不能齐一"[①]。"将之视兵也如刍狗，兵之视将也如赘疣，情意不相联，休戚不相顾，一有缓急，谁肯出死力以捍患。"[②]官兵关系如此之坏，军心涣散，军队当然谈不上有甚么战斗力。之所以如此，乃是"由于将不恤下，而赏赉不丰……今之统兵官员大抵专以克扣军粮为事，应给五两者或发给二两有半，应给四两者或发给二两。承平之际，相习成风，固已有玷职守。今海隅多故……而统兵各员仍蹈故辙"[③]。还在20年前，赵烈文在光绪元年的日记中就记载了淮军腐败的情况："淮军驻津者，皆令赴海滨屯田。兵勇虽来自田间，而逸乐已久，不甘劳苦。又统领营官，朘削日甚，食米、旗帜、号衣之外，下至包头、裹腿，均制办发给，而扣其应食之饷，每人月不得一金。士心嗟怨，逃者纷纷，每哨仅十余人。将弁利其虚伍，以为干没，闻之可为寒心。自军务稍息，合肥公养尊处优，不为未然之计，而前后左右，无一骨鲠之士，佞谀者进，朴勤者退。凡不急之务，如兴造土木、捐创善堂及宦游幕客，或赡家，或归榇，或引见，或刻书，均勒营中资助。甚者嬉游宴饮，狎妓娶妾，无不于焉取之。武人多获穹爵，其巧捷者，知头衔无益，而欲求补署，非联络要津不可，故悉力以奉承上心。顾坐营无掠夺之利，办公薪水又仅足日用，不得不设法渔猎。将习巧宦，而士有离心。当此海疆多事，隐忧甫切，奈之何哉！"赵烈文是咸同年间很有见识的人物，他见到淮军的腐败和李鸿章的"养尊处优，不为未然之计"，而担忧海防不可恃，不幸而言中。

为将者克扣军饷，朘削士兵，以饱私囊。而后就挥霍取乐，醉生梦死。"握虎符、拥豹纛者，则日沉溺于销金窝里、迷香洞中。艳姬列于前，俊童侍于侧。樗蒲消遣，一掷千金。或则寄兴梨园，征歌选舞，余桃断袖，秽迹昭彰。问以阵法而不知，叩以兵籍而罔晓，惟知逐加朘削以厚

---

①《选将以一众心论》，《申报》1894年11月19日。
②《论旅顺失守事》，《申报》1894年11月30日。
③《谈兵》，《申报》1894年12月3日。

私囊。统陆军者无一夜身处营中，管海军者更终年不在舰内。一至海疆警告，命将出师，则举止张皇，畏首畏尾。"①不能说陆军或海军的将领都如此不肖，没有勇于任事、为国效命者。其中如左宝贵、邓世昌、林永升等人，英勇抗敌，壮烈殉国。他们有爱国精神，为后人所景仰。但是，从总体上而言，清军无疑是很腐败的，"见敌则望风而溃，不战而逃，此不啻避敌求生，自献其地"，以致"用军而后，我兵节节退守，倭奴渐渐进据。奉天之凤凰、九连等城，已经失陷……而大连湾、威海并及沿海各城，相继沦陷。甚至北洋兵舰、鱼雷船数千万之资财，竭十余年之心力，所经营擘画者，一旦全军覆没"②。

人们在反省中提出了武器、军备与人的关系问题。在甲午战争当时及其后，反对抵抗日本侵略、主张妥协求和的有一个理由，即认为中国武器不如日本，战则必败，只能妥协求和。对于这种言论，当时报刊上即发表文章表示不同意见。文章认为武器是重要的，对于一个国家来说，如果要战胜于疆场，"非置备利器不为功。器之利钝，战之胜败系焉"。文章接着指出：但是，只有精良的武器还不行，还要有掌握武器、能作战的人才；而且这较之武器更为重要。"然有是器尤赖有是人以用之，乃能得心应手，发无不中，当之即靡。如徒沾沾焉以置器为事，而未尝储备人才，则有是器而不能用，且委之以资敌，徒费无数金资，曾不得收铅刀一割之效，国家亦安用此利器哉？"文章在论述了武器与人的关系后，进一步说："中国自二十年来，未尝有志自强……于置器一道，可谓尽心焉耳矣！惟有利器而无用此利器之人，徒饰外观，毫无实际，有识者每窃窃然虑之……乃自中倭交战以来，丧师失地，时有所闻，向时所备利器，往往弃之以为敌用。"为了具体说明中国的利器弃为敌用的情况，文章引用了英文报纸所载日本方面公布的资料："此次自与中国用兵以来，在各处夺得大炮共六百零七尊，但就旅顺一处计之，有三百三十尊；洋枪共七千四百枝，但就九连城一处计之，有四千三百九十五枝；大炮药

---

① 《愤言》，《申报》1894年10月1日。
② 《纵论中倭大势》，阿英编：《甲午中日战争文学集》，第488页。

弹共二百六十万零一千七百四十一卷，仅就金州、大连湾二处计之，有二百四十六万八千二百卷；洋枪药弹共七千七百四十八万八千七百八十五卷，以金州、大连湾二处为最多，有七千六百八十一万四千六百六十卷；食米共一万六千九百五十七石。另有马三百六十八匹，洋圆一百万，又篷帐三千三百二十六顶，旗四百四十七杆，沙船十五艘，轮船三艘，帆船二艘，挖泥船一艘。又劫得操江、明时、海鲸三轮船，另有锣鼓、刀矛、喇叭、车辆、饭锅、水雷、散药、房子、雨伞、衣服一切零物甚多，又炮台机器、制造局各物。合计共值洋银七十兆。"文章作者认为，被劫掠的这些武器、钱物是日本方面公布的，难免"词涉夸张，不足深信。然试折半计之，则中国所失各物，已属不少。呜呼，此非我中国二十年来所经营缔造者哉！一旦边氛不靖，竟拱手而让诸他人。彼怯将惰兵之罪，可胜诛哉"①！利器需要人去掌握运用，"怯将惰兵"不战而溃，利器不仅起不了杀敌的作用，反而为敌人所用。

中国在甲午战争中的失败，不是由于主张抵抗，而是由于妥协求和，由于清政府的腐败。

（原载台北"中研院"近代史研究所主编：
《第三届近百年中日关系研讨会论文集》，1996年）

---

① 《论置备利器必先储人才》，《申报》1895年2月1日。

戊戌变法时期对《校邠庐抗议》的一次评论*

——介绍故宫博物院明清档案部所藏《校邠庐抗议》签注本

　　《校邠庐抗议》，是冯桂芬在1861年写成的一部政论书。过了将近40年，资产阶级维新派发动戊戌变法期间，光绪皇帝又下令刷印1000部，发给部院卿寺堂司各官签注意见，或加以评论。文献资料记载了这件事，但这些官员们批注了些什么意见，历史工作者却迄未得知。最近，故宫博物院明清档案部的同志发现了这一批附有当时各级官员签注或评论的《校邠庐抗议》，在他们的帮助下，我们得以阅读了这些材料。这批书，明清档案部现在尚存200余部，437册，原书每部两册，现存的，有的已只有一册。每册封面右下方都贴有黄签，墨笔楷书臣某某谨签等字样。有的是一人署名，有的是一个衙门多人合署。书内每篇篇首或篇末，大都有黄纸浮签，写着签注者对该篇的意见。在现存这200余部书中签注意见的，合计得372人，包括大学士，内阁学士，各部尚书侍郎，总理衙门、理藩院官员，都察院都御史、御史，翰林院侍讲、编修，国子监祭酒、司业、学正、助教，步兵统领衙门、京城巡捕营官员，顺天府尹及所属知州、知县、同知等。在这些人中，有顽固反对变法的大学士昆冈、礼部尚书怀塔布、理藩院尚书启秀、刑部左侍郎赵舒翘、都察院左都御史徐承煜等；有拥护光绪帝和支持变法的侍读学士徐政靖、翰林院侍讲黄绍箕、内阁学士阔普通武、御史杨深秀、宋伯鲁和顺天府尹胡燏棻等。他们通过对《校

*与李侃合撰。

邪庐抗议》一书的评注，在一定程度上表明了对变法维新的态度。这些批注从一个侧面反映了戊戌变法时期的政治、经济情况和一批官僚的思想状态，不失为有参考价值的历史资料。

一 光绪帝选择《校邠庐抗议》印发给官员签注的原因

戊戌变法是在19世纪末年严重民族危机下发生的一次救亡图存的爱国运动。它要求改革封建制度，学习西方，发展资本主义，以求中国的"富强"和"独立"。冯桂芬生于19世纪中叶，是一名地主阶级的知识分子。他与资产阶级开始登上历史舞台的戊戌变法时期，整整隔了一代人。为什么他的《校邠庐抗议》在戊戌变法时期仍受到一些人的重视？为什么光绪皇帝要选择这部书印发给官员们签注意见？在介绍《校邠庐抗议》签注本以前，首先需要稍稍谈谈这个问题。

冯桂芬所处的时代，正当中国由封建社会开始沦为半殖民地半封建社会。腐朽的封建制度已经百孔千疮，外国侵略者用大炮轰破了"天朝"的大门而纷至沓来，加深了封建统治的危机。一部分封建士大夫为了挽救危机，致力于讲求"经世致用"之学，初步地提出了学习西方富国强兵的主张。冯桂芬作为一个有"经世之志"的封建知识分子，鸦片战争以前，在道光十二年（1832）考中举人以后，就得到了林则徐的器重和赏识，并与当时一些开明的封建士大夫姚莹、张穆、陈庆镛等相交往，"互相切磋"经世致用之学。19世纪50年代以后，太平天国农民运动蓬勃兴起。冯桂芬参与了镇压太平天国的活动，目击清朝封建统治内忧外患的加深，亟思提出一套革新封建统治的方案。《校邠庐抗议》就是在这种背景下写成的。这是在中国资产阶级产生以前最早的一部带有某些改良主义色彩的政见书。全书共40篇，附录两篇（各种版本内容排列顺序不同，附录多少不一）。其内容涉及到政治、经济、军事、文化各个方面，诸如对选拔官吏、办理外交、保甲团练、财政金融、土地赋税、盐政水利、对外贸易、工农业生产、改变科举、采用西学等等，都提出了意见和建议。撰写《抗议》的指导思想，冯桂芬在自序中说得很清楚："参以杂家，佐以私臆，甚且羼以夷说，而要以不畔于三代圣人之法为宗旨。"所以要"参以杂家"、"羼以夷说"，这是因为封建主义的思想武器，在西方资本主义侵略的"坚船利炮"面前已经相形见绌，为了使中国转弱为强，不得已而要采取"西学"。冯桂芬深感当时的中国"人无弃才不如夷，地无遗利不如夷，君民不隔不如夷，名实必符不如夷"，他认为对西方资本主义国家必须"始则师而法之，继则比而齐之，终则驾而上之，自强之道，实在乎是"。否则，"不独俄、英、法、美之为患也，我中国且将为天下万国所鱼肉，何以堪之"？可见，他认为要维护中国的独立，不受侵略欺凌，重要的办法，就是向西方学习。但是，冯桂芬毕竟还是地主阶级的代表人物，他没有也不可能摆脱封建思想的束缚，因此他的那些"采西学"、"制洋器"的种种"夷说"，还都要服从"以不畔于三代圣人之法"这个宗旨，这说明冯桂芬根本没有触及封建制度，而是企图在封建制度的基础上采用"西学"和制造"洋器"，以求得中国的"富强"。所谓"以中国之伦常名教为原本，辅以诸国富强之术"，这就是《校邠庐抗议》的思想核心。

冯桂芬的"以中国之伦常名教为原本，辅以诸国富强之术"的思想。不久就为洋务派所利用，后来又为从洋务派分化出来的早期改良主义思想家薛福成、郑观应等人所继承和发挥。但是，他的爱国思想使他和洋务派有区别；他的地主阶级立场和不去触及封建制度的政治主张，又使他同要求实行议会制度，保持民族工商业，发展资本主义的早期改良主义者不同。冯桂芬及其《校邠庐抗议》，乃是在19世纪中叶的中国，地主阶级日益腐朽没落，而资产阶级尚未出世的特定条件下所产生的人物和思想。比之地主阶级顽固派和洋务派，他是进步的；比之资产阶级维新派，他又是落后的。特别是到了19世纪末年，随着民族资产阶级的产生，以康有为为代表的资产阶级维新派相当广泛地传播了用西方的面貌改革现状的思想，30多年前曾被视为新颖的《校邠庐抗议》的思想主张，这时已经十分陈旧落后了①。然而，历史的进程总是错综复杂而迂回曲折的。在社会阶级内容上与戊戌变法的要求根本不同的《校邠庐抗议》，因其具有主张变革、主张学习西方的一部分内容，而成为维新运动的思想先驱。另一方面，它的陈旧性，它的"以中国之伦常名教为原本，辅以诸国富强之术"的宗旨，却又十分适合于一部分站在封建立场上但有忧国之心而支持变法的封建士大夫的胃口，从而受到他们的赞赏。这就是为什么《校邠庐抗议》在成书后近四十年，还竟然能在当时的政治舞台上显露头角的原因。

最早向光绪推荐《校邠庐抗议》一书的是翁同龢。翁在光绪十五年（1889）正月初六日的日记中记载："得伯述函；……寄冯林一《抗议》十本来。"正月初七日记："以《抗议》新本进（呈光绪）。"正月二十二日又记："（皇上）次及洋务。对：此第一急务，上宜讲求，臣前日所进冯桂芬《抗议》，内有谈驭夷数条，正是此意。"同年十二月初四，翁在日记中说："看《抗议》。昨言此书最切时宜，可择数篇，另为一帙。今日上挑六篇，装订一册，题签交看，足征留意讲求，可喜。"②曾充光绪帝师傅的另一大官僚孙家鼐也推荐了这部书。他在光绪二十四年五月二十九日（1898年7月17日）即"百日维新"的高潮期间所上的《请饬刷印〈校邠庐抗议〉颁行疏》中追述说："臣昔侍从书斋，曾以原任詹事府中允冯桂芬《校邠庐抗议》一书进呈，又以安徽青阳县知县汤寿潜《危言》进呈，又以候选道郑观应《盛世危言》进呈，其书皆主变法，臣亦欲皇上留心阅看，采择施行。"③他叹息他进呈的这些书的主张未见实行，特别建议将《抗议》一书发给群臣讨论，他说："岁月蹉跎，延至今日，事变愈急，补救益难，然即今为之，犹愈于不为也。臣观冯桂芬、汤寿潜、郑观应三人之书，以冯桂芬《抗议》为精密，然其中有不可行者。其书版在天津广仁堂，拟请饬下直隶总督刷印一二千部，交军机处，再请皇上发交部院卿寺堂司各官，发到后，限十日，令堂司各官，将其书中某条可行，某条不可行，一一签

---

① 胡思敬在《戊戌履霜录》中论《抗议》说："其书虽言变法，皆咸同以前旧说，近三十年中，时局大变，诸通人已弃置勿道。"

② 中国史学会主编：《戊戌变法》第1册，神州国光社1953年，第508—509页。

③ 孙家鼐：《奏译书局编纂各书请候钦定颁发并请严禁悖书疏》，中国史学会主编：《戊戌变法》第2册，第430页。

出，或各注简明论说，由各堂官送还军机处，择其签出可行之多者，由军机大臣进呈御览，请旨施行。"①

孙家鼐在他早年"进呈"给光绪皇帝的《危言》、《盛世危言》和《校邠庐抗议》三种书中，特别赞许《抗议》，这正是因为陈旧的《抗议》没有像《盛世危言》和《危言》等书那样主张开设议院、抑制君权，发展民族工商业，要求给资产阶级一部分政治和经济权力的缘故。这不但说明了孙家鼐等人的思想落后于时代，而且也表明了他们同康有为等资产阶级维新派在政治上的差异。在孙家鼐上疏的当天，光绪帝发出上谕："着荣禄迅即饬令刷印一千部，克日送交军机处，毋稍迟延。"②阴历六月十四日（8月1日），"《校邠庐抗议》发各衙门加签"③。这就是明清档案部所藏《抗议》签注本的由来。

二　官员签注中所发议论的主要内容

签注者对《抗议》各篇所注意见，有的很简单，只写有此条可行、不可行等寥寥数字，有的则超出了孙家鼐原建议的签注可行不可行的范围，洋洋洒洒写了千百字的长篇大论。归纳起来，这三百多人在签注中所发的议论，大体可以分为以下几类：

第一类对《抗议》认真评论，并对冯桂芬"采西学"、"公黜陟"等主张表示赞同或有所发挥补充。这些人在政治上多倾向于维新。这里举几个有代表性的官僚的批语为例。

阔普通武是满族官僚中少有的维新派的支持者。他和康有为等人相友善，"百日维新"期间曾由康有为代写奏折要求光绪皇帝立宪法、开国会，是一个颇为注意讲求"新学"的人。他对《抗议》作了一条概括性的

---

① 孙家鼐：《奏译书局编纂各书请候钦定颁发并请严禁悖书疏》，中国史学会主编：《戊戌变法》第2册，第430页。
② 《上谕》，中国史学会主编：《戊戌变法》第2册，第40页。
③ 叶昌炽：《缘督庐日记钞》，中国史学会主编：《戊戌变法》第1册，第529页。

批语："其全书精粹最妙者有二语：曰'法苟不善，虽古先吾斥之；法苟善，虽蛮貊吾师之。'（收《贫民篇》）旨哉斯言，千古名论也。现值庶政维新，诚本此二语以行之，深合乎穷变通久之大旨焉。"显然，他是主张摒斥"祖宗"传下来的封建专制的"不善"之法，而要学习西方立宪法、开国会的"善"法。

对于《抗议》中首议《公黜陟议》签注者有不少人认为不可行，但也有一些人表示赞同。御史黄均隆批注说："用人凭公论，固是古法，而西人议院亦是此意。此法行，而徇情纳贿之弊可除。"这种议论虽然有些牵强附会，但也多少表现了一点民主倾向，对用人行政"徇情纳贿"的弊病表示反感。冯桂芬对自己在《抗议》中所提出的一些改革主张，一再表白是"不畔于三代圣人"的"古法"，其中有些"古法"被戊戌变法时的支持者所附会，如把中国古代所谓的"公黜陟"比作西方的议院，就是一例。

关于"采西学"、"制洋器"等主张，签注者发表的议论较多，因为当时"西学"和"洋器"，已再不是什么新奇事物，除个别官僚而外，表示异议的很少。不过他们已对洋务派办的官办或官督商办企业感到失望，而把注意力转向发展民族资本主义工商业。黄绍箕对《制洋器议》加以评论说："南北洋之制造局，闽鄂之船厂、铁厂，业经先后开办，此议于今已验。唯官款支绌，扩充为难，拟请谕令海疆督抚，劝谕富商，自立工艺学堂。又制造必须机器，而制造机器之机器谓之机母，亦宜劝商设厂。凡事皆有本末，机器为制造之本，机母厂为机器之本，而工艺之学又为机母以制造机器之本也。"这种议论，表明这个熟悉"洋务"的官僚对发展近代工业已经有了相当知识，并且反映了资本主义初步发展的趋势。御史张兆兰对《上海设立同文馆议》写了一则评语："现在各省设立学堂，风气大开，不独同文方言各馆、水师武备学堂而已，宜将西国有用之书条分缕析，译出汉文，颁行天下。学堂所穷究者，道书、史书、志书、富国学、交涉学、算学、格物学、光学、化学、重学、制造学、地学、金石学、农学、商学，以及各国语言文字，不可枚举，果能人人学之，竭中国人之聪明才力，不出十年，何难驾西人而上之哉？"张兆兰感到只是设立学堂、同文馆、方言馆等，已不能适应维新变法的需要，提出有系统的翻译"西国有用之书"，特别是要分门别类地学习外国的科学技术，这种议论，在当时的封建官僚中算是比较有见识的。

由于当时中国面临着被帝国主义瓜分的危机，因此如何"驭夷"，就成为一个十分重要的问题。刑部主事曾光岷对《善驭夷议》批道："此条言驭夷之道，以泯猜嫌、布诚信为主，然此系调停缓兵之说，非长驾远驭之道也。臣查西人以兵立国，公法无凭，条约难恃，有德不感，有威乃畏。……今我国未能以兵自强，而以诚信结之，臣知其必不能也。所欲即与，有求即应，怀柔示之而不我德，无端而搜寻旧隙矣，无端而非礼苛责矣，欲壑难偿，地利有尽，自古无调停而能有国者。……臣故曰：驭夷之道，莫如强兵。"曾光岷的这种议论，反映了对帝国主义"以诚信结之"的"驭夷"政策的破产，主张对付"以兵立国"、"欲壑难偿"的帝国主义，必须有强大的国防力量。较之其他一些签注者赞赏冯桂芬以"诚信"为"驭夷之道"的迂腐之见，胜过一筹。

第二类是思想顽固，勉强应付。在他们的批语中，不少是言不由衷的表态，或者不痛不痒、不知所云地发些空论，什么"此条现已举行，勿庸再议"；"现在讲求洋务，此可毋庸再议"；"采西学现已谕令大学堂斟酌办理"；等等。也有人仅仅签了自己的名字，一字未写，干脆交了白卷。还有人虽然写了几条批语，但实际上却是对《抗议》的主张表示反对。如昆冈对《公黜陟议》这样批道："庶僚会推，下位保举，流弊滋多，似不可行。考官学政，皆由公举等语，尤为窒碍。"徐承煜在签注《广取士议》说："近来取士之法，屡奉明诏，实力讲求，毋庸再议。夫取才不可不广，用人不可不严，且用舍之权，操之自上。冯桂芬谓'荐举之权，宜用众不用独，用下不用上'二语，即是民权说，实属谬妄。"他对《上海设立同文馆议》又批："上海同治年间立方言馆，现在奉旨京师设立大学堂，各省府州县均立学堂，其章程有学习各国语言文字专条，与冯桂芬所议相符，尤必须先教以尊君亲上之道，庶不致有楚才晋用之虑，全在经理其事者极力讲求，不徒袭取其皮毛，遂谓毕乃事也。"徐承煜等这些顽固派，是对封建制度的任何改革都极力反对的，尤其是害怕提倡"民权"。其实冯桂芬在《广取士议》中所提出的主张，也根本不是什么"民权说"，不过是建议在"取士用人"问题上多注意一下社会舆论，这就被他们斥为"谬妄"。至于他对《上海设立同文馆议》的批语中，强调"尊君亲上之道"，那实际上就是针对"百日维新"中关于设立京师大学堂和各省府州县均立学堂这一改革措施而发出的责难。

19世纪末年，"西学"作为一种资产阶级的新文化，在同封建主义的旧文化斗争中，日益发展起来，并得到光绪皇帝在一定程度上的支持和提倡。于是那些骨子里仇视"西学"、反对变法的顽固派官僚，就抓住冯桂芬所说的"以中国之伦常名教为原本"这句话，加以鼓吹赞美。怀塔布对《采西学议》的批语说："西人政治可学者多，然必以中国之伦常名教为本。"礼部右侍郎薄颐的签注说："此款所议，现在已奉旨设立学堂，各省亦次第举办，西学不难于讲求，而难作择。原议有'以中国之伦常名教为原本，辅以诸国富强之术'各语，最为紧要关键。是采西学者，不过采用其语言文字、制造算法、声光化电、洋操各学，至于中国之根本，仍以伦常名教为主。"启秀认为："今学堂之设，而为专采西学，然学术系乎人心，习其能而不可袭其俗。议中以中国伦常名教为原本，是为见道之言。"詹事府司经局洗马高赓恩的批语说："此二语一篇要领，非有伦常名教，而求中国之富强不能也。而富强之术，亦要深明其本。"说来说去，无非是要竭力说明封建制度是改变不得的。

顽固派们尽管力图维护封建统治，对帝国主义的侵略欺凌，发出哀叹，但是他们却提不出任何有效的办法。刑部尚书崇礼、左侍郎赵舒翘等人对《善驭夷议》的批语说："合十数国之纵以构难中土，此千古创局也。此议在三十年前，夷患尚不如今之甚。今则南北洋藩篱尽撤，凭凌要挟，无复情理，驭之更无善策。然攘外必先修内，诚能敬天法祖，尝胆卧薪，内外臣工，莫不振刷精神，力惩泄沓，内政既修，外患庶几少息。"他们在对付帝国主义"更无善策"之余，只好重复那种"敬天法祖"、"攘外必先修内"的陈词滥调来自欺欺人。这些昏庸顽固的官僚，结成了一股极端反动的政治势力。

第三类是有相当大的一部分官僚，在维新变法声浪高涨的政治形势下，为表明自己懂得时务，拥护维新，也讲一些图"自强"、要"变通"、开"风气"、重"夷务"等空洞议论，但他们对维新变法的具体内容，对"西学"的关键所在，却茫然不知，他们的思想实际上还停留在冯桂芬写《抗议》的水平上。如国子监司业贻谷在签注《抗议》时就发出这样的评论："外侮日迫，自强之念不可一日无。议之制洋器、采西学、善驭夷、重专对，为今第一要政，特非通达时务不足以资讲求。现在风气大开，之四者已为学堂所赅备，顾执事者力行如何耳！"他除了重复《抗议》的几篇重要议论的题目，称为"第一要政"，应该讲求等等这些空泛表态而外，对这些所谓"第一要政"的具体内容，简直没有讲出任何意见。类似贻谷这样的批语，在全部签注中占了很大的一部分。

三 官员签注中所反映的问题

从三百七十多人对《校邠庐抗议》的签注评论，可以看出一些什么问题呢？

孙家鼐在向光绪皇帝建议要各级官僚对《抗议》签注意见或评论时说："皇上亦可借此考其人之识见，尤为观人之一法。"梁启超后来在光绪的"上谕"后面加的案语也说："皇上命群臣签注之，盖借此以验臣下之才识何如，并博采众论之意也。"①可见这次签注《抗议》，实际上也是对"群臣"的一次政治时事测验。三百七十多份形形色色的答卷，集中地表现了清朝中央政府多数的大小官僚思想极其腐败和落后。在冯桂芬撰成《抗议》以后的30多年中，中国社会情况发生了很大变化。在此期间，资本主义已有初步发展，"同这种资本主义新经济同时发生和发展着的新政治力

①《上谕》，中国史学会主编：《戊戌变法》第2册，第40页。

量，就是资产阶级、小资产阶级和无产阶级的政治力量。而在观念形态上
作为这种新的经济力量和新的政治力量之反映并为它们服务的东西，就是
新文化"[①]。到戊戌变法时期，作为资产阶级思想理论武器的"西学"，已经
不仅仅是西方资本主义国家的语言文字、声光化电，而主要是进化论、民
权平等等社会政治学说了。但是，在《抗议》的签注和评论中，几乎没有
一个人明确触及这些问题，没有一个人的思想能跟得上这种时代的潮流。
即或对维新变法表示支持的一些官僚，他们的思想比之30多年以前的冯桂
芬也几乎没有什么进步。而有些人甚至连冯桂芬的水平也没有达到。多数
官僚对中国和世界的政治形势，了解得十分肤浅，有些人竟是处于一种蒙
昧状态。当时刚毅有一段绝妙的议论："有藤牌地营，则枪炮不足畏；能徒
手相搏，则洋人股直硬，申屈弗灵，必非我敌。"[②]身为协办大学士、兵部
尚书，竟然发出这样的议论，可见清朝政府中的一些高级官僚昏聩愚蠢到
了什么程度。此外，也还有一些官僚，在他们心目中的所谓"新政"，不
外乎就是开设船厂炮厂、设立同文馆及京师大学堂等等，因此他们在签注
中一再说什么"风气大开"，"新政现已次第施行"等等废话。既然如此，
那还有什么维新变法的必要呢？

顽固派官僚的议论，反映了他们抵制和反对维新变法的反动政治态
度，自不待言。而有些倾向变法的官僚，也几乎无例外地赞同冯桂芬的
"以中国之伦常名教为原本，辅以诸国富强之术"的思想。除前面所述外，
这里还可举出两个比较典型的例子。曾经推荐过康有为并相当积极地支持
变法的徐致靖，在批注《采西学议》时写道："西学之有益于国计民生者，
非惟采之，直将师之。我中国圣贤正谊明道之教，大本大原，乌可移易？
由圣教以贯通时务，诚今日论学之要也。"兵部候补员外郎绍英对《善驭
夷议》所发的议论是："夫所谓自强者，自不外立学以兴贤，考艺以兴能，
开源以致富，练兵以自强。之数者，国家固已次第举行矣。而其要尤以立
学为本中之本，盖是数者，必皆出于学，而后可收日新月盛之效。而立学

---

①《新民主主义论》，《毛泽东选集》第2卷，第656页。
② 费行简：《慈禧传信录》，中国史学会主编：《戊戌变法》第1册，第468页。

尤必以中学为体、西学为用。讲中学者不得以词章、考据仍狃故常，讲西学者不得以影响皮毛漫矜新巧，务令体用一源，中西一贯。"御史冯锡仁批《采西学议》说："采西法万不可涉及西教，如今之言平等者。"甚至像杨深秀、宋伯鲁这些以积极主张变法著称的人物，对当时被附会为设议院的"公黜陟"也评论说："西国多行此法，然中国在今日变法之初，决不可用。盖士习帖括，通达时务者少，若用此法，诸多窒碍，必待学校兴而民智开，然后用之，方无流弊。"徐致靖、绍英等人的对"西学"的态度，基本上是和洋务派如出一辙，在解释"中学"与"西学"的关系上，他们只能跟在张之洞后面学舌，重唱"中学为体，西学为用"的老调。而杨深秀、宋伯鲁等人，则虽然认为设议院、立宪法等资产阶级民主是"西国多行"之法，但是他们又认为中国在"变法之初，决不可用"。杨深秀是"戊戌六君子"之一，是为维新运动牺牲的人物。但从政治思想上看，在要不要改革封建专制的政治制度和在一定程度上实行资产阶级民主这样的重要问题上，他们同康有为、梁启超等还存在着比较明显的差别和距离。

签注者们反映的另一个值得注意的问题，是有些人相当具体地揭露了当时清朝的吏治腐败、"洋务"破产和财政枯竭等严重情况。黄绍箕在《汰冗员议》的批评中说："捐例盛行，每省道府以下少者数百，多者逾千，有不营缺而营差者，有缺之冗员可稽，无缺之冗员不可稽，蠹国殃民，莫此为甚。"宋伯鲁批注《厚养廉议》说："近年食用日昂，十倍往昔，外官以陋规中饱为性命，得之愈艰，出之愈啬；而京官实无所恃，缊袍垢面，往往若乞丐焉。"顺天府调署通州知州许元震更诉苦说："现在养廉有名无实，本年系二十四年，司中廉已扣至二十六年，连杂廉亦扣在州县身上。养廉本薄，既预扣数年，又加之摊捐，亦何怪州县之贪婪也？……州县如是，余可类推。"可见奔走钻营，贪污纳贿，敲诈勒索，已在各级官吏中成为理所当然的普遍现象。至于财政困窘，那就更加严重了。黄绍箕在《筹国用议》批语中惊呼："近年通海漏卮，为旷古之奇变，姑就光绪年间计之，以洋关税册进出货殖相抵外，每年漏出银数有多至二千余万两者，而购船械、雇洋人及交涉偿款等数尚不在内。统计二十三四年中，漏厄总在五万万两内外。"至于行之多年的"洋务",这时已经腐败不堪,连一些封建官僚也对它加以抨击了。户部云南司员外郎毛庆蕃在批注《制洋器议》时写道:"师人长技以制人一语,历来奉为至论,而数十年来,迄无实效,患在制造各局类以候补道府领之,其贤者廉谨自持,冀幸无过,从事数年,博取海关一道员以去,从未闻别出新法,争胜西人;至于工匠之精能者,亦不闻有所识拔,有所表异。故有船厂而未收船之益,有枪炮厂而未收枪炮之益。其他事涉洋务者,亦莫不如是。"这些议论,反映了清政府官办的"洋务"企业已经走向末路了。

中国社会在19世纪末年所存在的问题如此严重,可行使着国家权力的多数官僚又是那样落后腐败,康有为等资产阶级维新派幻想拥戴和依靠并不真正掌握统治大权的光绪皇帝进行改革,其必然要失败是自不待言的。这200多部《校邠庐抗议》的签注本,正是说明这种必然性的一个证据。

(原载《文物》1978年第7期)

二十世纪初年中国的资产阶级改良派*

一

20世纪初年，中国处在一个政治危机趋于成熟、新的革命觉醒的时期。

帝国主义瓜分中国的阴谋，在被义和团英雄们打碎之后，采取了较为隐蔽的方式，在政治上扶植清政府作为侵略中国、奴役中国人民的工具，并从经济上加深对中国的侵略。

清政府抱着"量中华之物力，结与国之欢心"的宗旨，同帝国主义签订了丧权辱国的《辛丑条约》，彻底成为帝国主义的走狗。当时的资产阶级革命宣传家陈天华就指出："现在的朝廷……多久是洋人的了。……请看近来朝廷所做的事，那一件不是奉洋人的号令？"[①]经受了义和团运动的沉重打击，清政府已是摇摇欲坠，不能象先前那样统治和管理下去。他们也在变，以谋求挽救垂死的统治秩序：一方面加强暴力机器，大力扩编"新军"，计划在全国编练三十六镇（师）；一方面采取"阴柔政策"，进行政治欺骗。1901年后，清政府宣布推行"新政"；而这曾经是他们在戊戌变法时所反对的。1905年又派五大臣出洋考查宪政，1906年宣布实行"预备立宪"，1909年各省成立谘议局，1910年又成立资政院，并宣布预备立宪

---

* 与方攸翰合撰。
① 陈天华：《猛回头》，《陈天华集》，湖南人民出版社1958年，第38页。

期限从九年缩短为五年。清政府这些措施，一方面是为了力图把自己变得更加适合帝国主义的要求，以取得主子的欢心和支持；一方面也是为了欺骗人民，拉拢资产阶级，抵制革命。

《辛丑条约》规定的空前巨额的"赔款"，和以举办"新政"为名而大大增加的各种捐税，对于广大人民群众的压榨，已经最大限度地加剧起来。这种日益加剧的压榨、贫困、饥饿，使人民群众不能也不愿意照旧生活下去，纷纷起来对帝国主义及其走狗清政府展开了广泛的斗争和起义。几乎遍及全国各个地区的各族人民，都卷入了这场反帝反封建的斗争，表现了巨大的革命精神。

阶级斗争的尖锐化，表明政治危机的成熟。在这种情况下，是打碎清政府，用新的制度代替旧的制度，还是保留它，只做些枝节的改良，也就是说，要不要革命，敢不敢革命，无疑是一个根本问题。现实要求当时新兴的民族资产阶级作出明确的回答。

但是，民族资产阶级的内部并不是一致的，不同的阶层在政治态度上存在着分歧，而且随着形势的发展，这种分裂日益明显起来。

民族资产阶级的中下层，一般说来，是由民间普通手工业者和商人上升上来的。他们的经济力量较薄弱，同封建主义和帝国主义的联系较少，而所受的压迫又较大。为了摆脱帝国主义和封建主义的压迫，保护和发展自身的经济利益，他们有革命的要求。他们的政治代表，就是孙中山为首的革命派。这派人热烈地赞美革命，强调革命的必要性和必然性，认为革命是"世界之公理"，"顺乎天而应乎人"；是"去腐败而存良善"，"除奴隶而为主人"；是中华民族"最大之幸福"。他们组织了革命团体，发动了多次武装起义。1905年更建立了全国性的革命组织同盟会，提出了一套建立资产阶级共和国的纲领，并且坚决主张经过武装革命来实现。因此，赢得了群众的支持，把近代中国的革命运动推上了一个新的高潮。

民族资产阶级的上层，是由一部分地主、官僚、富商转化而来的。他们拥有较大的资产，同帝国主义和封建主义及其政权有密切的联系，而且有不少人自身就是兼有地主、官僚的身分，在社会上有地位有势力。张謇就是一个典型的例子。他中过状元，后来又任清政府商部的头等顾问官，拥有三千二百多亩田地，经营和投资的企业（包括棉纺、面粉、交通、农牧、制盐等）二十七个，资本达九百余万元；而企业的经营得到了张之洞、刘坤一等大官僚的支持。为了发展经济力量和提高政治地位，资产阶级上层对帝国主义和封建主义的压迫也有所不满，但他们又惧怕革命会断送既得的经济利益和政治地位，因而主张改良反对革命。"这部分人是民族资产阶级的右翼"，他们的政治代表，就是以康有为、梁启超、张謇等为首的改良派。

基于这样的阶级基础，决定了改良派同清政府之间存在着矛盾和依存、维护的关系。而两者之间，前者是有限度的，后者是主要的。改良派同清政府的矛盾，主要表现在"立宪"这个问题上。"专制国之君权，无限制者也；立宪国之君权，有限制者也。立宪之与专制，所争只此一点。"①十多年来，改良派同清政府之间的争执，仅此一点而已。他们在政治上标榜的是，"上崇皇室"，"下扩民权"，"中摧不负责任之政府"，即不摧毁地主政权和君主制度，而只是要求改革政体，争取参与国家政权的权利。对于构成封建统治的基础——封建土地所有制，不仅不要求改变，而且是竭力维护，把地主占有土地看做是天经地义，不允许有丝毫的触动。改良派的本质就是如此。

正是由于对清政府的依附关系，和为了维护本阶级的利益，改良派把革命看成是"腹心之大患"，在清政府和资产阶级革命派之间，他们宁肯选择前者而与后者为敌。当革命日益趋向高涨时，改良派又一次掀起了改良主义政治运动——立宪运动，同清政府互相配合，从另一个方面来抵制革命。他们在某些时候也抨击清政府，而且有些话还说得激烈尖刻，大有"愤懑填膺"之概。其实，一方面是"怒其不争"，一方面是摆出欺骗人民的姿态，目的还在于抵制革命，所谓"苟非与政府死战，则亦不能收天下之望，而杀彼党之势"。在改良派的心目中，革命派才是他们的敌人，对

---

① 梁启超：《敬告国人之误解宪政者》，《国风报》1911年第2卷第1期。

之深恶痛绝，誓不两立。梁启超杀气腾腾地说："今者我党与政府死战，犹是第二义，与革党死战乃是第一义。有彼则无我，有我则无彼！"①如果说，在戊戌变法时，由于改良派主要是同封建统治集团作斗争，还具有一定的进步性，那么，在辛亥革命时期，他们的主旨则在于反对革命，这就完全成为反动的了。

二

资产阶级改良派拼命反对革命，仇视革命，攻击革命是"逆天违时，滋乱召亡"，辱骂革命派是"瞎闹派"，是"贼民"，是"丧心病狂"，"实亡中国之罪人也，实黄帝子孙之公敌也"。他们在《新民丛报》等报刊上发表了大量文章，制造奇谈怪论来歪曲、诋毁革命，宣传中国"不必革命"、"不能革命"、"不可革命"的反动思想。归纳起来，主要表现在以下三个方面。

其一，资产阶级改良派把革命描绘成一团混乱，形容得十分恐怖可怕。

改良派散布这种反动思想，往往借助于歪曲中国和外国的历史，企图以历史上发生过的事实来作见证。1904年，改良派首脑梁启超在《新民丛报》发表的题为《中国历史上革命之研究》的文章，就是要"求其论据于历史"，"鉴其因果于历史"，来证明中国不能革命，不可革命，一旦发生革命，就会造成"原野厌肉，川谷阗血，全国糜烂，靡有孑遗"的惨局，就会使社会发展"中绝"，"而所积累以得之文明与之俱亡"，"混然复还于天造草昧之状态"②。后来，改良派另一首脑康有为也在《新民丛报》发表了《法国革命史论》，大肆污蔑18世纪末法国革命是如何恐怖凄惨，弄得血流成河，民不聊生，而"卒无所成"。他说："法以革命故，流血断头，

---

① 丁文江、赵丰田：《梁任公先生年谱长编初稿》第4册，世界书局1962年，第360页。
② 梁启超：《中国历史上革命之研究》，《新民丛报》1903年第46—48期合本。

殃及善良，祸贻古物，穷天地古今之凶残，未有比之"；"百二十九万人流血以去一君，卒无所成，只助成武人拿破仑为大君，复行专制而已。……追源祸首，及伦的党诸志士仁人，不虑事变，妄倡革命，大罪滔天，无可逭也"。[①] 从上面所引的梁启超和康有为的话，十分明显地反映了改良派仇恨革命的心理，革命被歪曲地说成是"凶残"，造成社会停滞、倒退，完全抹煞了革命的正义性和进步性。

革命是历史前进的动力，这是无可辩驳的真理。即如被改良派污蔑、歪曲的18世纪末的法国资产阶级革命，在历史上有着重大的进步意义。列宁曾评论说："这次革命给本阶级，给它所服务的那个阶级，给资产阶级做了很多事情，以至整个十九世纪，即给予全人类以文明和文化的世纪，都是在法国革命的标志下渡过的。"[②] 20世纪初中国的资产阶级革命派，就从法国革命的武库中"吸收解放思想"，举起了民主主义的旗帜，向帝国主义的走狗封建专制的清王朝进行冲击。改良派所以肆意污诬，歪曲革命，把它描绘成十分"凶残"的"恶魔"，就是以散布恐怖悲惨的气氛，来败坏人民的革命情绪，阻遏革命的发展。正如革命派所揭穿的，以"危言相吓，怠乎吾民方张锐进之气"[③]；"破众庶之胆，而短英雄之气"。这实际上是要人民忍受反动统治者的蹂躏，坐而待毙。

资产阶级改良派叫喊革命会造成"全国糜烂"的惨局，反映了他们害怕革命、害怕群众斗争的卑怯心理。对于人民群众，改良派既极端鄙视、渺视，而又非常害怕。他们以异常傲慢、狂妄的态度来对待人民群众，肆意地辱骂是"公德缺之，智识不开"，"愚昧"，"麻木不仁"，等等。这里，固然表现了改良派瞧不起人民群众，但也包含着更为深刻的因素，那就是：人民群众巨大的革命力量，反帝反封建的英勇精神，不符合他们那种既不触动封建主义也不触动帝国主义、和缓渐进的"文明"的口味。他们认为"愚民"因为"无教育上之智识"，"终归于暴动之结果"，而必

---

① 康有为：《法国革命史论》，《新民丛报》1906年第4卷第13、15号。
② 《全俄社会主义教育第一代表大会》，《列宁全集》第29卷，人民出版社1956年，第334页。
③ 寄生：《正明夷"法国革命史论"》，《民报》1932年第11期。

须加以"训练"、"教育"。所谓"开民智"、"新民德"之类"动听"的词句，实际上就是要诱使人民纳入改良主义的"文明"、"秩序"的轨道上。一般地说，改良派只宣扬"开民智"、"新民德"，而不敢主张"鼓吹民气"，即使谈到民气，也是要把民气置于他们所划定的"民智"、"民德"的制约之下。他们害怕"民气犹火"，"可以自焚"，因而对革命派主张"鼓吹民气"，既深为嫉恶，又感到恐惧。徐佛苏在《论主张竞争者当知法制》一文中露骨地说：国家"危险中之更危险者，莫如民智不开而徒民气盛。……倘民智不开而民气又盛，则人人有破坏心，无建设力，叫嚣一哄，家国成墟而已"①。处在所谓"伏莽遍地"的阶级斗争尖锐的情况下，改良派深恐这种"民智不开而民气又盛"的群众起来暴动，形成"一夫发难，四面楚歌，有防无可防、制无可制之势"。②这样，不仅不能维护他们所希求保持的旧秩序，甚而会断送了他们所珍惜的经济利益和政治特权。

其二，资产阶级改良派肆力吹嘘帝国主义的威力，说什么革命是"冒险"、"闯祸"，会引起帝国主义国家的干涉，而遭到亡国灭种的危险。

改良派反对革命，是和他们特别害怕清政府的后台帝国主义分不开的。他们经常宣扬这样一个公式："若行革命，则内哄纷争，而促外人之瓜分矣。"③在他们看来，革命必然会"损害"帝国主义国家在中国的侵略权益，从而将遭到它们的干涉。梁启超说："暴动之起，主动者无论若何文明，而必不能谓各地方无闹教案杀西人之举，此事势之易见者，而谓人之能无干涉乎？且就令无闹教之举，而以暴动之故，全国商业界大生影响，而谓人之能无干涉乎？必不然矣。"④帝国主义的本性离不开侵略，说中国革命将遭到帝国主义的干涉、破坏，本来并不能算错，问题是：应当从什么样的态度出发来看待帝国主义的干涉，帝国主义的干涉可怕不可怕，能否抵挡并挫败帝国主义的干涉。

对于帝国主义的看法，资产阶级革命派由于所具有的阶级软弱性和幼

① 徐佛苏：《论主张竞争者当知法制》，《新民丛报》1905年第3卷第24号。
② 徐佛苏：《论主张竞争者当知法制》，《新民丛报》1905年第3卷第24号。
③ 康有为：《保皇会改为国民宪政会文》，中国史学会主编：《辛亥革命》第2册，第84页。
④ 梁启超：《申论种族革命与政治之得失》，《新民丛报》1906年第4卷第4号。

稚的幻想，显然存在着许多谬误。他们认为革命是推翻清王朝，"非排外也"，只要"有秩序的革命"，就不仅不会引起帝国主义的干涉，还会博得帝国主义的"见好"。但是，革命派在一定程度上看到了人民是有力量的，能够挫败帝国主义侵略者。"欧族虽恃其威力，然未有不挠折于如荼如潮之民气者。"因而他们敢于革命，敢于说"列强干涉不足惧也"。

资产阶级改良派虽然看到帝国主义必然要干涉、破坏中国的革命，但他们的这种认识，却是基于惟恐"损害"帝国主义侵略者的利益而"闯祸"，从惧怕帝国主义出发的。对于帝国主义，改良派简直是谈虎色变，"魄落魂飞"。他们夸大帝国主义的"威力"，而轻蔑地看待人民群众反对帝国主义的精神和力量。长敌人之威风，而灭人民之志气。他们认为："夫威力而果挠于民气乎，义和团之民气，曷尝不如荼如潮，而列国联军之威力，曾挠折焉否也？"①这就是说，帝国主义的"威力"是不可战胜的，人民群众反对帝国主义的斗争精神只是"无力之气"，即使有着"如荼如潮"的"义和团之民气"，也不能挠折帝国主义的"威力"。资产阶级改良派老爷们的偏见，使之看不到也不可能看到，义和团英雄们不屈不挠的顽强斗志和不怕牺牲的英勇精神，给帝国主义侵略者以沉重的打击，粉碎了帝国主义瓜分中国的迷梦。

那么，改良派所一味吹嘘的帝国主义的"威力"究竟指的是什么呢？梁启超曾经明白地说："力者何？强大之海陆军是已。苟有是物，则天下万国，可以唯余马首是瞻；若其无之，虽气可盖世，而遂不免于最后之灭亡。"②一句话，一切决定于"强大之海陆军"。改良派这种"实力"崇拜，进一步的归结，实际上就滑到了震慑于帝国主义的"船坚炮利"，成为唯武器论者。梁启超就从西方搬取了"后膛枪出而革命军迹绝"的谬论，来论证革命在新式武器面前必然失败。他们既断言清政府"有轮船、有铁轨、有枪炮"，"以之防家贼治内扰，犹绰有余裕"，革命"必无幸成"之

---

① 梁启超：《申论种族革命与政治革命之得失》，《新民丛报》1906年第4卷第4号。
② 梁启超：《申论种族革命与政治革命之得失》，《新民丛报》1906年第4卷第4号。

理①；也断言中国因"武器不良"，必败于帝国主义侵略者。在《暴动与外国干涉》这篇文章中，梁启超甚且讥骂革命派主张不应当惧怕帝国主义干涉而不敢革命："以器械不良、机关不备之揭竿斩木的兵队，与世界轰轰著名数强国之联军相角，而可以立于不败之地，则大言壮语，聊以自豪，何所不可。"②革命派没有因为惧怕帝国主义而不敢革命，在这一点上，他们的确是可以"自豪"的。改良派的这种论调，只能暴露出他们自己是畏惧帝国主义的懦夫。

革命既然是"闯祸"，使中国"遂不免于最后之灭亡"，于是改良派开出了"救国"的药方。他们说："今日欲救中国，惟忍辱负重，厚蓄其力，以求逞于将来。"③这句话的中心意思，并不在于"厚蓄其力，以求逞于将来"，而在于"惟忍辱负重"。其实质就是要中国人民忍受帝国主义及其走狗的压迫剥削，忍受帝国主义所强加给的耻辱，求得一时的苟且偷生。由怕革命、怕群众运动，到在帝国主义及其走狗的统治下忍辱偷生，这完全表现了资产阶级改良派是卑躬屈节的软骨头，可耻地背离了中国人民的利益。

其三，资产阶级改良派极力替反动的清政府涂脂抹粉，掩盖和否认阶级压迫和民族压迫。

20世纪初年的清政府，已经完全成为帝国主义的走狗。对中国人民进行反动的统治。因此，推翻清王朝，是当时人民群众的普遍要求，它具有反对帝国主义和封建主义的意义。资产阶级革命派号召以暴力革命推翻清王朝，并提出了民族革命、政治革命和社会革命同时并举的主张。这个主张就是：反对满洲贵族的民族压迫；反对封建君主专制制度，实现资产阶级民主共和制；反对封建地主垄断土地，实现资产阶级土地国有。这在当时具有进步意义。与此相反，资产阶级改良派在同清政府妥协的立场上反对革命，极力把清王朝统治下的腐朽黑暗的社会现实描绘得十分光明美

---

① 《水苍雁红馆主人（黄遵宪）来简》，《新民丛报》1902年第24号。
② 梁启超：《暴动与外国干涉》，《新民丛报》1906年第4卷第10号。
③ 梁启超：《申论种族革命与政治革命之得失》，《新民丛报》1906年第4卷第4号。

好，不厌其烦地赞扬清王朝的"仁政"、"圣德"，甚至无耻地称颂清朝皇帝是"慈父"，是"舍身救民"、"去千数百年之敝政"、"为数千年之所未有"的"圣主"。

改良派完全否认客观存在的民族压迫，宣扬"满汉平等"了之类的言论。梁启超说："若我中国今日情势……举国人民，其在法律上，本已平等，无别享特权者，即如某报（按：指《民报》）所举满洲人于公权私权上间有与汉人异者，然其细已甚，且屡经变迁而非复其旧。"①改良派发出这种谬论，无非是企图掩盖民族压迫的现实，反对革命派所主张的民族革命的必要性。民族压迫，归根到底，是阶级压迫问题。因而这实质上又是从透过抹煞民族压迫的存在，进而取消了阶级压迫的存在。他们不顾客观现实存在着的阶级压迫和尖锐的阶级斗争，喋喋不休地扬言中国"民久自由"，早已"人人平等，无封建之压制"。康有为在《法国革命史论》这篇文章中反复地说："吾国久废封建，自由平等，已二千年，与法之十万贵族压制平民，事既不类，倡革命言压制者，已类于无病而学呻矣。"②按照改良派的说法，既然封建专制制度早已废除，贵族和平民的阶级对立和压迫早不存在，那么，反对封建专制统治的政治革命自然只是"无病而学呻"，根本是不必要的。改良派既否认政治上的封建压迫，也抹煞封建土地所有制的存在。他们狡辩地歪曲现实，胡说什么中国的"经济社会组织"和欧洲工业革命前不同，欧洲在工业革命前因为存在着贵族豪权拥有大量土地，"小民"则"咸无恒产"，"丰年乐岁"，"无所于食"，所以需要走革命的道路；中国则不然，"封建之制早废，贵族缘之并尽，而土地全为私有，民之享自由也，实倍蓰于欧洲数祺以前"。③用梁启超的话说，就是：不存在豪富集中土地之患，只有"自耕其地之小地主"。因此，他们攻击革命派"以怵豪强兼并之故，乃倡土地国有论者，实杞人忧天也"。而坚决主张"土地所有权者"，"当认为适于正义之权利者也"④；"解决社会问题

①梁启超：《申论种族革命与政治革命之提失》，《新民丛报》1906年第4卷第4号。
②康有为：《法国革命史论》，《新民丛报》1906年第4卷第13、15号。
③蛤笑：《息争篇》，《东方杂志》1907年第4卷第6期。
④梁启超：《再驳某报之土地国有论》，《新民丛报》1906年第4卷第19号。

者，当以解决资本问题为第一义，以解决土地问题为第二义"①。这样，改良派就从根本上否认了解决封建土地制度的必要性，而是企图在保护封建土地所有制的基础上，慢慢地注入一点资本主义的形式。

三

资产阶级改良派在宣扬中国"不必革命"、"不能革命"、"不可革命"的反动思想的同时，还从正面提出一套改良主义的政治主张。

改良派为了混淆视听，颠倒是非，也高唱所谓"政治革命"。他们所说的"政治革命"，其实就是"政治改良"。这种政治改良的最根本点，用梁启超具有概括性的话来说，即"对于国体主张维持现状，对于政体则悬一理想以求必达"②。具体地说，也就是"主张立宪政体，同时主张君主国体"③。他们把君主立宪制吹嘘为"政体之最良者也"。

需要指出，改良派在一切重大政治问题上总是显得异常软弱、趑趄不前，只能视清政府的脸色行事。当清政府搞假"维新"而不愿实行立宪时，他们连君主立宪制也认为"非十年乃至二十年以后，不能实行"，只能是作为"要求"在将来实现的目标，而退到更加保守、更加妥协的立场上来，希望"劝告"清政府实行"开明专制"。甚至说："夫全部之开明，固莫善矣，即不能，而有一部分之开明（即行开明专制政治之数端），而其影响于我中国前途者，固已甚大"；"现政府而改良一分，则吾受一分之利。"④资产阶级改良派对于本阶级的革命派是那样气势汹汹，誓不两立，对于反动清政府又是如此之小心翼翼，垂尾乞怜。君主立宪不行，"开明专制"也可以，"全部之开明"不行，"有一部分之开明"也就满意了。善于满足现状，善于倾向于向旧制度、向反动统治者妥协让步，这就是改良

---

① 梁启超：《杂答某报》，《新民丛报》1906年第4卷第14号。
② 梁启超：《鄙人对于言论界之过去及将来》，《饮冰室文集》第29卷，中华书局1925年，第3页。
③ 梁启超：《政闻社宣言书》，《政论》1907年第1卷第1期。
④ 梁启超：《答某报第四号对于本报之驳论》，《新民丛报》1906年第4卷第7号。

主义者的特质之一，用任何诸如"救国"之类的漂亮言词作为伪装，也掩盖不了他们卑劣堕落的丑恶灵魂。

正是基于上述的这种特点，当清政府稍为摆出一点虚伪"改革"的姿态，都会引起改良派的兴高采烈，怀着极大的希望和幻想。1906年9月1日清政府的"预备立宪上谕"发布后，康有为立即于10月21日发表《保皇会改为国民宪政会文》，表示是"天从人愿，大喜欲狂"，"不知手之舞之，足之蹈之也"；并于1907年2月将保皇会改为国民宪政会，"以讲求宪法"。梁启超对于这道"预备立宪上谕"，也有迅速的反应，在他给蒋智由的信中说："今夕见号外，知立宪明诏已颁，从此政治革命（按：实为政治改良）问题，可告一段落，此后所当研究者，即在此过渡时代之条理如何。"[1]这就是说，他们所梦寐以求的君主立宪已成为现实，剩下来的问题就在于研究具体的"条理"了。梁启超等人为从事立宪运动，于1907年组织政闻社，并到国内来活动。国内改良派的主要人物张謇、汤寿潜、汤化龙、谭延闿等也非常活跃，于1906—1907年先后组织了立宪团体，如江浙的预备立宪公会、湖北的宪政筹备会、湖南的宪政公会、广东的自治会等，进行公开活动。君主立宪的叫喊，一时顿形嚣张起来。

改良派所致力追求实现的君主立宪制，其主要内容是"实行国会制度，建设责任政府"；而其中心尤在于"开国会"。在改良派看来，立宪政治的根本特点就在于"实行国会制度"，"有国会谓之宪政，无国会谓之非宪政；筹办国会谓之筹办宪政，不筹办国会不谓之筹办宪政"[2]。因此，他们尽量美化国会，夸张它的作用和重要性，说什么有了国会就可以"内之集合国民之心理，以整顿内政；外之发展国民之势力，以捍御外侮"[3]，就可以"革除一切贫弱之根源"，就有"良政治"。总之，改良派认为速开国会是中国当前政治上的根本问题，是"今日人生第一大事"，"救亡之第一策略"。

---

[1] 丁文江、赵丰田：《梁任公先生年谱长编初稿》第4册，第351页。
[2] 梁启超：《论政府阻挠国会之非》，《国风报》1910年第1卷第17期。
[3]《请开国会之理由书》（单行本）。

通过什么途径来实现君主立宪呢？梁启超说："我国民对于现政府所当行者，有两大方针：一曰劝告，二曰要求。……所劝告者在开明专制，所要求者在立宪。"[①]"劝告"和"要求"，这就是改良派的主张。不论"劝告"也罢，"要求"也罢，就是"对于皇室，绝无干犯尊严之心"，"对于国家，绝无扰紊治安之举"[②]，有"秩序"地向反动清政府"和平请愿"，将改良的希望寄托在封建统治者身上，乞求他们的恩赐。改良派认为，清政府之所以不肯立宪，是由于"误解"，"以为立宪大不利于己"。因此，只要有人"为之委婉陈说，使知立宪于彼不惟无不利，而且有大利，则彼必将欣然焉，以积极的观念而欲立宪"；顶多也只需人们"挟而求焉，使知不立宪于彼不惟无所利，而且有大害，则彼必将悚然焉，以消极的观念而不得不立宪"[③]。"委婉陈说"和"挟而求焉"，就是改良派所吹嘘为谋求达到政治改良的目的的"唯一正当之手段"，并且扬言"非要求万不能达政治革命之目的"。事实上，他们不仅是如此主张，而且是在积极进行，"至于三、至于四"地向清朝皇帝下跪上书，请求速开国会。

资产阶级改良派把近代中国"国权丧失"的最大原因，说成是由于"无国会是也"[④]，把能否"革除一切贫弱之根源"，归结为决定于国会之有无，这是非常荒谬错误的。使近代中国"国权丧失"的最大原因，造成近代中国"一切贫弱之根源"，显然不是在于缺少一个国会，而是由于帝国主义侵略，帝国主义和封建主义相结合进行反动统治的结果。正如毛泽东同志所指出："中国人民从来就是一个伟大的勇敢的勤劳的民族，只是在近代是落伍了。这落伍，完全是被外国帝国主义和本国反动政府所压迫和剥削的结果。"[⑤]因此，帝国主义和封建主义是中国人民的两个主要敌人，而帝国主义更是中国人民的第一个和最凶恶的敌人。要想使中国独立富强，只有进行反对帝国主义和封建主义的斗争，只有推翻帝国主义和封建主义

① 梁启超：《答某报第四号对于本报之驳论》，《新民丛报》1906年第4卷第7号。
② 梁启超：《政闻社宣言书》，《政论》1907年第1卷第1期。
③ 梁启超：《申论种族革命与政治革命之得失》，《新民丛报》1906年第4卷第4号。
④ 周维汉：《国权论》，《政论》1908年第1卷第5期。
⑤ 《在中国人民政治协商会议第一届全体会议上的开幕词》，《中国人民政治协商会议第一届全体会议重要文献》，新华书店1949年，第3页。

的反动统治，才能实现。改良派这种谬论是对现实的绝大歪曲，实质上起着替帝国主义和封建主义开脱罪责的反动作用。

资产阶级改良派之醉心于国会，正是政治上特别软弱无能的表现。他们不敢正视帝国主义和封建主义反动统治的现实，更不敢去触动它，而是避开这一现实，选择了一条温和的改良的道路，企图"利用此列强均势主义之时，合全国之力，从种种方面，用种种手段，以监督改良此政府"[①]。而国会就是监督政府的机关，是"改良政治的源泉"。改良派尽管把国会说得天花乱坠，但并没有一点实际东西。在帝国主义走狗清政府的统治下，即使是实行国会制度，充其量也只能是给反动统治者粉饰门面，增加一种御用工具而已。当时有的革命党人已经看到这种事实，指出按照改良派要求开设的国会，"与行政官厅无以异"，"徒增平民之痛苦，增政府之恶劣，其害之影响，且将使国家之速其亡"[②]。列宁曾经说："历史科学告诉我们，一般说来，某一政治制度的改良主义的变革和非改良主义的改革的差别在于：实行前一种变革，政权仍然留在以前的统治阶级手中，实行后一种变革，政权从以前的阶级手中转到新的阶级手中。立宪民主党人不了解历史变革的阶级基础。从理论的角度来看，立宪民主党人的基本错误就在于此。"[③]列宁的这段话虽然是批评俄国立宪民主党人的改良主义，但对于中国的改良派也是适用的。重要的问题在于政权是掌握在哪一个阶级手中。改良主义的变革，掌握政权的仍然是满汉贵族地主阶级，那么，国会只能是这个政权的从属物：当国会的存在对他们还有利时，他们可以利用它来为之服务；当他们感到无可利用的价值，甚且是对自己不利时，随时就可以把它一脚踢开，宣布解散。真正起作用的不是在国会中居有多数议席者，而是掌握政权的统治阶级。也就是说，不是国会监督政府，而是政府操纵国会。

改良派搞立宪运动，要求速开国会的实质，并不是象他们自己所吹嘘

---

① 梁启超：《暴动与外国干涉》，《新民丛报》1906年第4卷第10号。
② 鸿飞：《对于要求开设国会者之感喟》，《河南》1908年第4期。
③ 《日益增长的矛盾》，《列宁全集》第18卷，第564页。

的是"代表国民之意思而申其利益",而是为了争取参与政权的机会,维护本阶级的私利,为了稳定旧统治秩序,抵制革命运动。他们面对着"会党遍地,'盗贼'满山……良民旦夕惴惴,莫必其命,即不折入于'匪',亦必中情携贰。充其所至,小之则上下泮涣,将有内溃之祸,大之则土崩瓦解,决无可全之理"的情况①,感到忧心忡忡,"毛骨竦然",因而企图通过立宪来阻止广大群众的反抗运动,挽救清王朝"土崩瓦解"的局面。他们认为"国会早开一日,则民气更早平静一日","寥寥数十条宪法,即可纳民于轨物中",而使"四海归心"于清政府②。同时,立宪也是为了禁遏资产阶级革命党的发生,杜绝"共和革命"的主张的。在改良派看来,革命党之所以发生,"一倡革命而景从者如蚁集蜂聚",是由于清政府政治的腐败,因此,"欲禁遏革命党使不发生者,无外于改良政治"③。"倘政治上有圆满之改革,则革命论自无丝毫之价值",革命的动机就可以"消化"④。正是由于害怕革命,害怕群众反抗运动,抱着抵制革命、杜绝革命的反动目的,改良派的立宪运动必然充满着甘愿给君主制度和地主政权当奴隶的精神,实际上是迎合清政府的需要的。处在革命形势日益高涨的情况下,清政府感到"大患直在腹心,纵任之则溃决难收,芟夷之则全局糜烂"。反动统治者既不会容许革命发展下去,又耽心仅依靠武装镇压会更加激起人民的反抗,形成"全局糜烂",不可收拾,因而采取了政治欺骗的"良法",宣布所谓"预备立宪",企图"于政治上导以新希望",从而达到"解散乱党"、"杜绝乱源"的反动目的⑤。清政府宣布"预备立宪"是虚伪的欺骗,改良派向清政府要求立宪却是出于一片"真诚",二者对立宪所抱的态度虽然不同,但以立宪来抵制革命、取消革命的目的则是一致的。改良派为虎作伥,起着清政府所不能起的迷惑人心的作用。

尽管改良派尽量表现得温和委婉,卑躬屈节,希图在维护皇室"尊

①《今日救亡之决论》,《中外日报》1907年10月7日,见《东方杂志》1907年第4卷第10期。
②《国会请愿同志会意见书》(单行本)。
③与之:《论中国现在之党派及将来之政党》,《新民丛报》1906年第4卷第20号。
④佛公:《劝告停止驳论意见书》,《新民丛报》1906年第4卷第11号。
⑤端方:《请平满汉畛域密折》,中国史学会主编:《辛亥革命》第4册,第42、44页。

严"的前提下进行资产阶级性的政治改良，可是"冥顽不灵"的清政府却不理会他们的"忠心耿耿"。反动统治阶级"爱权"如命，从来也不会轻易地让出，哪怕是一点点。改良派所要求的"改革"，所争取的"权利"，除了清政府实行的改革外，不会有其他任何"改革"，除了被清政府的专横所限制的权利外，不会有其他任何"权利"。清政府所宣布的"预备立宪"，表面看来，似乎是在适应、满足改良派的要求，究其实却是借立宪之名而行集权之实。1908年颁布的《钦定宪法大纲》23条，规定了君主有至高无上的权力；1911年3月成立的"责任内阁"，内阁大臣13人中，满族占了8人，举凡总理大臣、民政、财政、军政等重要职位都在皇族手中，实际是"皇族内阁"。因而连有的改良主义者也感到，"政府主倡立宪之结果，适足愈巩固专制势力耳"。梁启超等人为从事立宪运动而成立的政闻社，寿命仅仅延续了一年，便被清政府以"阴谋煽乱，扰害治安"的罪名，下令查禁，"严捉社伙"。这道诏令对政闻社所宣布的罪名，同前引《政闻社宣言书》对清政府的表白比照起来，对于改良派真是绝大的讽刺！改良派再三再四、"泪尽眼枯"地"请愿国会"，也是一再地遭到清政府的拒绝，最后甚且勒令他们的代表"出京还里"，禁止请愿活动，宣布如再发生此等情事，该省督抚应即"查拿严办"。改良派的"和平请愿"、合法要求，所得到的是清政府宣布他们为不合法的悲哀下场。梁启超无可奈何地发出被遗弃的哀叹："吾辈同志为预防全国革命流血惨祸起见，劝告各法团向政府和平请愿，此原系至缓进之法，不料吾辈要求声嘶气绝，而政府毫无容纳之诚意！"[①] 没有也不可能有任何一个改良主义方法可以用来达到改良派的立宪幻想，他们在戊戌变法时所不能得到的，在这个时期也同样不能得到。历史证明：在半殖民地半封建的中国，改良主义的道路是走不通的。正如列宁所指出的："老老实实地指出不存在改良主义的方法，这要比把随便什么改良都吹嘘得天花乱坠更符合历史现实主义的精神，更符合历史的实际情况，更有积极的意义。"[②]

---

① 丁文江、赵丰田：《梁任公先生年谱长编初稿》第5册，第513页。
② 《俄国的资产阶级和俄国的改良主义》，《列宁全集》第19卷，第325页。

四

资产阶级改良派不仅善于向反动统治阶级妥协让步，而且还善于窥测形势，见风转舵，随机应变，进行政治投机。善变，这又是改良派的一个特点。列宁曾经深刻地指出：中国的自由资产阶级"最善于变节：昨天害怕皇帝，匍伏在他面前；后来看到了革命的力量，感到革命民主派就要取得胜利，就背叛了皇帝；明天则可能为了同什么旧的或新的'立宪'皇帝勾结而出卖民主派"。①

十多年间，改良派从伪装革命到恶毒地公开攻击革命，再到"利用排满革命之暗潮，痛诋清政而鼓吹立宪"，再到"反对"君主立宪而"赞成""共和革命"，身经数变。但万变不离其宗，在他们的一切言论和行动中，始终贯串着一条主线，就是破坏革命、抵制革命；不同的论调，无非是为了适应形势，以达其卑劣的目的而已。

1903年以前，在改良派某些人物的言论中，曾经出现一些"排满"、"革命"的词汇，宣扬过在民族主义最发达之时代，"中国以讨满为最适宜之主义"。他们甚至同以孙中山为首的革命派商谈合作，梁启超就虚伪地向孙中山表示："我辈既已订交，他日共天下事，必无分歧之理。"改良派摆出这种姿态，并非真要放弃保皇主张转向革命，不过是由于戊戌变法的失败，名实俱损，要借着孙中山的革命声誉来扩展其政治势力罢了。在"名为保皇，实则革命"的诈骗下，檀香山兴中会的很多会员都转而加入保皇会，孙中山苦心经营多年的革命组织遭受到严重的破坏。革命派对改良派缺乏警惕，但改良派却始终密切地注视着革命派的动向。就是这个向孙中山表示"合作到底，死生不渝"的梁启超，不断提醒康有为要加紧在广东进行活动，占据地盘，"今不速图，广东一落其手，我辈更向何处发轫"？②

改良派高唱"革命"、"破坏"的口号，不仅是为了借以扩大自身的政治势力，还企图把正在发展的革命潮流纳入改良主义的轨道，把革命掐死

---

① 《中国的民主主义和民粹主义》，《列宁全集》第18卷，第153页。
② 丁文江、赵丰田：《梁任公先生年谱长编初稿》第2册，第179页。

在摇篮里。梁启超向康有为表示过："先生惧破坏，弟子亦未始不惧，然以为破坏终不可得免，愈迟则愈惨，毋宁早耳。"[①]改良派正是害怕革命日益发展而使他们的局面不可收拾，因而玩弄阴谋手段。1903年以前，革命派和改良派虽然存在着对立，但革命派并没有能同改良派完全划清界限，改良派企图利用这一弱点，来一个偷梁换柱，用"勤王"代替革命。梁启超曾经对孙中山说过："夫倒满洲以兴民权，公义也，而借勤王以兴民权，则今日之时势最相宜者也。"他要孙中山"宜稍变通"，"何必故尽鸿沟，使彼此永远不相合哉"？[②]问题很明显，要革命派放弃革命主张而同改良派合流，这就是梁启超一手制造的骗局，就是改良派所叫喊的"革命"、"破坏"的真实目的。

革命和改良主义之间的"鸿沟"不能不画，二者永远也不应当合流。革命派坚持了革命的道路。1903年后，革命思潮风起云涌，革命团体接踵而出，革命形势日益发展。改良派既"见留学界及内地学校因革命思想传播之故，频闹风潮"，又"恐秩序一破之后，青黄不接，暴民蹴兴"[③]，用伪装革命、欺骗人民的伎俩无法阻止革命潮流的前进，于是赶忙脱下伪装的外衣，抛弃了"革命"、"破坏"之类的词句，变而为公开恶毒地攻击革命。他们对革命的攻击，集中表现在其主要刊物《新民丛报》同同盟会的《民报》的大规模论战上。在1905—1907年的大论战中，改良派肆力诬蔑和歪曲革命派主张的民族革命、政治革命和社会革命，甚至荒谬地说，"倡言革命军者，小之自取灭亡，大之灭亡中国"。

尽管改良派拼命地攻击革命，但革命既然是社会变革的需要，是人民的要求，是真理，那就不可能被骂倒。相反，这场论战的结果，改良派自己的反革命面目更加清楚地暴露在人民面前，处于劣败的地位，而革命思想则更加深入人心。他们也不得不承认说："数年以来，革命论盛行于国中……其旗帜益鲜明，其壁垒益森严，其势力益磅礴而郁积，下至贩夫

①丁文江、赵丰田：《梁任公先生年谱长编初稿》第3册，第266页。
②丁文江、赵丰田：《梁任公先生年谱长编初稿》第2册，第240页。
③梁启超：《鄙人对于言论界之过去及将来》，《饮冰室文集》第29卷，第3页。

走卒，莫不口谈革命而身行破坏。……革命党指政府为集权，詈立宪为卖国，而人士之怀疑不决者，不敢党与立宪。遂致革命党者，公然为事实上之进行，立宪党者，不过为名义上之鼓吹。气为所慑，而口为所钳。"[1]

由于清政府于1906年9月间宣布"预备立宪"，使改良派感到欢欣鼓舞，认为可以利用这一时机来达到他们所追逐的目的；而更为重要的还由于论战的失败，革命形势的高涨，如果仍然出那种攻击革命的腐臭谬论，必然会使自己越发陷于孤立的地位，因此，改良派又一次改变了论调和作法：避免公开攻击革命派，致力于促使清政府加快立宪的步伐。

还在论战结束之前，改良派已经"窥破"自己理论的狼狈，无力驳倒革命论，耽心再论战下去会使革命论更为流传，"益以扰乱全国人民之心理"，而准备停止公开正面的辩论。1906年7月的《新民丛报》，刊登了梁启超的密友徐佛苏的一篇题为《劝告停止驳论意见书》的文章。这篇文章，事前曾得到梁启超的怂恿和支持。他们之所以"劝告停止驳论"，并不是要"取消其本来之目的"，放弃改良主义的立场，而是别有用心的。这就是：一方面从正面继续把立宪主张"阐发无遗"，以"广邀第三者之表同情"；一方面"趁今日政府与民间立宪兴味浓厚之时，宜急从种种方面极力预备，发挥宏远轩昂之党谟，扩张坚实庞大之党势，监督政府，指挥国民，使之挟全付精神，互相订定立宪制度"。以实际的行动来赞相立宪政治，促使其尽速实现，从而于"事实上"战胜革命派，取消革命；改良派的真正目的就在此。

1907年后，改良派的活动，实际上就是在这种意图的指导下进行的。梁启超、康有为一伙曾经派人同张謇、汤寿潜、杨度、熊希龄等联络，企图把国内外改良派的势力联合起来，组成全国性的政党"帝国宪政会"，使"党势""坚实庞大"，以"监督"、"开导"清政府实行立宪。这个计划虽然没有实现，但分散性的小团体如政闻社、预备立宪公会等等，不仅纷纷成立，而且非常活跃。他们不断向清政府上书请愿，乞求速开国会，表

---

[1] 与之：《论中国现在之党派及将来之政党》，《新民丛报》1906年第4卷第20号。

示"一次无效，继之以再，再次无效，继之以三以四，前蹶后起，甲仆乙兴"。[1]希冀以其"实力"和"诚心"，来挟使和感动清政府加速实现立宪。另一方面，他们又用"激烈"的言论，来警告、指责清政府对立宪拖延搪塞的"冥顽不灵"的态度。尤其在经过几次请愿失败之后，更使他们感到痛心疾首。恨铁不成钢，言论也就变得"激烈"起来。1910年创刊的号称为"立宪运动之大本营"的《国民公报》，就采取了"不对政府及私人上条陈"，"不对革党及他派下攻击"，而"利用排满革命之暗潮，痛诋清政而鼓吹立宪"的方针[2]。也是在1910年创刊的改良派的重要刊物《国风报》，经常登载梁启超撰写的抨击清政府的文章，如《立宪九年筹备案恭跋》、《论政府阻挠国会之非》、《为国会期限问题敬告国人》等。这些活动和言论，主要集中到提倡召开国会这一问题上。梁启超在给杨度的信中说："至专提倡开国会，以简单直捷之主义，求约束国民心理于一途，以收一针见血之效，诚为良策。"[3]一石两鸟，既可通过召开国会来阻遏革命，又可以此取得参与政权的权利，这就是改良派向清政府请愿和提出"忠告"的意图。

历史总是在向前发展的。革命的发展进程既不是反动清政府所能阻挡得了，也绝不可能随着资产阶级改良派的主观愿望为转移。1911年10月10日武昌城里响起的枪声，正式揭开了辛亥革命的帷幕，也无情地宣告了改良主义的政治破产。

当武昌起义刚发生不久，改良派的首脑人物如梁启超、张謇之流，还企图以立宪甚至是武装镇压，来阻止革命的发展。张謇就一面请求江宁将军铁良和两江总督张人骏派兵"援鄂"，镇压武昌起义军；一面活动促请清政府"速布宪法开国会"，以抵制革命的影响。梁启超也企图"用北军倒政府，立开国会，挟以抚革党"。但是，革命形势发展得如此迅速，使改良派惊叹"一月之中，独立之省已十有四，人心惶惶，乱象日剧"，[4]清

① 《请开国会之理由书》（单行本）。
② 丁文江、赵丰田：《梁任公先生年谱长编初稿》第5册，第512页。
③ 丁文江、赵丰田：《梁任公先生年谱长编初稿》第4册，第387页。
④ 《啬翁自订年谱》，张怡祖编：《张季子九录·专录》。

政府"势如土崩"。这批善于从事投机的政客,敏感地觉察到如果"不速图之",就会有被形势抛弃的危险,而"贻后时失机之恨"。在徐勤给康有为的一封信里,就表露了这种心事。他说:"顷十八省已尽行独立,上海已有各省代表齐集组织新政府及民主宪法,满人气运已绝,若复抗舆论存皇族,必为全国之公敌矣。美洲则人心更主共和主义,乞勿再倡保存皇族,以失人心而散会事。"①改良深深感到不变"必为全国之公敌",变不仅可以不为"全国之公敌",而且还可以"乘此而建奇功"。于是,他们便由拥清而反对革命,摇身一变为反清而"赞成"革命。不久以前,他们还在给清朝皇帝下跪上书,"声嘶气绝"地乞求君主立宪,曾几何时,竟然成为君主立宪的反对者,高呼"共和万岁"!张謇在他的一通电文里说得如此动听:"环观世界,默察人心,舍共和无可为和平之结果者,趋势然也。"②他们似乎忘却了自己过去是竭力鼓吹君主立宪的人物,竟然指责继续主张君主立宪是"不能解纷而徒以延祸"。他们似乎忘却了过去宣称的"君位神圣毋侵",而要求清政府"顺天人之归,谢帝王之位,俯从群愿,许认共和"③。他们也似乎忘记了过去一再强调的"今日中国国民非有可以为共和国民之资格","今日中国政治非可采用共和立宪制",一变而为"共和政体与君主立宪政体,不以国民程度之高下为衡","有共和政治,然后有共和程度之国民"。这是个一百八十度的大转变。

为什么改良派会有这样大的转变呢?这里面有着阴谋。这就是:乘全国还在混乱的状态,披着革命的外衣,混进革命阵营内部,来扩展自己的势力,攫取胜利果实,阻止革命向前发展。

改良派披着革命外衣而干反革命的勾当,一面对革命派充分施展了分化、要挟等种种手段。他们知道革命派内部存在着矛盾,"党人外有党,党人中有党,纷歧复杂"④,就加以挑拨、分化,以瓦解革命的力量。张謇等不仅拉拢章太炎另组统一党,并且要求孙中山解散同盟会,以免去全国

①丁文江、赵丰田:《梁任公先生年谱长编初稿》第6册,第597页。
②《致袁内阁代辞宣慰使女工商大臣电》,张怡祖编:《张季子九录·政闻录》第3卷,第40页。
③《辛亥九月致内阁电》,张怡祖编:《张季子九录·政闻录》第3卷,第42页。
④《啬翁自订年谱》,张怡祖编:《张季子九录·专录》。

统一之"障碍"。张謇给黄兴的信中说："军事非亟统一不可，而统一最重要之前提，则章太炎所主张销去党名为第一。此须公与孙中山先生密计之，由孙先生与公正式宣布。"①南京临时政府成立后，控制财政权的改良派，又从经济上对革命派施加压力。财政困难是南京临时政府的严重问题之一，各处急需军费而又毫无着落，孙中山迫不得已准备以汉冶萍公司抵押给日本，进行借款。身为实业部长的张謇，不仅袖手旁观，而且以辞职相要挟。孙中山几次挽留，都无效果。改良派就是千方百计地在拆革命的台，把革命消融在他们所容许的范围内。

另一面，改良派又是积极地为袁世凯窃夺革命果实效劳。当清政府面临最后垮台的时刻，改良派看中了拥有实力的袁世凯，企图依靠袁世凯来绞杀革命，提高自己的政治地位，于是迫不及待地要与袁世凯"携手"。"本初（按：指袁世凯）早已赞成共和，南北磋商今复就绪，逊位之事发表在即，吾党不欲登舞台则已，如其欲之，必须早与本初携手，方能达其目的。"②因为他们估计"将来之大党必以项城（袁世凯）为中枢，吾辈亦不能不挟引此公以弥补各种之危机"。③基于这样的目的，改良派尽力迫使革命派向袁世凯妥协让步，又热心地为袁世凯出谋划策。张謇等改良派分子成了袁世凯窃夺革命果实的重要"顾问"。袁世凯第一任内阁的成员，就是张謇等事前拟好的。张謇给袁世凯的电文中说："前以鄙意为公拟内阁之预备，顷有所见，更电请采择：一，陆军宜段（祺瑞）正而黄（兴）付；一，财政必熊（希龄），熊有远略，有成绩；一，实业周缉之（学熙）亦可；一，保皇党人若梁启超亦可择用，南方现已疏通。"④从这个电文可以看出，改良派把军事、财经等重要职位都掌握在袁世凯系统的官僚和自己手里，还为国外的改良派通了回国的问题，使梁启超等从此得以在国内公开活动起来。南北议和达成协议，孙中山辞临时大总统时，坚持要袁世凯到南京来就职，张謇又赶忙向袁世凯献计拒绝南来："目前第一难题，即

①《为时政致黄克强函》，张怡祖编：《张季子九录·政闻录》第4卷，第4页。
②丁文江、赵丰田：《梁任公先生年谱长编初稿》第6册，第603页。
③丁文江、赵丰田：《梁任公先生年谱长编初稿》第6册，第602页。
④《致袁内阁电》，张怡祖编：《张季子九录·政闻录》第4卷，第7页。

要公南来。解此题者只有二法，一从在京外交团着手，一从北数省人民着手。……若不着一毫痕迹，使不欲南之意不出于公，当可有效。"①袁世凯完全照计而行，果然迫使革命派再一次妥协，允许他在北京就职。改良派竭力为袁世凯效劳，在帮助袁世凯窃夺革命果实的过程中，起着袁世凯所不能起到的作用。

可是，资产阶级革命派对改良派的伪装"革命"并不认识，他们甚至错误地认为过去同改良派的分歧只是政治手段的不同，如今革命发动了，改良派也"赞成"革命、"拥护"共和了，分歧自然也就不存在了，居然把改良派当作一家人，放弃了革命警惕性，从而使改良派能够从革命阵营内部来破坏革命，与帝国主义走狗袁世凯里应外合窃取革命果实。这不能不说是辛亥革命失败的重要经验教训之一。

（原载《北京师范大学学报〔社会科学版〕》1964年第1期）

---

① 《为时局致袁总统函》，张怡祖编：《张季子九录·政闻录》第4卷，第8页。

从清军机处档案看辛亥革命前群众的反抗斗争*

　　辛亥革命距今整整半个世纪了。五十年前，中国人民继承了太平天国、义和团的革命传统，掀起了中国近代史上第三次反帝反封建革命高潮，推翻了帝国主义走狗清政府。领导这次革命的资产阶级革命党，应该说曾经作出一定的贡献。但是，能够发挥出巨大威力，拆掉清政府这间将要倒塌的屋子的，却是广大群众的坚强不屈的反抗斗争。我们现在根据清军机处的部分档案资料，试图对辛亥革命前群众的反抗斗争作一简要的阐述。当然，反动统治阶级的上谕、奏折、电报等浸透了对历史的歪曲，对人民群众革命的诬蔑。但是，历史事实终究不是反动统治阶级用一些诬蔑的词句，就能歪曲抹杀得了的。剥去那些诬蔑的词句，我们仍可以从其字里行间中，看到一些有关当时人民群众反抗运动的简单情况，帮助我们了解辛亥革命前十年间，全国广大群众的反抗运动，对中国近代史上第三次革命高潮——辛亥革命，所起的巨大作用和影响。

一

　　标志着中国近代史上第二次革命高潮的1900年的义和团反帝运动，在

＊与陈桂英合撰。

帝国主义侵略者和清政府的共同血腥镇压下终于失败了，中国进一步陷入了半殖民地的泥坑。民族危机和社会危机更加严重，尖锐的矛盾并没有缓和，相反，一次新的革命高潮正在迅速地酝酿着。当时的情况，一方面是帝国主义侵略的加深和清政府对人民残酷的压迫剥削的加强，另一方面则是人民反帝反封建斗争的普通展开。血腥的刽子手四川总督赵尔丰在1907年（光绪三十三年）的奏折中透露，当时人民所以"肇乱"，"最要之二端：一则挟外人之传教以为仇，一则指公家之取民以为虐"。从赵尔丰这一对人民的诬蔑的奏折中可以看出帝国主义侵略者和清朝反动统治者的进一步虐民、害民，是造成义和团运动以后，中国人民反帝反封建斗争普遍发展的一个重要原因。

义和团运动以后，帝国主义不仅在经济、政治上加深了对中国的侵略，而且教会、传教士也更加横行霸道，穷凶极恶；清政府的官吏则多方媚外，加以祖庇，"教益藐官，官率媚外"①。"近者教堂气焰日张，陕西竟有知县被教民掌颊者，道路传闻，群相骇异……江西天主教士谋杀南昌知县之事，以致民怨沸腾……彼其待命官如此，则平日之欺凌百姓尚可问耶！"②署理四川总督岑春煊在1903年（光绪二十九年）曾说：四川"从教之人，恃势寻衅，肆意欺凌。遇有词讼，地方官不敢持平，十九屈抑"。这里所说的"从教之人"，自然不能仅仅认为只是那些中国教民中的败类，而是与帝国主义传教士分不开的，所谓"恃势寻衅"，个中消息自不待言，岑春煊无非不敢公然指明而已。实际上在中国的帝国主义侵略分子的胡作非为，也并不仅限于"传教士"之流，而且也包括其他的"洋人"、"洋兵"。如黑龙江绥化厅，"通事王振山、杨中山、李功山等，自本年（1905）二月以来，时常带领洋人在各村镇按户号粮，勒价强买；并借势搜翻防家枪械，指为禁物，讹诈钱财，控案累累。……江省（指黑龙江——笔者）自庚子乱后，不肖通事往往唆使洋兵下乡，诬陷良民，滋意

---

① 光绪三十二年浙江道监察御史王步瀛折（本文注释全引自军机处档案）。
② 光绪三十二年兵科给事中左绍佐折。

扰害，甚至奸淫抢掠，无所不为"①。这个例子可以说明已经深入中国农村的帝国主义一系列的罪恶活动。

帝国主义对中国人民穷凶极恶的搜括，在这个时期内我们需要特别提到的，是那笔白银四亿五千万两（连利息在内合九亿八千余万两）的庚子大赔款，以及各地方教堂借机勒索的所谓"教案赔偿"。如江西省除去每年应负担"大赔款"摊派的二百余万两外，还负担地方"赔款，约计修教堂者六十万两有奇，恤教民者二十万两有奇，均立定限期过交"②。1901年（光绪二十七年），记名总署章京内阁中书许枋曾谈到直隶的情况，"顺直各州县焚毁教堂、戕害教民地方，经督臣饬令民间捐款赔偿，共派银一千余万两"，其中"昌平县派银一十八万，深州三十万，任丘三十五万，延庆十三万"，"一家辄派至数千金数百金"。这个负担无疑是十分苛重的，许枋在这个奏折中也不得不感慨地说："似此巨款，即使民力全盛，亦属不支，况迭经灾乱之余，更何从出。"事实就是如此，不仅穷苦百姓身遭其害，连"殷实之家"，亦因"派捐太多，民不堪命"。

与此同时，清政府的官吏、胥役以至地方绅士等，又借机层层苛派勒索，以饱其欲壑。"如一县派捐一万，地方官断不止派一万，加以差役里胥之需索骚扰，刁绅劣董之抑勒侵吞，纵不倍捐，必且增半。即如延庆之十三万……已派至二十余万。"③这并不是个别地方如此，而是带普遍性的，所谓"牧令（自然不单是"牧令"，而应包括那些大吏们——笔者）中，十人难得一循良，苛派者必十之八九"，于此可见。赔款苛派，已使"民不堪命"，而清政府官吏们又借实行所谓"维新"、"立宪"，举办所谓"新政"，对人民进行敲骨吸髓的榨取。"新政繁新，小民之负担已重"④，官吏又复借端暴敛，鱼肉百姓。"（广西）各守令闻虐民而不闻保民……尚有借办团为名，抽收团谷较正赋多至数倍者，抽收担捐、灶捐盈千累万尽

---

① 光绪三十一年署黑龙江将军程德全片。
② 光绪二十七年江西巡抚李兴锐折。
③ 光绪二十七年记名总署章京内阁中书许枋折。
④ 宣统三年署大理院少卿王世琪折。

入私囊者。"①河南长葛县的苛派勒索，更是一个鲜明的例子。"长葛地瘠民贫，知县江湘到任以来，横征暴敛。如税契原系八分加至十二分六厘，上号费每次原系五十文加至一百文，粮票费每纸原系三文加至八文，呈词费每次原系一百五十文加至三百文，戏捐每台原系二千四百文加至三千四百文，陈公祠公产及隆山书院每亩课租原系六百文加至九百文，酒捐每家每月原系三百五十文加至八百文，并缴酒百斤，烟税每家每月原系一千六百文加至二千四百文，并缴烟三百斤，十二保之产行每月每保捐钱四十千文。层层剥削，外托举办新政之名，其实尽饱私囊。"②捐上加捐，税上加税，名目繁多，各地皆然。如"江苏牙税，骤加十倍"③十分骇人。

上述这种捐税繁苛的情况，在少数民族的地区也有过之而无不及。热河省东土默特蒙旗农民套尔套，"在光绪三十二年十二月二十一日早，用车拉运谷子二石五斗，赴才里营子分局投税，因局门未开，即赴集将谷出售，经税书盛德化、巡役王洪升查知，将伊扭在税局，勒罚车钱一百千文。三十三年五月初三日，赵供山之子赴集买布七尺，道经才里营子税局，盛德化瞥见索税，赵供山之子因无钱纳税，撕给盛德化布一尺八寸。……分局罚办漏税至二十倍以上……且税亦繁苛，虽零星尺布遽索税钱"④。这样的横征暴敛，不能不迫使"蒙民交怨"，群起反抗。

帝国主义和清政府对人民的残酷压榨，造成了人为的水旱灾害，旱涝连年，遍及各地，几乎无省无之。田园荒芜，"粮禾价腾"，即如四川"去冬（光绪二十七年）今春（光绪二十八年）皆缺雨，栽插不及十分之二。至四、五月间，虽有小雨，不能补栽，米价陡贵，石米涨至十金以外"⑤。而奸商、官府又互相勾结操纵，"江淮奸商，假官檄采买杂粮，以致市价飞涨，米斤值七八十文，面斤值百数十文，长老皆言咸丰初年大饥亦无此重价。现在冬令小户已不可得食，明春情形更不可问"⑥。这就出现了大量的

① 光绪二十九年六月署理两广总督岑春煊折。
② 宣统二年新疆道监察御史陈善同折。
③ 光绪三十三年十月十六日上谕。
④ 光绪三十四年热河都统廷杰折。
⑤ 光绪二十八年山东道监察御史高楠折。
⑥ 光绪三十二年宗人府汉主事王宝田等呈。

饥民、流民，湖南、四川、山东等省都是"流民满道，饥寒亡命"，1906年（光绪三十二年），"江北水灾奇重，各处灾民无虑数十万"①。"淮扬里下河流民近百万"；1911年，"自江皖阻饥，流民入滕、峄者不下数万口"②。由于饥寒流离而造成的大量死亡现象，是十分惊人的，如1911年"豫东归德府……永、夏各县连遭荒歉，百姓流离，死亡已不下十余万口"③。

人民要活下去，就不能不起来进行斗争，清政府已完全失去民心，虽欲垂死挣扎，但已无力挽回其最后的总崩溃。

二

义和团运动以后，到处是"人心浮动"，"思乱者十室而九"，连一些封疆大吏也不能不发出诸如"大局何堪设想"之类的哀鸣。尽管反动统治者极力采取血腥的手段来屠杀、镇压人民，但已是"筹援筹剿，兵力无可应付"，有"防剿俱穷"之势了。人民群众前仆后继地进行着不屈不挠的反抗斗争。例如1901年因抗赔款捐，直隶"延庆民间相约，派银无银，派钱无钱，只有一家一命，要时同去"④，表现了人民群众勇敢、倔强的斗争精神。这种斗争的烈火，在1901年以后，在全国各地已逐渐形成燎原之势。

人民群众的反抗斗争，就我们所看到的档案资料，除去西北、福建等地区在奏折中反映较少外，其他各省都是非常普遍。直隶、山东、河南、江西、江苏、浙江、湖南、广东、广西、四川、云南、贵州等省尤为突出，几乎都是全省"遍地皆匪"。清政府统治中心直隶，在1901年已是"拳匪、土匪、票匪以及海盗、游勇、马贼啸聚成群，所在皆有"⑤。广东也

---

① 收两江总督江苏巡抚署江北提督致军机处请代奏电。
② 宣统三年云南道监察御史王宝田折。
③ 宣统三年外务部主事韩葆谦等呈。
④ 光绪二十七年记名总署章京内阁中书许枋折。
⑤ 光绪二十七年直隶总督李鸿章片。

是所谓"盗风之炽，甲于他省"，"散则为小匪，聚则为大股。一星之火，倏可燎原，各属不必皆有肇乱之事，而随在皆有可以肇乱之人"①。边远地区如广西更是"匪乱日久，根深蔓广……桂、平、浔、柳、庆、思诸府县，遍地昔匪……大股纵横，群匪纷起"②，"与滇黔接壤各处，几于无地不匪，无人不匪"③。由上可见，义和团运动以后，群众的反抗斗争没有低落，而是更普遍发展起来。

当时已经出现了"人心浮动"，一触即发的形势。所谓"一有倡首发难之人，遂成星火燎原之势。……故虽拥一妇人女子、稚儿顽童，一朝而可以啸聚千百人"④。如四川的廖九妹，以一"十六岁柔弱女子"，就曾"获众数千，屡在石板滩、龙潭寺、苏家湾、三水关等处与官兵接仗。事败逃匿，悬千金重赏购之，犹不能得"⑤。这个十六岁的"柔弱女子"却不能不使四川总督岑春煊感到震惊恐惧，因而将她逮捕后，立即加以杀害。他所惊慌者固然由于廖九妹"名震一时，若获而不诛，恐未靖人心，复因而蠢动"⑥，但更主要的还是由于四川群众的反抗斗争已发展到一触即发的局面了。这虽是四川的情况，但其他地区也不例外，如1907年广东钦州、廉州的抗捐，"为首倡乱，一时伏莽游匪群起响应"⑦；1910年山东莱阳、海阳二县的抗捐，"不数日间附集者数万人"⑧，因而这种特点不仅仅是表现在部分的起事，而是所谓"民匪混成一片，几于良莠不分"⑨；"安业则民，失业则匪，匪与民相混，归伍则兵，离伍则匪，匪与兵又相混"⑩。

群众反抗斗争的普遍性，还表现在参加阶层的广泛，"有会而匪者，有兵而匪者，有民而匪者，有商而匪者，有官而匪者"⑪。自然，农民（特

---

① 光绪三十二年五月署理两广总督岑春煊折。
② 光绪三十年广西巡抚李经羲片。
③ 光绪二十九年六月署理两广总督岑春煊折。
④ 光绪二十九年四月署理四川总督岑春煊折。
⑤ 光绪二十八年署理四川总督岑春煊折。
⑥ 光绪二十八年署理四川总督岑春煊折。
⑦ 光绪三十三年两广总督张人骏折。
⑧ 宣统二年山东巡抚孙宝琦折。
⑨ 光绪三十年署理四川总督锡良折。
⑩ 光绪二十八年广西巡抚王之春折。
⑪ 光绪二十九年六月署理两广总督岑春煊折。

别是破产的农民）是反抗斗争的主要力量，但某些地主、绅士也有因切身利害被迫参加的，"甚以庠序衣冠之辈，亦多为所诱，躬陷悖逆而不自知"①。"甚至名为绅士，而甘与通谋。"②商人、市民因反抗清政府压榨而罢市的事件亦所在多有。1901、1902年，山东"潍县罢市"，"长山县之周村镇罢市"③。1904年，江苏镇江"各县罢市"④。1905年江苏清江"城内外一律罢市，聚众数千人，弹压不理"⑤，福建厦门"因关章不便于商"，"罢市毁关"⑥。1907年，广东钦州"乡民停耕，钦商罢市"⑦。至如"兵变"也是时常发生，其中参加人民反抗斗争的为数也不少，如1903年爆发的广西大起义，柳州的"兵变"就推动了斗争形势的急速发展。这里，特别值得我们提出的，是工人的参加斗争。在我们所接触到的档案资料中，有着一些反映。1901年，湖南常宁县猪婆礲磺灰矿山中，"有流匪勾结失业礲夫，抢夺滋扰"⑧。1903年，哥弟会傅渼球曾至"萍乡，安源一带地方，煽惑路矿佣工之人，分领飘布，希图纠结起事"⑨。同年，云南个旧锡厂砂丁在周云祥领导下，因反抗法帝国主义修筑铁路、侵占锡厂而起事，"未及旬日，连陷临安、石屏，贼党不下万余人。及进窥通海，四出勾结，如何速，嶍峨、河西、江川、宁州、弥勒、广西、元江各处，土匪蜂起，警报纷传，势等燎原，几难收拾"⑩。1906年，洪江会"江西总头目萧克昌盘踞安源，所纠匪党约六千余人，矿工多被煽惑"，参加萍浏醴起义⑪。显然这些记载远不完全，而那些在厂矿中为改善本身生活条件的罢工斗争，我们也没有涉及，但从这里还是可以看出，这时的产业工人已和农民一起，或以会党为组织，或与资产阶级、小资产阶级革命党人发生联系，进行着反帝反封

①光绪三十三年护理四川总督赵尔丰片。
②宣统三年湖北巡抚杨文鼎折。
③光绪二十八年河南道监察御史陈恒庆折。
④光绪三十年五月十九日上谕。
⑤光绪三十一年收裁缺江淮巡抚恩寿致政务处电。
⑥光绪三十一年收福州将军崇善致军机处外务部商部请代奏电。
⑦光绪三十三年收两广总督致军机处请代奏电。
⑧光绪二十八年湖南巡抚俞廉三折。
⑨光绪二十九年护理江西巡抚柯逢时片。
⑩光绪二十九年署理云贵总督丁振铎等折。
⑪光绪三十三年湖广总督张之洞等折。

建的武装斗争。

少数民族的纷纷展开反帝反封建斗争，也是这一时期人民群众反抗运动普遍性、广泛性的一个重要表现。从档案资料所反映出来的，当时起事的少数民族包括蒙、藏、回、苗、彝、僮、佧佤、黎族等。自1903年至1910年，四川大凉山彝族不断起来抗清。1903年，云南镇边厅彝族张朝元等聚众三千余人，佧佤族李三明、刀文林等号称五六千人，先后起事，互相响应，"攻据汉土城寨"①。1904年，云南西隆州属苗冲三分地方苗民李朝富聚众起事。1905年，四川巴塘藏族因清驻藏帮办大臣凤全"袒庇洋人"，聚众三千余人起事，杀凤全及其随从人员五十余人。法国司铎二人，并焚毁教堂、粮署。这次起事，影响到云南"维西厅属僧蛮，同巴匪勾煽，聚众叛乱……纠党数千人，分扰江东西地方，围攻教堂。……茨姑教堂被毁，教士余伯南、蒲德元等被戕"②。1906年，贵州都匀府属苗民李阿友等，因抗缴学堂捐，"聚众闯入府署滋闹，旋复分党，报复团首，枪杀教民"③；贵定苗民罗法先响应李阿友，"号召百余寨之多，拥众负嵎，抗官拒敌"④。1907年，热河朝阳蒙民聚众约二千人，"将税局烧毁"⑤。同年，广东海南岛"由临儋下抵崖州，黎人为乱，层见叠出，而崖、感、昌三属为尤甚"⑥。

从上述的地区、时间、阶层、民族等所表现的辛亥革命前十年间人民群众反抗斗争的普遍性、广泛性，可以表述为小股、众多、连绵不断；虽然其中也有一些是拥众数千人甚至数万人，势力较大者。这种特点，从岑春煊向清廷汇报川省"办匪情形"的奏折中可以得到反映。他说："溯查咸丰同治年间，川省匪徒无虑数十百股，然均有一定匪首，歼厥渠魁，胁从自散。此次匪徒，则不惟匪首难得主名，即股数亦无一定，大都无知妇孺、会匪、饥民，聚党数十人或数百人，便图起事，倡立不经名目，如顺天灵祖、活孔明、活土地、活观音之类，不一而足，各股皆同。及经大兵

①光绪二十九年署理云贵总督丁振铎等折。
②光绪三十一年云贵总督丁振铎折。
③光绪三十二年署理贵州巡抚湖北按察使岑春煊折。
④光绪三十二年护理贵州巡抚按察使兴禄折。
⑤光绪三十四年热河都统廷杰折。
⑥光绪三十三年广东举人唐炳章呈。

进剿，则又不耐一战，弃械狂奔，混入居民；民既容留，兵自莫辨孰为匪也。迨兵远去，若辈复又聚集……旋灭旋生，猝难尽绝。"①这里可以看出，当时起事者一般说来每股人数不多，但股数很多，遇到统治阶级派兵镇压，则散入民间，"迨兵远去，复又聚集"，以致反动统治者无法也无力消灭，所谓"旋灭旋生，猝难尽绝"，"无一处可报肃清"。岑春煊所说的"及经大兵进剿，则又不耐一战"，虽也涉及一方面的情况，那就是因为起事者存在着分散性、力量小的弱点，缺乏抗击敌人的足够的力量。但这句话并不完全合乎事实，而是有所片面歪曲，显然这种"兵来则散"的做法，并不是人民的怯懦，而是有利于保存力量以便继续对敌斗争。

总之，这个时期人民群众反帝反封建斗争的普遍性、广泛性的特点，正是群众革命化的一种表现，是人民长期反帝反封建斗争的发展。辛亥革命之所以爆发，以及这一次革命高潮和义和团运动的第二次革命高潮相隔仅仅十年，而不是如义和团运动和太平天国革命的第一次革命高潮之间相距三十年之久，而且在武昌起义之后，形势迅速变化，清政府很快就垮了台，其重要因素，即在于普遍、广泛的人民群众进行反帝反封建斗争的深厚的基础和产生巨大的力量所致。

三

关于这一时期人民群众普遍性的反抗运动的斗争矛头、斗争方式以及组织形式等情况，清军机处档案为我们提供了大量材料。

从我们所看到的这一部分档案资料中，群众的反对帝国主义侵略者和反对清政府的压迫剥削斗争往往联结在一起，参并而行。或起于抗捐抗税而及于帝国主义的教会、教堂，或起于反洋教斗争而引向反抗清政府的苛政虐民。1901年，直隶深州、枣强等处，就因为"教案赔偿"，"派捐

---

① 光绪二十八年九月署理四川总督岑春煊折。

太多，民不堪命"，而"一律团练，聚众二十五六万，抗不承捐"①。这里的抗捐，矛头虽是直接指向清政府，但也是不屈服于帝国主义侵略者的表现；虽然还没有发展到爆发为武装起义的地步，但其所发生的影响却不可忽视。1902年，就在广宗、巨鹿爆发了以景廷宾为首的武装反抗斗争。这一事件是起因于抗缴赔款捐和饯粮，所谓"擅捐激变"，而其发展则显然是由于"以威猛为能，以杀人为快"的直隶总督袁世凯残酷地屠杀"广宗县三村二千余人"，"老弱妇女同日惨死无孑遗"，因而"人人自危，村村自固，联络聚众者凡十有三县，每县一呼可集数千人"②。景廷宾"竖旗造反"后，提出了"扫清灭洋"的口号，聚众至二万余人，自称大元帅，以文生刘永清为副元帅，"编列营伍，以黑旗队为先锋。附匪各村，相率演放枪炮，按期会众誓师，谋扰广宗、威县两城"，并围攻各处教堂，杀帝国主义传教士③。广宗、巨鹿人民的反抗斗争被镇压、景廷宾遭杀害后，威县人民在赵洛风父子领导下，继续进行斗争，"两三日间集众约五六千人，称为景廷宾复仇"，"谋攻教堂"④。就在这一年，河南泌阳县张沄卿"因抗摊教案赔款，被教民指控差拿，心怀忿恨。适闻高店各处乡民，赔款无力摊缴，乘隙煽胁，大家允从，嘱席小发约同党刀匪刘四即刘汝明、朱书堂、程劳十、罗振杰等入伙，前往楚洼等处，焚杀教堂教民，并围攻泌阳县城"⑤。1904年，江西乐平县人民因"学堂抽收靛捐"，在夏廷议领导下起事反抗，"持械入城，放火烧衙署"，并及教堂、学堂，这次斗争虽被镇压下去，但至1907年，夏廷议又在"安徽婺源与江西乐平交界之嶻崛山破庙内，聚集党羽，打造刀械，头裹红巾，自号混天大王"，率众约千人先毁乐平县属鹭鸶埠税卡，继进攻县城，夏廷议不幸阵亡，起事失败⑥。1906年，贵州都匀府属"苗民李阿友等，因该府劝办学堂，派捐过繁，聚众滋事。（贵定县）罗法先乘间与李阿友勾合党与，报复团首，杀掠教民多

---

① 光绪二十七年记名总署章京内阁中书许枋折。
② 光绪二十八年翰林院学士昆冈等折。
③ 光绪二十八年四月十四日直隶总督袁世凯折。
④ 光绪二十八年四月二十一日直隶总督袁世凯折。
⑤ 光绪二十八年河南巡抚锡良折。
⑥ 光绪三十三年江西巡抚瑞良折。

家"①。1910年，广东连州李观妹以抗钉门牌，率领群众数千人入城，捣毁总捐、屠捐各公司和中小学堂等，并毁美国教堂、女校②。同年，云南"昭通府恩镇一带，求免路股新政各捐，传单聚众，扑城仇教，声势汹汹"。而黔边威灵、关寨一带，李老么、崔香亭、黄焕章及崔女七仙姑、白花张四姐等聚众数千人，"同时竖旗起事……分三路攻袭昭城"，"几至燎原莫遏"③。这一系列的反抗斗争，不论是由于"教案赔款"的摊派而引起，或由于"新政"各捐而引起，都表现了人民对清政府的媚外卖国、同帝国主义侵略者相互勾结的愤怒，因而都必然引向对帝国主义侵略者的反抗。

由抗捐抗税而及于"仇教"，是人民反对帝国主义反对封建统治相结合的一种表现。而由"借仇教之名"引向反抗清政府的反动统治，则是这种结合的另一表现。1903年，湖南衡阳县谢濂功、陈方田"开堂放飘，约同已获正法之贺金声，倡言仇教，希图起事"④。1904年，贵州仁怀县袁清芬、袁均芬弟兄，"以仇教为名，煽惑党羽，潜谋起事。尊其父袁显猷为太老黄，其兄袁均芬为伪王，悍党何大满……为伪元帅、军师、先锋等官，编立营栅，分扎要隘"⑤。同年，云南永善县属与四川交界之钟滩里地方，钟悲受联络丁棕匠等设立红灯教，提出"打灭洋教，重兴拳会"的号召，"聚党竖旗举事"⑥。江西洪江会彭云山等，也于这一年在新昌县"借闹教为名，乘间起事"⑦。1906年，江西饶州洪莲会黄淑性等数百人，"以仇教为名，纠众竖旗起事"，势力及于鄱阳、浮梁和安徽建德等县⑧。1907年，江西南康县黄太盛等，借"民教积怨构衅，隐相勾结……乘机鼓惑……猝然暴动。上下二百余里同时响应，焚毁教堂教民房屋，戕害教士教民并派往保护之员弁兵勇。……匪势日炽，突以数百人执旗持械，乘势袭攻（赣城）。……分扰上犹、崇义各乡，焚毁扬眉寺教堂，其大股直窜南安，啸

---

① 光绪三十二年十月护理贵州巡抚按察使兴禄折。
② 宣统二年署理两广总督张鸣岐折。
③ 宣统二年云贵总督李经羲致军机处请代奏电。
④ 光绪三十一年调署江苏巡抚署湖南巡抚陆元鼎折。
⑤ 光绪三十年署理贵州巡抚李经羲折。
⑥ 光绪三十年云贵总督丁振铎等折。
⑦ 光绪三十年署江西巡抚夏时折。
⑧ 光绪三十二年江西巡抚吴重熹折。

聚离郡城十余里之浮江墟，围攻郡城"，"势甚猖獗"。清朝统治者调动了广东、湖南的兵力"援剿"，才把起事队伍镇压下去①。四川省的斗争尤为突出，所谓"川省素称多盗……积匪饥民，仍往往假托邪拳，以图劫掠"②。"操习邪拳，纠众仇教，或劫掠伤人，或据巢抗官。"③"托左道以惑人，借仇教以聚众。"④1902年，资阳县李冈中等传习义和拳，"借词仇教"，聚众一千余人，进攻县城⑤。同时起事者，还有安岳、仁寿等县的群众，"迨至六七月间，成都、潼川、资州、湄州四属，蔓延殆遍"⑥。1904年，富顺县蓝俊章等"托名仇教，刊刻伪檄等件……在朝天寺结盟立誓"⑦。1905年春间，犍为县张老三等习拳，"初亦托名仇教"，"聚党众多，蓄谋滋大……分股突起。……一从镇江渡来者千余人，一从真武山来者数百人，均扑犍为县城"⑧。1907年，开县谭汝霖、活观音（吴桑氏）等，"于四月二十二日将县属岳溪场各教堂及教士所赁民间空房，与教民住房牌匾门窗等件打毁；继又毁及南门场之学教各堂……该县旋即率带防勇团丁亲往查拿。二十六日，与匪遇于陈家场，匪等竟敢率众迎战，轰毙团勇，夺去军械。勇团以众寡不敌，退守县城。匪焰由此日炽，裹胁众至数千。……遂分股窜扰，一股窜万县新场，意在扑城……一股窜扰开县之岳溪、陈市、南门、铁镇桥各场，其锋甚盛，势将围攻县城，人心惊惶，不堪揖柱。……一股扑新宁之讲治场，扰及严家场、甘棠铺、广福场、仁市场等处，学堂并酒捐油厘各局，均被打毁，抢虏绅民财产，势将攻城"⑨。这些事例表明，这时的反洋教斗争比过去有了发展，由于社会矛盾的深刻化，人民群众在斗争中认识的提高，它表现出更多的反帝和反清的联结，具有一定的组织，并以武装攻城陷地作为重要的斗争手段。

①光绪三十三年两江总督端方等折。
②光绪二十八年署理四川总督岑春煊折。
③光绪二十九年署四川总督岑春煊折。
④光绪三十年署四川总督锡良折。
⑤光绪二十八年四川总督奎俊折。
⑥光绪二十九年署理四川总督岑春煊折。
⑦光绪三十年署理四川总督锡良折。
⑧光绪三十一年署四川总督锡良折。
⑨光绪三十三年川滇边务大臣护理四川总督赵尔丰折。

上述群众性的反帝反封建斗争联结并行的两方面情况，显然并不完全，只是举其较大者为例而已。自然，在这十年间，所谓"仇教"、抗捐抗税的斗争一般说来仍然是旧式的、自发性的，也并不是任何一次都是把反帝反封建联结起来，而不乏是单独进行的。即以抗捐抗税而言，如1907年春间广东钦州廉州的抗捐斗争；1910年江西宜春县"乡民因捐仇绅"，"聚众攻城"①；同年，山东莱阳、海阳二县曲士文等，因地方官绅"浮收钱粮，侵吞积谷，苛派集捐"，起事反抗，众至数万人，影响甚大②。但是，这并不排斥前面所说的作为这个时期群众反抗斗争新的发展的特点。

除上述因"仇教"，抗捐抗税而爆为反帝反封建斗争相联结的情况之外，还有为数众多的所谓"揭竿起事"的事件。这里只能举出几个省区的一些事件为例。在江西，1906年临川县康星田聚众五六百人起事，"公然竖旗鸣号，游行各市镇"，并占踞茅排山抗击官兵，势力及于建昌县境内③。在浙江，1907年蒋六飞等于兰溪、浦江、建德三县联界之马铃山"竖旗起事，并购运军火，围攻金华、兰溪、浦江三县城"④。在山东，1906年曹州孔广东、陈土地等聚众起事，"始于郓、巨、盛于荷、曹，南扰归德，东走丰、沛，而东北蔓于兖、沂、泰安诸属。……众或千余人，少则数百人，最下六七十人"，"曹属十一县，几于无地无匪"⑤。在河南，1905年汝州"刀匪"张黑子、王天从等起事⑥；1906年遂平、西平苗金声"竖旗起事"，称开国大元帅，众至千余人⑦；1908年河北镇张增盛、赵学功"立堂号曰公议堂，散放飘布，纠人不计其数。刊刻木印，编传口号，制备大小旗帜，订立军册营章，并书洪秀全万万年牌位"，"怀庆一带，并晋豫交界地面，会匪悉听指挥"⑧；1911年豫南以王世昌等为首，"勾结会匪，党羽尤众。且潜伏山深箐密之处，窜扰鄂、豫毗连之区，兵至潜藏，兵去复

---

① 宣统二年江西巡抚冯汝骙折。
② 宣统二年山东旅京士商举人张春海等呈。
③ 光绪三十二年江西巡抚吴重熹折。
④ 光绪三十四年调补江西巡抚浙江巡抚冯汝骙片。
⑤ 光绪三十二年宗人府汉主事王宝田等呈；光绪三十三年山东巡抚杨士骧折。
⑥ 光绪三十二年河南巡抚陈夔龙片。
⑦ 光绪三十二年河南巡抚张人骏折。
⑧ 光绪三十四年河南巡抚林绍年折。

出"①。起事各股，且互相联系，影响所至，遍及全省。以广东而言，1902
年梁文廷在十万大山起事②；1903年惠州戴梅香等聚众三百余人，谋"攻城
起事"③；1904年钦州黄萝等"纠党拜会，希图滋事"④；顺德何亚永"结盟拜
会"，一夜聚集至四千余众⑤；1905年广西怀集县植天元等"勾结会匪，揭
竿起事。先扑橡集、大冈墟、永固等处……更纠合邻近一带匪党，于八月
十八日窜入（广东）广宁古外墟。……一时土匪响应，众遂逾千。……扑
广宁县城"⑥；"巨匪戴莲香纠劫龙川县之老龙墟，戕害巡检、千总。同时，
归善县属之梁化墟有会匪何乃文纠党起事，龙门县之路溪墟有会匪罗觉
山等揭竿思逞"⑦。湖南省仅以1910年的情况来说，长沙、湘潭、安化、宁
乡、益阳、祁阳、武陵、澧州、永定、安福、郴州、湘阴、巴陵、沅江、
武冈、新化、永顺、桑植、乾州、晃州、龙山等州厅县，群众"或乘机
聚众焚署毁关，或传习神拳竖旗倡乱"⑧。云贵的情况是：1902年粤边"游
匪"进入黔境，"江边彝民均被诱胁，听从开会拜台，动至千数百人""至
九月间遂纠合悍党，勾合土匪，众至万余，于初二日乘雾渡河，攻陷箐口
团营，初六日并陷兴义县城"⑨。同年，"扰滇劲匪不下百数十起，而以李二
老板、陈亚秋、巫满、周五、唐老板等股等为最悍鸷"，"各股悍党死党不
下三千余名"，曾"纠合十七股，图攻剥隘"⑩。1907年云南思茅、威远两厅
县三点会倪小斋等"潜立忠义堂名号，储器械备糗粮，分头煽惑，图谋不
轨，一月之间，拜会至六次，惑众逾千人，蔓延数厅县及各土司地面，约
期起事"⑪。1910年贵州"土匪、会匪、游勇聚众强劫、抗拒官兵等案，共

① 宣统三年河南巡抚宝棻折。
② 光绪二十三年两广总督陶模等折。
③ 光绪二十九年署理两广总督岑春煊片。
④ 光绪三十年署理两广总督岑春煊折。
⑤ 光绪三十一年山东道监察御史李灼革折。
⑥ 光绪三十一年署理两广总督岑春煊等折。
⑦ 光绪三十二年署理两广总督岑春煊折。
⑧ 宣统三年调补陕西巡抚湖南巡抚杨文鼎片。
⑨ 光绪二十九年贵州巡抚邓华熙折。
⑩ 光绪二十九年云南巡抚林绍年折。
⑪ 光绪三十三年云贵总督锡良折。

七十三起"①。特别须要提到的，是广西的情况。自1901年起，"综计通省十五府厅州，除桂林、平乐两府属尚少匪踪，此外，无处无之"②。这种情况，不能不使反动统治阶级感到极大恐慌和忧虑，惊呼"流毒遍地，裹胁日多。游勇、土匪渐与民通，久之民转畏兵，而不畏贼。推求祸始，皆由州县不能保民，防勇不能卫民，甚或指民通匪，搜抢焚掠，势更凶横，丛爵渊鱼隐为驱，民气抑塞而匪势遂以日张"③。驻藏帮办大臣桂霖甚至认为如势再发展，"以视发逆之祸抑又过之"。他说："现在匪股皆丛集于桂林、象、柳一带，势必取道辰、沅，顺流东下，分支别窜广东，效洪、杨故智。……此匪建瓴而下，窃恐群盗如毛，揭竿响应，直前则吴、楚绎骚，横决则川、陕震动。内乱未已，外患旋生。以视发逆之祸抑又过之。此奴才日夜忧惶不能已于烦渎者也。"④从起义的众多及对清政府的打击而言，其力量并不亚于金田起义之时（但思想、组织等则不如太平天国），无怪乎那些奴才们要"日夜忧惶"。我们可以具体地看一下当时的局势。1903年，陆亚发等攻占东兰州，黄飞凤等进入龙胜，覃老发占据永宁、永福、雒容三县交界的地方，黄留芝一股约数百人在庆远属之东兰、南丹、河池一带，朱五一股据河池，唐十二等股活跃于百色及泗城府属之天莪、大马一带，闭运培一股据隆安，"柳州有陈社求一股，庆远则有覃火生、韦十一两股，而匪情之最为吃紧者则为思恩一府，悍目如麦子二、王和顺、黄五肥、周特先、王特燕、石补天等"⑤。1904年，欧四、白毛七等率领二千余人攻占罗县城，曾五、苏八、彭六等约千人活跃于南丹⑥。1905年又有怀集县植天元等的"匪竿起事"。这仅是一些见于奏报的大股起事者，实际是很多的，所谓"无地不匪，大者千余为一股，小者数十为一股，匪巢匪首奚止百千。加以比岁不登，饥民为匪裹胁及甘心从匪，侥幸一日之

---

① 宣统三年贵州巡抚沈瑜庆折。
② 光绪二十九年护理广西巡抚丁体常折。
③ 光绪二十九年护理广西巡抚丁体常折。
④ 光绪二十九年驻藏帮办大臣桂霖折。
⑤ 光绪二十九年九月八日、十月三十日、十二月二十四日、三十年二月八日两广总督岑春煊折；光绪二十九年云南巡抚林绍年等折。
⑥ 光绪三十年九月两广总督岑春煊等折。

生者，所在皆有"①。清政府经过"劳师两年，糜饷三百余万……与夫两湖、云、贵各省督抚臣筹饷筹兵，助防助剿"，才算"全省粗称安静"②。但事实上广西人民并没有象岑春煊所说的"安静"了，而是仍然继续进行斗争，连广西巡抚李经羲也感到断不能"扫除"。他在1905年的奏折中说："大股击散化为小股，小股分窜化为零星。自其外面观之，军务已平定。其实右江柳、庆一带，伏莽未清，如融、罗、柳城、忻城、南丹、那地等处，悍匪犹多，仍赖兵搜剿。左江虽无扰，而历由招抚而定者，虽就羁縻，实多隐患。且各处股匪虽散，猝难尽数歼，党类众多，无非窜匿山谷，历时未久，岂能遽就消灭，惟盼兵撤防疏，乘机煽乱。地方州县即竭兵团全力，办仅能清归洪之村落，搜穷蹙之遗孽，断不能有各军威力扫除既悍且猾，身经百战之无数伏匪。"③

这些"揭竿起事"的斗争，究其原因，自是和当时的社会政治经济问题有着深刻的关系，但他们不同于前面所说的那种直接因"仇教"或"抗捐"的起事，而是以"聚党竖旗"、"揭竿起事"、"攻城略地"为职事，其斗争锋芒是指向清政府。这些起事，一般说来也仍属于旧式的自发性的反抗斗争，缺乏明确的斗争纲领，时聚时散，分散性大。

此外，反饥饿的群众性的"抢粮"，也是这时期人民进行反抗斗争的又一种表现。尤其是长江流域一带，发生"抢粮"的事件更多。1906年"湘省被灾，抢风日炽、平江、湘阴、长沙、浏阳一带尤甚，平江林姓方储米减粜，抢掠一空。……长沙，浏阳乡中，稍有积储之家，匪徒十百成群，持械勒粜"④；江西各地"纠众抢劫米船、米肆之案，层见迭出"⑤；江苏宝应、扬州及江都县属之仙女镇，均发生"抢米之案"⑥。1907年，浙江"各处聚众闹米之案，层见叠出"⑦；广东廉州"聚众千余，将王绅（师浚）

---

① 光绪三十一年两广总督岑春煊折。
② 光绪三十一年两广总督岑春煊折。
③ 光绪三十一年广西巡抚李经羲折。
④ 光绪三十二年福建道监察御史杜本崇片。
⑤ 光绪三十二年收署江西巡抚致外务部请代奏电。
⑥ 光绪三十二年收署两江总督江苏巡抚致军机处外务部电。
⑦ 光绪三十三年收浙江巡抚致军机处电。

积谷强抢"①。1910年，江苏"海州饥民，向海丰面粉公司滋闹；……宿迁亦有贫民与永丰面厂为难"②。从这些地方督抚大员所说的"层见叠出"，就可见"抢粮"事件之炽盛了。

在这些反抗斗争中，以形式而言，其类别有所谓"土匪"、"会匪"、"游匪"、"枭匪"，等等。他们各有特点，"土匪……常散而不聚；会匪日积月盛，动以数十万计；……游匪（其中有不少是变兵游勇——笔者）恃其械之习熟，皆经屡战之余……且露宿野处，飘忽无常"③。但他们所反对的敌人则是一致的，而且互相联系，所谓"然其扰害地方则勾结一气"；"盗贼、饥民、会匪、义和拳，分之为四，合之为一"④；"枭奉会匪为头目，会以枭匪为爪牙"⑤。在这些类别中，尤以会党的势力最大，最普遍，影响也最深。"会匪日积月盛，动以数十万计"这句话，还是大致可以说明问题。在这个时期中，南北各省会党十分活跃，从档案资料中所反映的情况看来，可以说是一种主要的组织形式。象"开堂立会"、"结会拜盟"、"拜台聚众"、"借会煽惑"、"开堂放飘"、"传习邪教，聚众起事"，等等，所在都有。其主要者：直隶有义和拳、天乙会，山东有大刀会、青邦、红邦，山西有江湖会，安徽有哥老会、安清会、龙华会、洪莲会，河南有在园会、长毛教、大刀会、小刀会、仁义会、弥陀会、龙华会、龙天会、英雄会（即江湖会），江西有洪江会、红邦、洪莲会、三点会、鞭刚会、义和拳、金华山会、西梁山会、卧龙山会、江炉山会、西真山会，福建有插香会、三点会，浙江有哥老会、青邦、红邦、九龙会、双龙会，江苏有哥老会、红帮、大刀会、安清邦、弥陀教、龙华会，湖北有江湖会、龙华会，湖南有哥弟会、同仇会、八宝会、洪江会、岳麓山会，广东有三元会、哥老会、三点会、小刀会、剑仔会，广西三点会"全省遍行"，云南有三点会、红灯教，贵州有灯花教、红灯教，四川有红灯教、义和拳、江

① 光绪三十三年收两广总督致外务部电。
② 宣统二年收两江总督张人骏致军机处电。
③ 光绪二十八年山东道监察御史徐德源折。
④ 光绪二十八年山东道监察御史高楠折。
⑤ 光绪二十七年安徽巡抚王之春折。

湖会、孝义会、平会、成会，陕西有哥老会，甘肃有哥老会，内蒙有义和拳，黑龙江有在理教，等等。至于由会衍派出来的堂，更是名目繁多、不胜列举。综观这些会党，仍然是以天地会、白莲教为源流所衍变出来的支派，其内部和组织、规约以至思想宗旨，一般来说也没有脱出旧的传统。从这一方面说，也可以表明这些斗争是自发的、旧式的反抗斗争。

这些难以数计的群众性的反抗斗争，之所以产生出这样大的威力，以至使清朝统治者惊慌失措，哀叹"全省糜烂"、"大局何堪设想"，呈现着摇摇欲坠的总崩溃的局势，乃在于几乎大多数都是采取了武装斗争来反抗帝国主义侵略者和清政府。象1902年直隶广宗的景廷宾起义；1903年爆发的广西全省的大起义，云南周云祥领导的锡矿砂丁的起义；1906年萍浏醴的起义；1910年山东莱阳、海阳曲士文的起义；等等，规模巨大者，固不待言。即使是那些数十人、百人的小股，也是"持械抗官"；而在少数民族中也不例外。我们在前面已经列举了不少事例，这里就不再赘引了。

四

我们在前面曾经说到这时期群众反抗运动的自发性，这只是就一般情况而言。此外，这时期群众反抗斗争还具有和过去不同的特点。这种特点，表现在有些群众斗争已和资产阶级、小资产阶级革命组织诸如兴中会、华兴会、光复会和后来的同盟会等，有了联系或受到它的影响。

还在1900年，惠州会党就同孙中山的兴中会联合，"在归善县属三州田地方竖旗起事"[①]。此后随着革命形势的日益高涨，这种情况有了进一步发展。1904年，在湖南发生了会党与华兴会联合准备进攻长沙的事件，"九月间，同闻有同仇会匪入湘放飘，潜图起事。……于醴陵县及省城，先后拿获匪目萧溃生、游得胜、何少卿三名，并搜出伪印、令旗、华兴票

---

① 光绪二十六年署两广总督广东巡抚德寿折。

等件。……萧溃生……先听从王甫臣入八宝会，充当老九，本年八月，复听从马幅（福）益即马乾，入岳麓山会，更名萧汉，推为正龙头。马幅益并交该匪华兴票多张，派充中路副办，托其散放。游得胜……先听从傅友蛟入会为匪，本年八月复听从马幅益领受华兴票，派充西路总办。……该华兴票名同仇会，内有东西南北中五路总办、付总办等名目，马幅益系五路督办。……有人在外洋购办军火，欲运到湘，定期十月在省城起事"①。从这里可以看出，组织这次起义的是华兴会，而直接主其事者则是与华兴会合作的会党领袖马幅益，在浏阳、醴陵等地联络会党，建立组织，准备在十月间攻打长沙。这次起事没有成功。

1905年同盟会成立之后，由于革命形势的发展，受革命党人的领导和组织而发动的会党等群众的起事更为频繁了。1906年山东曹州人民起事后，山东的斗争形势日益发展，因而出现了"学堂革命党闻东贼日盛，潜相结纳"的情况②。河南则是："从前盗伙得财均即俵分，近则闻由革命党为之主谋，所劫赃物蓄积一处，为购置军火，预备在永宁、内乡、裕州各山中经营巢穴，互相联络，志不在小。"③1906年，江西、湖南交界处爆发了萍、浏、醴起义。"此次会匪总名曰洪江会，伪称革命平心两军。匪首姜守旦、龚春台均系浏阳县人，与同伙之李金其各立山堂……随处勾结，计甚秘密。年来醴陵、平江、萍乡、万载、义宁等州县，愚民诱入会者不下数万人。……其时（光绪三十二年十月间）匪势已成，该匪姜守旦将各码头伪官派作伪统领，纠党起事，自与匪目李世仁、赖明楚、贝益生等号召义宁、万载及浏阳东乡之匪为东路一股；龚春台与匪目陈绍庄、肖传湖、曾广镅等纠集醴陵、萍乡、上栗及浏阳南乡之匪为南路一股。""二十三日，龚春台率党万人分两路直趋（浏阳）县城……南乡之匪分股数千直扑东门。"由于清军顽抗，起义军未能攻占县城。醴陵方面也是以"龚春台为首，大小十余起，后并入东路官寮为一大股，匪目瞿文光、王太云

---

① 光绪三十一年署湖南巡抚陆元鼎折。
② 光绪三十二年宗人府汉主事王宝田呈。
③ 宣统三年河南巡抚宝棻折。

领之；西路合于神福港为一大股，匪目李香国、殷子奇、廖玉山等分领之。……十月二十等日，风声愈紧，人心惊惶，萍乡、麻石、上栗之匪纷起响应，官寮、神福股匪亦同时并起，其势甚强"。同时，"江西总头萧克昌，盘踞安源，所纠匪党约六千余人，矿工多被煽惑，约定会合接应"①。萍浏醴的起义，显然是由以龚春台、姜守旦、萧克昌等为首的洪江会所领导和组织的，但它受到同盟会的影响，和同盟会的会员蔡绍南、刘道一发生联系。"浏阳县洪江会匪首姜守旦等纠觉倡乱，因曾闻由日本游学假归之江西萍乡县人蔡绍南，演革命邪说故有革命伪号。愚顽凶悍情形，固非寻常会匪可比。"②1907年秋瑾等革命党人谋在浙江起事，也是联络了会党的。"浙省会匪向有九龙、双龙等项名目……而以金华府属之武义、永康、东阳等县，台州府属之仙居，绍兴府属之嵊县，处州府属之缙云、青田、松阳、宣平等县为最多。近来风气日坏，竟有士流败类与学界中之倡言革命者联合鼓乱，由是匪势益盛。……其著名头目如徐买儿、聂李唐、王汝槐、吕观兴、张岳云等，均极犷悍，并有学界中人如竺绍康、吕凤樵、赵宏富、沈荣古、许道亨等，及举人张恭、廪贡生刘耀勋、廪生王金发、武生倪经等，皆以士流而为党目。……与绍兴大通学堂体育会勾结谋乱。……女教员革命党秋瑾及竺绍康、吕凤樵等约期起事。"③虽未及起事而遭清政府镇压，但王金发等仍然继续进行斗争，在嵊县一带先后多次"图再起事"。四川在1910年也发生了温朝钟"潜通革党"，"倡言革命……在彭水县凤池山聚义……众至千余"，攻占彭水县④。而在广东，群众反抗斗争与革命党联系的情况尤为显著，如广州府属"沙所之匪名为堂匪，设立堂名，广联声气……制旗帜号衣，新式枪炮，近联港澳革命诸党，远亦与（广）西省匪潜通"⑤。1907年，"刘恩裕、黄世钦等在钦属之三那地方，借抗捐为名，为首倡乱"之后，因清政府派军队镇压，刘恩裕不幸阵

① 光绪三十三年湖广总督张之洞湖南巡抚岑春煊折。
② 光绪三十三年湖南巡抚岑春煊折。
③ 光绪三十三年浙江巡抚张曾扬折。
④ 宣统三年护理四川总督王人文折。
⑤ 光绪三十一年两广总督岑春煊等折。

亡，势力受到挫折。但梁秀春立即"联合（广）西匪黄（王）和顺、农廿四等，勾结逆首孙汶（文），接济粮械。又遣党四处招人，贿通营队。七月间，驻防城之衡军及县署亲兵为匪内应，攻陷防城，戕官焚署。复攻扑东兴，进犯钦州，围攻灵山，几有同时糜烂之势"。"经过各处，出伪示以安民，以仇官仇学为宗旨，称为革命南军。"[1]1911年，又发生"革党余孽勾结土匪扑扰佛山署"[2]。而三合、三点、小刀、剑仔等会党也纷纷"勾结革党，崎立师团，设堂打单，明目张胆啸聚乡村，四通八达，兵多则逃散，兵少则抗拒"[3]。

革命党与会党等群众反抗斗争的结合，在封建统治者的心目中认为是"可虑"的严重问题。宗人府汉主事王宝田在1906年就看到："长江千里，会党革命党纷纷串结……大乱之剡，匪朝伊夕。"外务部主事韩葆谦等人在1911年给清政府的呈文中，也明白地暴露出十分忧虑、恐惧的心情："万一革党暗中勾结，登高响应，窃恐东窥徐、邳，北据曹、单，南通颍、亳以号召皖北数万饥民，西趋汴、洛以会合嵩、洛各县之刀匪，长驱纵横，豫东大势将有不可收拾者。"事情正是这样，革命党与群众反抗运动的结合，互相作用，因而产生更大的力量，推动了斗争形势的发展。这可从两方面来说明。由于这种直接的结合或所受到的影响，就使一些自发的、旧式的群众反抗斗争发生新的、与以前不同的性质上的变化。所谓"顾昔则游勇土匪，其志仅在抢掠，今则勾结逆党，倡言革命，竟至谋陷城池，凶焰日张，剿办愈难措手"[4]。这说明在与革命党联合的情况下，一些旧式的群众反抗运动改变了过去斗争目标的不明确，提高了思想，加强了组织，应该说是前进了一步，这样也就更加推动了革命形势的发展。同时，也正是由于这种结合，使革命党获得了群众基础，造成了有利的条件，在力量和声势上都发生了重大的作用。群众性反抗运动普遍、广泛地开展，震撼了清政府的腐朽反动统治，清封建专制统治的最后总崩溃已在

---

① 光绪三十三年两广总督张人骏折。
② 宣统三年两广总督张鸣岐片。
③ 宣统三年两广总督张鸣岐折。
④ 光绪三十三年两广总督张人骏折。

旦夕之间，因而增强了资产阶级、小资产阶级革命党人的信心，推动了革命形势的进一步发展，促成第三次革命高潮的迅速到来。

（原载《北京师范大学学报〔社会科学版〕》1961年第3期）

革命是褒词还是贬词？

——从对辛亥革命的评价谈起*

本世纪初，孙中山领导的民主革命蓬勃发展，终于在1911年爆发武昌起义，推翻了清政府的腐朽统治。辛亥革命结束了二千多年的君主专制，建立了共和国，对中国社会历史发展所起的伟大作用，不可泯没。然而，近年来学术界出现的一种对所谓"近代激进主义"进行反思和批判的言论，却对这场民主革命运动给予完全否定。其主要论点是：一、辛亥革命是激进主义思潮的结果，清朝的确是已经腐朽的王朝，但是这个形式存在仍有很大意义，宁可慢慢来，通过当时立宪派所主张的改良来逼着它迈上近代化的道路；二、辛亥革命是搞糟了，一下子痛快地把清王朝搞掉，必然军阀混战，延缓了中国近代化的进程；三、自辛亥革命后，就是不断革命："二次革命"、"护国、护法"、"大革命"，最后就是1949年的革命。直到现在，"革命"还是一个好名词、褒词，而"改良"则成为一个贬词，现在应该把这个观念明确地倒过来："革命"在中国并不一定是好事情。本文拟就上述观点加以辨析，以求对辛亥革命有一个实事求是、客观公正的评价，还历史以本来的真实面貌。

一 辛亥革命并非"激进主义思潮的结果"

按照某些人的论点，辛亥革命不过是孙中山为首的革命派所主张的

---

*与吴效马合撰。

"激进主义"思想的结果，因而是可以避免的。然而，历史事实证明，这场革命绝非某种主观意愿和人为因素的结果，而是19世纪末20世纪初民族危机严重和社会矛盾极其尖锐的产物，是清政府十分腐朽，不愿意或没有能力抵御外国侵略和领导国内变革的结果。一句话，是大势所趋，人心所向。

20世纪初，在八国联军发动侵华战争，签订了不平等的《辛丑条约》之后，清政府声称"量中华之物力，结与国之欢心"，沦为"洋人的朝廷"。由于它的卖国和腐朽黑暗的统治，不仅与人民大众的矛盾日益激化，而且与立宪派的矛盾以及统治集团内部的矛盾也愈演愈烈。风雨飘摇的清王朝，日益走向孤立的境地。

清政府为实施新政而加捐增税，勒索人民。当时，"所有柴、米、纸张、杂粮、菜蔬等项，凡民间所用，几于无物不捐"[1]；"当捐之行也，一盏灯，一斤肉，一瓶酒，无不有税"[2]，各级官吏乘机从中勒索中饱，广大民众难以为生，民怨鼎沸。人民群众不能照旧生活下去，于是纷纷起而反对清政府的腐败统治。抗捐抗税、抢米风潮、会党与农民起义等各种类型的反清斗争，遍布全国城乡，连绵不断。据统计，1902年到1911年，全国各地此伏彼起的民变多达1300余起，平均每两天半发生一次。遍及全国、越来越尖锐的阶级斗争，削弱了清政府的统治，使清王朝陷入四面楚歌的困境中，为辛亥革命的爆发创造了客观的社会环境和群众基础。

清政府的倒行逆施，也日益将主张改良的立宪派推向自己的对立面。面对严重的民族危机和革命风暴的来临，立宪派一方面发动颇具规模的请愿运动，要求清政府速开国会和成立责任内阁，尽快转入民主立宪的轨道；一方面领导了反对清政府将铁路利权出卖给帝国主义的"保路运动"。然而，这两次运动都遭到清政府的镇压。清政府不可能接受立宪派的要求，接受了就意味着自身权力的丧失，因此，一次又一次拒绝立宪派的请愿要求。到准备进行第四次请愿时，清政府即命令禁止请愿活动，明白宣

---

① 中国第一历史档案馆、北京师范大学历史系编选：《辛亥革命前十年间民变档案史料》上册，第355页。
② 《论近日民变之多》，《东方杂志》1904年第1卷第11期。

布，各省如果再有"聚众滋闹情事"，该省督抚应即"查拿严办"。尽管立宪派确实没有干犯皇室尊严的用心，然而清朝统治者却不理会他们的"忠心耿耿"，而是变本加厉地加强了皇族的集权统治。1911年，清政府组成所谓"责任内阁"，被称为"皇族内阁"或"亲贵内阁"。事实证明，清政府的"预备立宪"，实质上只是一场骗局。这使立宪派痛心疾首，梁启超在报刊上撰文痛斥清政府是"误国殃民之政府"、"妖孽之政府"。清政府的倒行逆施，将越来越多的立宪派人士推向革命阵营，成为自己的敌对势力。那种认为腐朽的清政府的存在仍有很大意义，可以通过当时立宪派所主张的改良来逼着它迈上现代化道路的论断，并不符合历史实际，只不过是一厢情愿的主观臆造。

20世纪初，清政府内部皇族与官僚军阀集团的矛盾也愈演愈烈。袁世凯任直隶总督兼北洋大臣，练成北洋六镇新军后，权势炙手可热，实力迅速膨胀，使得皇亲贵族集团深有猛虎酣睡于卧榻之旁的忧虑。1908年慈禧太后死后，取"监国"地位的醇亲王载沣将握有实权的袁世凯放逐河南老家。这引起了官僚军阀的不满和怨恨，对清王朝更加离心离德。武昌起义爆发后，各省督抚几乎没有人为清政府效力卖命，或保持观望，或弃城逃跑，或宣布独立，与太平天国起义时期的情况大相径庭。

由上可见，辛亥革命的发生，是客观情势使然。正如列宁所说："要使革命到来，单是'下层不愿'照旧生活下去通常是不够的，还需要'上层不能'照旧生活下去。"[①]这样的革命形势在当时已经具备了。革命派起而推翻清政府，是代表了人民群众的意愿，顺应历史发展的必然趋势，并不是"激进主义的结果"。

事实上，辛亥革命的领导人和不少骨干分子，并非从一开始就主张以革命推翻清政府，而是经历了一条从改良到革命的道路。孙中山、章太炎都曾上书李鸿章，试图通过清政府自上而下的改革来挽救民族危亡，实现国家富强。然而，空前严重的民族危机和清政府的极其腐朽、专制、卖

---

① 《列宁选集》第2卷，第461页。

国，使他们在对清王朝的绝望中走向革命。秦力山、孙武等人也是在自立军起义失败后放弃了改良主张，投身革命阵营。20世纪初年之所以有越来越多的资产阶级、小资产阶级知识分子走上革命道路，是由于经过八国联军入侵后，清政府的腐败、卖国已彻底暴露，人们对它已经绝望，认为"欲思排外不得不先排满，欲先排满不得不先出以革命"（吴樾《遗书》）。革命派从出现到武昌起义，不过十几年的经历，各方面都不够成熟，力量也不算强大。然而，武昌举义的枪声一响，全国各地纷纷响应，清政府顷刻土崩瓦解。显然，将这样一场震动国内外的重大历史事件归之于"激进主义的结果"，是说不通的。这里的问题是，应该用什么样的历史观来研究历史。

还应该指出，用假设的方法来研究历史是不可取的。对于任何一个在人类历史上有重大影响的事件，不论是好是坏，我们所要着力研究的是它的发生、存在的原因和历史作用，而不能由研究者主观地去为已经发生了的历史进程另行设计一套方案。辛亥革命已经发生了，立宪派的立宪运动已经失败了，清政府也早已垮台了，时至今日，再鼓吹什么"辛亥革命应该避免"，并假设如果避免这场革命中国就已经实现现代化，无非是研究者脑子里的主观遐想，谁也不可能再回头去改变已经发生了的历史。这种假设，毫无意义，也是对历史的不负责任，不仅无益于历史研究，而且会造成思想混乱。

二 客观、公正地评价辛亥革命的历史作用

把民国年间出现的军阀混战，社会动荡，归之于辛亥革命所造成的必然结果，既不符合历史事实，也是不公正的。民国年间军阀割据和混战的出现，是袁世凯和其他军阀造成的，是帝国主义和封建主义造成的，而不是辛亥革命带来的。

武昌起义后，帝国主义列强对中国革命抱着敌视的态度，力图阻止革

命的发展，不断向革命派施加干涉和压迫，加紧扶植袁世凯，鼓吹"非袁不可收拾"。立宪派害怕革命继续发展将危及自己的既得利益，希望拥有北洋武装又受帝国主义宠信的袁世凯来维持社会"秩序"和"治安"，他们在革命内部极力散布对袁世凯的幻想，制造妥协空气。而在革命派内部，妥协思想也在发展。正是在这种形势下，辛亥革命后建立的南京临时政府只存在三个月，1912年4月1日，孙中山被迫正式解除临时大总统的职务，由袁世凯取而代之。辛亥革命遭到严重的挫败。

袁世凯窃取政权后，实行专制、卖国的反动统治。他撕毁《临时约法》，取消国会，破坏民主，使"民国"只剩下一块空招牌。进而搞尊孔复古，复辟帝制，实现他做皇帝的野心。就在袁世凯实行专制独裁统治和复辟帝制的过程中，他亲手培植的两员大将段祺瑞、冯国璋，效法他对待清政府的态度，各自发展自己的势力，逐渐抛弃对袁世凯的忠诚。而东北的张作霖，南方的滇系、桂系也都在扩张势力。袁世凯复辟帝制失败后，北洋军阀中以段祺瑞为首的皖系和以冯国璋为首的直系的分裂表面化。皖系得到日本帝国主义的支持，直系以英、美帝国主义为靠山。张作霖的奉系在日本帝国主义扶植下，成为皖直两系以外一支举足轻重的势力。南方滇系、桂系军阀也各行其是。这就出现了军阀割据以至混战不断的局面。

以上事实说明，民国年间的军阀割据和混战，是袁世凯破坏民主共和、复辟帝制的结果，是各地大小军阀所造成的，是帝国主义和封建主义的产物。袁世凯死后，帝国主义列强失去了统治中国的共同工具，便都各自寻找和培养自己的走狗，扩张侵略势力。在列强激烈争夺下，出现了各派军阀割据和混战的局面。正如毛泽东同志所说："帝国主义和国内买办豪绅阶级支持着的各派新旧军阀，从民国元年以来，相互间进行着继续不断的战争，这是半殖民地中国的特征之一。""这种现象产生的原因有两种，即地方的农业经济（不是统一的资本主义经济）和帝国主义划分势力范围的分裂剥削政策。"[1]

———

[1]《中国的红色政权为什么能够存在?》，《毛泽东选集》第1卷，人民出版社1966年，第49页。

辛亥革命也有根本性的失误，但不是因为搞掉清政府，而是由于领导这次革命的资产阶级革命派的软弱性和妥协性。革命派没有一个坚强的领导核心，缺乏一个彻底反帝反封建的斗争纲领。他们十分害怕帝国主义出面干涉，又非常恐惧农民群众把反封建斗争深入开展下去，掌权以后就压制工农群众的革命运动，解除群众武装，基层政权基本上没有触动。反帝反封建的任务没有完成，中国依然是半殖民地半封建社会，这就为袁世凯为首的北洋军阀窃取革命果实和日后的军阀割据和混战留下了隐患。

辛亥革命虽然失败，但它的伟大历史功绩不可磨灭。这次革命的伟大历史功绩，恰恰是搞掉了清政府，结束了二千余年的君主专制。它带来的直接后果，至少有两点值得提出：一、给封建主义致命的一击，使中国人民在思想上得到一次大解放，使民主观念深入人心。正如林伯渠在1956年纪念孙中山诞辰九十周年大会上的讲话中所说：自辛亥革命以后，"就是民主主义成了正统。过去专制主义是正统，神圣不可侵犯，侵犯了就要杀头。现在民主主义成了正统，同样取得了神圣不可侵犯的地位，侵犯了这个神圣固然未必就要杀头，但为人民所抛弃是没有疑问的。"二、解放了清朝专制统治禁锢下的生产力，为民国初年资本主义经济进入较大规模发展的"黄金时代"开辟了道路。

三 正确评价历史上的革命与改良

值得注意的是，否定辛亥革命的人不仅局限于对辛亥革命的否定，而且对历史上一切革命都加以否定。有的说，现在应该把"改良"作为褒词，"革命"作为贬词，"革命"在中国并不一定是好事情。有的则认为，革命不如改良，凡以大革命形式实现从传统社会向现代社会转变的国家，如法国和中国，都不能保持一等强国的地位，在转型过程中往往动乱频仍，国无宁日；而凡通过改革转入现代化轨道的国家，如英、日等国，则能保持稳定的发展。按照这种说法，不单是辛亥革命搞糟了，法国革命、美国革命、俄国十月革命、中国新民主主义革命等等，都搞糟了，只有改良才是好的。这难以令人置信，因为它没有事实根据，是对历史的歪曲。

在社会历史的发展过程中，革命是社会变革的动力，在一定的条件下，改良也可以起到某种变革社会的作用。在某一国家的近代化变革中，究竟是采取革命的方式，还是采取改良的方式，完全取决于这个国家历史状况、社会政治经济状况、阶级状况等现实国情。也就是说，一切以时间、地点、条件为转移。一个国家内部如果必须以革命的方式才能解决问题，而革命的条件又已具备，在这种情况下鼓吹改良以抵制、反对革命，就应受到贬斥。反之，如果不需要以革命的方式来解决，且又不具备革命的条件，却硬要采取革命的方式，也是不可取的。

革命和改良，既有互相矛盾的一面，又有互相依存、补充的一面。被称赞通过改良转入现代化轨道的日本和英国，其实都不是单纯靠改良的方式转入现代化轨道的。日本的明治维新虽是通过自上而下的改良来实现资本主义化，但又是以幕府末期的武装倒幕和明治初年天皇与幕府军之间的"戊辰战争"的胜利为前提和基础的。英国在确立资本主义制度的过程中，确实由于对君主制和地主贵族的妥协而带有较大程度的改良色彩。然而，没有17世纪的资产阶级革命，英国要走上资本主义道路是不可能的。

对革命、改良的得失，必须作实事求是的具体分析。完全抹煞革命，一味颂扬改良，无疑是错误的。稍具历史常识的人都知道，通过革命方式实现从传统社会向现代社会转型的国家，并不是注定都要"动乱频仍、国无宁日"。例如，美国可谓当今世界"头号强国"，而它恰恰是通过1775—1783年的北美独立战争这场资产阶级革命而赢得民族独立和为资本主义发展扫清道路的。法国在当代虽非世界"头号强国"，却也属于发达资本主义国家，它的资产阶级革命是比较彻底的。至于那些被说成是通过改良而走上现代化轨道的国家（实际上并非如此），也未能始终"保持一种较为稳定的发展"。即如英国，它在近代史上曾经是世界"头号强国"，号称"海上霸王"，但后来却逐渐衰落，失去称霸世界的地位。

对于中国近代史上的革命与改良，也必须以历史唯物主义的观点，给予实事求是的评价。在中国近代史上，无论是戊戌维新运动，还是辛亥革命时期的立宪运动，对社会的发展都曾不同程度起过积极推进作用。但是，无论是戊戌维新运动的维新派，还是辛亥革命时期的立宪派，以至新民主主义革命时期一些主张"中间路线"的人士，都曾尝试过以改良的方式来解决中国的问题，均以失败而告终。历史证明，只有中国共产党承续辛亥革命没有完成的任务，领导中国人民进行新民主主义革命，才推翻了帝国主义、封建主义和官僚资本主义的反动统治，结束了半殖民地半封建的历史，建立了中华人民共和国，进行社会主义革命和建设，在现代化道路上阔步前进。这是铁的事实，任何人也抹煞不了的。

马克思说："革命是历史的火车头。"[1]列宁说："革命是被压迫者和被剥削者的盛大节日。人民群众在任何时候都不能像在革命时期这样以新社会制度的积极创造者的身分出现。在这样的时期，人民能够作出从市侩的渐进主义的狭小尺度看来是不可思议的奇迹。"[2]这是历史唯物主义对真正意义上的革命的恰切评价，特别是无产阶级领导的人民革命更是这样。不管有人如何否定革命，诅咒革命，我们永远是历史上革命传统的当然继承者。

（原载《求是》1996年第6期）

---

[1]《马克思恩格斯选集》第1卷，第456页。
[2]《列宁选集》第1卷，第616页。

孙中山的民族主义思想

民族主义是孙中山先生三民主义的一个组成部分，它与民权主义、民生主义紧密结合，不可分割，构成孙中山学说的基本内容。

三民主义作为一个思想体系，从同盟会成立时正式提出，到孙中山逝世，不是凝固不变，而是不断丰富发展的。就民族主义而言，也是如此。简要地说，辛亥革命前，民族主义的提出虽然和帝国主义侵略、民族危机严重分不开，但主要是"革命排满"。辛亥革命后，尤其在孙中山晚年，民族主义不仅主张国内民族平等，更明确提出了反对帝国主义侵略，实现世界上的民族平等。

一

还在1894年兴中会创立时，孙中山就提出"驱除鞑虏，恢复中华"的宗旨。1905年，在重定致公堂章程中和中国同盟会总章中，又先后提出"驱除鞑虏，恢复中国"的宗旨。按照孙中山的解释，这8个字的含义，就是"不许那不同族的人来夺我民族的政权"，"必要倾覆满洲政府"，"光复我民族的国家"。这就是说，推翻满清政府的统治，建立汉族的政权，是辛亥革命时民族主义的基本点。

孙中山"驱除鞑虏，恢复中国"的民族主义思想，显然是受传统的

"春秋大义"、"华夷之辨"的影响。他在《复翟理斯函》中说:"乃自清虏入寇,明社丘墟,中国文明沦于蛮野,从来生民祸烈未有若斯之亟也。中华有志之士,无不扼腕椎心,此仆所以出万死一生之计,而拯斯民于水火之中,而扶中华免于分崩之际也。"[①]从这段话中,可以清楚说明,孙中山自称"洪秀全第二",认为是继承太平天国的未竟事业,主要也是从"民族革命"出发的。孙中山在为刘成禺的《太平天国战史》所撰的序中认为,洪秀全即是为谋恢复"汉家故土",朱元璋推翻元朝成功,建立了明朝,洪秀全的反清虽然失败,但不应该"是朱非洪","以成功论豪杰",同样是值得称赞。从恢复"汉家故土"出发,孙中山批评罗泽南、曾国藩、左宗棠、郭嵩焘等陷于清政府"以汉攻汉之策",帮助镇压太平天国,"号称学者,终不明春秋大义"。

在辛亥革命期间,革命党人中有些人存在浓厚的种族复仇主义思想,所谓"张九世复仇主义,作十年血战之期"。但是,孙中山的民族主义不同于那种狭隘的种族复仇主义,他在解释民族主义时特别强调"对于满洲不以复仇为事",反复阐述"民族主义并非是遇着不同族的人便要排斥他,是不许那不同族的人来夺我民族的政权","惟是兄弟曾听见人说,民族革命是要尽灭满洲民族,这话大错。民族革命的原故,是不甘心满洲人灭我们的国,主我们的政,是要扑灭他的政府,光复我们民族的国家。这样看来,我们并不是恨满洲人,是恨害汉人的满洲人。假如我们实行革命时候,那满洲人不来阻害我们,决无寻仇之理"[②]。在中国同盟会成立时,有人主张用"对满同盟会"作为会名,以突出同盟会的排满目的。孙中山不赞成加"对满"二字,指出"满洲政府腐败,我辈所以革命。即令满人同情于我,亦可许入党。"[③]孙中山的这些主张,表明"驱除鞑虏,恢复中华"并不是反对所有满族人,只是反对满族统治者,反对他们把持的腐败的政权,如果汉人维护这个腐败政权,反对革命,同样也在排斥之列。这就同

①《孙中山全集》第1卷,第47页。
②《在东京〈民报〉创刊周年庆祝大会的演说》,《孙中山全集》第1卷,第324—345页。
③冯自由:《中华民国开国前革命史》上册,中国文化服务社1946年,第195页。

种族复仇主义区别开来。

还应该指出，孙中山的民族主义不专在排满，而是"与废除专制创造共和并行不悖"。他明确指出，他所领导的革命既不同于朱元璋、洪秀全"只以驱除光复自任，此外无转移"，也不同于天地会的"反满复汉"，而是"驱除鞑虏，恢复中华之外，国体民生尚当与变革"，"我们所主张的革命是三民主义和五权宪法的革命"。孙中山一再阐明民族主义必须和民权主义紧密结合起来，民族革命和政治革命一次完成，"我们推倒满洲政府，从驱除满人那一面说是民族革命，从颠覆君主政体那一面说是政治革命，并不是把它分做两次去做。讲到那政治革命的结果，是建立民主立宪政体。照现在这样的政治论起来，就算汉人为君主，也不能不革命"①。从民族革命入手，但又不受其局限，不能像朱元璋那样，"民族革命已经做完，他的政治却不过依然同汉、唐、宋相近"，无非是改朝换代，以汉族皇帝换蒙古族皇帝而已。而是要超越民族革命，建立民主立宪政体为目标；而不是满族皇帝换汉族皇帝，"敢有帝制自为者，天下共击之"。

正是基于民族主义和民权主义紧密结合的思想，武昌起义，南京临时政府成立后，孙中山主张汉、满、蒙、回、藏"五族共和"，也就是实现国内各民族的平等。他在1912年1月1日就任中华民国临时大总统发表的宣言书中宣布："国家之本，在于人民。合汉、满、蒙、回、藏诸地为一国，即合汉、满、蒙、回、藏诸族为一人。是曰民族之统一。"②号召各族人民团结起来，为维护民族统一而奋斗。

为了能够实现"五族共和"，孙中山做了不懈努力。他发布文告，要"合汉、满、蒙、回、藏为一家，相与和衷共济"，"务当消融意见，蠲除畛域"③。他致电蒙古王公，指出"群起解除专制，并非仇满，实欲合全国人民，无分汉、满、蒙、回、藏，相与共享人类之自由"，并要他们"戮力一心，共图大计，务坚忍以底成，勿误会而偾事"④。孙中山希望汉、满、蒙、

①《在东京〈民报〉创刊周年庆祝大会的演说》，《孙中山全集》第1卷，第325页。
②《临时大总统宣言书》，《孙中山全集》第2卷，中华书局1982年，第2页。
③《布告国民消融意见蠲除畛域文》，《孙中山全集》第2卷，第106页。
④《致贡桑诺尔布等蒙古各王公电》，《孙中山全集》第2卷，第48页。

回、藏各族人民"均享自由平等之幸福"①,"共濬富源,家给人足","既庶且富,又能使人人受教育"②。中华民国建立后,孙中山"五族共和"的主张和实现的目标,正如他自己所说的,"实中国四千年来历史所未有"。

二

孙中山的民族主义不仅是要解决国内的民族问题,而且是对外反对帝国主义侵略,维护国家主权,争取民族独立自由。

如前所述,辛亥革命前,孙中山的"驱除鞑虏,恢复中华"虽然不是直接针对帝国主义,而是针对满清政府,但它并不是与反对帝国主义毫不相干。他在一次演说中曾明确指出:"满清之政府腐败已极,遂至中国之国势亦危险已极,瓜分之祸已岌岌不可终日,非革命无以救垂亡,非革命无以图光复。"③这清楚地说明,孙中山的民族革命也是为了反对帝国主义侵略,挽救民族危亡。

辛亥革命后,清皇朝虽已被推翻,皇帝也被打倒了,但中国仍然遭受帝国主义的压迫掠夺。孙中山尖锐指出:"中国同外国每立一回条约,就多一损失,条约中的权利总是不平等的。"④帝国主义国家正是利用攫取的种种特权,对中国进行了政治压迫和经济掠夺。以经济掠夺而言,孙中山列举了六方面来加以揭露:"其一,洋货之侵入,每年夺我利权约五万万元;其二,银行之纸票侵入我市场,与汇兑之扣折、存款之转借等事,夺我利权者或至一万万元;其三,出入口货物运费之增加,夺我利权者约数千万至一万万元;其四,租界与割地之赋税、地租、地价三桩,夺我利权者总在四五万万元;其五,特权营业一万万元;其六,投机事业及其他种种之剥夺者当在几千万元。这六项之经济压迫,令我们所受的损失总共不下

---

①《在张家口各界欢迎会的演说》,《孙中山全集》第2卷,第451页。
②《在北京袁世凯欢宴席上的答词》,《孙中山全集》第2卷,第419页。
③《在旧金山丽婵戏院的演说》,《孙中山全集》第1卷,第442页。
④《三民主义》,《孙中山全集》第9卷,中华书局1986年,第202页。

十二万万元。……所以今日中国已经到了民穷财尽之地位了，若不挽救，必至受经济之压迫至于国亡种灭而后已。"①不论这每年损失的数字是否准确，帝国主义对中国的经济掠夺及其严重危害，则是不争的事实。

孙中山是中国民主革命的先行者，是一位对自己祖国、民族有着深厚感情的爱国者。正是基于对帝国主义侵略压迫的愤恨，孙中山坚持民族独立、维护国家主权的严正立场。还在1912年中华民国成立后不久，孙中山与新闻记者谈话时就提出"取消各口岸（之租界）"和外人在中国的特权。他表示："洋人欲拓上海租界，惟吾人不允，此乃当然之理也。譬如别国今居中国之地位，岂不亦如中国之作为乎？若为英人，则必不欲有德人租界于伦敦也明甚。"②当时，外国侵略者在中国横行霸道，为所欲为。1924年孙中山北上北京"谋和平统一"，路经上海，英国想抵制他在上海登陆。孙中山很愤慨，他在接见外国记者时义正辞严地说："上海是我们中国的领土，我是这个领土的主人，他们都是客人。主人行使职权，在这个领土之内，想要怎么样便可以怎么样。"由此，他指出：不平等条约"就是我们的卖身契！""我这次到北京去，讲到对外问题，一定要主张废除中外一切不平等条约，收回海关、租界和领事裁判权。"③直到逝世之前，孙中山一再反复强调一定要废除一切不平等条约，收回主权。他说："我们中国人的地位，堕落到了这个地步，如果还不想振作国民的精神，同心协力，争回租界、海关和领事裁判权，废除一切不平等的条约，我们中国便不是世界上的国家，我们中国人便不是世界上的国民。"④并且把这个主张，写进了他的遗嘱。

孙中山处理对外关系的原则是"保持主权"，"关系主权之事，不能丧失"。民国建立前夕，他提出新政府与各国通商，应当坚持平等互利的原则，"将海关税则重行编订，务使中国有益，不能徒使西商独受其利"⑤。

①《三民主义》，《孙中山全集》第9卷，第208—209页。
②《在香港与〈南清早报〉记者威路臣的谈话》，《孙中山全集》第2卷，第389页。
③《在上海招待新闻记者的演说》，《孙中山全集》第11卷，第336—337页。
④《在神户欢迎会的演说》，《孙中山全集》第11卷，第387页。
⑤《孙中山全集》第1卷，第561页。

1921年，孙中山在《实业计划》中谈到国际共同发展中国实业时，把能否维护主权提到与中国存亡有关的高度，指出："发展之权，操之在我则存，操之在人则亡。"①这种坚持自主、反对丧失主权的对外原则，在根本上是振兴中华的目的所决定的，表现了孙中山强烈的爱国主义精神。

孙中山的民族主义有着丰富、广泛的内容，不仅是要维护自己祖国的主权，争取民族独立自由，而且还要求得世界上一切被压迫弱小民族的解放，使各民族一律平等。因此，他反对帝国主义以强凌弱，以大欺小的"霸道文化"，而"求一切民众和平等解放的文化"，他强调指出，学欧洲的科学，振兴工业，改良武器，"不是学欧洲来消灭别的国家，压迫别的民族的，我们是学来自卫的"②。中国如果强盛起来不仅不能去压迫别的民族，而且还要负起"济弱扶倾"的责任。孙中山说："中国如果强盛起来，我们不但是要恢复民族的地位，还要对于世界负一个大责任。……现在世界列强所走的路是灭人国家的，如果中国强盛起来，也要去灭人国家，也要学列强的帝国主义，走相同的路，便是要蹈他们的覆辙。所以我们要先决定一种政策，要济弱扶倾，才是尽我们民族的天职。我们对于弱小民族要扶持他，对于世界的列强要抵抗他。"③扶助弱小民族，消灭帝国主义，这是孙中山民族主义思想的最高境界。

当时，帝国主义鼓吹"世界主义"，国内有些赶时髦的人也跟着宣扬世界主义，反对民族主义。在世界上国家林立，并存在着帝国主义和被压迫的弱小民族的情况下，鼓吹所谓世界主义，只不过是一种欺骗。针对这种情况，孙中山专门揭露了帝国主义为什么要鼓吹"世界主义"，指出其真实用意在于把别人的国家征服了，"要想保全他的特殊地位，做全世界的主人翁，便是提倡世界主义，要全世界都服从"④。他还说："强盛的国家和有力量的民族已经雄占全球，无论什么国家和什么民族的利益，都被他们垄断。他们想永远维持这种垄断的地位，再不准弱小民族复兴，所以天天鼓吹世

①《孙中山选集》，第212页。
②《对神户商业会议所等团体的演说》，《孙中山全集》第11卷，第407页。
③《三民主义》，《孙中山全集》第9卷，第253页。
④《三民主义》，《孙中山全集》第9卷，第216页。

界主义，谓民族主义的范围太狭隘。其实他们主张的世界主义，就是变相的帝国主义与变相的侵略主义。"①

这里要指出，孙中山反对的是帝国主义压迫弱小民族、维持其垄断地位的世界主义，而不是笼统地反对世界主义。在他的理想中，最终是要实现世界主义。至于在什么时候、什么情况下才能讲世界主义，孙中山提出了两点想法：一是"我们受屈民族，必先要把我们民族自由平等的地位恢复起来之后，才配得来讲世界主义"②；一是把弱小民族都联合起来，用公理去打破强权，"强权打破以后，世界上没有野心家，到了那个时候，我们便可以讲世界主义"③。二者互相联系，只有实现了前者，才有可能去进行后者。

因此，孙中山提醒人们不要受帝国主义鼓吹的世界主义所煽惑，泯灭了民族思想。他反对全盘照搬西方，反对"极端崇拜外国"。他很不赞成有些中国人不加分析地盲目学习西方，批评那种一味醉心于西方文化的人，不满意有些留学生"以为到了美国，只要学成美国人一样便够了"。对于这种现象，孙中山既痛心又愤恨，指出这"是无志，只知道学人，不知道学成了想自己来做事"。醉心于西方文化，"极端崇拜外国"，必然要否定民族文化传统，对自己民族的历史文化采取虚无主义的态度。孙中山对此也予以批评，提倡发扬优秀的民族文化传统，恢复固有的道德、知识和能力。他说："我们固有的东西，如果是好的，当然要保存，不好的才可以放弃。"④正确地对待自己的民族文化传统，对于恢复民族意识，增强民族自尊心和自信心，是非常必要的，也是民族主义应有之义。

三

民族主义有不同的含义，它可以是民族复仇主义，也可以是排外主

---

①《三民主义》，《孙中山全集》第9卷，第223页。
②《三民主义》，《孙中山全集》第9卷，第226页。
③《三民主义》，《孙中山全集》第9卷，第220页。
④《三民主义》，《孙中山全集》第9卷，第243页。

义。孙中山的民族主义既不同于复仇主义，也不是封闭的、排外的。孙中山从登上中国的政治舞台开始，就批评闭关自守，主张顺应世界潮流，实行对外开放。终其一生，都为此而努力。

孙中山在他的著述中一再批评"守旧不变"、"排外自大"，以致不能进步，"不及欧美各国之强盛"。在《孙文学说》中，他集中批判了那种"荒岛孤人"的思想。他说："中国亦素来自尊自大，目无他国，习惯自然，遂成为孤立之性。故从来若欲有所改革，其采法惟有本国，其取资亦尽于本国而已，其外则无可取材借助之处也。……而向未知国际互助之益，故不能取人之长，以补己之短。中国所不知不能者，则以为必无由以致之也。虽闭关自守之局为外力所打破者已六七十年，而思想则犹是闭关时代荒岛孤人之思想。"①也就是说，在现代国际形势下，中国要求得独立富强，就应当实行对外开放，充分吸收世界上其他民族的优秀成果，取长补短，才能振兴中华，自立于世界民族之林。

对于所以造成中国闭关自守的原因，孙中山进行了严肃的分析。他不同意西方一些人把闭关自守说成是"中国人的本性"，在1904年发表的《中国问题的真解决》一文中指出："西方人中有一种普遍的误会，误以为中国人本性上是闭关自守的民族，不愿意与外界的人有所往来，只是在武力压迫之下，才在沿海开放了几个对外贸易的口岸。这种误会的主要原因，是由于对中国历史缺乏了解。历史可以提供充分的证据，证明从远古直到清朝的建立，中国人一直与邻国保有密切关系。"②孙中山认为，造成中国的闭关自守是清政府"认为种种政令，固闭自封，不令中土文明与世界各邦相接触，遂使神明之裔，日趋僿野，天赋知能，艰于发展"，"坐令吾国吾民遭世界之轻视"③。因此，他认为要改变这种落后于人的局面，"欲求发达，则不得不持开放主义"。

孙中山很注意发展实业，民国建立后，他认为发展实业乃时代潮流，

---

① 《孙文学说》，《孙中山全集》第6卷，第224页。
② 《中国问题的真解决》，《孙中山选集》，第63页。
③ 《临时大总统宣告各友邦书》，《孙中山全集》第2卷，第9、10页。

"吾人正宜迎此潮流，行开放门户政策，以振兴工商业"①，"凡是我们中国应兴事业，我们无资本，即借外国资本；我们无人才，即用外国人才；我们方法不好，即用外国方法"②。当然，这都是在不丧失主权的前提下来进行的。

在对待中外文化和进行文化建设的态度上，孙中山曾经明确提出自己的主张："发扬吾固有之文化，且吸收世界上之文化而光大之，以期与诸民族并驱于世界。"③他申明他的三民主义是"集合古今中外的学说，顺应世界的潮流，在政治上所得的一个结晶"。孙中山始终是"顺应世界的潮流"，认真地比较了中西文化，看到了"欧美近一百年来的文化，雄飞突进，一日千里，种种文明都是比中国进步得多"④。他认为："恢复了我们固有的道德、知识和能力，在今日之世，仍未能进中国于世界一等地位，如我们祖宗当时为世界之独强的。恢复我一切国粹之后，还要去学欧美之所长，然后才可以和欧美并驾齐驱。如果不学外国的长处，我们仍要退后。"⑤孙中山直到晚年都在留心探索革命的道路，并从国际上吸收新鲜的养料。

很可贵的是，孙中山认为，学习欧美，不能亦步亦趋，否则将永远步人后尘。他说："我们要学外国，是要迎头赶上去，不要向后跟着他。……现在我们知道了跟上世界的潮流，去学外国之所长，必可以学得比较外国还要好，所谓'后来者居上'。"⑥因此，他主张创造性地学欧美，"要凌驾乎欧美之上"。这显示了孙中山的远见卓识。

总之，孙中山的民族主义主张"五族共和"，在国内实现各民族一律平等，在世界上争取民族地位平等，并进而扶助其他弱小民族，反对帝国主义的强权、"霸道"。作为他的民族主义的思想基础，包含着两方面的思想渊源。一是西方的自由、平等、博爱。孙中山一再强调自由、平等、博

① 《孙中山全集》第2卷，第409页。
② 《在安徽都督府欢迎会的演说》，《孙中山全集》第2卷，第533页。
③ 《中国革命史》，《孙中山全集》第7卷，中华书局1985年，第60页。
④ 《三民主义》，《孙中山全集》第9卷，第315页。
⑤ 《三民主义》，《孙中山全集》第9卷，第251页。
⑥ 《三民主义》，《孙中山全集》第9卷，第252页。

爱这个思想，认为它和民族、民权、民生的道理是一样的。他把自由、平等、博爱看做是"经纬万端"中的"一贯之精神"，作为孜孜以求其实现的目标。另一是中国传统的"天下为公，世界大同"。孙中山所希望实现的国内各民族平等，由"全国的人民做主"，以致最终达到世界上各民族一律平等，没有强凌弱、众暴寡的"大同"理想社会。他将这二者加以融会，并为之奋斗终生，而这也成为他建构民族主义的思想基础。

（本文系1995年1月在台北市东吴大学和逸仙文教基金会
举办的海峡两岸中山先生思想学术研讨会上的报告）

孙中山与李大钊*

65年前，李大钊曾"因列宁先生想到中山先生"，将孙中山与列宁的思想、精神与品格"比较的看"，由此说明中国革命与世界革命的关系，期望国共两党人士精诚合作、致力于国民革命。今天我们也因中山先生而想到李大钊，拟将他们二人联系起来看。希望以他们彼此关系的角度引发几个问题进行探讨，以加深对这两位革命家及其有关历史内容的认识。

一 孙李交谊与国共合作

孙中山和李大钊，分别是与国共合作最有关系的两党领袖，对他们二人彼此的交往和友谊进行考察，于我们认识国共合作的形成和初期的发展，是很有必要的。

据宋庆龄回忆，孙中山同李大钊的最早交往发生在1919年。她说："早在1919年，他（指孙中山——引者）就同李大钊等人有了接触，他看到人们孜孜不倦地研究马克思主义和列宁的著作，感到非常高兴。"[①]可惜她没有对此提供具体的证据。从孙中山在五四前后的思想状态和行为来看，他和李大钊在1919年有过接触是存在可能的。经过一次又一次革命的失败，

---

*与黄兴涛合撰。
① 尚明轩等编：《孙中山生平事业追忆录》，人民出版社1981年，第430页。

尤其是护法战争的失败，孙中山意识到帝国主义列强和封建军阀都不足靠，从而陷入到深深的失望之中。俄国十月革命的胜利，给他带来了启发和希望。从1918年开始，他就与苏俄有了表示合作愿望的书信来往。而他个人对马克思和社会主义的兴趣，则是早已有之。五四前后，他的最亲密的助手朱执信热衷于研究马克思、列宁，善意地介绍苏俄，从这一个侧面也反映了孙中山对人们研究马克思、列宁感到高兴之事确属不误。在五四运动期间，孙中山爱看《每周评论》，且有营救陈独秀和胡适的举措[①]。之后又派戴季陶、沈玄庐创办《建设》和《星期评论》，以共同致力于新文化运动，而戴、沈等人皆与李大钊相熟识。上述这一切都说明在1919年间，孙中山对新文化运动的巨子，热情介绍苏俄、宣传布尔什维克主义的李大钊不会感到陌生，且有可能接触。但是，这种接触即使有过，恐怕也不会多，更不会很正式。直到1922年8月以前，李大钊在文章中似乎都未曾提到孙中山的名字。1921年夏，当共产国际代表马林来华、希望见到孙中山与其商谈合作事宜时，李大钊不是直接给孙中山写介绍信，而是请求蔡元培帮忙予以介绍。[②]这也说明，在此之前，孙李之间并没有什么正式的交往。

孙中山同李大钊的正式接触，是1922年8月在上海的那几次著名会谈。这些会谈是中国共产党中央已作出加入国民党的决议之后，李大钊奉组织的委派而行的。在此之前，李大钊对中共中央作出这一决议起了重要作用。1921年底，马林同孙中山商谈了扩大国民党和建军等问题之后，在回国之前，曾与李大钊等中央同志多次交换意见，讨论关于联合帮助国民党的问题，并取得了李大钊等同志的大体同意。1922年5月，中共发表了第一次对时局的主张。7月又召开了"二大"，通过《关于"民主的联合战线"的决议案》。在这两个文件里，中共赞扬了孙中山所领导的国民党，真诚地批评了它对内对外政策的动摇性，并表示愿意邀请国民党等全国革新党派，建立反帝反封建的民主联合战线。8月，马林重来中国，带来了共产国际关于中共党员以个人身份加入国民党的指示。为此，中共中央于

---

① 述辑：《孙中山先生与五四运动》，《团结报》1984年5月5日。
② 张静如等：《李大钊》，上海人民出版社1981年，第94页。

8月下旬特别召开了杭州会议，对此进行议决。据陈独秀回忆说，当时他和李大钊、张国焘等都"一致反对此提议"，"其主要理由是党内联合乃混合了阶级组织，牵制了我们的独立政策"①。但张国焘的回忆则与此不同，他说当马林提出加入国民党的建议时，中共当时的高级领导人中只有李大钊最为赞同，经他向其他人进行"疏通"工作，最后才形成了决议。②从李大钊当时的思想和活动来看，张国焘的回忆似更真实。1922年前后，李大钊正热心于搞民主联合战线工作，他认为在坚持共产党彻底革命的纲领的同时，也不妨在改造中国的"最低限度"的要求上谋求"调和"的统一行动。1922年8月，李大钊从上海到杭州参加西湖会议前，曾给胡适写过一信，信中说："中山抵沪后，态度极冷静，愿结束护法主张，收军权于中央，发展县自治，以打破分省割据之局。洛阳对此，可表示一致。中山命议员即日返京。昨与溥泉、仲甫商结合'民主的联合战线'（Democratic front），与反动派决裂。……《努力》对中山的态度，似宜赞助之。"③由此可见，李大钊在参加西湖会议前即持联合孙中山的态度。

西湖会议后即1922年8月底，李大钊受中央委托，专门到上海与孙中山商谈国共合作问题。孙中山热情地接待了他和同去者。此时避居上海的孙中山，经陈炯明叛变的打击后，不仅与苏俄和中共合作的愿望加强，而且同时也有着与北方军阀妥协的念头。因此，他对于李大钊这样一个既有学识又有广泛政治接触的人表示欢迎，是毫不足怪的。但李大钊与孙中山商谈的主题则仍是国共合作。后来，李大钊在《狱中自述》第三稿中回忆这段事情时写道："大约在四五年前，其时孙中山先生因陈炯明之叛变，避居上海。钊曾亲赴上海与孙先生晤面，讨论振兴国民党以振兴中国之问题。曾忆有一次孙先生与我畅论其建国方略，亘数时间，即由先生亲自主盟，介绍我入国民党。是为钊献身于中国国民党之始。"在《自述》的初

---

① 陈独秀：《告全党同志书》，转引自张静如等编：《李大钊生平史料编年》，上海人民出版社1984年，第185页。
② 张国焘：《我的回忆》，转引自北京大学图书馆、北京李大钊研究会编：《李大钊史事综录》，北京大学出版社1989年，第633页。
③《李大钊文集》下册，人民出版社1984年，第955页。

稿中,"亘数时间"一句之后,尚有"先生与我等畅谈不倦,几乎忘食"[1]之语。由此可见,孙中山与李大钊二人谈话投机、情志相契的程度。

经过这些会谈,孙中山与李大钊之间的相互了解日益加深。尤其是孙中山,他认识到像李大钊这样襟怀坦白,立志改造中国的共产党人要求共同合作、振兴中华的真诚愿望,也从李大钊身上看到了中国共产党蓬勃的生机和旺盛的活力,强烈地感受到"国民党正在堕落中死亡",需要注入共产党这样的新血液。在孙中山眼中,李大钊还是个学识渊博、有勇有谋、思想明晰、朝气蓬勃而又脚踏实地的真正的值得钦敬的革命同志。因此,当他还在与李大钊会谈期间,就迫不及待地要求李大钊马上加入国民党,好立即帮助他进行改组工作。在李大钊表示自己是第三国际的党员时,他又当即答道:"这不打紧,你尽管一面做第三国际的党员,尽管加入本党帮助我。"[2]这样,李大钊就作为共产党员最早地加入了国民党。

在此之后,孙中山开始了改组国民党的准备工作,加快了联俄联共的步伐,而李大钊则进一步成为其间的一个重要桥梁,并得到了孙中山的极大信赖。1923年初,孙中山邀请李大钊参加了为时6天的孙文、越飞会谈,并发表了《孙文越飞宣言》。也正是从这时开始,孙中山与李大钊之间过从甚密,建立起了真挚的革命情谊。与此同时,他们还对各自党内的不同意见,进行说服教育工作,以维护和推动这一宝贵的开始。

1923年初,李大钊针对共产党内一些同志对国共合作的前途表示悲观的情形时指出,尽管国民党现在很腐朽,但是"如果孙中山有决心有把握把国民党大大地改组一下,确定它的政策方针,还是大有可为的"[3]。1923年四五月,他又先后发表《普遍全国的国民党》和《实际改造的中心势力》两文,为国民党改组和国共合作制造舆论。在前文中他指出,"中国现在很需要一个普遍全国的国民党,国民党应该有适应这种需要,努力于普遍全国的组织和宣传的觉悟"。在后一文中,他认为社会改造必有一个

①《李大钊文集》下册,第890页。
②汪精卫:《中国国民党第二次全国代表大会政治报告》,《政治周报》第5期,第12页。
③栖梧老人:《回忆李大钊》,转引自张静如等:《李大钊》,第97页。

中心，国民党现在的实力还很不足，但是"这个团体尚有容纳我们考虑问题的包容力。而且孙文氏具有理解人们主张的理解力"，如果我们对之进行适当的改良，它还是可以担负改造中国中心的使命的。李大钊的这两篇文章既说服了党内同志，又鼓励了孙中山及国民党改组派。

孙中山在国民党内也做了不少说服工作，在说服不听的情况下，他则对一些顽固坚持反对立场的右派分子进行了打击或将其调离党务岗位或听任其辞职，直至不惜将其开除出党。从而表明了他对国共合作的坚决态度。

1923年夏，孙中山特地邀请李大钊赴广东，共商广东革命政府外交政策的有关问题。年底，又同他一起具体研究有关国民党一大的筹备工作事宜。

1924年1月，中国国民党第一次全国代表大会在广州开幕。会前，孙中山亲自指派李大钊作为北京地区特别代表出席。会议期间，他又以主席身分指定李大钊为大会主席团五名成员之一。李大钊还担任了其他三种审查委员，并专门作了一个有关国共合作问题的报告。在报告中，他驳斥了"国内有党"、"跨党"等右派谬论，明确说明了共产党以个人身分加入国民党的目的和意义。他的报告，受到了孙中山及其左派的支持，使得右派分子的阴谋流于破产。在这次大会上，孙中山还重新解释了"三民主义"，决定了联俄、联共、扶助农工的三大政策，并最终确认共产党和社会主义青年团员以个人身分加入国民党。李大钊等共产党人被选为国民党中央执行委员和后补中央执行委员。自此，孙中山与李大钊一起磋商、筹划，广大共产党人和国民党左派共同努力而得来的国共合作，终于正式建立。

国民党"一大"后，李大钊回到北方开展工作，不久就成为北方国民党的主要领导人物。在孙中山北上病重期间，李大钊还被任命为九个政治委员会委员之一，享有很高的地位。国民党右派为此大为不满，叫嚣什么"以共产巨子式之李大钊等为委员……实深诧异"[1]。殊不知这正是孙中山的

---

[1]《晨报》1925年2月16日，转引自张静如等：《李大钊》，第133页。

英明决定。1925年3月12日，孙中山不幸逝世。临终前，他留下了三份遗嘱，其党务遗嘱写道："必须唤起民众、及联合世界上以平等待我之民族，共同奋斗。"这反映了国共合作的基本精神。李大钊参与了这项遗嘱的草定工作。

从1922年8月至孙中山逝世，孙、李之间始终互相敬重，精诚相交，有力地推动了国共合作事业的形成和发展。宋庆龄在回忆孙中山对李大钊的情谊时曾真实地写道："孙中山特别钦佩和尊敬李大钊，我们总是欢迎他到我们家来。在同共产党进行合作以后，李大钊当选为国民党中央执行委员会委员，他一回到华北以后，就担负了国共两党在那个地区的领导任务。孙中山在见到这样的客人会常常说：他认为这些人是他的真正的革命同志。他知道，在斗争中他能依靠他们的明确的思想和无畏的勇气。"[①]李大钊对孙中山的敬重和亲情，则更有过之。他在1924年所写的《人种问题》一文中，称孙中山为"我们革命的先锋"；在《苏俄民众对于中国革命的同情》一文中，又尊孙中山为"中国革命的老祖"，并动情地介绍了苏俄人民对孙中山流露出来的"诚敬的钦感"。1924年6月，当李大钊得知路透社恶意制造孙中山逝世的谣言时，他怒不可遏，坚决主张"将那些造谣生事的，侮辱中国的外国新闻记者，驱逐出境，一个不留，才是正办"[②]。至于孙中山逝世后，他对孙中山的深切怀念和高度评价，则更好地说明了这一点。

二 一个共同涉及的问题：所谓"大亚洲主义"

孙中山和李大钊都是一生致力于中国民族解放运动的伟大革命家，在我们所从事的民族革命中，曾先后都涉及到一个与日本最有关系的问题，即所谓"大亚洲主义"。

---

① 尚明轩等编：《孙中山生平事业追忆录》，第430页。
②《李大钊文集》下册，第775页。

"大亚洲主义"，又叫"大亚细亚主义"。一般认为最早产生于19世纪90年代的日本。其早期，主要是日本国权主义团体玄洋社社员的一种主张。它的主要内容是以日本为盟主组成日、中、朝三国"亚洲大同盟"，在日本的指导下，共同驱逐欧美列强的势力出亚洲。这种主张的提出，是经明治维新后日益强盛的日本民族精神的表现，是对欧美民族感到自卑，对亚洲各落后民族又复觉自大的民族变态心理的综合反映。就其主流而言，它一开始就带有较强的对亚洲各民族的歧视性。其出笼不久，又被"黑龙会"、"浪人会"等组织予以利用和改造，成为日本帝国主义侵华侵朝的理论依据和主义的基本特点。30年代出现的所谓"大东亚共荣圈"，便是这种"大亚洲主义"恶性发展的产物。

就上述这种主流意义而言，应当说，无论是孙中山还是李大钊，一生都不曾有过"大亚洲主义"。但是，孙中山和李大钊二人却都使用过"大亚洲主义"的概念，或以其为题作演讲，或以其为题做文章，并形成过各自的"大亚洲主义"思想。

孙中山的"大亚洲主义"思想萌发较早，最早可推至1897年[①]，但他正式完整地使用这个概念，集中地论述这个问题却较晚。1924年11月28日，他北上途经日本时，在神户讲演《大亚洲主义》，这是他平生最集中地讲这一问题，也是最早使用这一完整概念。李大钊的"大亚洲主义"思想萌发虽晚，约在1915年[②]，但他于1917年2月16日发表的《新中华民族主义》一文中使用了日本人提出的"大亚细亚主义"的概念，并形成了"大亚细亚主义"的最初思想。1917年4月17日，他又发表《大亚细亚主义》一文，对这一思想进一步发展。1919年元旦，李大钊发表《大亚细亚主义与新亚细亚主义》一文，对日本的"大亚细亚主义"进行了实质的揭露和批判，同时提出了"新亚细亚主义"与之相对。1919年11月，在回答对有关问题的诘难时，他又作《再论新亚细亚主义》一文，对"新亚细亚主义"进一步作了说明和完善。

---

① 黄德发：《孙中山的"大亚洲主义"问题平议》，《华中师范大学学报（哲学社会科学版）》1987年第1期。
②《李大钊文集》上册，第121页。

如果对孙中山的"大亚洲主义"和李大钊的"亚细亚主义"进行一下比较，可以看出二者存在着共同点：

第一，他们的"大亚洲主义"或者"大亚细亚主义"，都是对日本"大亚细亚主义"的一种反响。孙中山最早具有这种思想，是萌芽于在日本从事革命活动时期，那时，日本的"大东亚主义"思潮刚刚兴起。1924年他在日本讲演《大亚洲主义》之前，也正是日本反对美国制造排日移民法运动高涨，谴责白种人对有色人种的野蛮行径、号召亚洲民族团结的"大亚细亚主义"舆论兴盛之时。李大钊主张"大亚细亚主义"也是这样，他在最初的有关文章里，总是以"近来日本之倡大亚细亚主义"来引发他的意见。

第二，他们都强调亚洲各国内部必须首先平等，日本不应压迫亚洲其他民族，尤其是中国人。孙中山以主与仆的关系为例，说明日本人若不放弃对中国的不平等条约和特权，那么"中日亲善"就只能是空话。他指出，日本"得到了欧美的霸道的文化"，"从今以后、对于世界文化的前途，究竟是做西方霸道的鹰犬，还是做东方王道的干城，就在你们日本国民去详审慎择"①。李大钊则要求亚洲各国尤其是中日应"相扶持相援助"，"若乃假大亚细亚主义之旗帜，以颜饰其帝国主义，而攘极东之霸权，禁他洲人之掠夺而自为掠夺，拒他洲人之欺凌而自相欺凌，其结果必召白人之忌，终以嫁祸于全亚之同胞。则其唱大亚细亚主义，不独不能维持亚细亚之大势，且以促其危亡，殊非亚细亚人所宜出，此则望日本人之深加注意也"②。

孙中山和李大钊的"大亚洲主义"也有两个不同点：其一，孙中山的"大亚洲主义"主张"极东门罗主义"，即认为"亚洲为亚细亚人之亚洲"，中国与日本，以亚洲主义，开发太平洋以西之富源，而美国亦以门罗主义，综合太平洋以东之势力，各遂其生长，百岁无冲突之虞"③。而李大钊的"大

---

① 《孙中山全集》第11卷，第409页。
② 《李大钊文集》上册，第450页。
③ 《孙中山全集》第4卷，中华书局1985年，第95页。

亚洲主义"则反对"极东门罗主义"，他认为"宣言者"既没有"此决心与实力，足以贯彻到底"，欧战终结后，还可能"因此宣言引起世界大战"①。不过，应当注意到，孙中山的"极东门罗主义"与日本的"极东门罗主义"又不尽相同，日本主张的"门罗主义"是以日本为主体，而孙中山的主张则是以中日同为主体。其二，尽管他们在根本上都强调亚洲各民族应当平等，但在实际的认识倾向上又有所偏重。孙中山似乎更强调日本强盛对东亚的历史影响和意义，要求它起现实的表率作用，而李大钊则偏重于强调中华民族在东亚的地位。他说："吾人终认苟无中国即无亚细亚，吾中国人苟不能自立即亚细亚人不能存立于世界，即幸而有一国焉、悍然自居为亚细亚之主人翁，亦终必为欧美列强集矢之一，而召歼灭之祸。……故言大亚细亚主义者，当以中华国家之再造，中华民族之复活为绝大之关键"②，"必新中华民族主义确能发扬于东亚，而后大亚细亚主义始能耀于世界。否则，幻想而已矣，梦呓而已矣"③。他还指出："日本国民而果有建立大亚细亚主义理想之觉悟也，首当承认吾中华为亚洲大局之柱石。""吾国民而果有建立大亚细亚主义之觉悟也，首当自觉吾人对于亚细亚之责任及于亚细亚之地位。"④这实际上是一个"新中华民族主义"，其所以称"新"而不称"大"乃在于这种主义"非欲对于世界人类有何侵略压迫之行为，即势力之所许，亦非吾人理想之所容"，他还进一步明确指出："吾人但求吾民族若国家不受他人之侵略压迫，于愿已足，于责已尽，更进而出其宽仁博大之精神，以感化诱提亚洲之诸兄弟国，俾悉进于独立自治之域，免受他人之残虐，脱于他人之束制。苟所谓大亚细亚主义者，其意义止于如斯。"⑤这种"新中华民族主义"，就是李大钊心中的"大亚细亚主义"。它体现了强烈的民族自尊和自信精神。

同孙中山的"大亚洲主义"思想发展缓慢，变化殊少不同，李大钊经过两年的认识，到1919年元旦时，他就完全看透了日本所谓"大亚细亚主

---

①《李大钊文集》上册，第307页。
②《李大钊文集》上册，第449—450页。
③《李大钊文集》上册，第303页。
④《李大钊文集》上册，第450页。
⑤《李大钊文集》上册，第450页。

义"的本质。从李大钊的文章来看，他几年来一直密切注意着日本"大亚细亚主义"思想动态。经过认真研究和分析，他得出如下精辟的结论："大亚细亚主义"，"是并吞中国主义的隐语"，"是大日本主义的变名"，"不是和平的主义，是侵略的主义；不是民族自决主义，是吞并弱小民族的帝国主义；不是亚细亚的民主主义，是日本的军国主义；不是适应世界组织的组织，乃是破坏世界组织的一个种子"①。因此，这种主义无论是对日本，还是对整个亚洲，都是一种"自杀政策"，是完全应该抛弃的。李大钊提出"一种新亚细亚主义，以代日本一部分人所倡的'大亚细亚主义'"。这种"新亚细亚主义"，"拿民族解放作基础，根本改造。凡是亚细亚的民族，被人吞并的都该解放，实行民族自决主义"，然后在此基础上组成一个亚洲"大联合"②。1919年11月，李大钊在《再论新亚细亚主义》一文中，又对这种"新亚细亚主义"进行了进一步说明。他指出，他的"新亚细亚主义"，不是"有亲疏差别的亚细亚主义"，乃是"适应世界的组织创造世界联合一部分的亚细亚主义"，谁主张强权，违反公理，我们就要反对谁。所以，从这个意义上说："亚细亚是我们划出改造世界先行着手的一部分，不是亚人独占的舞台。"③李大钊特别强调指出：他这种"新亚细亚主义"是针对日本的"大亚细亚主义"而提出的，它的第一步是对内；是受日本压迫的亚洲弱小民族起来打倒日本的"大亚细亚主义"，然后才是对欧美的"排亚主义"。实际上，李大钊的这种"新亚细亚主义"，不过是亚洲被压迫民族推翻帝国主义，实行民族解放运动的代名词罢了。所以，李大钊最后郑重地告诫人们两点：一是不要"震于日本的军国主义、资本主义的势力，轻视弱小民族和那军国主义、资本主义下的民众势力"，前者貌似强大，实际内部虚空；二是应坚信民族自决的力量，不要对帝国主义存有幻想，搞"以夷制夷"的自杀策略④。这反映了此时的李大钊对列宁主义的世界革命理论，已有了认识。他的民族主义思想达到了一个新的高度，远

---

① 《李大钊文集》上册，第609—610页。
② 《李大钊文集》上册，第611页。
③ 《李大钊文集》下册，第110页。
④ 《李大钊文集》下册，第111—112页。

远地超越了他的过去，也远远地超越了孙中山。1924年，孙中山北上途经日本时，仍没能摆脱"大亚洲主义"的幽灵，他对日本帝国主义还抱着一点幻想。而此时他已经接受了共产党的合作，受到了李大钊等共产党人关于民族革命理论多方面的影响。

三　李大钊对孙中山的怀想和评价

孙中山逝世后，李大钊怀着悲痛的心情参与组织了他的追悼会，并送了一副长长的挽联：

> 广东是现代思潮汇注之区，自明季迄于今兹，汉种孑遗，外邦通市，乃至太平崛起，类皆孕育萌兴于斯乡；先生挺生其间，砥柱于革命中流，启后承先，涤新淘旧，扬民族大义，决将再造乾坤；四十余年，殚心瘁力，誓以青天白日，满地红旗，唤起自由独立之精神，要为人间留正气。
>
> 中华为世界列强竞争所在，由泰西以至日本，政治掠取，经济侵凌，甚至共管阴谋，争思奴隶牛马尔家国；吾党适丁此会，丧失我建国山斗，云凄海咽，地黯天愁，问继起何人，毅然重整旗鼓；亿兆有众，惟工与农，须本三民五权，群策群力，遵依牺牲奋斗诸遗训，成厥大业慰英灵。[①]

在这副挽联中，李大钊高度评价了孙中山40年瘁心于民族革命事业的精神和伟大功勋，称他为"革命的中流砥柱"、中华民国的"建国山斗"，描述了孙中山逝世后举国上下的悲痛之情。一句"问继起何人，毅然重整旗鼓"，既表达了他自己对孙中山逝世后国内局势的深深担忧，又显示了

---

① 《李大钊文集》下册，第796页。

他自己的志向。最后，他号召人们遵依孙中山的遗训、完成国民革命的大业，以告慰英灵。李大钊的这副挽联，因其为国民党中地位最高的共产党领导人所做，代表了共产党人对孙中山之死以及今后革命态度，且全联较长，感情真挚，评价得当，因而在当时就格外引人注目，随之广为流传。

对于李大钊继承孙中山遗志，反击国民党右派分裂阴谋的实际斗争，我们不拟论述。在此，我们只探讨其对孙中山的怀念、宣传、认识和评价问题。

孙中山逝世之后，李大钊时刻怀念着这位与他有着深厚情谊的革命"先锋"和"老祖"。在讲述帝国主义侵华史的时候，他不由得想起孙中山，想起他所领导的民族解放运动和临终遗言，告诫人们"当如何努力，才可对得起我们的先哲，我们的革命首领，为国奋斗而劳死的孙先生！"在国民党于北京升旗典礼的时候，他又"不由得要追思那已经离开我们的总理孙先生"，想起他对青年的希望和勉励，想起他卧病在床为胜利的喜讯而乐，为军阀卖国之举而怒的伤感情景，并由此号召国共人士"肝胆相照"、"披诚相见"，在"国民领袖孙中山先生手订"的青天白日旗帜下，"牵起手来，向革命的阵线前进"[1]。在纪念列宁逝世二周年的大会上，他还是不由得"回想起我们的中山先生"，并将孙中山与列宁的人格、精神和思想两相比较，号召列宁主义信徒和中山主义信徒不必分出"此疆彼界"，而"应该紧紧的联合起来！"[2]进而，他又去研究孙中山，评判他在中国民族革命史上的位置，估价中山主义在世界革命中的意义。最后在《狱中自述》里，他仍挚情地回忆他与孙中山相交、合作的愉快往事，并以中山先生的遗嘱来驳斥所谓国民党与苏俄签订密约、出卖主权的恶毒中伤。

同1922年以前的情形相反，孙中山逝世后，李大钊在文章中经常提到孙中山。可以说，在这两年之间，对孙中山的怀念，对孙中山革命事迹的宣传与革命精神的阐发和提倡，对孙中山及其思想的研究和评价，以及通过这些来服务于国共合作的革命事业，已成为李大钊思考、工作乃至生活

---

① 《李大钊文集》下册，第837—840页。
② 《李大钊文集》下册，第846页。

的极其重要的内容之一。

李大钊对孙中山的认识和评价，可以概括为人格、精神、思想以及历史地位和贡献四个方面。李大钊认为，孙中山的人格同列宁一样，是极其高尚和伟大的，"无论是他的朋友，他的信徒，他的仇敌，都没有不承认的"[①]；孙中山的精神也同列宁一样，"遇到反动不灰心不失望"，百折不回，不断革命，为革命鞠躬尽瘁，死而后已。所以他说："列宁精神就是中山精神，就是革命者的精神！我们应该服膺这种精神！"[②]对于孙中山的思想，李大钊的论述比较分散，也比较早。还在孙中山生前，李大钊就提到了他的"三民主义"，尤其是"民族主义"。他认为三民主义相互之间的关系是："民生主义其目的；民族主义是达到这目的的手段，是三民主义的主干；至于民权主义，乃运用民生主义的方法。"[③]关于民族主义，他认为孙中山"在中国国民革命运动中的解释略有更变。其在未革命时（辛亥以前），所谓民族主义，不过是对汉满民族而言的意义；其在既革命（辛亥）以后，所谓民族主义是指合中国汉、满、蒙、回、藏五族为一家，只不过稍有汉族为中心的意义。至去年中国国民党全国代表大会于广州开会，关于民族主义又有新的解释"。这解释系分对外、对内两方面："在现世中国的民族，为要独立而反抗其他任何民族的侵略与压迫，这是对外；同时在国内经济生活不同的民族要使其解放，自决而独立，这是对内。"并指出，"国民党的民族主义经了这番解释，其意义也更新而切当了"[④]。李大钊对民族主义发展过程的论述和评价，简明清晰，大致准确。在当时能达到这种水平，实为难得。值得注意的是，与一般强调民生主义和民权主义的看法不同，李大钊认为民族主义虽是实现后者的前提和手段，但却是三民主义的"主干"。这一理解，和他对整个近代革命，尤其是孙中山领导的资产阶级革命特点的认识是紧密相关的。

孙中山逝世时，李大钊在挽联中曾提到"须本三民五权"，但在此之

①《李大钊文集》下册，第846页。
②《李大钊文集》下册，第845页。
③《李大钊文集》下册，第771—772页。
④《李大钊文集》下册，第771—772页。

后，鉴于国民党右派利用三民主义对孙中山的思想进行歪曲，并以此来反对国共合作，他便不再使用"三民主义"的总概念，而代之以"中山主义"。即使是"三民主义"之中的分支概念，他也很少谈及。从《李大钊文集》所收的文章来看，他只是在讲述中国历史上平均地权运动时，提到过一次"民生主义"的概念。他说："孙中山先生的民生主义，其中心亦在平均地权与节制资本。惜其所拟的平均地权办法，未能及身而见其实行。"①

李大钊以"中山主义"来概括孙中山的思想核心，那么，"中山主义"是什么呢？李大钊认为，"中山主义是帝国主义时代被压迫民族革命的理论和策略"②。这种理论和策略有一个发展过程，直到孙中山晚年才完全成熟。其主要内容是建立和发展一个革命政党，它能容入广大的民众参加，尤其能将民族革命纳入世界革命的轨道。实际上，李大钊所谓的"中山主义"，只是一种新的民族主义而已。这种民族主义之"新"，具体表现为"容纳中国共产党的分子"③，联合"一切平等待我之民族"和依靠广大的民众。而这三者又紧密相连。所以李大钊说："即如把共产党加入组织，就是他自己将国民革命与世界革命的关系，亲手给连接起来了。"④在这个意义上，李大钊还将"中山主义"与作为"帝国主义时代无产阶级革命的理论与策略"的"列宁主义"进行了比较，认为它们同是帝国主义时代"革命的主义"。

李大钊对孙中山革命功绩和地位的评价也正是从上述"中山主义"即民族主义角度来进行的。首先，李大钊论述了孙中山在中国民族革命史上的地位，他指出：近代中国既是"一部彻头彻尾的帝国主义压迫中国民族史"，又是"一部彻头彻尾的中国民众反抗帝国主义的民族革命史"，在浩浩荡荡的中国民族革命运动史的洪流中，"孙中山先生所指导的国民革命运动……实据有中心的位置，实为最重要的部分。他承接了太平天国民

① 《李大钊文集》下册，第824页。
② 《李大钊文集》下册，第845页。
③ 《李大钊文集》下册，第853—854页。
④ 《李大钊文集》下册，第845—846页。

族革命而把那个时代农业经济所反映出来的帝王思想，以及随着帝国主义进来的宗教迷信，一一淘洗净尽。他整理了许多明季清初流下来以反清复明为基础、后来因为受了帝国主义压迫而渐次扩大着有仇洋色彩的下层结社，使他们渐渐的脱弃农业的宗法的社会的会党的性质，而入于国民革命的正轨。他揭破满清以预备立宪、欺骗民众的奸计，使那些实在起于民族解放运动而趋于立宪运动的民众，不能不渐渐的回头，重新集合于革命的旗帜之下。他经过了长时期矫正盲目的排外仇洋运动，以后更指导着国民革命的力量，集中于很鲜明的反帝国主义的战斗。他接受了代表中国工农阶级利益的共产党员，改组了中国国民党，使国民党注重工农的组织而成为普遍的群众的党，使中国国民运动很密切的与世界革命运动相联结"。李大钊还指出："中山先生在这个运动中，是个惟一的指导者。他以毕生的精力，把中国民族革命种种运动，疏导整理、溶解联合，以入于普遍的民众，革命的正轨。"李大钊充满感情地赞颂道："他这样指导革命的功绩，是何等的伟大！他这样的指导革命的全生涯，在中国民族解放运动中，是何等的重要！"①

其次，李大钊论述了孙中山及其所领导的革命在世界革命中的地位和意义。他认为，孙中山所领导的革命是世界革命的一部分，尤其是在晚年，"真正确定了他那接近世界革命潮流的倾向"，将中国革命纳入了"世界革命的正轨"之后，其意义更加重大。他指出："孙中山先生革命的奋斗，已经唤起了沉睡的亚洲，中山主义所指导中国国民革命的成功，亦必要影响到英国、经过英国影响到欧洲，到全世界。"②

从李大钊对孙中山及其思想的上述认识和评价中，可以发现一条贯穿始终的基本线索，那就是中国的民族主义革命。这条基线同世界革命相结合，构成了李大钊关于孙中山思想的整体框架。在这个框架中，孙中山的人格思想及其所领导的资产阶级革命的主要特点和贡献，都得到了大体真实的反映和实事求是的评价。尤其是他对孙中山在中国民族革命史上地位

---

① 《李大钊文集》下册，第848页。
② 《李大钊文集》下册，第853、883页。

的评定，更是早期共产党人运用马克思主义研究近代革命史和革命家的光辉的杰作，他的好些特点，曾影响了一代马克思主义史学家。

当然，李大钊对孙中山的认识和评价也有不少缺陷。如仅将孙中山的思想归结为所谓的"中山主义"，即民族解放的革命理论和策略，把他所领导的资产阶级民主革命归结为民族革命和解放运动，是不全面的。另外，他称孙中山为其诞生以后中国革命"惟一的指导者"等提法，也有欠准确。只讲"中山主义"和"列宁主义"的同一性，将其混为一谈，而不讲它们之间的差别，乃至全然不提共产党的独立性和它在革命中的先锋作用，这在当时所起的作用，也不全是积极的。

李大钊对孙中山的追悼、怀想、认识和评价，反映了他对孙中山的深厚的革命感情，和他对孙中山所开创的国共合作事业的无限忠诚。从这当中，实际上也可反观到李大钊自身的一些特点。同孙中山一样，李大钊也具有高尚和伟大的人格，有着为革命百折不回、鞠躬尽瘁、死而后已的精神。这一点，也无论是他的朋友、他的信徒、他的仇敌，都没有不承认的。1927年4月，在《狱中自述》中，李大钊曾这样总结他的一生："钊自束发受书、即矢志努力于民族解放之事业，实践其所信，励行其所知，为功为罪，所不暇计。"[①]可见他至死都将自己视为孙中山民族革命的同志。从这个意义上看，李大钊对孙中山及其思想的理解和评价，也可作为我们认识李大钊的一面反观镜子。

（原载《史学月刊》1991年第2期）

---

① 《李大钊文集》下册，第893页。

胡适与李大钊关系论*

一

胡适与李大钊是中国现代具有典型意义的两类知识分子代表。他们最终选择的道路和结局是完全不同的。然而，他们两人的私人关系却一直很不错，算得上是一对特殊的朋友。

胡适和李大钊的相识，大约在1917年底1918年初。但他们彼此知名，可能还要早些。李大钊和陈独秀在日本留学时，都是章士钊器重的《甲寅》杂志撰稿人。而陈独秀和章士钊在1915年底以前都曾向留美的胡适约过稿，章士钊还寄去《甲寅》杂志让他帮助代售[①]。这都使胡、李相互知名成为可能。1916年春，李大钊在《新青年》发表颇有影响的《青春》一文。1917年初，胡适也在该刊登出富有盛名的《文学改良刍议》。几乎同时，胡适被聘为北京大学教授。次年2月，李大钊也被聘为北京大学图书馆主任。这样，为了新文化运动的共同理想，他们先后投身于《新青年》阵营，并相继跨入北京大学的大门。1918年1月，《新青年》杂志改为同人编辑，编辑6人，胡适和李大钊都名列其中。从此，他们既为《新青年》编辑同人，又为北京大学同事，其交往和感情逐渐密切起来。

在1919年7月以前，胡适和李大钊之间，不仅有编辑事务和文化运动

---

* 与黄兴涛合撰。

① 见耿云志：《胡适研究论稿》，四川人民出版社1985年，第345、349页。

问题的商讨，有学术文章的交流切磋，还共同参与和发起了各种社团、公益活动。如一同参与发起学余俱乐部，为李辛白父丧及救济灾区募捐；共同扶持《新潮》杂志的创办，并联名为傅斯年和罗家伦辟谣（谣传他们两人为安福俱乐部所收买）等。这些活动体现出他们两人乐于助人的共同品质和对新文化事业的同心协力。

无疑，胡、李两人友谊的基础是反封建的新文化运动的共同事业。除此之外，他们之间的进一步深入交往还有个人原因。从李大钊方面来说，他亲近胡适，起初主要是敬重胡适的学识。这种敬重在1918年尤为明显，从该年发生的两件事中可以得到说明。其一是李大钊于这年6月特请胡适将《美国的妇人》一篇讲演稿给他，以登载在他所参与编辑的《言治》季刊上。李在给该文所写的跋中说："适之先生这篇演稿写成，持以示我，谓将寄登某杂志。我读之，爱不忍释。因商之适之先生，在本志发表。我的意思，以为第一可以扩充通俗文学的范围；第二可以引起国人对于世界妇女运动的兴味；第三可以为本志开一名家讲坛的先例，为本志创一新纪元。"[1]在这里，李大钊称胡适为"名家"，并认为他的一篇演讲稿对新文化运动竟有偌大的意义，其推重之心可见一斑。而且，在同一期《言治》季刊的另一篇《强力与自由政治》文中，李大钊还特引胡适所谓"奴性逻辑"来批评那种引言为我所需，全然不顾其发生背景的思想界流行病，并将胡适在《西洋哲学史大纲》导言里关于此论的五百余字的一段长文作注。这种作法在李大钊的文章中是极为罕见的，我们当然不能以寻常视之。其二是李大钊请胡适为他看稿。大约在写《庶民的胜利》和《Bolshevism的胜利》两文同时，李曾做过一篇《俄罗斯文学与革命》的文章，认为俄国革命"全为俄罗斯文学之反响"[2]，对俄国革命和文学极为赞美。胡适是《新青年》同人中精通文学的人，李大钊将该稿请他提意见或让他修改发表都是合情合理的。但该稿却始终未发表，直到1965年清理胡适档案时才在他的藏书中发现（1979年5月20日《人民文学》第五期首次登出），原因不得

---

[1]《李大钊文集》上册，第576页。
[2]《李大钊文集》上册，第581页。

其详。

同李大钊不同，胡适对李大钊的敬重和亲近，主要由于人格方面的原因。李大钊为人正直善良，温文热情，有一种朴素敦厚的长者之风，易于接近。这一点与性情偏狭、心中易有芥蒂且专断的陈独秀形成对照，所以胡适对李大钊敬重之中还有一种亲热感，而对陈独秀毋宁说更多的只是一种尊重。在私人生活的态度方面，胡适与李大钊也有一种心理和精神上的接近。他们两人都能遵守传统的道德婚约，并认真严肃地保持旧的婚姻形式。胡适的夫人江冬秀，李大钊的夫人赵纫兰，都是纯粹的旧式女人。这种"洋"不弃"土"的行为作风，即使在当时也颇得声誉。而在相似的情况下，陈独秀却抛弃了他的前妻，不仅如此他还经常出入妓院，遗旧派人物口实。1919年2月，胡适作《不朽》一文，他在文中谈到"大我"中的"小我"应当慎重自己的行为时，曾不无感触地引用了李大钊《今》一文中的一段话，以作为警世责人的知己之言。他说："功德盖世固是不朽的善因，吐一口痰也有不朽的恶果。我的朋友李守常先生说得好：'稍一失脚，必致遗留层层罪恶种子于未来无量的人，——即未来无量的我，——永不能消除，永不能忏悔。'"[①]胡适回国时在婚姻问题上曾作出过审慎的自认为正确的抉择，自新文化运动以来，他声名日著，更感到一种谨慎行为的必要。李大钊的话既宽慰了他的过去，又提醒了他的未来，无怪乎他对此印象深刻，要引以自勉了！1918年1月和6月，李大钊和胡适先后加入了北京大学进德会，任纠察员，共同致力于道德的砥砺。但是相对说来，在这方面胡适的志向不如李大钊坚决，活动的积极性也不如李。李大钊不仅参与了进德会杂志的编辑，还最先签名表示除遵守入会基本戒约"不赌不嫖不纳妾"外，另愿遵守其他五条较高要求（不抽烟、不喝酒、不食肉、不做官吏、不当议员）中的前两条。而留过西洋的胡适则似乎不愿如此苛求自己，他没有签名。

[①] 葛懋春等编：《胡适哲学思想资料选》上，华东师范大学出版社1981年，第179页。

二

　　胡适与李大钊虽是朋友，但彼此却存在分歧。这种分歧，到1919年七八月间的"问题与主义"论战时完全明朗化，到1920年底1921年初《新青年》最后分裂时基本形成分道扬镳的局面。其实，胡、李之间的分歧在"问题与主义"之前就已发生，而分歧的因素更是早已潜伏。首先，从性格气质方面看，胡适冷静理性有余而火热激情不足。李大钊则正好相反。这只要读一读胡适那平淡如水的白话和李大钊那催人奋进的激昂文字便可感受到。胡适是个"提倡有心，创造无力"的人，惯于动嘴舞笔之事，而李大钊则是一个趋向实际、极其热心于社会实际运动的实干家。这从《北京大学日刊》所见李大钊当时参加的各种活动远较为多即可为证。当然这只是相对而言。其次，从生活经历及其对中国社会现实的观察和认识来看，他们两者之间也存在差异。胡适出身于官宦之家，从小读书，并未吃过什么苦。留洋时，由于对农业、政治、法律缺乏兴趣而专学哲学和文学。回国后，在中西强烈的反差之下，胡适也看到中国的贫穷，看到了人力车夫等下层民众的生活，然而这一切在他眼里都被冷静地视为一种"落后"的表现，"愚昧"的存在，因而认为只需要进行"启蒙"，并不把广大民众的政治解放看做急切的事情。用胡适稍后反观的话来说：当时中国最大的病源，"并不是军阀与恶官僚，乃是懒惰的心理，浅薄思想，靠天吃饭的迷信，隔岸观火的态度。这些东西是我们的真仇敌！他们是政治的祖宗父母。我们现在为他们的小孙子——恶政治——太坏了，忍不住先打击他。但我们决不可忘记这二千年思想文艺造成的恶果"[1]。然而在1919年7月以前，却并不曾见胡适对他所谓"恶政治"有"忍不住先打击"的举动。他牢牢记住了实验主义哲学老师杜威的教导，主张问题应一个个地分先后缓急具体地解决，即使谈政治也应如此。胡适正是本着这个基本观念投入到新文化运动中去的。他从回国时就宣称"二十年不谈政治，二十年不干

①葛懋春等编：《胡适哲学思想资料选》上，第222页。

政治"①，并要求《新青年》同人也像他这样。在这种以文化途径解决问题的牢固观念之下，胡适对本民族产生了一种悲观情绪，认为一切都是中国人自己不争气、不努力的结果，因而他对帝国主义也无法产生憎恶感。李大钊则不同，他出身比较贫寒，从小受尽磨难，一直对广大的下层人民的疾苦和不幸有着深刻的了解和极大的同情，并一开始就倾向于将注意力集中在群众生活和运动方面。这一点，只要阅读一下李大钊早期的著作如《隐忧篇》、《大哀篇》、《可怜的人力车夫》、《唐山煤厂的工人生活（工人不如牛马）》、《废娼问题》等，便知所言不虚。而这在胡适早期的著作中，实在是难以得见的。关心和同情广大人民群众疾苦的必然结局，便是将愤怒直接倾泄到现存的社会制度、帝国主义和军阀官僚身上。与此相一致，其民族危机意识、反帝意识和对社会现实的不满情绪也就必然得到强化。李大钊正是如此。另外，李大钊早年所学及其留日时的专业都是政治，他对政治有一种无法抑制的浓烈兴趣，并一直抱有从政的愿望。在进德会戒约中，他签名时对戒作官和议员二条没有表明态度，便透露出他对政治的有心来。这一切都促成了他对无产阶级的哲学唯物史观和阶级斗争学说发生兴趣，而后者又反过来强化前者。这里有必要做一点说明。五四新文化运动就其出发点和早期倾向而言，虽是借助思想文化途径解决问题，但这并不意味着投身该运动的每个人及其始终都排除对政治的兴趣或从事政治活动。事实上，李大钊的政治行动倾向很早就一直存在。而陈独秀还在1918年7月就已著文抱怨胡适不让他谈政治，表示要谈"关系国家民族根本存亡的政治根本问题"②。在李、陈之间李大钊则还要激进些，他在1917年就开始著文对俄国革命表示同情和关注，1918年起进而赞美之，其中影响最大的就是《庶民的胜利》和《Bolshevism的胜利》两文。诚如胡适后来所说："陈独秀在1919年还没有相信马克思主义……李大钊在1918年和1919年间，已经开始写文章称颂俄国的布尔札维克的革命了，所以陈独秀

---

① 葛懋春等编：《胡适哲学思想资料选》下，第200页。
② 陈独秀：《今日中国之政治问题》，《新青年》1918年第5卷第1期。

比起李大钊来，在信仰社会主义方面却是一位后进。"①然而，从1918年底开始，陈、李之间比陈、胡之间却逐渐有了更多的共同语言，在感情上也相应更为亲密。这年12月，他们在胡适回家奔母丧时共同创办了《每周评论》，从而实现他们谈政治的愿望。显然，这与胡适的意愿是相违背的。尽管胡适事前与闻其事，并勉强答应担任撰稿人，但实际上很少过问。后来他回忆说："七年（1918），陈先生和李大钊因为要谈政治，另外办了一个《每周评论》，我也不曾批评它。他们向我要稿子，我记得我只送了两篇短篇小说去。"②可见这时他们之间的矛盾已经逐渐明朗。

既然李大钊等能办《每周评论》谈政治，胡适当然认为他也有理由办别的刊物来谈文化。1919年5月他终于参与创办了《新中国》杂志。不过不同之处在于，对于《每周评论》的创办，除胡适外，《新青年》同人多不反对；而对于胡适创办《新中国》，情况则正好相反。从李大钊在该年4月写给胡适的一封信来看，胡适在创办《新中国》之前，曾同李大钊商量并拉他参加，但李经过一段时间的考虑之后表示不同意。他在信中说："听说《新青年》同人中，也多不愿我们做《新中国》，既是同人不很赞成，外面又有种种传说，不办也好。"③当时社会上正流传陈独秀、胡适等因鼓吹文学革命而被驱除出北京大学的谣言，可见那时新文化运动的反对势力仍很强大。面对大敌当前的形势，李大钊向胡适建议："我的意思，你与《新青年》有不可分的关系，以后我们决心把《新青年》、《新潮》和《每周评论》的人结合起来，为文学革新的奋斗。……我们大可以仿照日本'黎明会'，他们会里的人，主张不必相同，可是都要向光明一方面走是相同的。我们《新青年》的团体，何妨如此呢？"最后他恳请胡适：无论外面讲什么都可不管，"《新青年》的团结，千万不可不顾"④。对于李大钊如此诚恳的劝告，胡适似乎也不无触动，他虽仍参与创办了《新中国》，并与陶孟和一起发过稿，但其主要精力却仍放在《新青年》上。胡适拉李大

---

① 葛懋春等编：《胡适哲学思想资料选》下，第206页。
② 胡适：《一九三二年十月三十日在北京大学的讲演》，转引自张静如等编：《李大钊生平史料编年》，第63页。
③《李大钊文集》下册，第936页。
④《李大钊文集》下册，第936页。

钊办《新中国》，而李大钊又有如此一封规劝信，这是颇耐人寻味的，恐怕只有他们之间友好的私人关系方能对此作出合理解释。这种友好关系，还可从1919年五、六月间李大钊给胡适的另一封信中看到一斑。在这封信中，李大钊将杜威和一位柯先生写来的意见信寄给胡适，并写上回信大意，请他代为回复。李交代说："此信不妨稍详，兄可加入些意见。"①由此可见他们彼此的信任和友好，至少在李大钊这方面是在力图避免因思想分歧而影响到私人关系的和睦和《新青年》的团结的。

1919年6月11日，陈独秀上街散发传单时被捕入狱。胡适代替他主编《每周评论》，这显然不是一件自然的事情，鄙之者谓为"乘机控制"，敬之者称作"勇于负责"。1950年胡适在回答格里德的采访时曾说，是当时"无人敢承担这项工作"②。以李大钊在《每周评论》的固有地位和他的一贯人格来看，胡适的说法并不可信。据《知堂回想录》记载，陈独秀被捕后，胡适把同人12位招集到六味斋"共议《每周评论》善后事"，"商议的结果，大约也只是维持现状，由守常、适之共任编辑"③。这种记载恐怕是比较可信的。然而后来实际的主编却只有胡适一人，到底是怎么回事呢？可能是李大钊当时处境不宜（他随时有被捕的危险），加上他对胡适的尊重所致。因为即使他当主编，也仍得需要胡适来具体负责。由此来看，那种认为胡适乘机控制或篡夺《每周评论》主编权的说法也是根据不足的。

然而，无论怎样，胡适主持编辑工作后，《每周评论》同以往有了相当变化则是事实，而这种变化又显然不是李大钊的真实心愿。胡适的新作法是：抽掉原有的国内外大事述评两栏，对俄国的报导避免感情的倾向性，并大力宣扬实用主义，如第26、27两号就几乎全是刊载"杜威讲演录"。在第28号里，胡适已开始涉及到空谈抽象"主义"的批评问题，不过这时他只提到了军国民主义和无政府主义，对"布尔札维克主义"则没提，这或许是顾及到李大钊的情面也未可知。在这段时间内，李大钊

①《李大钊文集》下册，第939页。
②〔美〕格里德著、鲁奇译：《胡适与中国的文艺复兴》，江苏人民出版社1989年，第192页。
③周作人：《知堂回想录》，香港三育图书文具公司1980年，第357页。

对《每周评论》里的这种变化不可能没有注意到。从他这一时间所写的19篇短文和后来与胡适辩论的《再论问题与主义》中所流露的情绪来看，他既有不满但又采取了暂时宽容的态度这种可能性较大。因为他所处的是陈独秀尚在狱中、自己又岌岌可危的特殊环境，所以他只好盼陈独秀早点出来，让"只眼"重新带来"光明"①。不过这时候，李大钊还是尽力对胡适于马克思主义的最大不解处"阶级斗争"说，作了某种争辩性的解释。他告诫人们对此不要怀疑，也不用害怕②。7月下旬，李大钊因情况紧急不得不回老家避躲。就在他刚刚离京时看到胡适发表的那篇著名的《多研究些问题，少谈些主义》一文。该文的内容概括起来说不外三点：（一）多研究些问题；（二）少谈些主义，包括马克思的社会主义；（三）以解决具体问题为目标，反对"根本解决"社会问题。由于胡适已公开宣布他反对"空谈的主义"中包括马克思的社会主义，李大钊自然不能再沉默了，他撰《再论问题与主义》一文与胡适进行讨论。这里"再论"二字的使用并不是无意的，它是李大钊作出的一种仍希望在精神上保持团结的表示。后来，胡适的《三论问题与主义》和《四论问题与主义》，至少在形式上也响应了他。李大钊的不同意见主要有以下三点：（一）"问题"与"主义"不能截然分开，"主义"的危险在于空谈而不在于其本身；（二）只有大力宣传正确的"主义"，并将其同研究具体问题相结合，才能揭穿各种冒牌货，真正实现各种社会问题的解决；（三）所谓"根本解决"的问题，根据马克思主义原理，"经济问题的解决，是根本的解决"，只有经济问题解决了，才为其他具体问题的解决提供条件。但是经济问题的根本解决，又必须依赖于以阶级斗争学说为指导去从事实际的社会政治运动。李大钊的观点显然是一个马克思主义者的观点，他公开自白道："我是喜欢谈谈布尔札维克主义的。"而胡适表达的则是一个实用主义者的政治主张。后来他回忆说，当他接编《每周评论》后，眼见当时国内许多新分子"闭口不谈具体的政治问题，却高谈什么无政府主义与马克思主义。我看不过了，忍不

---

① 《李大钊文集》下册，第30页。
② 《李大钊文集》下册，第18页。

住了，——因为我是一个实验主义的信徒，——于是发愤要想谈政治"[1]。于是，也就有了"多研究些问题，少谈些主义"的宣言。毫无疑问，胡适当时与他所指应当少谈的"主义"中从原理上最不相容，且实际上冲突也最为直接明显的，正是马克思主义或"布尔札维克主义"。当时中国影响最大的"主义"有无政府主义与布尔什维克主义两种，其中前者早已流行，后者则正有大兴之势。另外，北洋军阀政府认为的"过激主义"主要指的也是后者。他们认为前者只是一种消极的表示，后者才有真正危险[2]。陈独秀的被捕和李大钊的出躲都是由于这种原因。在这种情况下，胡适谈此问题，其影响是可想而知的。高一涵后来说他这样做，是"借以表明他自己不但不是'过激派'，反而是反对'过激派'的人"[3]。李大钊在《再论问题与主义》中也说过一段不无情绪的话："或者因为我这篇论文（指《Bolshevism的胜利》），给《新青年》的同人惹出了麻烦，仲甫先生今犹幽闭狱中，而先生又横被过激党的诬名[4]，这真是我的罪过了。"李大钊这段话自然绝不是神经过敏。

全面的评价"问题与主义"之争不是本文的范围，我们关注的只是从胡适和李大钊关系的角度所提供的东西。一个有趣的结果是，李大钊自己声称他从胡适的挑战中得到一个重要启发：那就是不能空谈主义，而应当赶快以"主义"为指导去从事实际的运动，他表示说："以后誓回实际的方面去做。这是读先生那篇论文后发生的觉悟。"[5]在此，李大钊并非一种行文上的客套或有意的调侃，从他以后的思想行为中，我们确实可以看到一种真实的影响存在。如1922年他参与签名的《北京同人提案》中就说："我们现在不谈任何主义，我们只研究中国目前的事实问题，只看他要求于我们的是哪一种，是政治活动，抑或社会活动。"他的结论是："我们不要躲在战线后，空谈高深的主义与学理，我们要加入前线，与军阀及军阀所代

[1] 葛懋春等编：《胡适哲学思想资料选》上，第215页。
[2] 北洋政府内务部档案七（一○○一），《五四运动史料汇编》第10册，中国科学院历史研究所第三所南京史料整理处1958年。
[3] 高一涵：《回忆李大钊同志》，《五四运动回忆录》（续），中国社会科学出版社1979年，第116页。
[4] 胡适在《多研究些问题，少谈些主义》一文中，曾谈到有人瞎说他是"过激党"的事。
[5] 《李大钊文集》下册，第34页。

表的黑暗势力搏战了。"①这种结果当然与胡适的意愿恰相违背，在晚年写的自传中，他还埋怨李大钊同他考虑的不是一个问题。

"问题与主义"之争，多少使胡、李之间的友谊受到一些伤害。但在陈独秀出狱后，他们又团结在《新青年》周围。从1920年起，《新青年》随陈独秀移到上海编辑。起初胡适与李大钊都还寄些文章去，不久都很少再寄稿了。这在李大钊可能主要是地点不方便的缘故，而在胡适则主要由于思想分歧，因为移编后的《新青年》专门致力于宣传马克思主义和俄国革命。1920年底，胡适因对此不满向陈独秀提出关于处理《新青年》杂志的三条办法：（一）听任《新青年》流为一种特别色彩的杂志，再另创一杂志专谈哲学文学；（二）移回北京编辑，宣言"不谈政治"；（三）停办。胡适将他的意见征求在京的《新青年》同人。其中李大钊的意见是：主张第一条办法，"但如果不致'破坏《新青年》精神之团结'，我对于改编北京之议亦不反对，而绝对不赞成停办。因停办比分裂还不好"。根据大多数同人的意见，胡适将"改编北京之议"寄给陈独秀，并注上李大钊已取消第一办法，"改主移京编辑之说"②。陈独秀对此也基本同意。然而由于《新青年》杂志不久被禁，陈独秀只好将其移编到广州。至此，李大钊所希望的"《新青年》精神之团结"便不复存在。

三

胡适与李大钊之间有着不可调和的分歧，按周作人的话说是"熏莸异器"③。但即使在"问题与主义"论战乃至《新青年》正式分裂之后，他们之间却仍保持了一种友好的交往，甚至在政治上还一度有过暂时的联合。1920年8月，他们曾联名发表《争自由的宣言》，要求言论、集会、结社、

---

① 北京大学图书馆、北京李大钊研究会编：《李大钊史事综录》，第627—631页。
② 北京大学图书馆、北京李大钊研究会编：《李大钊史事综录》，第363—368页。
③ 周作人：《知堂回想录》，第356页。

出版和通信等的自由权。1921年初，当陈独秀听信谣传，责怪胡适同研究系相勾结时，李大钊主动提出，要北京《新青年》同人"共同给仲甫写一信，去辨明此事"①。1921年5月，胡适为所谓"苏梅事件"很动感情，他登广告谴责当事人易家钺的卑劣行径，以及彭一湖等为易家钺登"人格证明"启事的不负责任行为，李大钊也予以精神上的声援。5月21日晚，他约请部分"少年中国学会"会员在他家开会，讨论并决定将易家钺从该会除名。李大钊有来，胡适也有往。据日本友人伊藤武雄回忆，胡适这时候对李大钊也非常尊重。当时伊藤在日本《改造》杂志上发表了一篇论中国解放运动的文章，胡适看过后对伊藤说："你的那篇论文只字未提李大钊及其领导的马克思主义研究会对五四运动的作用，而这样是无法谈论五四运动的。"伊藤认为，"不管人们对胡适作如何评价，他在对李大钊的评价上，毕竟还是讲一句公道话"②。

然而，在友好的交往中，由于思想的根本分歧，胡、李二人一遇机会仍不可避免地直接间接发生冲突和矛盾。1922年2月12日，北京大学新闻记者同志会成立，胡适和李大钊应邀发表演说。在演说中，胡适强调："新闻宜注意活的问题，不应单讲克鲁泡特金、马克思等等死的学说。"③这实际上是从一个新角度重弹"多研究些问题，少谈些主义"的老调。李大钊对此当即提出不同看法，他说："材料虽是死的……若是随着活的事实表现出来，便是活的，有趣的"，最好的材料，如"与现实的生活不相关连，于阅者亦丝毫不发生兴趣"。他指出，对社会宣传科学知识和各种有用的思想学说，正是新闻界的责任。④由此表明传播主义的合理性。在这次演说中，胡适和李大钊还对新闻界提出了侧重点不同的要求。胡适强调新闻要发挥思想个性，李大钊则更倾向于主张在保持个性的前提下，于共同目标上谋求团结和统一。他指出："胡先生说，不希望主张必定一致，希望人人能发挥个性固然不错。但是有了这个团体，总可以借此情谊，立在同一

---

① 《李大钊文集》下册，第951页。
② 姜殿铭：《伊藤武雄忆李大钊》，北京大学图书馆、北京李大钊研究会编：《李大钊史事综录》，第439—440页。
③ 《李大钊文集》下册，第537页。
④ 《李大钊文集》下册，第537—539页。

的、知识的水平线上，常有机会来交换各人不同的意见。遇有国民的运动发生时，我们总可以定一个大目标，共同进行，以尽指导群众，而为国民的宣传的责任。"①李大钊在此虽然是对新闻同志会的要求，但也未尝不可说是对胡适的一种期望。

1922年5月14日，胡适和李大钊等16人联名发表《我们的政治主张》，这是《新青年》分裂后胡、李之间发生的一件最引人注目的大事。该文原是胡适专为《努力》做的政论，据他自己说："是第一次做政论。"写完后，他想"此文颇可为一个公开的宣言，故半夜脱稿时，打电话与守常商议，定明日在蔡先生家会议，邀几个'好人'加入"②。胡适首次写政论，并在深更半夜打电话给最先在政治上与他有明显分歧且发生过重大争论的李大钊相商，这实在不是一种寻常的现象。或许在胡适心目中，李大钊是个既有学问又有政治才能和品德的大"好人"；或许胡适认为李大钊这个政治活动的热心人最容易帮助他促成此事；或许胡适在正式起草一篇政治宣言时，很自然地想起了他第一次议政时的争论及其争论者，觉得把李大钊拉上更为周全，也更有影响。实际上，这几种心理胡适当时可能都具有，并且它们还直接影响到他所起草的宣言本身。《我们的政治主张》说："现在不谈政治则已，若谈政治，应该有一个切实的、明了的，人人都能了解的目标。我们以为国内的优秀分子，无论他们理想中的政治组织是什么（全民政治主义也罢，基尔特社会主义也罢，无政府主义也罢），现在都应该平心降格的公认'好政府'一个目标，作为现在改革中国政治的最低限度的要求。我们应该同心协力的拿这共同目标来向国中的恶势力作战。"③这段文字不仅回避了"布尔什维克主义"的提法，而且似乎也没有否认各种理想的政治上的"主义"对解决具体政治问题的价值，它承认即使谈这些"主义"，也不失为"优秀分子"的资格，并宣称这个主张是各政治派别"平心降格"的"最低限度的要求"。以上种种实为李大钊的加入提供

---

① 《李大钊文集》下册，第539页。
② 《胡适的日记》下，中华书局1985年，第352页。
③ 北京大学图书馆、北京李大钊研究会编：《李大钊史事综录》，第619页。

了前提。从这个角度看，该主张对李大钊来说，实际上是"平心降格"的结果，因为在整体上它所要实行的是胡适实用主义的政治改良。然而，李大钊却并非"降格"以徇私，更不是放弃他所主张的"布尔什维克主义"的革命，而是基于他当时的思想实际。李大钊一向认为，新旧或对立的两种思潮的并存和交锋，是推动社会进步的动力。任何主观上和实际上企图灭绝对方的想法都是不对的，也不能如愿，如硬要强行，"徒得一个与人无伤适以自败的结果"。他确信两种对立的思潮之间，"一面要有容人并存的雅量，一面更要有自信独守的坚操"①，而与此同时，又要有谋求共同性的眼光。李大钊早期喜欢谈"调和"，其"调和"的内容虽很复杂，但却有一种类似"矛盾同一性"的意思。如他说："宇宙间有一种相反之质力焉，一切自然，无所不在，由一方言之，则为对抗；由他方言之，则为调和。"②后来李大钊虽不再爱谈这两个字，但这种观念却长期存在。这就是我们所以能看到李大钊一方面在"问题与主义"论争中毫不退让，另一方面对胡适又相当宽容，而在此之后尚能一度携手的思想基础。在李大钊看来，改良活动与革命实践之间并非绝对不相容的，它们彼此之间也有着"并行不悖"之点，如他一面十分清楚社会组织不根本改造，女子卖淫必不能根绝，而一面又积极提倡废娼运动。同样，他一面能同胡适发表"好人政府"主张，而一面又明白地宣称："我们不是改良主义者，也不相信不破坏这制度，加入军阀官僚阶级中，即可将他改变过来，实现我们的主义。"③正是基于此种认识，李大钊接受了胡适所谓"最低限度的要求"。据张国焘回忆："这年六月初……李大钊先生致函我们，认为好人政府是当前混乱局势中一种差强人意的办法；一些从事新文化运动而在党外的朋友们，也直接间接表示希望中共对好人政府的主张予以支持。"④这里所谓"党外的朋友们"，自然指的是胡适等人。实际上，李大钊不仅参与发表了改良宣言，还付诸行动。1922年6月7日，他到保定同吴佩孚进行有关

①《李大钊文集》上册，第660页。
②《李大钊文集》上册，第555页。
③北京大学图书馆、北京李大钊研究会编：《李大钊史事综录》，第630页。
④张国焘：《我的回忆》，转引自北京大学图书馆、北京李大钊研究会编：《李大钊史事综录》，第621页。

商谈。6月10日带回12件电文给胡适，胡适"把他们编成一篇，在《努力》上发表"①。6月15日，中共中央公布了第一次对于时局的主张，批评了"好政府主义"，并派张国焘到北京与李大钊"谋得政治上的协调"。李大钊当时立即表示同意中央的决定，并说："前些时候他曾认为好人政府是一个可行的办法，但现在时局的发展显得不可乐观"，"上海中央这种主张是正确而合时的"②。其实，李大钊此时还并没有从思想上彻底转过弯来，要这么快就转弯也是不可能的。1922年6月19日，李大钊还曾邀胡适等人在家同吴佩孚的"军师"孙丹林进行过政治会谈③。甚至在该年的七、八、九三个月里，胡、李二人之间仍有许多关于这方面的政治话题和活动。据《胡适的日记》载：7月27日，"晚邀守常来谈政事，久不出门，竟不知国事闹到什么地步。守常谈甚久，我们都觉得现状可危"④。8月13日—14日，他们俩又同孙丹林谈关于"联省自治"的问题⑤。对李大钊这种做法，大陆学术界过去多持全否定态度。其实，在当时的历史背景下，这种"权宜做法"也是有意义的，因为他并没有因此而放弃根本的政治努力。对他的这种根本努力，胡适有时也不得不采取应酬态度，如1922年8月18日，李大钊请苏俄代表越飞（Yoffe）吃饭，邀胡适等人陪同，胡适应邀参加，并作了简单的作答式演说。⑥

值得注意的是，在这一时期，中共通过了关于建立"民主的联合战线"和国共合作的决议，而这实渗透着李大钊上述思想的影响。据张国焘回忆说：当马林提出国共合作的建议时，中共党当时的高层领导人中只有李大钊最为赞同，经他向其他人做"疏通"工作，最后才形成决议⑦。从李大钊这时给胡适写的一封信来看，他对获得能与胡适继续在某些方面团结战斗的政策依据似乎不无一种庆幸感。他告诉胡适他正在与陈独秀等"商

①《胡适的日记》下，第377页。
②张国焘：《我的回忆》，转引自北京大学图书馆、北京李大钊研究会编：《李大钊史事综录》，第621页。
③《胡适的日记》下，第382—383页。
④《胡适的日记》下，第412页。
⑤《胡适的日记》下，第428—429页。
⑥《胡适的日记》下，第432页。
⑦张国焘：《我的回忆》，转引自北京大学图书馆、北京李大钊研究会编：《李大钊史事综录》，第633页。

结合'民主的联合战线'（democraticfront）与反动派决战"的事，并要求
胡适改变过去对孙中山的批评态度，"似宜赞助之"①。胡适对此也很高兴，
他认为"这件事不可不算是一件可喜的事"②。然而，由于胡适改良立场的
顽固不化，他仍然嘲弄和反对中国共产党的反帝纲领。在《国际的中国》
一文中，他说："我们很诚挚的奉劝我们的朋友们努力向民主主义的一个
简单目标上做去，不必在这个时候牵涉到什么国际帝国主义的问题。"③这
就从根本上拒绝了与李大钊等共产党人的进一步合作。在这之后，胡适与
李大钊之间的关系也就日渐疏远了。当然这与李大钊1924年后基本不在北
大、把主要精力投入到实际革命斗争中去也有关。

　　然而，李大钊一直也没放弃对胡适的希望和争取。1926年胡适要到
英国参加庚款咨询委员会议时，李大钊建议他取道莫斯科。胡适采纳了他
的意见，并在莫斯科停了三天。其间，胡适作了一些参观访问，发回几篇
通讯，讲了一些对新俄国的亲身感受。国内的反动军阀政客因此认为他也
"赤化"了。据说，胡适原来还打算取道莫斯科回国的，但因要赴美解决
博士论文及学位之事而未能如愿。

　　就在胡适旅欧期间，李大钊于1927年4月6日被张作霖逮捕。与此同
时，蒋介石等国民党右派分子也大肆反共，屠杀共产党人。4月28日，李
大钊被杀害。这时，胡适尚在回国停留日本的途中。胡适虽然始终不同意
共产党人的根本思想和作法，但他却并不赞同这种屠杀的残暴行为。不久
之后，他便向蒋介石专制统治发出了要求人权的呼声。1930年9月，《胡适
文存》第三集出版，在其扉页上，胡适写道："纪念四位最近失掉的朋友：
李大钊先生、王国维先生、梁启超先生、单不庵先生。"在这四位先生中，
除李大钊是其从事新文化运动和政治上的朋友外，其他三位都基本上属于
学术上的相交。1932年6月24日，李大钊夫人赵纫兰写信给胡适，问及北
京大学给李大钊家属的恤金额数能否增加，时间能否延长的问题，并请他

---

① 《李大钊文集》下册，第955页。
② 葛懋春等编：《胡适哲学思想资料选》上，第275页。
③ 葛懋春等编：《胡适哲学思想资料选》上，第280页。

帮助办理此事①。这从一个侧面也反映了胡适与李大钊生前的关系。

1933年4月23日，中共北平支部联合李大钊生前友好及北京大学师生，为李大钊发起举行公祭公葬活动，胡适起初也参加了送殡队伍，但是当他看到李大钊遗像上覆盖着中共党旗时，心中十分不悦，随即便转身离开②。1934年刘半农死后，胡适曾写过一副挽联，其上联道："守常惨死，独秀幽囚，新青年旧友，而今又弱一个。"③可见其还怀念着李大钊这个旧友。胡适晚年侨居美国，在他那口述自传中，也依然清楚地记下了李大钊及其与他的争论。不过，胡适似乎已不再乐意承认李大钊是他往日的"朋友"了，而毋宁以"北大同事"称谓代之。

（原载《史学月刊》1996年第1期）

① 耿云志：《胡适研究论稿》，第440页。
② 张次溪：《李大钊先生传》，北京宣文书店1951年初稿本，第85页。
③ 石原皋：《闲话胡适》，安徽人民出版社1985年，第71页。

五四运动与马克思主义

1919年爆发的五四运动，开辟了中国历史的新纪元。从此，中国革命的任务落到了无产阶级身上，以马克思主义为指针、以中国共产党为领导的新民主主义革命由之展开。在纪念五四运动80周年的今天，在新世纪的曙光即将来临的时刻，重温前人这段奋斗、探索的历史，是很有意义的。

一 马克思主义在五四运动后的广泛传播，是中国近代历史发展的必然结果

早在19世纪末，中国人就在学习西方的过程中，开始接触到马克思的学说。20世纪初，资产阶级改良派和革命派都曾对马克思的学说做过零星的介绍。然而，由于社会历史条件的不同，当欧洲的工人阶级已找到寻求解放的"指路明灯"马克思主义并以暴力向资产阶级索取公正之时，中国的先进分子却仍高扬着资产阶级民主主义的旗帜，向着封建专制发动冲锋。直到五四运动爆发前，马克思主义在中国广泛传播的思想条件和社会基础才得以逐步形成。

资产阶级革命派领导的辛亥革命推翻了清王朝，结束了两千多年的君主制度，建立了资产阶级共和国。但是，在帝国主义和封建主义的压力下，资产阶级革命派不得不被迫将政权交到代表大地主买办阶级的袁世凯

手中。辛亥革命的失败，标志着资本主义道路在中国行不通。然而寻求真理的人们并没有因此而停下来，他们在救国救民的道路上又开始了新的探索。不久以后兴起的新文化运动便是一个很好的证明。陈独秀、李大钊等人发动的新文化运动以民主和科学为旗帜，反对旧道德提倡新道德，反对旧文学提倡新文学，反对文言文提倡白话文，并把斗争的锋芒指向维护封建制度的孔教。这场运动极大地解放了人们的思想，为五四运动的爆发和马克思主义在中国的传播创造了条件。

在第一次世界大战期间，中国社会内部发生了深刻的变化。随着中国民族资本主义的发展，工人阶级日益壮大，工人运动逐渐兴起，并开始显示出其伟大的力量。第一次世界大战结束，中国作为协约国的成员，首次以战胜国身份出现在战后的谈判桌前。在巴黎和会上，列强不顾中国的反对，将战败的德国在山东攫取的权益尽数转给了日本。消息传来，举国哗然。"中国的土地可以征服而不可以断送！中国的人民可以杀戮而不可以低头！"伟大的五四运动迅速席卷了全国，工人阶级自此登上了政治舞台。十月革命后，世界历史掀开了新的一页，资产阶级革命时代从此让位于无产阶级革命时代。世界各国的无产阶级运动都内在地需要马克思主义科学理论的指导，中国的工人运动当然也不例外，而五四运动的爆发恰好为马克思主义的广泛传播提供了政治舞台，马克思主义的广泛传播同时也适应了中国工人阶级的现实要求。

正当西方列强对我国滥施强权之时，新生的苏维埃政权却主动提出废除不平等条约，好坏对比如此鲜明，不能不使人们有所省悟。"帝国主义压迫的切骨的痛苦，触醒了空泛的民主主义的噩梦"，"学生运动倏然一变而倾向社会主义"——年轻的瞿秋白曾这样道出了时人的心声。此时的《新青年》公开发表宣言称："我们相信世界上的军国主义金力主义（按：指帝国主义和资本主义）已经造成无穷罪恶，现在是应该抛弃的了。"①从此，该刊宣传"法兰西文明"的文章明显减少，而介绍十月革命和马克思

---

① 《本志宣言》，《新青年》1919年第7卷第1期。

主义的内容则大为增加。不仅《新青年》如此，在五四运动后涌现出的大量宣传新思潮的刊物，有不少对社会主义思潮和马克思学说给予了前所未有的关注。从向西方学习到"以俄为师"、"走俄国人的路"，经过无数次的失败和选择，这个历史的结论已是呼之欲出。

二　先进的中国人经过一番理性的思索和艰苦的斗争，才完成了从对十月革命的向往到坚定地信仰马克思主义的转变

五四运动以后，马克思主义的传播成为新文化运动的主流。中国人是对各种主义进行比较并进行实验后，才最终选择了马克思主义的。其间贯穿始终的是先行者对社会现实深沉的理性思考，而不是简单的盲从。它是思考后的抉择，是对社会现实的积极回应。

五四时期是一个思想空前解放的年代。人们破除偶像，拒绝权威，主张不同的学术思想"反复辩论"、"参究互议"。以李大钊为例，他是最早接受并传播马克思主义的优秀人物。五四运动前，他就已经发表文章赞扬十月革命的胜利，认为十月革命是世界"新文明之曙光"。后来，他又主编出版了《新青年》的"马克思研究专号"（第6卷第5期），并发表了著名的长篇论文《我的马克思主义观》，第一次比较系统地准确地介绍了马克思主义的三个组成部分——政治经济学、唯物史观和科学社会主义，并指出三者不可分割的关系，"而阶级竞争恰如一条金线，把三大原理从根本上联络起来"。然而，就是在这篇文章中，李大钊对马克思学说也有一定程度的保留。对于当时盛行的改良主义及其实践，如好政府主义、工读主义等，他也曾表示同情和支持。这一方面反映出这位激进的民主主义者在思想转变过程中，对于马克思主义的理解尚有不够全面之处，但同时也恰恰说明李大钊是在审慎地研究和多方比较、实验之后，才接受马克思主义的。

杰出人物是这样，那些受五四新文化运动洗礼的一代青年更是如此。

这时，各种思潮都在表现自己，都在宣称自己的合理与正确。中西新旧，美善丑恶，香花和莠草，真理与谬误，都在竞存，都在争取阵地。在这种思想解放的潮流中，在自由讨论的空气里，人们不断思考、追求和探索。但是，他们没有仅仅坐而论道，而是走出书斋，置身于广阔的天地。建设"新村"，实行"工读互助"，这是当时颇受青年推崇的两种主张。他们以为由点及面，聚少成多，如此就可以和平改造整个中国。对于这种想法，李大钊、陈独秀曾表示过支持，恽代英、毛泽东则亲自加以尝试。但是，旧中国并没有那样一块世外桃源供青年们去实验、选择，空想破灭了。于是一批先进的知识分子兴起到民间去，到工农群众中去，走与工农大众相结合的道路。如殊途同归，似百川入海，在现实的教育下，经过深思熟虑，一批有志青年几乎是不约而同地改变了往日的志向，终于选择了马克思主义，走上了一条饱含艰辛却充满希望的革命之路。

毛泽东曾经指出："十月革命一声炮响，给我们送来了马克思列宁主义。"[1]这句话形象地描述了十月革命对中国所产生的巨大影响。然而，马克思主义并非是从外部的简单输入，它在中国的传播也不是一个自然而然的发展过程，实际上其间饱含着先进的中国人的主动求索和艰苦的斗争。

马克思列宁主义传入中国后，同时存在的还有其他种种主义，诸如资产阶级民主主义、实用主义、改良主义、无政府主义、泛劳动主义、新村主义、基尔特社会主义，等等。马克思主义最初只是其中的一家。马克思主义与这些思潮在社会变革的浪潮中竞相传播，斗争是不可避免的。

马克思主义在当时不仅遭到反动政府的暴力镇压，也受到各种反马克思主义思潮的围攻。对此，马克思主义者予以坚决反击。从1919—1923年，马克思主义和反马克思主义进行了三次著名的论战，先后战胜了以胡适为代表的实验主义和社会改良主义，以张东荪、梁启超为代表的资产阶级改良主义，以黄凌霜、区声白为代表的无政府主义。在中国革命实践中，在思想理论的斗争中，其他流行一时的各种主义很快销声匿迹，而遭

---

[1]《论人民民主专政》，《毛泽东选集》第4卷，人民出版社1991年，第1471页。

"剿杀"、被围攻的马克思主义却以其内在的力量征服了人心，而显示出其强大的生命力，成为中国革命的指导思想。正是经过研究、比较和鉴别，先进的中国人才在五四运动以后最终选择了马克思主义作为救国救民的理论武器，并在这一思想的指导下创立了中国共产党。

三　中国共产党人在以马克思主义指导中国革命和建设的实践过程中，创造性地运用马克思主义，丰富和发展了马克思主义

中国共产党是非常重视理论指导的党。党从诞生之日起，就把马克思列宁主义确立为自己的指导思想，马列主义之于中国共产党，永远只是行动的指南，而决不是教条。然而，近些年有一种说法，认为最初中国人接受的马克思主义不是真正的马克思主义，是十月革命后从苏俄接受来的教条主义。这不符合历史实际。首先，从来源上看，那时中国人接受的马克思主义，并不只是从苏俄来的。如李大钊的《我的马克思主义观》是受日本学者河上肇的影响后写作而成，而周恩来、蔡和森等许多留法勤工俭学的青年，则是在法国研究和接受马克思主义的。他们都如饥似渴地阅读《共产党宣言》和其他马克思主义经典著作。其次，从学习内容上看，中国共产党人从马克思主义学说中获得的不是什么只言片语的现成结论，而是着眼于整个学说体系，重点学习贯穿其中的基本原理。如，在国内，1920年陈望道全文翻译的《共产党宣言》中文版在上海出版。据罗章龙回忆，当时在北京也有据德文《共产党宣言》翻译的中国油印本。1883年、1888年恩格斯先后为《共产党宣言》德文、英文版所作的序言中一再明确指出"构成《宣言》核心的基本原理"是："每一历史时代主要的经济生产方式与交换方式以及必然由此产生的社会结构，是该时代政治的和精神的历史所赖以确立的基础，并且只有从这一基础出发，这一历史才能得到说明；因此人类的全部历史（从土地公有的原始氏族社会解体以来）都是阶

级斗争的历史，即剥削阶级和被剥削阶级之间、统治阶级和被统治阶级之间的斗争的历史……"这说明中国共产党人所接受的唯物史观和阶级斗争学说，都是马克思主义的基本原理，而不是什么苏俄的教条主义。

革命的实践需要革命的理论，而革命的理论又必须与革命的实践相结合。这是马克思主义的基本立场、观点和方法在实际运用中的原则要求，同时也是我们在具体实践过程中对待马克思主义的根本态度和方法。中国共产党人在以马列主义为指导进行中国革命和建设的具体实践过程中，一直致力于把马列主义的普遍真理与中国革命和建设的具体实际相结合，努力探索适合中国国情的革命和建设道路。毛泽东同志就是杰出的代表。大革命失败以后，中国革命的前途和命运一下子变得扑朔迷离起来——究竟走一条怎样的道路，才能取得革命的最后胜利呢？在此艰难困境之中，毛泽东同志通过长期深入的调查研究，认为中国革命的实际之最大的特点是必须让占人口绝大多数的农民参加到革命运动中来，由此便确立了一条"走农村包围城市，最后夺取全国政权"的切合中国实际的革命道路。这是一条不同于苏俄式的成功的革命道路，它不是教条式地对待马列主义的结果，而是在坚持马列主义的同时创造性地运用马列主义的结果。以毛泽东同志为代表的中国共产党人着眼于中国革命的实际，着眼于马列主义理论的实际运用，在将马列主义普遍真理同中国革命具体实际相结合解决中国问题的过程中，形成了毛泽东思想，这是马列主义与中国实际相结合的一次历史性飞跃。毛泽东思想是中国化的马克思主义，是马克思主义的重大发展，是马克思主义在当时的中国发展的最高成就。正是因为有了这一强大的思想武器，才取得新民主主义革命的胜利，才成功地实现了从新民主主义到社会主义的转变，并取得建设社会主义的巨大成就。

社会主义制度建立以后，究竟如何来建设社会主义，中国共产党人围绕这个问题进行了长期而艰辛的探索。党的十一届三中全会以后，以邓小平同志为代表的中国共产党人在总结建国以来正反两个方面经验的基础上，在研究国际经验和世界形势的基础上，在改革开放的崭新实践中，找到了建设有中国特色的社会主义的正确道路，创立了邓小平理论。这是马列主义与中国实际相结合的又一次历史性飞跃。邓小平理论是马克思列宁主义基本原理与当代中国实践和时代特征相结合的产物，是毛泽东思想的继承和发展，是当代中国的马克思主义，是马克思主义在中国发展的新阶段，是五四以来马克思主义在中国传播和发展的最新成就。20年来改革开放和现代化建设的成功实践说明，邓小平理论是指导中国人民在改革开放中胜利实现社会主义现代化的正确理论。在当代中国，只有邓小平理论而没有别的理论能够解决社会主义的前途和命运问题。

从五四运动到马克思主义在中国的广泛传播并成为中国共产党指导思想的理论基础，从马列主义到毛泽东思想再到邓小平理论，这是80年中国历史发展的必然。党的十五大确定邓小平理论为新时期党的指导思想并把它与马列主义、毛泽东思想一起郑重地写在党的旗帜上，正是反映了这种历史的必然。马克思列宁主义、毛泽东思想、邓小平理论，是一脉相承的统一的科学体系。在当代中国，坚持邓小平理论，就是真正坚持马克思列宁主义、毛泽东思想。80年的历史演进昭示我们，只有紧密团结在以江泽民同志为核心的党中央周围，高举邓小平理论伟大旗帜，坚持用这一理论武装头脑，创造性地运用这一理论指导实践，不断丰富和发展马克思主义，才能把建设有中国特色社会主义事业全面推向21世纪，中华民族才有可能迎来全面的复兴。

（原载《求是》1999年第8期）

中国近代史研究四十年*

一

中国近代史是一门年轻的学科，在新中国成立以前，一般人囿于传统的观念，厚古薄今，甚至不认为中国近代史足以构成一门"学问"。只是在新中国成立之后，党和人民政府建立了专门的中国近代史研究机构，在各高等院校历史系开设中国近代史课程，培养和组织起一支稳定的教学和科研队伍，中国近代史作为一门独立的学科，才得以真正确立，并日益显示其旺盛的生命力和广阔的前景。

诚然，在新中国成立前，也曾出版过一些有关中国近代史的著作。例如，陈恭禄的《中国近代史》[1]、蒋廷黻的《中国近代史》[2]和郭廷以的《近代中国史》[3]，等等。这些著作在史料的收集、考订和某些具体问题的论述诸方面，有所建树；但从根本上看，因著者的阶级局限，都未能给中国近代历史以科学的说明，并指明其客观的规律性。它们实际上不是把中国近代史说成一堆孤立的历史事件的偶然堆砌，就是将之视为少数贤人圣哲个人意志的体现。更有甚者，颠倒是非，贬斥人民的正义斗争，而为帝国主义侵华政策辩护。因此，这些著作还谈不上具有科学的价值。

---

* 与郑师渠合撰。
[1] 陈恭禄：《中国近代史》，商务印书馆1935年。
[2] 蒋廷黻：《中国近代史》，商务印书馆1938年。
[3] 郭廷以：《近代中国史》，商务印书馆1947年。

真正构成近代史新学科的滥觞的，是其时马克思主义者筚路蓝缕的开创性研究。1933年，李鼎声（平心）出版了《中国近代史》一书，是较早试图运用马克思主义的观点研究中国近代史的代表作之一。1939年后，毛泽东在《中国革命和中国共产党》、《新民主主义论》、《改造我们的学习》等许多有名的著作中，不仅号召重视对中国近百年史的研究，还对诸如近代中国社会的主要矛盾与性质，中国民主革命的对象、动力与前途等一系列涉及中国近代史的重大原则问题，作了马克思主义的精辟论述。这些论述成为后来新中国的学者们研究中国近代史的理论依据。其后，以范文澜的《中国近代史》（上册）、胡绳的《帝国主义与中国政治》和黎澍的《辛亥革命与袁世凯》为代表的研究近代历史的开拓性著作陆续问世。尤其是范文澜和胡绳的著作，开一代新风，对新中国近代史的研究和教学产生了深远的影响。可以说，中国近代史新学科正是在他们开辟出的基础上逐步确立起来的。

从1949年新中国成立到1966年"文革"动乱前夕的17年间，中国近代史新学科的发展，大致经历了三个阶段。

第一阶段：1949—1953年，是学科的初创时期。是时，中国革命刚刚获得成功，建设新中国的繁重任务正如火如荼般展开。新中国的学者不仅自身面临着学习和熟悉马克思主义的任务，同时，由于近代史与现实紧密相关，他们还承担着借助自己的研究工作，帮助人民群众理解并投身于现实的中国革命和建设这一义不容辞的任务。1953年4月4日，《光明日报》的《史学》创刊，其发刊辞就指出，学习近百年斗争史，以便更深入地学习毛泽东思想，这是中国人民的普遍要求，也是史学工作者迫切而又光荣的任务。因此，《史学》有理由以中国近代史作为一个重点。与此相应，中国近代史研究的要点也被强调为：（一）揭发反动统治者对历史的伪造和歪曲；（二）宣扬广大人民的革命斗争精神；（三）揭穿美帝国主义长期以来的狡诈与阴险；（四）认识人民革命只有在共产党和毛主席领导下，才能取得胜利。[①]这决定了此期的中国近代史研究过于贴近现实，研究成果数

---

① 毛健予：《学习中国近代史的目的和要点》，《新史学通讯》1952年第11期。

量不多，其中有分量的成果尤少，整个学科呈现出热情有余而细密不足，初创期特有的粗犷气象。

第二阶段：1954—1957年，是学科体系的构建时期。关于中国近代史分期问题的讨论，是此期最引人注目的大事。所谓分期问题，就是要从纷繁复杂的中国近代历史现象中，找到一条线索，循此将中国近代历史的发展划分为若干符合其自身逻辑的阶段，以充分展现历史发展的客观规律及其演进脉络。这场讨论延续了3年之久，反映中国近代史的学科建设已经走出了粗犷的初创期，进入了成熟的发展阶段，即思理精密而又气势恢宏的学科体系建构的时期。

这场讨论，最初是由胡绳在1954年《历史研究》创刊号上发表《中国近代历史的分期问题》一文引起的。胡绳认为，中国近代史著作的基本任务，就是要借助马克思主义的思想力量，通过具体历史事实的分析，来说明在外国帝国主义侵略的条件下，中国近代社会内部阶级结构的变动，及其相互关系和发展趋势。因此，"可以在基本上用阶级斗争的表现来做划分时期的标志"。据此，他主张以太平天国革命、义和团运动和辛亥革命三次革命高潮为主要标志，将近代史分为七个阶段：1840—1850年、1851—1864年、1864—1895年、1895—1900年、1901—1905年、1905—1912年、1912—1919年。其后，孙守任、金冲及、范文澜、戴逸等人先后提出商榷：其中有代表性的不同意见有二：（一）"从中国近代社会的主要矛盾的发展及其质的某些变化为标准"，将近代史分为四个阶段：1840—1864年，1864—1894年，1894—1905年，1905—1919年[①]；（二）"应该是将社会经济（生产方式）的表征和阶级斗争的表征结合起来考察"，将近代史分为五个阶段：1840—1864年，1864—1894年，1895—1900年，1900—1914年，1914—1919年。[②]

显然，这些不同意见只是补充了胡绳的观点，从根本上说，并没有超越前者。所以，讨论的结果，胡绳以阶级斗争的标准更为简约明了的分期

---

① 孙守任：《中国近代历史的分期问题的商榷》，《历史研究》1954年第6期。
② 金冲及：《对于中国近代史分期问题的意见》，《历史研究》1955年第2期。

法，基本上为多数人所接受。

历时三年的分期问题的讨论所结出的善果，便是沉淀了中国近代史学科体系的基本范式，这用一句话概括就是："两个过程"（即指毛泽东在《中国革命和中国共产党》中所说："帝国主义和中国封建主义相结合，把中国变为半殖民地和殖民地的过程，也就是中国人民反抗帝国主义及其走狗的过程。"）、"三次革命高潮"、"八大事件"（即指：鸦片战争、太平天国革命、第二次鸦片战争、中法战争、中日战争、戊戌变法、义和团运动、辛亥革命）。

第三阶段：1958—1966年，是学科繁荣与发展的时期。此期8年，中国近代史研究虽有曲折起伏，但总的来看，无论在数量上还是在质量上，都远远超过了前面的9年。以有影响的近代史通史著作为例，17年间所出的有影响的几种中国近代史，无一不是在1958年后出版的。太平天国和辛亥革命，是公认的此阶段最有成绩的两个研究领域，1949—1957年发表的有关文章，二者分别约为350篇和400篇，而1958—1966年则分别约为700篇和600篇，都反映了这一点。

17年间，中国近代史学科的发展趋势既如上述，它所取得的成就，也是十分可喜的。据统计，此阶段在全国各类报纸杂志上发表的有关中国近代史的文章，包括学术论文、著作评介、史料考释、文物图录以及史迹调查等在内，共约5500篇；出版的近代史著作约200种，论文集32种，内容涉及了政治、经济、军事、思想文化、科学技术、中外关系及人物评价等广阔的领域。同时，各类学术争鸣，此起彼伏，接连不断。这些都使得中国近代史学科，成为其时成绩斐然、充满生气的一个学术领域。

总括起来看，17年的中国近代史研究所取得的成绩，主要表现在以下几个方面：

（一）建立和发展了以马克思主义为指导的中国近代史学科的新体系

17年间，近代史研究的发展，是以破除旧有的资产阶级学科体系为前提的。此种旧有的学科体系，有三大特征：（一）从通史编写的体例看，藉以区分近代历史发展的不同时期和阶段的标准，不是清朝皇位的更迭和北洋军阀当权者的更换，就是中国社会政治变动的某些表象（如"积弱"、"变政"、"共和"）；或者放弃分期，而满足于对重大事件的简单铺陈。但无论采用何种体系，旧的学者都无视对近代历史发展本质和主流的把握；（二）固执唯心论的英雄史观，无视、歪曲和贬斥近代中国人民绵延不断的反帝反封建的革命斗争。这正从根本上抽掉了中国近代历史发展的脊梁；（三）不承认近代中国历史发展有其自身的规律性。显然，资产阶级学者赖以指导自己研究的学科体系是唯心主义的。与此相反，以"三次革命高潮"说为代表，新中国的学者强调以阶级斗争为主线，借以理解和把握近代历史发展的本质与主流，重在通过对近代中国社会政治经济结构变化的考察，揭示社会发展的客观规律，并充分肯定人民群众在历史上的地位与作用。这就有力地打破了唯心主义的旧学科体系，将近代史研究置于科学的基础之上，并建立起了以唯物史观为指导的新的学科体系。

固然，新的学科体系不是抽象的，它的确立，生动地体现在两个方面：其一，近代通史著作的重新编写。此间出版的有影响的通史著作有：林增平著《中国近代史》（上、下册，1958年）、戴逸著《中国近代史稿》（第1卷，1958年）、郭沫若主编《中国史稿》（第4册，1962年）、翦伯赞主编《中国史纲要》（第4册，1965年）。这些著作尽管各具特色，但就其编著体例而言，都体现了以阶级斗争的主线，以"三次革命高潮"为标帜的近代史学科的新体系。此外，大、中学校中国近代史教材的编写也概莫能外。这样，新的学科体系实际上已成为新中国不同层次的人们所共同接受的模式了。其二，对近代史研究的宏观指导。新中国的学者都能在自觉体认新的学科体系所提示的对近代历史发展本质与主流的规范上，展开自己的具体研究。近代中国人民反帝反封建的革命斗争，成为此期近代史研究最有声色的主题，就说明了这一点。所以，尽管今天的人们有理由批评上述学科体系的偏狭，但我们应当承认，17年间近代史研究的繁荣与发展，正可以看成是这一新的学科体系正面因素充分展布的结果。这即是说，新的学科体系的建立，不仅为17年的近代史研究提供了赖以展开的前提，同时其自身即构成了全部研究成果中最深刻、最本质之所在。

（二）许多部门的研究取得了一定的成果

帝国主义侵华史，是此期近代史研究的一个重点。在新中国成立前，一些著作在一定程度上也触及到了列强侵华问题，但多限于现象罗列，并不能指明列强侵华的本质；有的则是歪曲史实，美化侵略，掩盖了历史的真相。此期研究的一个重要方面，就是澄清史实，恢复了列强侵华的历史真面目。例如，有的把英国发动的鸦片战争称之为"通商战争"。这显然抹杀了战争对于中英双方所具有的正义与非正义的不同性质。因此，有的研究者指出这场战争是西方资本主义国家对外扩张侵略的必然结果。对于中国来说，这是一次反侵略的正义战争。①同样，美国19世纪末提出的"门户开放"政策，曾被说成是"保全中国"的友好政策，但研究者认为，美国的"门户开放"政策，不仅协调了列强在侵华过程中的彼此关系，而且为其后独占中国开辟了道路，因而它反映了美帝国主义阴险虚伪的侵略本质。②

通过发动一系列侵华战争，迫使清廷订立不平等条约，从而不断扩大在华权益，这是近代列强侵华的主要方式。因此，有关这方面研究的论著也最多。但人们的研究并不限于列强的政治军事侵略，而且注意到了它们对中国的经济和文化侵略更加广泛的领域。同时，由于近代中国同时遭受许多帝国主义国家的侵略，列强彼此间不可避免形成的互相利用和互相争夺的复杂关系，对近代中国社会的进程产生了深刻的影响。有不少文章注意到了这一点，具体论述了列强在甲午战争后掀起的瓜分中国的狂潮中，以及在镇压义和团运动和干涉辛亥革命的过程中的相互关系与对华政策。当然，列强侵华不是孤立进行的，它是在与中国封建统治阶级逐渐勾结的过程中，将中国社会推向半殖民地的。因此，研究帝国主义与中国政治关系的课题就显得更加重要。一些文章通过论述曾国藩、李鸿章、袁世凯等封建买办化官僚与外国侵略者的相互关系及其变化过程，以及通过考察清

---

① 齐思和：《鸦片战争时期英国烟贩们是英国侵略中国的主谋》，《光明日报》1953年6月27日。
② 王铁崖：《"门户开放"的侵略政策》，《进步日报》1950年12月19日；余绳武：《门户开放政策在美帝侵华史中的作用》，《历史教学》1951年第5期；胡滨：《美帝国主义"门户开放"政策的内容及其侵略性》，《光明日报》1955年3月17日。

代外交机构的变迁，都指出了在半殖民地的中国，外国侵略者总是想各自寻找代理人作为执行他们意志的工具，这似乎是成了历史的规律。但比较起来，胡绳的《帝国主义与中国政治》一书，从"官"、"民"、"夷"三者关系的宏观概括上阐述帝国主义侵略是怎样引起了近代中国社会内部各种政治力量的新调度和阶级结构的变化，更有力地深化了列强侵华史的研究，给人以启发。

在帝国主义侵华史的研究中，还出版了一批有影响的专著。揭露美国对华侵略的著作有：刘大年的《美国侵华史》和卿汝楫二卷本的《美国侵华史》。前者重在剖析近百年美国侵华的全过程；后者更注重从美国资本主义的发展与其对华政策的关系上，考察其侵华活动的演进，虽然只写到19世纪末，但它大量利用美国官方档案，所论颇具特色。揭露英国侵华的著作，有余素的《清季英国侵略西藏史》，集中叙述19世纪后半期到20世纪初英国对西藏地区的侵略过程。蒋孟引的《第二次鸦片战争》和牟安世的《中法战争》，则是对英法发动侵华战争的个案研究。对列强侵华史进行综合性研究的第一部著作，是丁名楠、余绳武等人合著的《帝国主义侵华史》（第1卷），它对鸦片战争至甲午战争间的列强侵华史作了全面的考察，揭示了帝国主义侵略与中国社会逐渐走向半殖民地半封建的内在联系。是书第1卷于1958年出版，第2卷在中断20年后于1985年出版，写到1919年。全书虽未告成，但仅就1、2卷而言，已是迄今研究帝国主义侵华史最引人注目的成果。

对太平天国革命、义和团运动和辛亥革命的研究，构成了17年中国近代史研究的主体。共发表文章2400篇。在17年总共发表的5500篇有关近代史的文章中，约占44%

太平天国史的研究，成果最丰富，发表文章千余篇，还出版了一批专著。关于太平天国革命的性质问题，是此期讨论较多的重要问题。1951年1月11日，《人民日报》发表《纪念太平天国革命百周年》社论，指出太平天国仍然是一场"单纯农民革命"。有人不同意这种说法，认为是"资产阶级性的农民革命"。1956年，有的研究者进而提出太平天国是一场"市民运动"或"市民革命"的论点。^①这就引起了长时间热烈的争论。1962年三联书店出版《太平天国革命性质问题讨论集》。讨论最终虽然没有取得一致意见（多数论者肯定它是农民革命），但它却有力地将太平天国研究引向了深入。太平天国土地制度问题，就是在此次讨论中提出来的，并且获得了重要进展。早期的研究者多认为太平天国实行耕者有其田的制度，但此期的研究者根据新发掘的资料，却一致肯定了太平天国无论是在前期还是在后期，都没有实行《天朝田亩制度》中规定的平分土地的办法，而是承认地主土地所有制，实行"照旧交粮纳税"的政策。^②至于太平天国革命后的土地关系问题，直接关系到对这场革命历史作用的估价，也引起了研究者们的普遍重视。许多人都注意到了革命失败后，江南地区自耕农数量增加的事实；但自耕农数量的增加，是否已达到了足以改变地主土地所有制的程度？对此多数人仍持否定的态度。

在太平天国的人物中，对洪秀全的研究颇有成绩，有关文章39篇。有的论文在洪秀全革命思想的形成、《天朝田亩制度》的评价以及怎样看待洪秀全的反侵略思想等一系列重大问题上提出了独到的见解，从而引起了一场关于如何评价洪秀全的争论。^③而1963年开始的关于李秀成评价问题的讨论，却被变成了政治批判。

特别应当提到的是，学术界前辈罗尔纲先生毕生从事太平天国史研究，不仅出版了《太平天国论文集》七集，而且主持编辑了上千万字的史料，为太平天国史研究作出了突出的贡献。

辛亥革命史研究，是近代史研究中仅次于太平天国史的另一"热点"。17年间发表的文章约千篇，专著、资料约50种。辛亥革命史研究的迅速发展，得益于1956年隆重纪念孙中山90诞辰活动的有力推动。其时，毛泽东发表《纪念孙中山先生》一文，周恩来等党和国家领导人发表了重要讲话，《人民日报》也发表了重要社论，都充分肯定了辛亥革命的历史地位。

---

① 郭毅生：《论新兴市民等级在太平天国革命中的作用》，《历史研究》1956年第3期。
② 郭毅生：《论新兴市民等级在太平天国革命中的作用》，《历史研究》1956年第3期。
③ 沈元：《洪秀全和太平天国革命》，《历史研究》1963年第1期。

接着,《民报》影印出版,作为《中国近代史资料丛刊》之一的《辛亥革命》(8册)刊行,又为研究工作的进一步开展,创造了有利条件。

1961年纪念辛亥革命50周年的活动,再次将研究工作引向了高潮。在武汉由中国史学会和湖北省哲学社会科学联合会共同主办的纪念辛亥革命50周年学术讨论会,是一次学术盛会,有百多人参加。会后由中华书局出版的《辛亥革命五十周年纪念论文集》,收录论文30余篇,约50万字,为建国以来辛亥革命史研究的重要成果,迄今仍受到中外学者的重视。其间还出版了吴玉章的《辛亥革命》。作者不仅具有很高的马克思主义理论修养,而且是辛亥革命的当事人,这使得他的著作具有很高的价值,为学术界所珍重。围绕纪念活动,又出版了一大批包括《辛亥革命回忆录》、《辛亥革命首义回忆录》在内的各种资料专集,为研究工作深入开展提供了新的素材。

在1949年前一些学者对辛亥革命史已经有过一定的研究,但新中国学者的研究,无论在广度上还是在深度上,都已远远超越了前者。例如,以往的学者多将辛亥革命说成是"反满运动",但此期的论者以马克思主义为指导,透过"反满"的表象,把握其反帝反封建的深刻的社会意义,从而判定其为资产阶级民主革命。1961年刘大年在《历史研究》第5期上发表《辛亥革命与反满问题》,系统地论证了反满从来不是一个独立的运动,在不同的历史时期里,它从属于不同的阶级利益。他强调,辛亥革命时期的反满,属于资产阶级民主革命的范畴。这篇文章的某些论点,虽然引起了争论,但从总体上看,作者以历史唯物论为指导,对反满问题作系统的历史考察与分析,都是具有相当的说服力。

同样,以往无人问津的资产阶级与农民的关系问题,在此期却是研究的重点之一。围绕资产阶级革命派是否与农民建立过联合战线问题,人们开展了热烈的讨论。这场讨论不仅加深了人们对中国农民问题的理解,而且促进了人们对资产阶级性格、旧民主革命的规律性以及辛亥革命历史教训等作进一步探讨。同时,由此生发开去,许多文章还探讨了会党与新军,以及清季中国社会结构许多重要的课题。

在辛亥革命史研究中，人物研究占相当大比重，也取得明显的成果。孙中山研究有文章120篇，最为突出。不少文章集中研究孙中山的政治思想，特别是其三民主义理论，已达到相当的深度。孙中山研究形成了一支有水平的队伍。对"有学问的革命家"章太炎的研究，纷争不已。此外，秋瑾、黄兴、宋教仁、邹容等也有许多文章专门论列。但人们对上述历史人物的研究，并不仅仅局限于个人，而是由个人延伸到对资产阶级革命派群体形成、革命派与改良派论战以及对辛亥革命时期的社会思潮等一系列问题的研究，从而使整个辛亥革命史的研究，显得多姿多彩。

与太平天国史和辛亥革命史的研究比较起来，义和团运动史的研究要显得薄弱一些。17年间发表的有关文章仅200余篇，可以提到的著作也只有金家瑞的《义和团运动》（1957年）一本。但是，我们应当看到它与太平天国史、辛亥革命史情况不同。在新中国成立前，义和团运动史的研究十分薄弱，只是在此期间，它才受到学者们的重视，并被开拓成一个同样引人注目的专史领域。1955年12月，周恩来总理在欢迎德意志民主共和国政府代表团的大会上指出："义和团运动是中国人民顽强地反抗帝国主义侵略的表现，他们的英勇斗争是五十年后中国人民伟大胜利的奠基石之一。"[①]新中国的学者们正是以此为思想指导，对义和团运动史这块园地进行艰苦探索。1960年8月，"义和团六十周年学术讨论会"在济南召开，会后出版了纪念文集。这次会议表明，义和团的研究已进入了新的发展阶段。

此期研究所取得的最重要的成就，在于将长期被地主阶级和资产阶级颠倒了的义和团运动的历史，重新颠倒了过来，全面确立了义和团运动在中国革命史上应有的重要地位。尽管人们对于这场运动是否具有反帝反封建双重性质，仍存分歧，但已经得出的结论，都足以使义和团运动的历史功绩永垂史册，不容置疑。

义和团的口号和义和团与清政府的关系问题，是此期研究的两个重

[①] 周恩来：《在北京各界欢迎德意志民主共和国政府代表团大会上的讲话》，《人民日报》1955年12月12日。

点。许多论者都强调，义和团群众放弃"反清复明"的传统口号，转而提出"扶清灭洋"口号，反映了19世纪末民族矛盾的上升，适应了现实的反帝爱国斗争的需要。对于义和团主张"灭洋"，论者无甚分歧；但对于义和团"扶清"，却众说纷纭。有的文章认为，它表明义和团受到了清政府的愚弄，转移了自己的斗争锋芒；有的文章则把它说成是义和团反帝反封建斗争的一种"策略"。但不管持何种见解，人们都把自己的研究延伸到了清政府与义和团关系更深层次。清政府对义和团的政策究竟是什么？义和团自身具有推翻清政府的要求吗？问题虽然提出来了，但尚未深入展开。此外，研究者对义和团的源流、群众、组织特点，以及义和团运动期间各阶级的动向等问题，也都作了有意义的探讨。

17年间，在义和团运动史研究中所提出的上述一系列重大问题，由于"文革"阻断，都没有得到充分讨论。"文革"结束后出现了一阵"义和团热"。其中讨论的问题，几乎都是原有问题的继续。这说明，此期研究工作所已取得的成果，为后来研究的深入发展，提供了较好的基础。

近代经济史的研究，虽然公认是近代史研究中比较薄弱的环节，但是，就其所已取得的成果来说，也是不容忽视的。

此期经济史研究的一大优点，便是一开始就注重资料编纂工作，先后出版资料约30种。这就为具体研究（包括近代史其他部门的研究）创造了良好的条件。出版的经济史专著约70种，其中一部分有较高的学术价值。建国初年出版的主要有关于帝国主义对华进行经济侵略的著作，如绍溪的《十九世纪美国对华鸦片侵略》，魏子初的《帝国主义在华投资》等。再版的建国前的著作有，严中平的《中国棉纺织史稿》，王亚南的《中国半封建半殖民地经济形态的研究》等。50年代中期后出版的主要有：魏建猷的《中国货币史》，彭雨新的《清代关税制度》，傅筑夫、谷书堂的《中国原始资本积累问题》，周秀鸾的《第一次世界大战时期中国民族工业的发展》，献可的《近百年来帝国主义在华银行发行纸币概况》等。同时，通史性著作有：孟宪章的《中国近代经济史教程》，中国人民大学国民经济教研组的《中国近代国民经济史讲义》，赵靖、易梦虹的《中国近代经济思想史》（三册）等。此外，发表的论文约600篇，内容涉及广泛的领域，对工业、农业、手工业、交通运输业、商业、外贸、金融业等国民经济的各个部门，以及清政府及民国政府的财政、经济政策、赋税结构、内外国债、货币制度，都作了不同程度的探讨。中国资产阶级的形成、发展及其特征和历史作用问题，是此期研究的重点。与此相应，许多学者对洋务工业的兴起，外资企业在华活动，以及帝国主义与封建主义对中国民族资本的压迫等问题，也都作了艰苦细致的研究。学者们还围绕着中国资本主义萌芽、资本原始积累、民族市场的形成、资产阶级的构成以及关于洋务工业的评价等问题，先后开展了一系列极有意义的学术争鸣。

17年间，中国近代史研究还涉及了戊戌维新、北洋军阀等远为广阔的领域，所取得的成果，也绝非上述所能包容。这里不过是择其要者而言之罢了。

最后，还需要指出，17年间中国近代史知识的普及工作也取得了很大的成绩。全国共出版近代史通俗读物三百多种，特别是吴晗倡导和主编的中国历史小丛书（近代史部分），广为流传，产生了良好的社会效益。近代史通俗读物的大量出版，不仅为普及历史唯物主义和爱国主义教育作出了贡献，而且也为中国近代史研究如何发挥自己的社会功能，开辟了一条新路。

（三）史料工具书的编纂与出版

中国近代史研究的发展，与此间卓有成效的史料的整理、编纂和出版工作是分不开的。近代的史料种类繁多，包括公文档案、实录、奏折、函电、官修史书、私家著述、方志、日记、手札、年谱、回忆录、报纸杂志和调查报告等，浩如烟海。党和人民政府十分重视中国近代史料的整理、编纂和出版工作，在建国初期，就着手组织历史研究机构、高等院校、档案馆、博物馆和出版社等有关单位，协同开展这方面工作。1954年又出版《近代史资料》专刊，以供发表近代史有关资料。17年间，全国共出版资料约200种，其中最有影响的大型史料丛刊有：

《中国近代史资料丛刊》，中国史学会主编，包括《鸦片战争》、《第二次鸦片战争》、《太平天国》、《捻军》、《回民起义》、《洋务运动》、《中法战争》、《戊戌变法》、《义和团》、《辛亥革命》等11种专题资料。它按中国近代史上的重大政治事件系统地搜集资料。每种资料之后附有《书目解题》，尤为近代史的教学和科研工作提供方便。

《中国近代经济史参考资料丛刊》，中国科学院经济学研究所主编，计有：《中国近代经济史统计资料选辑》、《中国近代工业史资料》、《中国近代农业史资料》、《中国近代手工业史资料》、《中国近代外债史统计资料》、《中国近代铁路史料》、《中国近代对外贸易史资料》等。它们为研究中国近代经济史，提供了必不可少的有关近代国民经济各部门的系统资料。

《中国近代经济史资料丛刊》，中国史学会和经济学会合编，包括《帝国主义与中国海关》、《旧中国公债史资料》等多种资料。其中在《帝国主义与中国海关》的总目下，先后刊行了《中国海关与中法战争》、《中国海关与辛亥革命》等10编。资料来源为旧中国海关及税务司的档案，所以是极可宝贵的第一手资料。

历史档案也有多种专辑出版，例如《宋景诗档案史料》、《戊戌变法档案史料》、《义和团档案史料》等等。

工具书的编纂同样为促进中国近代史研究所必需。17年中出版的各类工具书约17种。其中荣孟源的《中国近代史历表》、钱实甫的《清季重要职官年表》、《清季新设职官年表》、刘寿林的《辛亥革命后十七年职官年表》、罗尔纲的《天历考及天历与阴阳历对照表》、上海图书馆编的《中国近代期刊篇目汇录》（第1卷）及《辛亥革命时期期刊总目》等，尤其编纂精审适用。

总之，建国后17年的中国近代史研究取得了划时代的发展。它以历史唯物主义为指导，使本学科形成了自身科学的体系与结构；在资料的积累和整理的同时，进行了大量开创性的研究与探讨；并且重在阐明近代社会发展规律，以近代中国人民反帝反封建的崇高爱国主义思想，教育了一代人。这些巨大的历史成就不仅不可抹杀，实际上也构成了今天在新的历史条件下，中国近代史学科赖以进一步发展的前提。

但是，尽管如此，17年的近代史研究仍然存在着许多不足和缺陷。从知识结构上看，一部中国近代史只突出了人民反帝反封建的斗争，政治制度、政治思潮的演变固然看不见，就是作为革命对立面的帝国主义、封建主义本身，也缺少研究，若明若暗。此外，近代军事史、文化史、社会史诸方面的研究，几付阙如；经济史的研究虽有一定成果，但仍然薄弱；当然更谈不上对近代史作整体综合研究。由是本来极为丰富多彩的近代历史，失去了丰富性，显得单调而乏味。毛泽东早年提出的对近百年史先作分门别类研究，然后再进行综合研究的设想，并未实现。

从科学性上看，由于人们未能真正把握历史唯物主义的阶级分析方法的真谛，加之受现实的"左"的政策影响，近代史研究中又存在着明显的形而上学倾向。人们自觉不自觉的总是喜欢从现实的情感出发，用"革命与反革命"、"进步与反动"、"爱国与卖国"这样简单的范式去规范复杂的历史现象与历史人物，甚至以此去划定学术研究的范围与重点。在此种情况下，要坚持历史唯物主义与实事求是的科学精神，自然只能是心向往之，而实未必至。例如，肯定人民群众的历史作用是对的，但人们却往往无原则地去拔高此种作用，同时又同样无原则地去贬低或抹杀统治阶级中某些代表人物的历史作用；揭露帝国主义的侵略本质无疑也是对的，但人们往往不对与之俱来的某些事物作具体的分析，而一概将之骂倒了事。所以，毫不足奇，不少近代史研究的论著缺乏多样丰满的历史风彩。

同时，17年间虽然出版了一批著作，但其中多数是属于通俗性的小册子，真正学术专著并不多。太平天国、义和团和辛亥革命虽为研究的热点，却不曾出版过一本有分量的专史著作。因此，从总体上看，中国近代史研究17年中已取得的成果，仍不尽如人意。

造成上述不足的原因主要有二：一是认识上的局限。建国后的17年，基本上属于新旧过渡时期，人们刚刚学习运用马克思主义去重构中国近代史学科体系，其不能精当是很自然的。具体说，用"两个过程"、"三次革命高潮"和"八大事件"的模式，去规范中国近代历史，在当时虽不失为创构与超越，但它毕竟不足以表现更为丰富的历史本身。这里出现了辩证的统一：它有力地开拓了但终究又局限了人们的视野。二是缺少可以进行自由的学术探讨的外部条件。建国后迅速膨胀的"左"的政治路线，日渐压挤学术的百家争鸣。特别是1958年后的"史学革命"、"拔白旗"运动，实使中国近代史正常研究受到很大干扰。1958年中国科学院近代史所编的《帝国主义侵华史》被指责不讲人民反抗斗争，犯了"方向性错误"，结果编写组被迫解散，中断工作二十年，说明了这一点。1964年评价李秀成的学术讨论，变成了政治批判运动，同样说明了这一点。近代史研究受"左"的路线的影响，反转来又使原来认识上的局限，渐归僵化。难怪"文革"十年梦魇过后，人们要求对17年的近代史研究加以反思了。

二

1966—1976年，中国社会陷入了十年"文革"动荡的岁月，中国近代史研究被引入了死胡同。

在此其间，"四人帮"为了篡权的目的，大搞影射史学，从根本上说，并不存在真正意义上的中国近代史研究。但就此期间发表的有关中俄边界史的论文而言，又不能不另做别论。因为他们仍然表现了正直学者的科学良知。

1969年，中苏重开边界谈判。某些苏联学者为了替苏联政府的扩张主义立场制造根据，不断发表论著，歪曲中俄边界形成史，公然为沙俄侵占中国领土做辩护。这就使得主要是研究中国近代史的我国学者，不能不发表自己的论著，以说明历史真象。许多文章根据历史事实，驳斥苏联学者的错误观点，鲜明地阐述了以下观点：黑龙江、乌苏里江流域自古以来就是中国领土；《尼布楚条约》从法律上确定了中俄东段边界；沙俄入侵前，中国西部边界原在巴尔喀什湖；同目前中苏边界有关的一切条约，都是沙俄强加给中国的不平等条约①。

此外，对苏联《中国近代史》的批评，也值得提到。是书出版于1972年，其主要目的仍然是为苏联的扩张主义张目，但它歪曲历史，不仅限于中俄关系，而涉及整个中国近代史。这自然引起了中国学者的关切。1975年夏，我国史学工作者在哈尔滨专门召开了全国性的讨论会，对该书提出批评，主要指出了两点：其一，是书将中国近代史上限定为1644年清朝入关，不仅反映了"欧洲中心论"，更主要是为了否定近代中国人民革命斗争所具有的反帝反封建的性质；其二，是书认为只有汉人是中国人，因此把汉人居住地区叫"中国本土"，而称其他中国民族居住区为"非中国民族"居住区。这又显然是意在否认中国是历史悠久的统一的多民族国家，而为沙俄侵占中国领土和苏联的扩张主义作辩护。

在此期间，除了发表有关中俄关系的许多文章之外，还出版了几本沙俄侵华简史。这些论著既为揭露霸权主义作出了贡献，也打破了17年间中俄关系史研究的禁区，为此后深入的专史研究打下了基础。

三

打倒"四人帮"后，拨乱反正，万象更新，中国近代史的研究也得到复苏。1978年春，当时任《历史研究》主编的黎澍同志邀请北京部分中国近代史研究者座谈太平天国的一些问题。会上，有的同志倡议成立太平天国史研究会。同年夏天，北京太平天国史研究会正式成立。这是中国近代史领域最先成立的群众性学术团体，随后又相继成立了中南地区辛亥革命史研究会、义和团运动史研究会等。1979年5月，北京太平天国史研究会同南京有关单位举办了太平天国史学术讨论会，就太平天国政权性质和洪秀全、杨秀清、石达开、李秀成等人物进行了讨论，不同观点争论热

---

① 史宇新：《驳谎言制造者——关于中苏边境的若干问题》，《历史研究》1974年第1期；谭其骧、田汝康《"新土地的开拓者"，还是入侵中国的强盗》，《历史研究》1974年第1期。

烈，充分体现了百家争鸣的精神。这是中国近代史领域最早举行的一次全国性学术讨论会，也是首次有日本、美国、英国、联邦德国等国外学者参加的学术讨论会。同年冬，中南地区辛亥革命史研究会、中山大学、广东省史学会在广州举行"孙中山与辛亥革命"学术讨论会。这些学术活动的开展，以及取得的成果，表现出中国近代史研究的恢复和发展。正是由于打倒"四人帮"，特别是党的十一届三中全会以后，在解放思想、实事求是方针的指引下，中国近代史研究者冲破长期以来"左"的错误的严重束缚，纠正教条化、简单化的偏向，力求用完整、准确的马克思主义历史观来研究历史，认真贯彻百家争鸣的方针，学术空气日益活跃，研究工作不断进展，发表的论文、著作不论数量和质量都是前所不及的。在这十几年里，中国近代史的研究大致有以下几个特点：

首先是注意克服片面性、简单化的偏向，发扬马克思主义实事求是的优良学风。

许多研究者在研究分析文献的基础上，从历史实际出发，比较客观地重新认识和评价中国近代史的问题。1957年后，中国近代史的研究和教学中都强调突出人民群众尤其是农民这条红线，对资产阶级立足于批，对地主阶级更是只有批判。在这种思想指导下，太平天国农民战争、义和团运动以及反教会斗争等越来越被拔高，甚至是美化，戊戌维新运动、辛亥革命则被贬抑，洋务运动被否定，反侵略斗争中官绅的作用被抹煞。凡此种种，归结起来，无非是唯成分论的所谓"阶级分析"论。十几年来，这种偏向逐渐被克服，研究工作回到了实事求是的轨道上来。以太平天国而言，研究者既肯定它是一次伟大的农民战争，是中国历史上农民战争的高峰，同时又指出它是一次失败的和几乎接近于变成向封建专制王朝转化的农民战争[①]。与此相关联的，是太平天国政权性质问题。很多论者没有沿袭过去单纯地肯定太平天国政权是农民革命政权，而是认为太平天国政权是具有革命性和封建性的两重性政权，它不是被敌人所摧毁，就是逐渐向

[①] 李侃：《农民战争的高峰和天京的悲剧》，《太平天国史学术讨论会论文选集》第1册，中华书局1981年。

封建政权转化；或者说太平天国政权在逐步走向封建化，朝新封建王朝的方向走去①。同样，对《天朝田亩制度》的评价，不仅是称颂它的革命性或进步性，而且注意分析它的封建性、空想性或反动性。对于1856年发生的"天京事变"，不再是把它归之于阶级斗争在革命队伍内部的表现，钻进农民起义队伍的阶级异己分子韦昌辉的反革命政变，或者是两条路线的斗争，而是从社会经济基础和农民阶级的局限性来加以分析，阐明了由于太平天国政权的逐渐封建化和伴随这种封建化而来的思想蜕化，导致了领导集团争权夺利的内讧②。在论述太平天国政权性质和天京事变时，都不可避免牵涉到对一些主要人物及其思想的评价。研究者对太平天国人物的评价，重视对人物进行全面考察，具体分析，判断其在历史上所起的作用。把历史人物绝对化，随意加上政治帽子，或单纯评功摆过，追究个人责任的偏向，已很少见了。明显的如关于石达开、李秀成，不再是简单地扣上叛徒的帽子了事，对韦昌辉并不是以阶级异己分子定性，而是力求做出符合历史实际的评价③。如果说以前上述诸人以及杨秀清都或多或少受到贬抑，那么洪秀全则是被美化了的。论者在认真深入地分析了有关的历史文献之后，认为那些惯常的说法显然不符合事实。1843年以前洪秀全不可能有推翻清朝矢志革命的思想，三篇《原道》主要讲宗教道德修养，不包含有反清革命的思想和政治平等、经济平等的思想，而且有浓厚的迷信和封建思想，大致在1848年宣布的《太平天日》才明显地反映洪秀全反清革命的态度④。

对于戊戌变法运动，建国以来史学界一般都认为它代表着中国社会发展的趋势，具有爱国的、进步的历史意义。但是，同时也认为戊戌变法是资产阶级性的改良主义运动，它的主要意义在于以自己的失败证明改良主义的道路是走不通的。近几年来，一些研究者对把戊戌变法定性为资产阶

---

① 吴雁南《太平天国政权的"两重性"》、林庆元《论太平天国政权的性质及其封建化的趋势》，均见《太平天国史学术讨论会论文选集》第1册。
② 王戎笙等：《太平天国运动史》，人民出版社1986年。
③ 苏双碧：《论李秀成》，《太平天国史学术讨论会论文选集》第2册，第572—594页；徐玲：《韦昌辉与金田起义》，《辽宁大学学报（哲学社会科学版）》1980年第2期。
④ 王庆成：《论洪秀全的早期思想及其发展》，《太平天国史学术讨论会论文选集》第1册。

级改良主义运动的传统观点表示异议，指出正是由于戴上了改良主义的帽子，因此，对这场运动的评价偏低。他们认为不能把改革、改良和改良主义等同起来，戊戌变法不应称作改良主义，而应称作改革或改良①。有的学者还提出，戊戌变法就其本质来说，具有资产阶级革命的性质（已故史学家陈庆华、黎澍曾先后在讨论会上提出这个观点。此外，段云章等同志也撰文论述）。对戊戌变法的认识和评价虽然有分歧，但有一个明显的趋向，即都抱着积极的态度，力求充分肯定这一运动的历史地位和作用。

与评价戊戌变法的情况相反，对义和团运动的重新评价则是从拔高转向于平实。研究者认为，应该从具体历史依据出发，指明义和团一方面表现了反帝爱国的正义性，另一方面又表现了农民小生产者的保守性和落后性。既要看到运动的主流方面，也要看到它有严重的弱点。片面强调一个方面，而忽视另一方面，就不能对义和团作出全面的、正确的评价②。正是由于评价由拔高趋向平实，因此对义和团运动存在的严重弱点加以探讨是必要的，也无可非议。如关于义和团的笼统排外思想，论者指出小生产者的经济地位决定了义和团眼光狭窄，文化落后，完全靠直感和经验来观察和认识问题，因而不可能正确地区分侵略国的政府和人民，不能区分先进技术和利用先进技术的侵略者，只能用反洋教、洋人和洋物的直观认识来表达对侵略者的仇恨。至于义和团的宗教思想，论者除分析它起了促进运动发展的思想上和组织上的作用外，同时指出神秘主义是无知者的世界观，是义和团运动先天的和致命的赘疣，它集中表现了运动的蒙昧落后的一面，成为导致运动悲剧结局的重要原因③。

在对辛亥革命的再认识和评价中，消除了"立足于批"的"左"的思想的影响，克服了拔高自发性群众斗争、压低资产阶级革命派领导作用的毛病，实事求是地给予分析和估量。例如南京临时政府，早期的论著认为

---

① 林增平：《近代中国资产阶级略论》，《中华学术论文集》，第347—394页；陈旭麓：《中国近代史上的革命与改良》，《历史研究》1980年第6期。
② 李侃：《关于义和团运动评价问题》，《人民日报》1980年4月10日；戴逸在《光明日报》1980年5月27日座谈会的发言。
③ 程歔：《义和团思想述评》，《文史哲》1981年第1期；《民间宗教与义和团揭帖》，《历史研究》1983年第2期。

它是封建势力、立宪派和革命派三种势力的"联合政府"，而且因为它存在的时间很短，对它的历史地位和意义评价也偏低。10年来，论者认为执掌这个政府大部分实权是以建立资产阶级共和国为职志的革命党人，在政治、财政经济、文化教育等方面所宣布的一些措施，集中反映了资产阶级的意愿和利益，《临时约法》更是以法律形式明确规定了资产阶级共和国的国家制度，应该承认它是一个资产阶级政权①。关于立宪派，研究者突破了60年代中期以后造成的禁区，克服了对这个派别及其代表人物一概否定的简单化倾向，比较客观地、全面地论述了立宪派在倡导收回利权，发动国会请愿，从事教育、出版、学术工作，以及在资政院、咨议局、"和平独立"等方面的积极作用和消极作用②。在主要代表人物方面，如对宋教仁的评价也比较客观了，认为他是杰出的政治家，是向西方学习的先进人物之一，毕生为资产阶级议会政治而奋斗。

实事求是学风的发扬，是和百家争鸣方针的贯彻分不开的。正是由于有一个较好的争鸣讨论的学术环境和氛围，各抒己见，才有可能从历史实际出发，比较客观地、科学地评论历史事件和人物。

第二是研究的深入，领域的扩展。

由于实事求是学风的发扬，百家争鸣方针的贯彻，思想的解放，学术空气的活跃，中国近代史研究逐步深入，领域也不断扩展。十几年来，研究的方面相当广泛，内容很丰富，提出的问题也很多，这里不可能都谈到，只能就主要方面举例明之。

"文革"前，中国近代史比较通行的是以阶级斗争为基本线索的"三次革命高潮"来建构其模式。这种状况，延续至现在。但是，随着中国近代史研究的深入开展，研究者不可避免地要对这一长期通行的模式加以思考，提出异议。集中讨论的，是关于基本线索的问题。争论热烈，意见纷

---

① 赵矢元：《论南京临时政府的性质》，《吉林师大学报》1979年第2期；章开沅、林增平主编：《辛亥革命史》下册，人民出版社1980年。
② 林增平：《论辛亥革命时期的立宪派》，《湖南师院学报（哲学社会科学版）》1981年第4期；耿云志：《论清末立宪派的国会请愿运动》，《中国社会科学》1980年第5期。

繁，主要论点除坚持以阶级斗争为线索的"三次革命高潮"的主张外①，有提出用"农民战争—洋务运动—维新运动—资产阶级革命"来表述中国近代史发展的基本脉络的"四个阶梯"说②，有认为近代中国的民族运动是一种"兼具民族独立和社会革新双重要求的混合型运动"，可以从民族运动的角度概括中国近代史的"民族运动"说③，也有主张近代中国历史的发展应该包括中国人民反帝反封建斗争和发展资本主义两个方面的内容的"双线"说④，等等。虽然意见很不一致，但问题的提出，多方面的分析探讨，开阔了人们的思路，无疑是对中国近代历史总体性问题研究深化和进展的表现。也是在这一讨论中，引发了研究者研讨洋务运动，以及洋务运动和戊戌变法的关系，戊戌变法和辛亥革命的关系。不论认为它们之间有继承关系或没有继承关系，讨论的本身就改变了过去偏于单个事件孤立研究的状况，而是从整个中国近代历史发展的过程中来加以考察，有助于研究的深入。

在中国近代史的大事件中，如太平天国、辛亥革命，向来受到研究者的重视，成绩显著。这些研究基础较深厚的事件和人物，十几年来不仅仍是研究的"热门"课题，而且不断地加深和拓展。除去前面提到的关于太平天国的政权性质、辛亥革命时期的立宪派等问题外，涉及的方面相当广泛，有一些是新的或薄弱的课题，诸如洪秀全和太平天国的宗教思想，太平天国的经济制度、对外关系，资产阶级（包括商团、商会、自治会）在辛亥革命中的地位和作用，辛亥革命时期的国粹主义思潮及其他文化思潮，孙中山的哲学、经济、军事、文化思想等。

过去研究比较薄弱的一些大事件，如鸦片战争、中法战争、中日战争，也有所加强。这几次战争，都分别开过多次学术讨论会，发表了一批

---

① 胡绳：《序言》，《从鸦片战争到五四运动》；刘大年：《孙中山——伟大的爱国主义者和民主主义者》，《近代史研究》1981年第3期。
② 李时岳：《从洋务、维新到资产阶级革命》，《历史研究》1980年第1期；李时岳、胡滨：《论洋务运动》，《人民日报》1981年3月12日。
③ 章开沅：《民族运动与中国近代史基本线索》，《历史研究》1984年第3期。
④ 戚其章：《确定基本线索的依据应是反对帝国主义和发展资本主义》，《文史哲》1983年第3期；苏双碧：《关于中国近代历史的发展线索问题》，《光明日报》1983年11月9日。

论著，推动了研究工作的发展。关于鸦片战争，对清政府在战争中失败的原因，已不满足于停留在比较笼统的结论上，而是从清政府的战略变化和中英双方的兵力对比进行具体的分析。研究也不局限于战争本身，如战争前后的士林风气、经世派以及对西方的了解，汉学宋学的论争，统治集团内部的矛盾斗争，战争前后中国社会经济状况与变化等，都有所论述。此外，对那些缺少研究的人物，如邓廷桢、姚莹、道光皇帝、琦善等，也做了有益的探讨。中法战争的研究虽起步较晚，相对显得薄弱，但还是有不少进展。研究者从对刘永福评价的讨论，进而探讨了中法战争的性质、失败原因和历史地位，清政府在战争中的策略和抵抗派的作用，列强在战争中的影响，陆海战场的关系，以及刘铭传的评价等问题。中日战争的研究，这些年颇为活跃，涉及的问题较广泛，主要如对黄海海战等几次重要战役的探讨，对北洋舰队的评价，战争的起因和失败原因，台湾民主国评价，列强与中日战争，帝后的党争，中日战争与洋务运动的关系，战争失败对中国社会的影响，刘步蟾、丁汝昌、方伯谦等人物的评价等问题。在这几次大的侵略和反侵略战争中，比较起来，对第二次鸦片战争的研究仍很薄弱，成果很少。

这里还需要提到戊戌变法的研究。戊戌变法在过去的研究虽不象中法战争那样薄弱，但也不如太平天国、辛亥革命那么热。"文革"后，戊戌变法的研究发展较快，不论深度和广度上都超过以前。除上面提到的关于戊戌变法的性质，戊戌变法和洋务运动、辛亥革命的关系等问题外，诸如戊戌变法失败的原因和历史作用，戊戌变法与帝国主义的关系，明治维新与戊戌变法比较，戊戌变法与新文化运动，戊戌变法与近代知识分子，以及康有为、梁启超、光绪皇帝、翁同龢等人物，都做了较深入的探讨，有利于研究的进一步开展。

十几年来，中国近代史研究另一方面的重大进展，是改变了过去偏重于政治大事件及其主要人物的研究，拓展了研究的角度和领域。打倒"四人帮"后不久，人们就对中国近代史的研究进行了思考，认为30年来成绩显著，但也不满足于现状，提出了从何处突破的问题。对此，有的学者撰文主张"从近代史研究中最薄弱、最繁难而最重要的内容方面"——中国近代经济史来突破[1]。不论研究者是否都赞同这个意见，事实上近代经济的研究蔚然成风，迅速发展，触及的方面相当广泛。关于中国资本主义和资产阶级产生、发展和特点，是研究颇多且有深度的问题，例如资本主义产生和外国资本主义的关系，资本主义萌芽和资本主义产生的关系，民族资本与买办资本的关系，洋务运动与民族资本的关系，资产阶级的形成、结构及其历史地位，买办资产阶级的产生，以及机器工业、商业、金融业等都做了探讨。农业和农村经济的研究虽不够活跃，但也提出一些值得注意的问题，如传统农业的开始迈入近代化，农业资本主义的发展及其特点，永佃权的性质，太平天国革命失败后江南农村的租佃关系等。关于外国资本主义对中国的经济侵略，涉及西方侵略势力对中国关税主权的破坏，中外贸易，在华洋行势力的扩张与暴力掠夺，外国在华银行势力的扩张及其对通商口岸金融市场的控制，外国资本入侵中国的活动等问题。此外，对清政府和北洋政府的财政经济政策、赋税结构、内外国债、货币制度，民族地区和其他地区的经济发展，上海、重庆、天津、镇江等城市的兴起和发展，以及人口问题等，也有所论述。

近代思想文化的研究，随着人们视野的扩大，研究领域日益宽广，过去没有涉足的领域渐渐地被开拓出来，过去被弃而不顾的人物开始被重视起来。思想史的研究，不仅政治思想方面有所深入，哲学、社会思想等领域也受到更多的注意。研究的课题既有微观的，也有宏观的、纵观的。例如，中国近代哲学的主线、内容与特点，古今中西之争与哲学革命，中国近代哲学的形态，近代思想的发展变化与特征，近代中国的反孔思潮，民权、民主思想的传播和发展，近代爱国主义的特点，晚清佛学思想的特点，近代中国的无政府主义思潮等。近代文化史的研究，是近几年才开展起来的，虽还薄弱，但也取得成绩，对传统文化在近代社会的影响和变化，近代中国文化结构的变化和特点，中国近代文化与近代革命的关系，

---

[1] 刘大年：《中国近代史研究从何处突破》，《光明日报》1981年2月17日。

近代中西文化的冲突和交融，传教士对晚清科学、文化的影响，近代经学的发展、消亡和特点，以及近代史学、教育、文艺、科技、报刊等部门文化，都做了探讨。至于人物方面，从林则徐到孙中山，对他们的思想研究，不仅涉及的领域广阔，而且也比过去深入。尤其是以往没有或很少研究的人物，如曾国藩、郭嵩焘、王国维等的思想，也为研究者所重视。

这一阶段，近代中外关系史的研究也较迅速发展。中俄关系史方面，除了对领土边界问题的深入研究，还对沙俄在太平天国、义和团、辛亥革命时期的侵略活动，沙俄对我国西藏、青海、新疆、蒙古等地的侵略，中国人民反抗沙俄侵略的斗争，以及沙俄对华经济、文化侵略等内容，展开了广泛研究。中日关系史的研究工作进展较快，除了加深对中日甲午战争的研究外，还涉及到过去研究不够或根本没有研究的课题，如关于《中日修好条规》、中日文化交流、辛亥革命时期的中日关系、日本与北洋军阀的关系、西原借款问题等。中美关系史的研究趋于活跃，对中美关系的性质、"门户开放"政策的评价等问题，展开了有益的讨论。此外，如英国侵占香港史，外国在华租界问题，列强控制中国海关的过程及特点，在华国际银行团、教案等问题，都有专门研究。

其他方面，如清政府内部的派系，"新政"和"预备立宪"，湘军、淮军、练军等军事史、战争史，华工、华侨等问题的研究，也有不少进展。

对史料和史实考订取得的成绩，也是研究工作深入的一种表现。考订涉及的范围广泛，有考订人物的生卒年、籍贯、家世、事迹，有考订事件的具体事实、年代，也有考订文献的真伪。这里略举几例，以见一斑。关于《川鼻草约》，长期来中外史籍颇多认为是经义律和琦善签订的，研究者根据有关文献详加考订，断定琦善始终没有在这个草约上签字，系英国侵略军单方面公布的[1]。对《景善日记》的真伪，有的研究者进行了认真的考订，认定这部日记确系白克浩司所伪造[2]。康有为的《戊戌奏稿》，向来是研究戊戌变法和康有为的重要文献，有的研究者据《杰士上书汇录》和

---

[1] 胡思庸、郑永福：《〈川鼻草约〉考略》，《光明日报》1983年2月2日。
[2] 丁名楠：《景善日记是由白克浩司伪造的》，《近代史研究》1983年第4期。

其他档案材料,对《奏稿》进行了较为详细的考订,认为是经过改篡的,并就此对有关的问题提出新的看法[①]。

以上浮光掠影地介绍中国近代史研究的深入和拓展的一些情况,表明这个学科的学术水平有显著的提高。但是,成绩只是说明过去,从社会需要看,从学科本身的发展看,还有很多问题有待研究,已经研究的问题也没有都搞清楚,需要进一步探讨。

第三是研究成果大量增长。

学术空气的活跃,研究的深入和拓展,十几年来中国近代史的研究成果如雨后春笋,呈现出空前的繁荣。就发表的论文而言,不完全的抽样统计,1983年是1470篇左右,1985年是1100篇左右。如果以每年千篇计,当不下万篇,较之"文革"前17年5500篇,可谓成倍增长。量的增长是一方面,更为可贵的是质的提高。为了具体反映成果的概貌,列举出一些专著、论文集,也许是有必要的。

通史性的中国近代史著作,包括教材在内,为数甚多,但不少书内容大同小异,无甚特色。胡绳的《从鸦片战争到五四运动》(2册),是一部有广泛社会影响的著作。该书以作者主张的"三次革命高潮"为基本线索,划分四个时期以为基本结构,依序述论,自成体系。中国社会科学院近代史研究所著的《中国近代史稿》(已出3册),是以"三次革命高潮"为基本线索,分为三编撰述(第三编待出版),体例严谨,对少数民族地区的社会经济和文化、近代思想文化的发展变化等,都给予应有的重视,并附有大事年表、插图和图版。苑书义等著的《中国近代史新编》(3册),也是以"三次革命高潮"为基本线索,以"八大事件"为主要内容,博采众长又不囿于成说,对不少问题提出了自己的见解。综论性的个人文集,主要有胡绳的《历史和现实》,刘大年的《刘大年史学论文选集》,黎澍的《再思集》,戴逸的《履霜集》,荣孟源的《历史笔记》等。

系统的、有学术价值的"大事件"史的著作,在十年动乱后陆续问

[①] 孔祥吉:《戊戌奏稿的改篡及其原因》《康有为戊戌年变法奏议考订》,胡绳武主编:《戊戌维新运动史论集》,湖南人民出版社1983年,第284—394页。

世。这些著作是：牟安世的《鸦片战争》，罗尔纲的《太平天国史》（4册），茅家琦主编的《太平天国通史》（3册）和王戎笙、龙盛运、贾熟村、何龄休的《太平天国运动史》，李时岳、胡滨的《从闭关到开放——晚清"洋务"热透视》，汤志钧的《戊戌变法史》和王栻的《维新运动》，廖一中、李德征、张旋如等的《义和团运动史》，章开沅、林增平主编的《辛亥革命史》（3册），金冲及、胡绳武的《辛亥革命史稿》（4册），李新、李宗一主编的《中华民国史》（第一编《中华民国的创立》，第二编《北洋政府统治时期》），来新夏等的《北洋军阀史稿》。此外，还出版了一批从某一侧面来探讨"大事件"的专著和个人文集，如陈胜粦的《林则徐与鸦片战争论稿》，罗尔纲的《太平天国史丛考甲集》，王庆成的《太平天国的历史和思想》，郭毅生的《太平天国经济制度》，茅家琦的《太平天国对外关系史》，郦纯的《太平天国军事史概述》（5册），董蔡时的《太平天国在苏州》，贾熟村的《太平天国时期的地主阶级》，江地的《捻军史论丛》，夏东元的《晚清洋务运动研究》，徐泰来的《洋务运动新论》，戚其章的《中日甲午战争史论集》和《甲午战争史》，孙克复、关捷的《甲午中日海战史》和《甲午中日陆战史》，汤志钧的《康有为与戊戌变法》，胡绳武主编的《戊戌维新运动史论集》，孔祥吉的《戊戌维新运动新探》，路遥、程歗的《义和团运动与近代中国社会》，陈贵宗的《义和团的组织和宗旨》，陈锡祺的《孙中山与辛亥革命论集》，章开沅的《辛亥革命与近代社会》，胡绳武、金冲及的《从辛亥革命到五四运动》，吴雁南的《孙中山与辛亥革命》，林家有的《辛亥革命与少数民族》，乔志强的《辛亥革命前的十年》，隗瀛涛的《四川保路运动史》，蔡尚思等的《论清末民初中国社会》，钱实甫的《北洋政府时期的政治制度》，谢本书等的《护国运动史》，莫世祥的《护法运动史》等。至于由有关研究单位或研究会编辑的论丛，由学术讨论会主持编辑的论文集，为数也不少，如《纪念辛亥革命七十周年学术讨论会论文集》（3册）、《太平天国学刊》、《辛亥革命史丛刊》等。限于篇幅，不一一列举。

专门史的研究成果，也逐渐增多。经济史方面，通史性的除严中平主编的《中国近代经济史（1840—1894）》外，还有凌耀伦等和王方中、魏永理、于素云等同以中国近代经济史为主题所分别撰述的几种著作。专题或部类研究的专著和个人文集，主要有：张国辉的《洋务运动与中国近代企业》，宓汝成的《帝国主义与中国铁路》，全慰天的《中国民族资本主义的发展》，樊百川的《中国轮船航运业的兴起》，聂宝璋的《中国买办资产阶级的发生》，黄逸峰、姜铎等的《旧中国的买办阶级》，孙毓棠的《抗戈集》，汪敬虞的《十九世纪西方资本主义对中国的侵略》，彭泽益的《十九世纪后半期的中国财政与经济》，陈诗启的《中国近代海关史问题初探》，以及《中国近代邮电史》、《中国近代金融史》等。思想文化史方面，侯外庐主编的《中国近代哲学史》，邵德门、桑咸之等分别撰述的两种《中国近代政治思想史》，李华兴的《中国近代思想史》，吴雁南等主编的《清末社会思潮》，是属于通史性的著作。专题或部类的研究成果，有方汉奇的《中国近代报刊史》，林灌群的《从鸦片战争到五四运动的教育》，董守义的《清代留学运动史》，熊月之的《中国近代民主思想史》，钟叔河的《走向世界——近代中国知识分子考察西方的历程》，吴泽主编的《中国近代史学史》，叶易的《中国近代文艺思想论稿》，汪毓和的《中国近现代音乐史》，马祖毅的《中国翻译简史》，林庆元的《洋务运动与中国近代科技》，李侃的《中国近代史散论》和《近代传统与思想文化》，龚书铎的《中国近代文化探索》，郑师渠、史革新的《近代中西文化论争的反思》等。中外关系史方面，中俄关系史的成果较多，如余绳武、刘存宽等的《沙俄侵华史》（四册），郭绳武、陈华主编的《沙俄侵略中国西北边疆史》，特布信等主编的《沙俄侵略我国蒙古地区简史》，黄心川的《沙俄利用宗教侵华简史》。其他中外关系史的著作，有刘培华《近代中外关系史》，夏良才主编的《近代中国对外关系》，王绳祖的《中英关系史论丛》，王晓秋的《近代中日启示录》，王守中的《德国侵略山东史》，张力、刘鉴唐的《中国教案史》，顾长声的《传教士与近代中国》，费成康的《中国租界史》。其他方面的专门史研究成果，涉及了军事、会党、政党、社会等内容，如张玉田、陈崇桥主编的《中国近代军事史》，军事科学院

《中国近代战争史》编写组的《中国近代战争史》，罗尔纲的《湘军兵志》和《绿营兵志》，龙盛运的《湘军史稿》，李进修的《中国近代政治制度史纲》，朱建华、宋春的《中国近现代政党史》，乔志强主编的《中国近代社会史》，李文海、周源的《灾荒与饥馑（1840—1919）》，蔡少卿的《中国近代会党史研究》等。城市史研究近几年来受到重视，已有张仲礼主编的《近代上海城市研究》和隗瀛涛主编的《近代重庆城市史》问世。地区性的，如浙江、四川、东北、上海、天津等的近代历史，都有专书论述。

近代历史人物的研究，向来为史学工作者所重视，成果甚多。综合性的人物传，如《清代人物传稿》（下编）、《民国人物传》、《戊戌变法人物传稿》（增订本）等。更多的是个案的人物传，角度、写法也不一样，有传记，有评传，有着重某方面的研究，不少著作有较高的学术价值。主要有：杨国桢的《林则徐传》，王庆成的《石达开》，苏双碧的《石达开评传》、《李秀成评传》等，朱东安的《曾国藩传》，冯天瑜、何晓明的《张之洞评传》，夏东元的《郑观应传》和《盛宣怀传》，马洪林的《康有为大传》，孔祥吉的《康有为戊戌变法奏议研究》，孟祥才的《梁启超传》，章开沅的《开拓者的足迹——张謇传稿》，孙孝恩的《光绪评传》，尚明轩的《孙中山传》，张磊的《孙中山思想研究》，姜义华、唐文权各著的两种《章太炎思想研究》等。此外，年谱的成绩也颇为可观。

还需要提到工具书、译书、史料文献的整理出版。工具书的编撰逐渐受到研究者的重视，并做出努力，取得了一定的成绩。如陈旭麓等主编的《中国近代史词典》等，对中国近代史的研究和教学都很有助益。这几年，翻译出版国外的著作、论文、文献也有进展。中文史料文献的整理出版，数量很大，种类繁多，举不胜举。比起过去，有以下几个特点：①全集的编纂出版。《孙中山全集》共11卷，已出完，曾国藩、左宗棠、李鸿章、康有为、章太炎、蔡元培等的全集也陆续问世。②文集的整理出版增多。《中国近代人物文集丛书》（中华书局出版）已出版的有十几种，此外有黄兴、陈天华、蔡锷、熊希龄的集子。③日记、信札的搜集整理。如《李星沅日记》、《王韬日记》、《翁同龢日记》、《林则徐书简》、《汪康年师友手札》等，已出多种。④档案及专题史料的继续整理、编纂。如第一历史档案馆的"预备立宪"档案、"民变"档案，英美烟草公司的档案，盛宣怀档案，中国海关密档，都先后整理出版。专题资料如《华工出国史料》、《满铁史资料》，则填补了空白。由章伯锋、李宗一主编的《中国近代史资料丛刊》的一种《北洋军阀》（6册）已出版，戚其章主编的《中国近代史资料丛刊续编》的《中日战争》也已出3册。大量史料的整理出版，为研究工作的开展和深入打下了基础。

上面列举了一串书名，虽然有些枯燥乏味，但却也可以使我们具体了解十几年来中国近代史研究的概貌：既是成绩显著，又有明显不足。这对于避免产生盲目否定一切和满足现状的心态，或许是有作用的。

最后有必要提到，各种专题学术讨论的经常举行，国际学术交流的日趋活跃，一批青年研究者的迅速成长，一些研究机构的建立，都推动了中国近代史研究的进展，而其本身也就体现出这种进展。

四

40年来，中国近代史的研究虽有起伏曲折，但趋势是向前发展的，尤其是近10年来更为突出。回顾40年中国近代史研究的历程，肯定应该肯定的成绩，目的是为了更好地发展。学术研究可以出现划时代的作品，但不能搞"大跃进"，不能搞"大革命"，它需要的是积累，是批判继承。学术研究的发展，是在先前研究的基础上去创新、突破，不是凭空而来的。新的包含着"旧"的，即使是推翻前人说法的成果，它本身也含蕴着前人的成就。盲目否定一切的极端做法，对学术研究是有害的，在过去的40年里，也给我们提供了这方面的教训。当然，这不等于说40年中国近代史的研究已经做得很好了，不存在什么问题了。学术研究没有止境。不论是以往存在的问题，或今后的向前展望，都需要加以认真思考。这里提出几点想法，很不成熟，也未必贴切妥当，只是作为一种探讨。

一、需要加强理论性问题的研究。长期以来，中国近代史工作者在一些事件、人物方面做了大量的专门研究，成绩很大。但是，比较而言，对于有关中国近代史理论性问题的研究却没有引起应有的注意和重视，显得很薄弱，有分量的论著极少。这里不妨举几个例子，以为具体说明。

1840年鸦片战争以后，中国逐渐沦为半殖民地半封建社会。它既存在着浓厚的封建主义，又不是原来意义的、完整的封建社会；既有资本主义的经济、政治文化，又不是真正的资本主义社会，同时还有外国资本主义侵略势力。它是一个扭曲了的畸形的社会形态。对于这个社会的特点，毛泽东在《中国革命和中国共产党》一文中曾作了精辟的概括。但是，这不能代替对中国半殖民地半封建社会形态的系统深入的研究，包括对经济、政治、文化各个方面的分别研究和综合研究。1957年，人民出版社出版了王亚南著《中国半封建半殖民地经济形态研究》一书，是有关这方面的专著。该书的基本论点，是运用《资本论》中有关资本主义经济和前资本主义经济的原理和规律来展开说明的，在当时曾产生过影响，先后印行五版，并被日本学术界译为日文出版。但是，严格说来，这不是建国后的新作，而是旧著的增订重版（原名《中国经济原理》，初版于1946年）。诚如作者在初版"序言"中所说的，该书"是中国经济之科学的系统的研究之发端"，无疑具有开创性的意义。但也正因为是"始生之物"，难免有不完善之处，例如作者在"增订版序言"中曾提及，"至于研究的体裁和方法，由于有的同志曾经直接间接表示过不同的意见，以为写中国半封建半殖民地社会经济形态，采用以商品开始的资本主义经济的论述程序，似乎不妥"。究竟一个中国半殖民地半封建社会经济形态的研究体系是什么，需要进一步探讨。此外，作者是著名的经济学家，他从经济学的角度提出了一些很有独到的见解，但是历史的论述和具体感则有所不足。遗憾的是距离这部书出版三十多年后，还没有一本有关中国半殖民地半封建经济形态的新著问世。至于中国半殖民地半封建政治形态和文化形态的研究，则几乎是空白或半空白。就目前的研究基础和资料条件看来，开展和加强这方面的研究，不仅是必要，也是可行的。

与上述问题有关的，是关于外国资本主义侵略和近代中国社会发展的问题。在明清时期，西方一些国家跨进了资本主义时代，而中国还停留在封建社会，落后于西方国家。一些研究者认为，中国当时已孕育着资本主义萌芽，按照社会发展的历史规律，也将缓慢地进入资本主义社会，然而由于外国资本主义的入侵截断了正常发展的道路，而沦为半殖民地半封建社会。不过长期来国内外有的研究者所持的观点与此不同，在他们看来，中国的封建社会处于静止的停滞不前状态，靠自身的力量不能进入资本主义社会，"只有西方的入侵才能带来进步的因素"。这里给我们提出了不少值得探究的问题，例如中国封建社会究竟能否靠自身的力量进入资本主义社会，如果只有靠帝国主义入侵才能打破社会停滞状态，那么对于帝国主义的殖民侵略应当如何认识和评价，中国近代社会发展的动力又是什么？与上述问题有关的，是鸦片战争以前清朝统治下的中国是闭关自守，英国发动鸦片战争才打破了这种封闭状态，后来出现了新的生产力，而生产力标准是评价历史进步的唯一标准，这里就存在着如何看待生产力和生产关系的关系，生产关系的作用问题，以及由此而来的改革、革命、反侵略的问题，爱国和卖国的问题等。诸如此类的问题，不仅在于弄清事实，而且需要从理论上来探讨。

二、关于中国近代史的结构、体系问题。40年来，出版、流传的系统的中国近代史专著和教材为数很多，对于学校教学和社会上传播历史知识和进行历史教育都起了应有的作用。尤其是范文澜、胡绳、刘大年等同志，在建构中国近代史学科体系上做出了重要贡献。学术是不断发展的，人们要在已有的基础上作新的思考和探索，要有所前进。面对着许许多多中国近代史的作品，给人留下的印象是小异大同，基本模式都一样。在这些书里，不论是以太平天国革命、戊戌变法和义和团运动、辛亥革命三次革命高潮为主线也好，还是不管三次高潮也好，在结构、体例上都是按鸦片战争、二次鸦片战争、太平天国革命、洋务运动、中法战争、中日战争、戊戌变法运动、义和团运动、辛亥革命、北洋军阀诸大事件顺序排列。可以说，这些书的内容主要是反帝反封建斗争的历史。中国人民在80

年里为了救亡图存，为了独立、民主、富强，前赴后继，进行了英勇顽强的斗争，无疑是中国近代历史的重要内容。那些大事件，也都是必不可少的，各自占有着相应的历史地位。但是，从中国近代通史的角度来看，这样一个体系并不够完善，而且存在着不少空白点，跟中国古代史的衔接也不紧密，包括社会经济、政治、文化中的许多问题或被略去不提，或脉络不清。有的研究者不赞成三个高潮说，提出了太平天国、洋务运动、戊戌变法和辛亥革命四个阶梯的主张。四个阶梯说对于重新评价洋务运动有作用，但从中国近代史的整体结构来说，并没有突破大事件排列的模式。看来建构中国近代通史的体系，还需要另辟蹊径。中国近代社会错综复杂，动荡而变化急剧，多样而非单一，以一个个大事件为中心，纪事本末式地叙述其过程，事实上难以反映出近代历史的全貌，给读者造成一种单调贫乏的错觉。假如从清朝历史发展的延续出发，以近代社会包括经济、政治、文化、军事、外交的变化为基点，融大事件于其中，也许是一种突破目前中国近代史格局的办法。

三、研究方法、学风等的一些问题。在改革、开放的新形势下，中国近代史的研究虽有很大的发展变化，但也还有值得斟酌之处。从内容上说，诸大事件仍然是研究者所留意和着力研究，这是需要的，无可厚非；不过要有较大的新进展也非易事，没有坐冷板凳的精神，进行深入的创造性的研究是难以奏效的。单是有关这些大事件的文献记载和研究成果中，史实的出入就不少，对浩如烟海的史料加以认真整理、厘订还不够，缺少做史料长编的基本工作。这就难免以讹传讹，陈陈相因，包括已出版的某些工具书也存在较多的谬误，不尽可信。另一方面，也不能不看到由于研究大事件的制约，尤其是纪念这些大事件和有关的历史人物的学术讨论会颇为频繁，成为一种研究导向，因此研究领域相对狭窄。尽管近几年经济史、思想史、文化史、社会史的研究有所开展，但有些还很薄弱。至于清政府方面的研究，中外关系的研究，少数民族地区的研究，半殖民地半封建社会近代化的研究，中外近代化比较研究等，也都需要加强。只有各个领域的研究切实开展起来，综合的研究才有扎实的基础，编写完善的中国近代通史才有可能实现。

在研究方法上，一些研究者，尤其是青年研究者，注意引进其他学科如文化学、政治学、社会学、心理学等的研究方法来研究中国近代史，多样而新颖，值得提倡。由于是探索性、尝试性的运用，因此还没有达到熟练精到、浑然一体的境地，或多或少存在着生硬、游离的缺陷；有的只是搬用一些词汇以为装饰，思想见解并无新意。这些都有待进一步加以克服，使研究工作更好地发展。方法固然应该重视，而更重要的是理论思维，没有深刻的思想，没有真知灼见，单在方法上下功夫，可能变成花架子，热闹一阵，很快成为过去。作为历史研究，理论思维不是玄想，不是凭空推理，不是以研究者的主观意愿去为过去的历史做设计，而是在充分掌握史料的基础上进行认真严肃的分析研究，力求客观地再现历史，得出符合历史实际的结论。至于为了表达某种意向而随意利用、解释历史，不尊重科学，未免失之偏颇。

现实和历史不能割断，现实生活中涵蕴着历史的积淀。研究者是现实生活中的人，在研究历史时不可避免地会受现实的制约。但是，历史毕竟是历史，并不等同于现实。研究历史，既要有时代感，又要有历史感，不能拿今天的观念、所做的事情去套历史，去解释历史或要求历史。比如现在实行改革、开放，自然会使人去反思清朝闭关自守政策的是非得失，然而由此而得出英国发动鸦片战争才打破闭关状态得到开放，因此战争越早就越好的结论，不仅完全抹煞英国发动这场战争的侵略性质，抹煞了鸦片战争后中国开始沦为半殖民地的事实，而且混淆了两个不同历史时期两种不同性质的开放。其他如关于租界、割让地的评价，也存在着类似的问题。不论今天的世界发生什么变化，当年资本主义、帝国主义的殖民侵略是无法抹掉的。这里用得着那句老话：在分析任何一个社会问题时，马克思主义的绝对要求是把问题提到一定的历史范围之内，对具体情况进行具体分析。

要真正做到实事求是地研究中国近代史，并不是太容易的事情，既有主观的原因，也有客观的原因。由于研究者对所研究的对象容易产生偏爱，难免会影响论述的客观性。尤其是对历史人物的研究，这种现象更属常见。研究近代人物，因为离现实近，受到某种干扰似乎难以避免。历史人物生长的乡梓及其亲属后人，希望对他们的先辈评价高一些，能够受到社会的尊敬，是可以理解的。一些纪念性的讨论会，好话多说，也是常情。但是，研究者又必须尊重科学，尊重事实，不应为尊者讳、为贤者讳、为亲者讳，就是说要有排除干扰的勇气。

中国近代史研究上的"一窝风"，也是值得注意的现象。近10年来，大约先是太平天国的研究热闹了一阵，之后是辛亥革命、戊戌变法，接着而起是洋务运动，后来是文化热。一浪接一浪，起起伏伏。有的历史事件，现在已有冷落之感。这种现象，又正常，又不正常。比较多的人在一段时间集中研究讨论某一方面的问题，对于推动学术发展有积极作用。但是，有些研究者平常对这方面并没有什么研究，或者正在研究别的课题，只是因为一阵风来了，便闻风而动，或被风卷了进去，等这阵风过去，另一阵风来了，又卷到另一阵风去，这对学术发展则是不利的。学术研究，不管冷门、热门，都需要有人专心致志、扎扎实实去做，要有点奉献精神，不趋时，不赶热闹，尽可能避免社会上存在的急功近利、短期行为对中国近代史研究的影响。

（原载肖黎主编：《中国历史学四十年1949—1989》，

书目文献出版社1989年）

百年来中国近代史研究回顾*

　　20世纪的头一年，八个帝国主义国家侵略队伍的铁骑践踏着华夏大地，中国人民正在为挽救民族危亡而殊死搏斗。中华民族正处于亡国灭种的崩溃边缘。第二年，有人即满怀信心地大胆预言："20世纪之中国，必雄飞于宇内，无可疑也；虽然，其时机犹在数十年以后焉。"①而今，这个世纪已经结束了，我们的祖国正以雄健的步伐昂首跨入新世纪，中华民族走上了令世人瞩目的复兴之路。

一

　　世纪回眸，中国的近代史研究也走过了一条曲折坎坷之路。正是在腥风血雨的洗礼中，资产阶级新史学在清末孕育产生了。维新派领袖梁启超是资产阶级新史学的开拓者，分别发表于1901年和1902年的《中国史叙论》和《新史学》是其新史学理论的主要著作。他以进化史观为指导思想，指出新史学的目的在于探察人类社会进步的规律为现实服务，并系统地批判了旧史学的弊病。资产阶级新史学理论给世纪初的史学研究带来了新气象。梁启超不仅是新史学的提倡者，也是新史学的实践者。在20世

---

* 与董贵成合撰。
① 梁启超：《南海康先生传》，《梁启超全集》，北京出版社1999年，第481页。

纪初年，他应用新史学理论方法开始撰写关于历史人物和历史事件的文章，其中就有涉及近代的人和事，如《中国四十年来大事记》（一名《李鸿章》）等。其他有关中国近代历史事件之类的专书，也有几种，如刘成禺（署名汉公）的《太平天国战史》（1906年）、陈沂的《满清二百年来失地记》（1908年）等。清末，资产阶级革命党人为了反对满清政府统治的需要，热情称颂太平天国运动，《太平天国战史》就是以此撰写的。该书的指导思想是："神圣洪杨，盗贼曾左。"孙中山为之作序。

民国以后，资产阶级史学有了发展。从20—40年代，以"中国近代史"、"中国近世史"等作书名的近代史著作，约有30多种。这些著作大多以鸦片战争为近代史的开端，也有在这之前的。截止的时间更是参差不齐。由于各人所持观点不同，对人对事的评判颇有出入。这些著作在资料的收集、整理、考订和一些具体问题的论述诸方面作出了贡献。其中蒋廷黻的《中国近代史》是比较有特色的，它以近代中外关系史为侧重点，将中国近代史放在世界历史的大潮流中来认识，提出了近百年中华民族的根本任务是实现近代化的新视角。但是，他对近代中国人民的反侵略斗争予以否定，认为中国要实现近代化就应极力避战求和。他把西方列强对中国发动的侵略战争说成是中国士大夫的守旧多事才招致的，"不平等条约的根源，一部分由于我们的无知，一部分由于我们的法制未达到近代文明的水准"；称赞琦善、李鸿章等人的妥协主张，贬低林则徐、左宗棠的正义抵抗斗争。此外，陈恭禄的《中国近代史》也有一定影响。

在中国近代史的大事件中，太平天国农民战争是颇受重视的研究领域。二三十年代，学者们注意收集有关太平天国的史料，编辑出版，主要有程演生的《太平天国史料》第一集、萧一山的《太平天国丛书》第一辑、王重民的《太平天国官书十种》、谢兴尧的《太平天国丛书十三种》等。这些史料的发现和出版，有助于太平天国史研究的进展。在此基础上，一些研究太平天国史的学术专著陆续出版，主要有罗尔纲的《太平天国史纲》（1937年）、简又文的《太平天国广西首义史》、郭廷以的《太平天国史事日志》等。

辛亥革命史也是受到人们关注的另一个领域。武昌起义后不久，苏生编写的《中国革命史》即问世。此后，以辛亥革命史、中国革命史命名的书籍相继出版，其中以郭孝成编的《中国革命纪事本末》较有影响。这些著作大多是史事记述，排比史料。30年代以后，国民党政府出于政治需要，出了一批有关辛亥革命的著作，较有参考价值的如冯自由的《革命逸史》、邹鲁的《中国国民党史稿》、罗香林的《国父之大学时代》等。

近代对外关系史是一个受人注目的领域。由于近代中国屡遭帝国主义的欺凌，出于爱国热情和外交上的需要，出现了不少揭露帝国主义侵华罪行的著作，如刘彦先后出版的《中国近时外交史》、《帝国主义压迫中国史》、《最后三十年中国外交史》，漆树芬的《帝国主义铁骑下的中国》，钱亦石的《中国外交史》等是这方面较有影响的著作。"九一八"事变后，中日关系史的研究受到重视，张健甫的《六十年来的中日关系》，特别是王芸生编的七卷本《六十年来中国和日本》，引用资料丰富，内容详实，是研究中日关系史的力作，影响也较久远。

专门史的其他领域的研究也开始起步，政治史有李剑农的《最近三十年中国政治史》（后修改重版时更名为《戊戌以后三十年中国政治史》）、谢彬的《民国政党史》，经济史有侯厚培的《中国近代经济发展史》、施复亮的《中国近代经济史》、陈安仁的《中国近代经济史纲》、钱亦石的《近代中国经济史》，经济思想史有赵丰田的《晚清五十年经济思想史》、夏炎德的《中国近百年经济思想》，军事史有文公直的《最近三十年中国军事史》，文化史有陈安仁的《中国近代文化史》，思想史有郭湛波的《近三十年中国思想史》，教育方面有舒新城的《近代中国教育思想史》、《近代中国留学史》。此外还有交通史等等，涉及的领域较广。

1919年五四运动后，随着马克思列宁主义在中国广泛传播，中国的马克思主义史学也出现了。1924年，李大钊的《史学要论》一书出版。书中主张用唯物史观改造旧史学创造新史学，它是中国马克思主义史学理论的奠基作。李大钊把理论和实际联系起来，他运用马克思主义来研究、分析中国近代史和现状，指出从1840年鸦片战争到1925年五卅运动以来的中国近代史，"是一部彻头彻尾的帝国主义压迫中国民族史"，也"是一部彻头彻尾的中国民众反抗帝国主义的民族革命史"[①]。

1940年前后，毛泽东在《中国革命和中国共产党》、《新民主主义论》、《改造我们的学习》等著作中，将马克思列宁主义普遍真理同中国革命具体实际相结合，全面系统地阐述了新民主主义革命的理论和政策问题，明确了中国近代社会的性质和社会主要矛盾，科学地总结了中国人民民主革命的历史经验；并指出："对于近百年的中国史，应聚集人材，分工合作地去做，克服无组织状态。应先作经济史、政治史、军事史、文化史几个部门的分析的研究，然后才有可能作综合的研究。"毛泽东的这些论断是对中国近代史的高度概括和科学总结，对以后中国近代史研究具有重大的指导意义。

较早用马克思主义观点系统地研究中国近代史的，是1933年李鼎声（李平心）出版的《中国近代史》（上海光明书局）。该书明确地把鸦片战争作为中国近代史的开端，下限到出书当年日本侵占热河、察哈尔。作者认为："中国近代史的主要的任务，就是要说明国际资本主义侵入中国以来，中国社会经济、政治所引起的重大变化，以及在此过程中所发生的社会阶级之分化与革命斗争的发展起落。"作者明确指出："中国的民族资本主义虽然是局部地兴起来了，而它并没有占绝对的优势，并且是受着国际资本的桎梏与奴役的"，中国近代史"是一部中国民族沦为半殖民地及国民经济受帝国主义破坏的历史，这部编年史是用血与火来写成的"。这部《中国近代史》受到读者欢迎，连续再版，在社会上产生了影响。在马克思主义史学家之中，何干之比较多地致力于对中国近代史的研究，他的三部重要论著《中国社会性质问题论战》、《中国社会史问题论战》、《近代中国启蒙运动史》都是关于近代史的专著。前两书总结了20世纪30年代关于中国社会性质和社会史问题的论战，分析了中国的社会政治、经济，论证了中国是一个半殖民地半封建社会，批驳了那种认为中国已是资本主义社

[①]《李大钊文集》第5卷，人民出版社1999年，第89页。

会的观点。后者是中国较早论述鸦片战争以来近代思想运动历史发展的一部专著。

在解放前的马克思主义近代史研究中，范文澜的《中国近代史》（上册）是一部对后来产生重要影响的奠基性著作。该书以马克思主义为指导，依据毛泽东对中国近代历史的科学论述，系统地论述了中国沦为半殖民地半封建社会的历程和时代特征，高度评价了人民反帝反封建斗争的历史功绩。它的出版"标志着近代史研究达到了新的阶段，影响了近代史研究达数十年"[①]。胡绳的《帝国主义与中国政治》（香港生活书店，1948年）分析了帝国主义侵入中国后对中国政治的影响，并勾结封建势力作为其政治工具压榨中国人民的过程，明确论证了中国人民只有彻底地从帝国主义的统治和压迫下解放出来，打倒中国的反动阶级，中国人民才能求得真正的解放。侯外庐的《中国近世思想学说史》从明末清初的思想家写到清末民初的王国维，虽不是系统完整的中国近代思想史，但它是以马克思主义研究中国近代思想史的开拓性的著作。

新中国建立前50年，中国近代史的研究显得很薄弱，有学术价值的著作不多，资料的整理出版也很少，但毕竟是做了一定的开创性的工作。

二

中华人民共和国成立50年来，中国近代史的研究在曲折中取得了巨大的成就。按照该学科发展的特点，大致可以分为二个大的阶段：1949年到1976年为第一阶段，1977年到现在为第二个阶段。长期以来，不论教学和研究，中国近代史的下限到1919年五四运动前，此后为中国现代史。依此实际，本文所论限五四运动前。

从新中国建立到"文革"前的17年是中国近代史研究的初步发展时

---

① 史学史研究室编：《新史学五大家》，社会科学文献出版社1996年，第204页。

期。主要表现在以下三个方面。

（一）清除资产阶级旧史学的影响，确立了以马克思主义、毛泽东思想为指导的新的中国近代史学科体系。中华人民共和国建立后，在中国近代史领域里，唯心史观的影响大量存在。例如，宣扬英雄史观，否定人民群众的历史地位和作用，歪曲人民群众反帝反封建斗争；美化帝国主义侵略和封建统治者；否认中国近代历史发展的规律性，或者以清朝皇位的更替来划分时期，或者以社会政治变动的现象来划分时期；等等。有鉴于此，从事中国近代史研究和教学的学者努力学习马克思主义、毛泽东思想，积极探索应用唯物史观来指导中国近代史的研究，清除了唯心史观的影响。

1954年开始的关于中国近代史分期问题的讨论，是中国近代史学界学习唯物史观、寻求在中国近代史研究领域建立马克思主义史学体系的体现①。该年胡绳在《历史研究》第1期发表了《中国近代历史的分期问题》一文，提出要按中国近代历史发展的基本线索来叙述中国近代史，循此线索即可按照发展顺序把各方面的历史现象根据其本身的逻辑而串联起来。他主张基本上用阶级斗争的表现作为划分时期的标志。按照这个标准，他提出近代史的三次革命高潮的标志是太平天国、义和团运动和辛亥革命，并依此把中国近代史划分为七个阶段。问题一提出，立即引起史学界的强烈反应，孙守任、黄一良、金冲及、范文澜、戴逸、荣孟源、李新、来新夏、王仁忱、章开沅等人先后刊文阐述自己的看法。在讨论中有一点共识，那就是要解决分期必先确定分期的标准，至于用什么标准，则存在分歧。如有的认为应以中国近代社会的主要矛盾的发展及其质的某些变化作为划分阶段的标准，有的人主张以社会经济（生产方式）的表征与阶级斗争的表征相结合作为分期标准等。因为标准的不同，对中国近代史分期的意见也不一（1957年《历史研究》编辑部将讨论的文章编成《中国近代历史分期问题讨论集》出版）。争论的结果是胡绳的以阶级斗争做划分时

① 参见张海鹏：《50年来中国近代史研究的理论和方法评析》，《近代史研究》1999年第5期。

期标准的"三次革命高潮"说基本上被史学界所接受。后来，它被归纳为"一条线索"（阶级斗争），"两个过程"（即毛泽东在《中国革命和中国共产党》中所指出的"帝国主义和中国封建主义相结合，把中国变为半殖民地和殖民地的过程，也就是中国人民反抗帝国主义及其走狗的过程"），"三次高潮"，"八大事件"（即鸦片战争、太平天国革命、第二次鸦片战争、中法战争、中日战争、戊戌变法、义和团运动和辛亥革命）。在这次讨论中，还涉及到近代史的上限和下限问题，绝大部分意见都赞成中国近代史的上限为1840年，下限为1919年，1919年以后划归为中国现代史。显然，这场讨论是非常有益的，它使学者们认识了中国近代历史的基本线索和发展的主要脉络，是马克思主义的中国近代史学新体系建立和发展的关键步骤。

中国近代史学新体系建立和发展的具体体现是，一批新的中国近代史著作的问世。1958年林增平的《中国近代史》上、下册出版，其后戴逸著《中国近代史稿》（第1卷，1958年）、郭沫若主编《中国史稿》（第4册，1962年）、翦伯赞主编《中国史纲要》（第4册，1964年）先后出版。其中在当时最有影响的，是郭沫若主编、实际是刘大年组织中国科学院近代史所研究人员撰写的《中国史稿》第4册。该书不仅写近代政治的衍变，也写社会经济和思想文化；不仅写汉族的历史，也写少数民族的历史，在同类著作中具有特色。

（二）专题史研究取得成果。帝国主义侵华史是当时中国近代史研究的一个重点。近代中国是一个屡遭列强侵略的半殖民地国家，中华民族与帝国主义的矛盾成为近代中国的主要矛盾，所以解放前就有不少揭露帝国主义侵华史的著作。但多半是罗列现象，没有做深入细致的研究，有的甚至还美化帝国主义的侵略，污蔑人民群众的反帝斗争。新中国的学者则应用马克思主义的观点从本质上揭露帝国主义的侵略罪行，使该领域的研究有了长足的进展。胡绳的《帝国主义与中国政治》一书在1950年修订再版，产生了较大影响。丁名楠、余绳武等著的《帝国主义侵华史》第1卷（1961年版），全面考察了从鸦片战争到甲午战争期间的列强侵华史，揭示了帝国主义的侵略与中国半殖民地半封建社会形成的内在联系。

新中国建立初期，由于以美国为首的帝国主义国家继续奉行反对中国人民革命的政策，敌视新中国，因而美国侵华史的研究为学者所注目。刘大年的《美国侵华史》评述了鸦片战争之后百余年美帝从追随其他列强侵华到企图独霸中国，结果归于失败的历史过程。卿汝楫的《美国侵华史》（第1、2卷）采用了美国的官方档案资料。较全面地论述了从鸦片战争到19世纪末的美国侵华史，并注意到美国资本主义的发展阶段与其侵华政策的关系，从世界范围内来剖析美国侵华史的地位和作用。研究英国侵华史的专著主要有佘素的《清季英国侵略西藏史》，它集中记述了从19世纪后半叶到20世纪初英国对我国西藏地区的侵略过程。其他著述大多是记述单个侵略事件的，有鲍正鹄的《鸦片战争》、魏建猷和蒋孟引的同名著作《第二次鸦片战争》、牟世安的《中法战争》、郑昌淦的《中日甲午战争》、陈伟芳的《朝鲜问题与甲午战争》等。帝国主义对华经济侵略也是被关注的领域。这方面的著作有漆树芬的《经济侵略下之中国》、吴承明的《帝国主义在旧中国的投资》等。

近代中国人民反帝反封建"三次革命高潮"的太平天国、义和团运动、辛亥革命以及戊戌变法是此时期的研究重点。

"文革"前17年间，发表在全国报刊上研究太平天国史的论文达1000余篇，其数量在中国近代史各专题论文中居首位，还出版了不少专著。1951年1月11日《人民日报》发表社论纪念太平天国起义100周年，从此以后，有关太平天国的研究便迅速展开。其中讨论较为热烈的首先是太平天国的性质问题，大致有三种不同的意见，即单纯的农民革命、资产阶级性的农民革命（也有人称为"市民革命"）、单纯的农民战争兼具资产阶级的革命性质。之所以出现这样的分歧，主要是由于太平天国革命发生在中国已开始进入半殖民地半封建社会的特殊时代，此间涉及到如何看待当时的社会经济矛盾、如何评价市民阶级的地位和作用、如何认识《天朝田亩制度》等问题。虽然讨论没有取得一致意见，但它的意义远过于此，它使人们在运用唯物史观分析复杂历史现象方面得到了教益，提高了马列主义理论水平。学者们还探讨了太平天国革命后的土地关系、太平天国定都天京的战略得失、太平天国起义为什么在广西爆发和洪秀全评价等问题。

辛亥革命史研究是仅次于太平天国史研究的第二个热门课题。1956年值孙中山诞辰90周年之际，毛泽东发表了《纪念孙中山先生》的重要文章，赞扬了中山先生一生的伟大业绩，同时也充分肯定了辛亥革命的历史地位。周恩来、董必武发表了重要讲话，《人民日报》也发表社论，都对孙中山伟大的一生作了高度的评价。这次纪念活动引起了辛亥革命研究热潮的到来。在此前后，《民报》影印出版，《辛亥革命》（8册，《中国近代史资料丛刊》）和《孙中山选集》（2册）相继刊行，为研究工作的进一步深入打下了坚实的基础。

1961年纪念辛亥革命50周年的活动，把辛亥革命的研究推向高潮。该年10月，纪念辛亥革命50周年学术讨论会在湖北武汉召开，与会学者100多人。会上就辛亥革命时期的中国社会主要矛盾、辛亥革命的性质、孙中山的民主主义思想、资产阶级革命派与农民的关系、新军的性质和作用、会党的成分和性质以及一些人物等重要问题展开了热烈而富有成效的讨论。会后编辑出版的《辛亥革命五十周年纪念论文集》，收入论文32篇，是新中国成立以来辛亥革命史研究的重要成果，迄今仍为中外学者所看重。此时出版的吴玉章著的《辛亥革命》一书，具有很高的学术价值。另外，《辛亥革命回忆录》（6卷，全国政协编辑）和《辛亥首义回忆录》等都为辛亥革命史研究提供了有价值的史料。"文革"前17年间，有关辛亥革命的文章约千篇，书籍50余种，资料有30余种，为以后辛亥革命的进一步研究奠定了基础。

对戊戌变法运动的研究，虽然不像太平天国、辛亥革命的研究成果那么多，但也取得一定的成就。主要的成果有汤志钧的《戊戌变法论丛》、《戊戌变法人物传稿》，胡滨的《戊戌变法》，李泽厚的《康有为谭嗣同思想研究》等。而1958年9月在北京举行的纪念戊戌变法60周年学术讨论会，则是推动戊戌变法史研究一次重要的会议。这次讨论会，肯定了戊戌变法运动对近代中国历史发展所起的重要作用，指出它"代表着中国社会发展趋势，富有进步的意义"，"是中华民族觉醒过程中的重要一环，是具有长久意义的"。

义和团运动是"三次革命高潮"中研究最为薄弱的一环。从1949年到1965年，发表的文章仅有200余篇，比较重要的著作有金家瑞的《义和团运动》（1957年）一书，可以看出对义和团运动的研究还处于刚刚起步阶段。解放前的义和团运动研究几如空白，并对其有许多歪曲事实的污蔑。新中国成立后，收集和整理了大量的义和团文献资料，出版了有关的官方档案和时人记载，也翻译了不少的外文资料。更重要的是确立了义和团运动在中国近代史上应有的重要历史地位。1955年12月，周恩来在一次欢迎外国代表团的大会上指出："义和团运动是中国人民顽强地反抗帝国主义侵略的表现，他们的英勇斗争是50年后中国人民伟大胜利的奠基石之一。"①这就为研究义和团运动指明了方向。1960年8月在济南召开了"义和团60周年学术讨论会"。会后出版了《义和团运动60周年纪念论文集》，所收论文有强调义和团反帝精神的，也有论述义和团的阶级成分、内部组织、战斗口号的，还有研究各地义和团情况的。确定义和团运动的性质是总体评价义和团运动的关键问题。多数论者认为，义和团从"反清复明"到"扶清灭洋"口号的转变，标志着他们斗争的矛头已经直指帝国主义，其"灭洋"反帝的性质是肯定的。对于"扶清"的理解存在分歧，有的认为这是义和团出于斗争策略的考虑，有的以为这是义和团受了清政府的愚弄，转移了自己的斗争锋芒。

此外，对诸如洋务运动、北洋军阀等都进行了探讨，并取得了一定成果。

中国近代经济史是一个长期未得到充分研究的领域，此期也取得了不容忽视的成果。新中国的学者依据马克思主义的唯物史观对研究经济史的重要性达成了共识，认识到经济史的研究是其他部门史研究的基础，不加强经济史的研究，其他专门史的研究就无法深入下去，从而明确了经济史

---

① 周恩来：《在北京各界欢迎德意志民主共和国政府代表团大会上的讲话》，《人民日报》1955年12月12日。

的学科地位。这一时期出版的经济史专著约70种。除再版了严中平的《中国棉纺织史稿》、王亚南的《中国半殖民地半封建经济形态研究》等解放前的重要著作外，通史性著作和教材有吴杰的《中国近代国民经济史》，赵靖、易梦虹的《中国近代经济思想史》（3册），孟宪章的《中国近代经济史教程》等，专题史有傅筑夫、谷书堂的《中国原始资本积累问题》、彭雨新的《清代关税制度》、张郁兰的《中国银行业发展史》、刘秉麟的《近代中国外债史稿》、杨培新的《旧中国的通货膨胀》、献可的《近百年来帝国主义在华银行发行纸币概况》、周秀鸾的《第一次世界大战时期中国民族工业的发展》等。发表的论文约600篇，举凡工业、农业、手工业、商业、交通运输业、外贸、邮政、金融等业都有所涉及。中国民族资本主义的产生、发展是讨论的中心，围绕这一中心就原始资本积累、民族市场的形成、洋务企业的作用和资产阶级的构成等问题展开了有益的讨论，取得了初步的成果。

（三）史料的整理编辑卓有成效。对史料的大规模整理编辑本身就是这一阶段中国近代史研究取得的突出成就。它不仅是当时研究工作赖以发展的前提，也为以后的研究打下了较坚实的基础。

中国近代史的资料内容广泛，数量庞大，种类繁杂，官书、档案、专集、文编、函电、奏议、信札、日记、年谱、笔记、当事人记述、方志、报刊、外文资料等等，无所不有。解放前虽也做了一些史料的整理编辑工作，但为数不多。这样一项庞杂浩大的工程，只有解放后在党和政府的支持下，统一领导，组织各有关方面的力量分工协作才有了根本性的进展。此一时期出版的影响大的大型史料丛刊有：

中国史学会编纂的《中国近代史资料丛刊》。这套丛刊共包括《鸦片战争》、《太平天国》、《第二次鸦片战争》、《捻军》、《回民起义》、《洋务运动》、《中法战争》、《中日战争》、《戊戌变法》、《义和团》、《辛亥革命》共11部（1990年《北洋军阀》出版），68册，2700余万字。它几乎囊括了近代中国所发生的重大历史事件，成为研究中国近代史利用率极高的大型资料丛书，在国外也有重要影响。

与此相匹配的另一套大型资料丛书，是中国科学院（现为中国社会科学院）经济研究所主编的《中国近代经济史参考资料丛刊》，有《中国近代工业史资料》、《中国近代手工业史资料》、《中国近代农业史资料》、《中国近代对外贸易史资料》、《中国近代铁路史资料》、《中国近代外债史统计资料》、《中国近代经济史统计资料选辑》等。这套丛刊不仅直接为研究各该经济部门提供了系统的资料，而且对其他专门史的研究也有重要参考价值。

中国史学会和经济学会合编的《中国近代经济史资料丛刊》，包括《帝国主义与中国海关》、《旧中国公债史资料》等。其中在《帝国主义与中国海关》的总目下，先后刊行了《中国海关与中法战争》、《中国海关与英德续借款》、《中国海关与辛亥革命》等9编，大部分是有关经济史的。中国科学院经济研究所等单位主编的《中国资本主义工商业史料丛刊》，则主要是京、沪等地民族工商各行业或企业的史料。

档案具有较高的史料价值，此期也出版了多种专辑，如《宋景诗档案史料》、《戊戌变法档案史料》、《义和团档案史料》等。另外，创刊于1954年的《近代史资料》发表了大量公私收藏的近代史料。全国政协主办的《文史资料选辑》在1960年问世，收集刊发从戊戌变法以来与各次历史事件有关人士的手稿、回忆录和调查报告等。它们都为研究者所瞩目。

以上是"文革"前17年间中国近代史研究的概况。与解放前相比，它的本质变化在于确立了马克思主义的中国近代史新的学科体系；用马克思主义的立场、观点和方法重新审视和阐明近代中国社会的发展规律，做了大量的开创性工作，明显地拓宽和加深了中国近代史的研究；史料整理出版工作成绩突出。这些成就都为以后的研究奠定了坚实的基础。

这一时期中国近代史的研究也存在着明显的缺点和不足。首先是研究范围狭窄。由于研究的重点局限在人民群众反帝反封建斗争的范围内，一部丰富多彩的中国近代史就只是一部政治史，而且因为缺少对作为对立面的帝国主义、封建主义的研究，也够不上比较完整的政治史。经济史研究虽取得了一些成果，但还很薄弱。军事史、文化史、社会史则基本上没有什么研究。其次是思想方法的偏差。新中国初期，多数学者才刚刚开始学习应用马克思主义的立场、观点和方法来研究中国历史。从50年代后期起，"左"的思潮便滋长蔓延，政治运动起伏，史学研究不能不受到影响。中国近代史的研究也出现了简单化、片面性的偏向，研究历史问题时，不是从历史事件本身的历史条件出发，而是从现实的政治感情出发，用简单概念去规范复杂的历史事件和人物，好的一切完美，坏的一无是处。这种简单化、片面性的倾向损害了从历史实际出发，实事求是的历史唯物主义的理论原则和科学方法。及至"文化大革命"期间，林彪、"四人帮"一伙出于其卑劣的政治目的，把历史学作为其篡党夺权的政治工具，肆意歪曲和篡改历史，影射史学盛行，正常的史学研究停顿下来了。中国近代史除了中俄关系史研究有所进展外，其他方面不值一提。

三

打倒"四人帮"以后，特别是党的十一届三中全会的召开，重新确立了马克思主义政治路线和思想路线，拨乱反正，解放思想，消除极"左"思潮的影响，科学的春天来到了。中国近代史研究也纠正了教条化、简单化的偏向，空前活跃起来，进入了前所未有的发展时期。

新时期中国近代史研究的队伍不断壮大。专门的研究机构，有实力雄厚的中国社会科学院近代史研究所（1950年成立，当时称为"中国科学院近代史研究所"），各省、市社科院都有近代史研究机构和人员。高等院校历史系近代史教研室力量不断充实，有的还设置了中国近代史分支学科的研究所、研究室。这些散布在全国的科研和教学机构中，有近现代史专业硕士点几十个，博士点十几个，还有近十个博士后流动站，培养的高层次人员数量逐年增加，推动了中国近代史研究的发展。

新时期的学术交流也是大规模的。首先是群众性的学术团体相继成立，如北京太平天国史研究会、中南地区辛亥革命史研究会、中国义和团运动史研究会、孙中山研究会等等。这些学术团体在推动学术研究和交流等方面发挥了积极的作用。其次是各种类型的学术研讨会的召开，有大事件的，有专题史的，有人物的，其中有些是大型的国际性研讨会。国内学者频繁到美、日、欧洲等国及港、澳、台地区参加学术研讨会或讲学。海外的中国近代史研究著作、论文和资料被大量译介进来。这些都是改革开放带来的新气象，它不仅是新时期中国近代史研究繁荣的表征，同时也是繁荣的重要条件。改革开放20年来的中国近代史研究成果是丰富多彩的，在一篇文章中不可能尽言，只能择要分别于本节和下节阐述。

首先是解放思想、实事求是，力求克服简单化、片面性的偏向，使对事件和人物的评价更趋客观公正。

从80年代起，作为中国近代史重要理论问题的基本线索又一次成为讨论的焦点。首先提出的是"三个阶梯"说，以此来代替三次革命高潮。他们认为洋务运动、维新运动、资产阶级革命反映了近代中国社会的急剧变化，反映了近代中国人民政治觉悟的迅速发展，标志着近代中国历史前进的基本脉络[①]。另一派大体上坚持胡绳早先的"三次革命高潮"说，并作了进一步的阐释，认为洋务运动、维新变法、辛亥革命不存在一脉相承的关系，不同意把洋务运动当成进步运动，也不赞成把义和团运动列在基本线索之外[②]。还有的主张从民族运动的角度概括中国近代史的"民族运动"说，认为近代中国的民族运动是一种"兼具民族独立和社会革新双重要求的混合型运动"[③]，等等。史学界关于中国近代史基本线索的讨论到80年代中期达到高潮，进入90年代仍意犹未尽。

学术的进步有赖于自由的争鸣，是否达成一致倒是次要的。从80年代初开始的关于中国近代史基本线索的讨论，促进了人们对近代史的许多重大问题的重新思考，开阔了视野，活跃了思想，研究跟着深入了。一些

---

① 李时岳：《从洋务、维新到资产阶级革命》，《历史研究》1980年第1期。
② 胡绳：《从鸦片战争到五四运动》，人民出版社1997年，序言及1997年再版序言；苏双碧：《关于中国近代史的发展线索问题》，《光明日报》1983年11月9日；张海鹏：《中国近代史的"两个过程"及其有关问题》，《历史研究》1984年第2期。
③ 章开沅：《民族运动与中国近代史基本线索》，《历史研究》1984年第3期。

过去不受重视或评价偏低的历史事件成为研究的热点。洋务运动一直是80年代争论最为热烈的议题。全国性的学术讨论会多次举办，研究的领域大大超越了60年代所探讨的问题，涉及到洋务运动的政治、经济、思想文化的各个领域，提出了许多前所未有的新论点。对洋务运动的总体评价就有三种不同的观点：一种持基本肯定的态度。这种观点认为，洋务运动是外国侵略者与中国封建势力之间矛盾的产物，其目的是抵制列强对中国的政治经济侵略，它是地主阶级领导的带有资本主义倾向的改革运动，它延缓了中国半殖民地化的过程，洋务运动的出现是当时中国社会向前发展的反映，顺应了历史进步的潮流。一种持基本否定的观点。他们认为洋务运动是中国封建社会与外国侵略者相勾结的产物，是地主阶级为挽救自身危亡而发动的自救运动，虽然在客观上它促进了中国资本主义的发生发展，但它对社会生产力发展的阻碍作用是主要的，它不可能使中国走上独立的资本主义社会，因而它不是近代中国的进步潮流。第三种观点认为洋务运动具有两重性，应该依据不同的发展阶段作具体分析。在19世纪六七十年代，洋务运动顺应了历史发展的潮流，促进了资本主义的发展。到了八九十年代，在中国民族资产阶级已经形成和资产阶级改良思想逐渐成熟的情况下，洋务思想和洋务派就失去积极意义而转变成反动的潮流。此外，关于洋务企业的性质和作用、洋务运动与帝国主义的关系、"中体西用"思想的评价、洋务派的阶级属性、洋务派与地主阶级改革派和早期改良派的关系，洋务派同顽固派争论的性质、洋务运动的结局等都是较受关注和争论比较激烈的议题。这一时期出版了不少关于洋务运动的专著，如张国辉的《洋务运动与中国近代企业》，李时岳、胡滨的《从闭关到开放——晚清"洋务"热透视》，夏东元的《晚清洋务运动研究》和《洋务运动史》等。也有就洋务运动某一方面着重加以剖析的，如林庆元的《福州船政局史稿》等。这就扭转了过去对洋务运动采取简单否定的做法，使人们对洋务运动有了较全面深入的了解。

"文革"前由于受"左"的思想干扰，对戊戌维新的历史作用评价较低，在肯定其具有挽救民族危亡、促进民族觉醒进步意义的同时，认为它是一场资产阶级性的改良主义运动。新时期以来，戊戌变法史研究也十分活跃。许多研究者对先前的定性提出异议。一些研究者认为，戊戌变法不应称作改良主义，而应称作改革或改良。因为改良主义是具有特定阶级实质和时代特征的概念，不能套用于戊戌维新。有的学者还提出，戊戌变法是一次失败了的、不彻底的资产阶级革命，是资产阶级夺权的尝试。许多学者对于戊戌变法的历史作用也给予充分的肯定，认为它掀起了近代中国的第一次思想解放运动的潮流，具有资产阶级启蒙运动的重要意义。它不仅对辛亥革命时期的文化影响很大，而且为"五四"新文化运动开辟了道路。此外，对戊戌变法失败的原因、戊戌变法与帝国主义的关系、戊戌变法与近代知识分子的关系、戊戌变法与洋务运动、辛亥革命、新文化运动的关系，以及康有为、梁启超、谭嗣同、光绪帝、翁同龢等人物都有深入的探讨。汤志钧的《戊戌变法史》和《康有为与戊戌变法》、王栻的《维新运动》、胡绳武主编的《戊戌维新运动史论集》、孔祥吉的《戊戌维新运动新探》和《康有为变法奏议研究》等是比较重要的著作。

辛亥革命史的研究也很快解脱了"立足于批"的"左"的思想的束缚，克服了无原则拔高群众自发斗争、贬低资产阶级革命派领导作用的倾向，作出了比较客观的判断和结论，并成为研究的热点。许多学者通过多方面的研究认为，在20世纪初年，中国资产阶级已经成为社会政治和经济生活中不可忽略的新生力量。他们积极参加和领导了反帝爱国运动、收回利权运动和立宪运动，并充分肯定了资产阶级革命派在辛亥革命中的领导作用。极"左"思潮泛滥之时，不仅把资产阶级革命派排挤到配角的地位，更认为立宪派是资产阶级革命派的敌人，立宪运动的目的就是为了抵制革命。"文革"以后，研究者从各个角度探讨了立宪派的阶级基础和要求立宪的目的、立宪派与清政府、革命派的关系，立宪派在辛亥革命前和革命中的地位作用，比较全面客观地考察了立宪派的积极作用和消极作用。关于辛亥革命时期中国社会的主要矛盾、辛亥革命的性质、资产阶级的形成时间和阶层划分、对各个革命团体的评价、资产阶级与农民的关系、会党新军的性质和作用等问题，都引起了学者的关注和讨论，把研究更加推向深入。研究辛亥革命的论著大量出版，成果丰硕。通史性的著作有章开沅、林增平主编的《辛亥革命史》（3册），李新主编的《中华民国史》（第一编，2册），金冲及、胡绳武的《辛亥革命史稿》（4册）。作者都曾潜心于此多年，三书各具特色。专题性的有隗瀛涛的《四川保路运动》、林家有的《辛亥革命与少数民族》、贺觉非和冯天瑜的《辛亥武昌首义史》等。论文集有代表性的有《纪念辛亥革命70周年学术讨论会论文集》、《辛亥革命与近代中国》、刘大年的《赤门谈史录》、陈锡祺的《孙中山与辛亥革命论集》，章开沅的《辛亥革命与近代社会》，胡绳武、金冲及的《从辛亥革命到五四运动》等。

改革开放以来，太平天国运动和义和团运动重又引起研究者的广泛兴趣。不过和先前的偏激势头相反，此期学界是在新的形势下，对两次运动进行实事求是的重新认识和再评价。太平天国运动是一次伟大的农民战争，也是中国历史上农民战争的高峰。但研究者也指出，太平天国政权是兼具革命性和封建性的两重性政权，它不是被敌人所摧毁，就是逐渐向封建政权转化。对于《天朝田亩制度》、"天京事变"、领导集团的主要成员等重要问题都做了较为符合事实的评价。此时期，太平天国史的研究成果更为丰硕。通史方面有罗尔纲的《太平天国史》（4册）、茅家琦主编的《太平天国通史》（3册），二书都是100多万言的煌煌巨著。在文献的考订研究方面有罗尔纲的《太平天国史丛考甲集》、王庆成的《太平天国的文献和历史：海外新文献刊布和文献史事研究》和《稀见清世史料并考释》、祁龙威的《太平天国经籍志》等。在专题史研究方面有王庆成的《太平天国的历史和思想》、郭毅生的《太平天国经济史》、茅家琦的《太平天国对外关系史》、郦纯的《太平天国军事史概述》、张一文的《太平天国军事史》、张守常的《太平天国北伐史》、董蔡时的《太平天国在苏州》、贾熟村的《太平天国时期的地主阶级》、钟文典的《太平天国开国史》等。李文海、刘仰东的《太平天国社会风情》则独辟蹊径，从社会史的角度研究太平天国史，给人以耳目一新之感。从上列著述可见太平天国研究之深入已非同一般。

对于义和团运动，研究者既肯定它的反帝爱国的正义性，同时也指出它表现了农民小生产者的保守性和落后性，并本着实事求是的原则对义和团的笼统排外思想、宗教思想作了深入的剖析。同以上各大事件相比，有关义和团运动的研究成果相对是少的，主要有路遥、程歗的《义和团运动史研究》，李德征、苏位智、刘天路的《八国联军侵华史》等。

除以上所述之外，过去研究较少的鸦片战争、中法战争、中日甲午战争等也加强了。1994年中日甲午战争100周年，在山东威海举办了"甲午战争与近代中国和世界"国际学术讨论会。在此前后，一批著作、论文问世，如戚其章的《甲午战争史》，戴逸、杨东梁的《甲午战争与东亚政治》等。

新时期的历史人物研究是格外显眼的。新中国建立后的前30年，中国近代历史人物研究主要是正面人物，反面人物很少涉及。改革开放20年来，史学界重新展开了评价历史人物的理论探讨，逐步克服了片面性、简单化倾向，人物研究的领域也大大扩展了，以前颂扬的人物得到较为客观的评价，尤其是很多过去不被注意和研究的人物开始引起了人们的广泛兴趣，并取得了很大的学术成就。有综合性的人物传，如《清代人物传稿》、《民国人物传》等。更多的是个案人物传，较有学术价值的有：杨国桢的《林则徐传》（增订本），王庆成的《石达开》，苏双碧的《李秀成评传》，朱东安的《曾国藩传》，苑书义的《李鸿章传》，冯天瑜、何晓明的《张之洞评传》，夏东元的《郑观应传》和《盛宣怀传》，马洪林的《康有为大传》，耿云志、崔志海的《梁启超》，谢俊美的《翁同龢传》，章开沅的《开拓者的足迹——张謇传稿》，周天度的《蔡元培传》，陈锡祺主编的《孙中山年谱长编》，姜义华、唐文权合著的《章太炎思想研究》等等。

此时期通史性的中国近代史著作，包括教材在内，为数甚多，但不少内容大同小异，无甚特色。胡绳的《从鸦片战争到五四运动》，是一部有广泛社会影响的著作。该书以作者主张的三次革命高潮为基本线索，划分四个时期，以此为基本结构，依序论述，自成体系。中国社会科学院近代史研究所编写的《中国近代史稿》（已出三册），也是以三次革命高潮为基本线索，分三编撰述，体例严谨，对少数民族地区的社会经济和文化、近代思想文化的发展变化等，都给予应有的重视。

四

专门史的研究在这20年的发展是令人鼓舞的，不仅原有的研究领域不断深化，更重要的是开辟了新的领域。这些新领域的拓展开阔了研究的视野，也丰富了中国近代史的内容。

新时期人们重新认识了经济史研究的重要性。1981年，刘大年首先发表文章，认为中国近代史的研究首先应该把最薄弱、最繁难而又最重要的中国近代经济史的研究作为突破口[①]。他一方面承认当时经济史研究的严重不足，另一方面指出它在整个近代史研究中的基础地位，目的就是要把近代史研究建立在唯物主义的基础上。这一主张得到人们的广泛认同和响应，对经济史研究的发展是有益的。1986年中国经济史学会成立，其中就包含中国近代经济史分会。在研究方法上也不断改进，经济学、统计学等理论方法被广泛应用，不仅扩大了视角，也使研究更深化和科学。旧的领域不断拓展，新的领域不断开辟。在部门经济上，近代工矿企业、手工业、农业、商业、交通运输、邮电、金融等行业无所不及，而且在行业内部开辟了许多新的研究课题。在地区上，不仅对沿海、沿江各省的经济发展和变化有了较多的研究，并且对少数民族和边疆地区经济发展状况的研究也得到加强。严中平主编的《中国近代经济史（1840—1894）》，许涤新、吴承明主编的《中国资本主义发展史》都是重要的著作。一些新辟领域的研究也引人注目，如对工商各业资产阶级的研究，上海、重庆、天津、武汉等的城市史研究，华北、东北、江南的区域经济史研究，上海、苏州等地的商会史研究。可以说，经济史研究的前途是非常广阔的。

---

① 刘大年：《中国近代史研究从何处突破?》，《光明日报》1981年2月17日。

中国近代文化史的研究在解放前就已经开始了。在新中国建立后，它经历了一个曲折的发展过程。"文革"前，近代文化史的研究主要是对文化各部门的具体研究，如近代文学、艺术、史学、教育、自然科学等方面都有进展，但一直没有把近代文化史提升为一门独立的分支学科，作总体、综合的研究和探讨。改革开放后，社会经济文化的发展为文化史的研究提出了要求，于是作为中国近代史一个重要分支学科的中国近代文化史研究便蓬勃地发展起来。1983年5月，在湖南长沙召开的全国历史学科"六五"规划会议上，首次把中国近代文化史的研究列入议事日程，并提出了一些建设性的意见。1984年和1987年召开了两次全国性的中国近代文化史学术讨论会，并就加强中国近代文化史的研究作了商讨。这些在一定程度上推动了该领域研究的加速发展。1983年以来，中国近代文化史研究的成绩是显著的。出版的大型丛书，如《中华近代文化史丛书》。已出版的有钟叔河的《走向世界——近代中国知识分子考察西方的历程》，汤志钧的《近代经学与政治》，张岂之、陈国庆的《近代伦理思想的变迁》，黄兴涛的《文化怪杰辜鸿铭》等多种；专著和论文集有李侃的《近代传统与思想文化》，龚书铎的《中国近代文化探索》（增订本）、《近代中国与文化抉择》和他主编的《中国近代文化概论》，丁伟志、陈崧的《中西体用之间》，刘志琴主编的《近代中国社会文化变迁录》，王继平的《转换与创造——中国近代文化引论》，胡维革的《中国近代文化探微》等。与此同时，近代文化各个具体领域研究的深度和广度也在不断拓展，道德伦理、法律、文艺、史学、新闻、宗教、教育、科学技术、地域文化等都有专著论述，有些领域是过去很少研究或没有研究的。

在中国近代文化史的部门领域中，思想史的研究很有成绩。1978年侯外庐主编的《中国近代哲学史》出版。该书虽名为哲学史，实际重心在思想史（特别是政治思想史）。由于这部书是在"文革"后期特殊的政治气候下写作的，对人对事的某些评价现在看来有简单化之处。但是，它对中国近代思想的研究和系统著作的撰写产生的影响，则不应低估。进入80年代，或以政治思想命名，或以思想史命名，中国近代思想史的系统著作陆续出版了十余部。其中较有代表性的，前者如邵德门、桑咸之等分别撰述的《中国近代政治思想史》，后者如张锡勤、李华兴分别出版的《中国近代思想史》。如果说1978年到80年代末系统的中国近代思想史著作是以思想家或以思想家为主兼及社会思潮为框架，那么80年代末以来的著作的框架则几乎都是社会思潮。较早以"思潮"来命书名，论述整个中国近代思想史的专著，是1989年出版的吴剑杰的《中国近代思潮及其演进》。随着出版的，有戚其章的《中国近代社会思潮史》、胡维革的《中国近代社会思潮研究》、高瑞泉主编的《中国近代社会思潮》等。上述诸多关于中国近代思潮史的系统著作，除高瑞泉主编的一种外，其下限都止于五四运动。然而情况也在发生变化，近两年来出版的吴雁南等主编的《中国近代社会思潮》和彭明、程歗主编的《近代中国的思想历程》，下限都是止于中华人民共和国成立。

中国近代社会史的研究和中国近代文化史的研究存在一些相似的情况。五六十年代，一些学者在研究太平天国史、辛亥革命史时，就开始接触秘密社会史，并曾就会党的性质和成分展开过争鸣。但真正自觉的研究是从80年代中期开始的，比文化史研究的兴起要晚几年，然而其发展的势头是可喜的，在几个专题史领域已经有不少成果。在秘密社会史方面，蔡少卿的《中国近代会党史研究》，周育民、邵雍的《中国帮会史》是研究会党史的代表性著作。一些学者比较深入地考察了民间宗教的发展历史，对近代民间宗教多有涉及。在婚姻家庭和社会风俗方面，不少学者探讨了近代中国婚姻家庭的嬗变以及早婚、离婚、溺婴、服饰、职业变化等问题。严昌洪的《中国近代社会风俗史》比较全面地叙述了近代风俗的演变。梁景和的《近代中国陋俗文化嬗变研究》，则是从陋俗方面探讨近代中国妇女、婚姻、家庭等问题的变化。此外，在社会生活、妇女、人口以及人口流动、灾害、匪患、禁毒等方面都有专著出版。综合性的著作有乔志强等著的《中国近代社会史》，由龚书铎任总主编的《中国社会通史》也有近代社会史的内容，李文海的《世纪之交的晚清社会》也是一部社会史的论文集。社会史的深入研究使人们从另一个侧面加深了对近代中国社会本质的认识，使中国近代史的研究更加全面和丰富多彩。

中国近代是在战火连绵、烽烟不断的环境中度过的。在一个世纪中，发生战争次数之多、战争延续时间之长、战争性质之多样，在世界史上是罕见的。然而中国近代军事史在中国近代史的研究领域中却一直是比较薄弱的，到"文革"前还没有成为一门独立的分支学科。80年代初，一些中国近代军事史专著相继出现。如戚其章的《北洋舰队》，孙克复、关捷的《甲午中日海战史》、《甲午中日陆战史》。而且通史性的著作也不断涌现了，如张玉田、陈崇桥等编著的《中国近代军事史》，军事科学院主编的《中国近代战争史》。专以军队史为研究对象的，有罗尔纲的《绿营兵志》、《湘军志》等，龙盛运的《湘军史稿》，樊百川的《淮军史》，张一文的《太平天国军事史》。海军史有姜鸣的《龙旗飘扬的舰队：中国近代海军兴衰史》、海军司令部组织编写的《近代中国海军》（到1949年）。

近代中外关系史的研究也取得了长足的进展。80年代中期以来，一批通史性的中外关系史或外交史先后问世，而且其内容也更加全面完备，不象过去那样仅仅局限在列强侵华史方面。这些著作有：刘培华的《近代中外关系史》、杨公素的《晚清外交史》等。过去用力较多的帝国主义侵华史、沙俄侵华史，此期又出版了由丁名楠等著的《帝国主义侵华史》第2卷，中国社会科学院近代史研究所集体撰著的《沙俄侵华史》4卷也全部出版。过去缺乏系统研究的中国与其他主要列强的双边关系史也有了不同程度的进展，出版了一些有分量的专著。比较有影响的有：张振鹍、沈予主编的《日本侵华70年史》，张声振的《中日关系史》第1卷，萨本仁、潘兴明的《20世纪的中英关系》等。但中法、中德和中国与周边国家之间的关系还是缺乏应有的研究。80年代以来，随着中英关于香港问题的谈判，香港史的研究受到学者的注意。余绳武、刘存宽主编的《19世纪的香港》，余绳武、刘蜀永主编的《20世纪的香港》等著作对香港史进行了系统的研究。与此同时，澳门史的研究也有成果问世，费成康的《澳门四百年》、黄鸿钊的《澳门史纲要》是研究澳门史较重要的著作。港、澳史的研究是很有意义且很有必要的。此外，对租界史、传教士进行研究的著作也为数不少，并纠正了过去一些片面的看法。

还需要提到史料文献的整理出版。中文史料文献的整理出版，数量很大，种类繁多，举不胜举。比起过去，有以下几个特点：（一）全集的编纂出版。已出的有《孙中山全集》、《曾国藩全集》、《张之洞全集》、《蔡元培全集》等；康有为、章太炎等的全集也陆续出版。（二）文集的整理出版增多。《中国近代人物文集丛书》（中华书局出版）已出版十余种，此外有黄兴、陈天华、秋瑾、蔡锷、熊希龄的集子。（三）日记、信札的搜集整理。如《翁同龢日记》、《忘山庐日记》、《郑孝胥日记》、《林则徐书简》、《汪康年师友手札》等。（四）档案及专题史料的陆续整理编纂。如第一历史档案馆的《光绪朝朱批奏折》、《鸦片战争档案史料》，以及"预备立宪"档案、"民变"档案等。至如《华工出国史料》等，则填补了空白。

以上是对20世纪中国近代史研究的大略叙述，很难说是全面的。随着时间的推移，建国初期为大多数人所接受的中国近代史的起止年代也逐渐发生了变化。80年代末以后，要求把中国近代史的下限从1919年延长到1949年的呼声日见高涨，主要原因是在这一时期内中国半殖民地半封建社会的性质没有改变。这个意见现在已经为史学界所公认。

五

站在新世纪的门槛，回首眺望百年来中国近代史研究走过的历程，可以看出它与一个世纪以来中国社会的发展变化是紧密联系在一起的。虽然经历了坎坷曲折，但却是不断向前发展的。尤其是改革开放20年来的中国近代史研究发展更为显著。现在，一个时代结束了。21世纪的中国近代史研究如何走下去，自然成为业内人士关注的问题。这里提出几点想法，以为探讨。

（一）坚持马克思列宁主义、毛泽东思想、邓小平理论指导历史研究。

任何一个史学工作者，不管他是否意识到，或是否承认，其研究工作都是在一定的历史观和方法论的指导下进行的。马克思主义是科学的理论，在它的指导下，历史学才真正成为一门科学。但是，我们也应该看到，在近些年的历史研究中，马克思主义却受到一些人有意无意的冷遇或排斥，有的公开声称马克思主义过时了。这种倾向已对历史研究产生了不良的影响。正是因为离开了马克思主义的立场、观点、方法，出现了否定社会形态、阶级和阶级斗争等基本原理，宣扬文化史观，否定中国农民战争、颂扬帝国主义殖民侵略、否定中国人民的反侵略斗争、鼓吹告别革命等等，就不足为奇了。

有人认为在历史研究中，对于同一问题站在不同的角度去考察，自然会得出不同的看法，从这边看是错的，从那边看却是对的，本无是非可言（或言淡化是非），应该采取中立的态度。这种说法貌似客观公正，实际上不能无所偏向。历史研究者不管其是否承认或意识到，都只能是在一定的理论指导下、基于一定的立场去开展研究，这里的问题在于研究者主观上是否自觉，理论的应用是否正确。正如列宁早就揭示的那样："客观主义者证明现有一系列事实的必然性时，总是有站到为这些事实辩护的立场上去的危险；唯物主义者则是揭露阶级矛盾，从而确定自己的立场。"① 历史研究也是有是非的，站在帝国主义的立场去观察，就自然会以对近代中国的侵略为是，以中国人民的反抗为非；而从中国人民的角度出发，它的价值判断则恰好相反。

所以，问题的关键并不在于史学研究是否需要理论的指导，历史是否有是非可言，而在于理论的指导是否正确，是非的分辨能否科学。历史研究任何时候都必须采取科学的、严肃的态度，实事求是的态度。这就必须坚持以马克思主义为指导。马克思主义是科学的理论，只有运用它的基本观点和方法去分析历史，才能够把握本质，明辨是非，使历史得到最清楚、最全面的解释。马克思主义自其诞生之后，已对世界产生了巨大的影

---

① 《民粹主义的经济内容及其在司徒卢威先生的书中受到的批评》，《列宁全集》第1卷，人民出版社1984年，第363页。

响。据前不久国外的一项调查显示，在全世界一千年来10个伟大思想家的评比中，马克思不仅榜上有名，而且名列前茅。另据一项统计，《共产党宣言》发表150年以来，它已先后被翻译成200多种文字，印刷1000多次。这充分显示了马克思主义强大的生命力。至于说到"以共产党划线"，由于共产党是以马克思主义为指导思想，所以以共产党划线，就其实质而言，就是以马克思主义划线（指导），对此我们不仅无须讳言，而且应该理直气壮地予以坚持。

（二）培育具有广博学识的专业人才。每个人的能力和精力是有限的。专业研究自当有所侧重，但是应该以较为广博的学识为基础。博而不专不免失之于"浅"，专而不博则终流于"隘"。长期以来，由于专业学科的划分，形成了中国古代、近代和现代的研究格局，古代又细分为各个断代，研究者研究的深度受到了很大的限制。即以中国近代史而言，按过去的划分，它始于1840年，终于1919年。如果不了解清中前期的历史，以及1919年以后的演变，那么处于"上不着天，下不着地"的状态的研究者，对于近代这段历史许多问题的认识，就很难更为准确、深刻。而且中国近代与外国关系密切，如果对外国历史、世界大势缺乏深入的了解，也势必会直接影响到本专业的研究质量。世界史研究也同样存在着类似的问题。所以，突破狭隘的专业限制，上、下、左、右融会贯通，以形成"通识"，是十分必要的。

除了历史学科本身内部要有所突破以扩大知识面，研究者还应具有文学、哲学等多方面的素养。中国素来就有文史不分家的说法，古代许多的史学著作往往同时就是杰出的文学作品。被赞为"史家之绝唱，无韵之离骚"的《史记》就是这方面的典范。

（三）发扬严谨扎实的学术风气。进行科学研究，无论是哪一门类，要想有所成就，都必须以严谨扎实的研究为基础，历史学尤其如此。没有一点一滴的、艰苦的学术积累，靠标新立异来走捷径，即使一时暴得大名，也终难成气候，无法经受历史的考验。"十年磨一剑"，"板凳坐得十年冷"——这看似老生常谈，实际却有着深刻的道理。然而，遗憾的是，近年来，在多种因素的影响下，历史研究中也出现了一股势头不小的"浮躁"之气。比如，现在提倡跨学科研究，这本来是非常有益的。但是有的人并没有对其他学科做一个较为深入的学习和研究，而只是套用其中的一两个观点或概念，就美其名为跨学科研究。更有甚者，有的竟然一个课题跨了文理10余个学科，这就难免有浮夸之嫌了。跨学科研究并不容易，需要也应该探索。不过要避免把经念歪了，把它变成一种时髦，变成装点门面。又比如，借鉴外国的理论、方法是必要的，但是不能生搬硬套，用外国的模式裁剪中国的历史；不能跟着外国人的后面跑，看见人家做什么，就跟着人家亦步亦趋；更不能以此来排斥马克思主义史学和中国传统史学。中华民族历来重视治史，有宏富的史学遗产，需要认真加以继承发扬，这是建设有中国特色的社会主义史学必不可少的。我们的史学传统重视政治史，这是无可非议的。其实国外也很重视对政治的研究，不论历史或现实。因为政治是历史的脊梁，而不是极狭小的领域，不是无生命的政治机器。

良好学风的养成，需要做多方面的工作。就目前而言，处理好史学研究中的创新与求真的关系，就是一个非常重要的问题。科学的进步有赖于不断地创新，而创新则是为了进一步求真。史学研究的创新就是要更准确、更深刻地揭示历史的真实。正如同在自然科学的研究中离开了求真的创新不免流于伪科学一样，在历史研究中，将创新与求真相割裂甚至对立，也会严重损害创新的意义，其轻者会使创新沦为"戏说"或"演义"，重者则变成对历史的编造和歪曲。况且，新与旧并非对与错的标准。创新并不是简单地否定过去，而是在前人的研究基础上推陈出新。要想有所创新，就必须重视学术史的研究。这里想引曾业英同志最近在一篇文章中指出的情况："因种种不言而喻的原因，尽管时下也不乏有识之士大声疾呼要重视学术史研究，却总是有那么一些研究者自觉不自觉地忽视前辈学者这一宝贵传统。他们研究问题，发表论文，出版专著，从不考察前辈学者对其研究对象有无研究，或研究到什么程度，只是一味'跟着感觉走'，自我陶醉在众所周知的陈词滥调和'老子天下第一'的狂妄无知之中，从而大大影响了他们的研究成果的学术水平。"[1]话虽有点尖锐，但所说却是事实。例如早已有人做过的研究，却非要说成是填补空白不可。无论是无知，还是明知故说，都是学风问题。

（原载《东南学术》2000年第3期）

---

[1] 曾业英：《前言》，《近代史研究》1999年第5期。